Zwischen symbolischer Rebellion und politischer Revolution

WÜRZBURGER HOCHSCHULSCHRIFTEN ZUR NEUEREN DEUTSCHEN LITERATURGESCHICHTE

Herausgegeben von Anneliese Kuchinke-Bach

Band 6

Verlag Peter Lang

Frankfurt am Main · Bern · New York · Nancy

Elisabeth Kleemann

Zwischen
symbolischer Rebellion
und politischer Revolution

Studien zur deutschen Boheme zwischen
Kaiserreich und Weimarer Republik –
Else Lasker-Schüler, Franziska Gräfin Reventlow,
Frank Wedekind, Ludwig Derleth,
Arthur Moeller van den Bruck,
Hanns Johst, Erich Mühsam

Verlag Peter Lang

Frankfurt am Main · Bern · New York · Nancy

CIP-Kurztitelaufnahme der Deutschen Bibliothek

Kleemann, Elisabeth:

Zwischen symbolischer Rebellion und politischer
Revolution : Studien zur dt. Boheme zwischen Kaiser=
reich u. Weimarer Republik - Else Lasker-Schüler,
Franziska Gräfin Reventlow, Frank Wedekind, Ludwig
Derleth, Arthur Moeller van den Bruck, Hanns Johst,
Erich Mühsam / Elisabeth Kleemann. - Frankfurt am
Main ; Bern ; New York ; Nancy : Lang, 1985.
  (Würzburger Hochschulschriften zur neueren deut=
  schen Literaturgeschichte ; Bd. 6)
  ISBN 3-8204-8049-8
NE: GT

ISSN 0170-9429

ISBN 3-8204-8049-8

© Verlag Peter Lang GmbH, Frankfurt am Main 1985

Druck und Bindung: Weihert-Druck GmbH, Darmstadt

VORWORT

Der Gegenstand der vorliegenden Arbeit gehört seiner Struktur nach drei Disziplinen an: der Literaturgeschichte, der Sozialgeschichte und der politischen Geschichte. Die diesen zugehörigen Aspekte kommen in dem behandelten Zeitraum vom Kaiserreich zur Weimarer Republik mit unterschiedlichem Gewicht zur Geltung.

Bei den drei zuerst behandelten Autoren - Else Lasker-Schüler, Franziska Gräfin zu Reventlow und Frank Wedekind - stehen die sozial- und literaturgeschichtlichen Aspekte im Vordergrund. Das Phänomen Boheme wird zum einen in seiner Funktion für das literarische Leben untersucht, zum anderen in seiner Ausprägung in literarischen Werken, in Formen und Gehalten. Dieser Teil erreicht seinen Schwerpunkt im Wedekind-Kapitel.

Bei Ludwig Derleth, Arthur Moeller van den Bruck, Hanns Johst und Erich Mühsam wird die politisch-historische Perspektive verstärkt, die bisher nur das Fehlen politischer Intentionen im engeren Sinne feststellen konnte. Der antibürgerlichen Lebensform Boheme wird nun auch in ihrer Bedeutung als Vorstufe antibürgerlicher politischer Bewegungen nachgegangen; dafür werden Bedingungen und Eigenarten überprüft, die an der Entwicklung einzelner Bohemiens von literarischen Rebellen zu politischen Revolutionären beteiligt sind und diese verständlich machen. Es geht dabei allerdings weniger um eine individuelle Perspektive als um den Versuch aufzuzeigen, wie in revolutionären Entwicklungen der Zeit typische Boheme-Momente weiterwirken und radikalisiert werden.

Insgesamt ist die Arbeit als Beitrag gedacht zu der im wesentlichen von Helmut Kreuzer begonnenen Analyse der intellektuellen Subkultur Boheme. Im Gegensatz zu Kreuzer, dessen grundlegende Untersuchungen idealtypisch ausgerichtet sind, verfolgt sie zwei davon verschiedene Ziele. Sie will erstens "Spielarten" von Boheme aufzeigen, d.h. sie will darstellen, wie verschieden sich Boheme präsentieren kann, betrachtet man die typischen Merkmale nicht losgelöst von ihren Trägern, sondern in ihrer je spezifischen Kombination. Dabei ergeben sich - innerhalb unendlicher Spielräume des Individuellen - typische Konstellationen von Einstellungen, die anhand repräsentativer Autoren vorgestellt werden sollen. Zweitens wird meine Untersuchung einem Problem besondere Aufmerksamkeit widmen, das in Kreuzers Analyse nur ganz am Rande gestreift wird: führen Wege aus der Boheme heraus, wenn ja, führen sie notwendigerweise in die bürgerliche Gesellschaft - unter Aufgabe bohemischer Positionen - , oder gibt es Möglichkeiten, diese Positionen zu steigern und zu radikalisieren, um so aus der Subkultur herauszukommen bzw. deren Struktur in die gesellschaftliche Wirklichkeit umzusetzen und damit die bürgerliche Gesellschaft zu zer-

stören und abzulösen?
Die veränderte Fragestellung, die die Aspekte "Spielarten
und Wege" in das Zentrum der Darlegung rückt, bestimmt auch
die Betrachtungsweise der jeweiligen literarischen Werke.
Keine Gesamtanalyse ist angestrebt, sondern Betrachtung einzelner Probleme, die "Spielarten und Wege" wiedergeben und
sie zugleich zu erhellen vermögen.

INHALTSVERZEICHNIS

EINLEITUNG   SEITE

a) Beschreibung und Untersuchung des Phänomens   13
   "Boheme" in der Literaturwissenschaft
b) Ausgewählte Aspekte und Themen   16
c) Ansatz der eigenen Analyse   21

DIE BOHEME - SPIELARTEN UND WEGE   25

I. DAS VERHARREN IM ÄSTHETISCHEN PROTEST   27

1. Else Lasker-Schüler (1869 - 1945)   27

   a) Der Bürgerstereotyp   27
   b) Symbolische Aggression in Kleidung, Wohnung,   29
      Stilisierung des Benehmens
   c) Libertinage als Merkmal bohemischer   36
      Lebenshaltung
   d) Libertinage und Lebensrausch - Gedichte der   38
      Sammlung "Styx" (1902) und der Roman
      "Mein Herz" (1912)
   e) Ausgelebte Sexualität als Bedrohung der bürger-   41
      lichen Gesellschaft - "Die Wupper" (1908/09)
   f) Die Darstellung des Sexuellen und die Auflösung   42
      der Form - symbolische Aggression über das
      Medium Kunst am Beispiel der "Wupper"
      - Die Darstellung des Sexuellen   42
      - Die Auflösung der Form   43
   g) Die Neigung zu Zirkus/Varieté (Kino)   45
   h) Die Bindung an öffentliche Lokale/Kabarett   48
   i) Die Einstellung zur bürgerlichen Arbeit
      und Geldwirtschaft   49
   j) Die Einstellung zum Literatur- und Kunstmarkt   51
   k) Das ambivalente Verhältnis zur Großstadt   52
   l) Else Lasker-Schülers "politische" Haltung   53
   m) Die theatralische Tragödie "IchundIch"
      (1940/41) als "politisches" Stück   56
   n) Boheme und "große Form"   58
   o) Else Lasker-Schüler - die ewige Erzbohemienne   59

2. Franziska Gräfin zu Reventlow (1871 - 1918)   61

   a) Der Bürgerstereotyp   61
   b) Symbolische Aggression   63
   c) Libertinage   65

d) Bohemische Libertinage als Element der
   Dichtung - "Von Paul zu Pedro" (1912)   69
e) Neigung zum Zirkus   71
f) Sympathie für "Erniedrigte und Beleidigte"   72
g) Bindung an öffentliche Lokale/Beziehung   72
   zum Kabarett
h) Der Bohemekreis   73
i) Das ambivalente Verhältnis zur Großstadt   75
j) Stadtflucht / Reisepassion   75
k) Das Werk als Ware. Die Einstellung zum   76
   Literatur- und Kunstmarkt
l) Die Einstellung zur bürgerlichen Arbeit   78
   und Geldwirtschaft
m) Der finanzielle Coup   79
n) Das bohemische Verhältnis zum Geld bzw. der
   finanzielle Coup als literarisches Motiv -
   "Der Geldkomplex" (1916)   80
o) Der Einfluß der bohemischen Lebenshaltung
   auf formale Aspekte des Werkes   83
p) Franziska von Reventlow und Politik -
   ihre Einstellung zur Emanzipationsfrage   84
q) Franziska von Reventlow - die "grande dame"   86

3. Frank Wedekind (1864 - 1918)   87

a) Der Bürgerstereotyp   87
b) Der Bürgerstereotyp in der Dichtung -
   "Frühlings Erwachen" (1891) und "Simson"
   (1914)   88
   - der Stereotyp in "Frühlings Erwachen"   89
   - der Stereotyp in "Simson"   93
c) Symbolische Aggression in äußerer Erscheinung,
   im Wohnen und Auftreten   95
   - äußere Erscheinung   95
   - Wohnung   97
   - Benehmen   99
d) Libertinage   104
e) Ausgelebte Sexualität als Element der Dich-
   tung - die Utopie vom "Leben" und ihr Widerpart "Gesellschaft" in Wedekinds "Lulu"-
   Tragödie   105
f) Begeisterung für Zirkus und Varieté   109
g) Die Welt des Zirkus als Teil der Utopie
   vom Leben - Wedekinds "Fritz Schwigerling"
   (1892)   111
h) Die Sympathie für "Erniedrigte und Beleidigte"   112
i) Die Bindung an öffentliche Lokale   113
j) Das Kabarett   116
k) Die Einstellung zum Werk als Ware bzw. zur
   bürgerlichen Arbeit und Geldwirtschaft   117
l) Der Warencharakter der Kunst als literarisches
   Motiv in Wedekinds "Der Kammersänger" (1897)   120

m) Die Figur des Abenteurers und der finanzielle
   Coup als Gegenstand der Dichtung -
   Frank Wedekinds "Marquis von Keith" (1900)   124
n) Wedekinds Gesellschaftskritik - ihre politische Dimension   126
o) Frank Wedekind: permanente literarische Provokation - trotz privaten Übergangs in die
   bürgerliche Gesellschaft   129

II. VON DER SYMBOLISCHEN AGGRESSION ZUM REFORMVERSUCH   131

   Ludwig Derleth (1870 - 1948)   131

   Von der literarischen Opposition zur Gründung
   eines Eliteordens als Instrument der gesellschaftlichen Erneuerung   131

   a) Der Bürgerstereotyp   133
   b) Symbolische Aggression   135
   c) Gegen die bürgerliche Ehe - Keuschheit
      statt Libertinage   138
   d) Sympathie für "Erniedrigte und Beleidigte"   142
   e) Der Bohemekreis - das Meister/Jünger-
      Verhältnis   143
   f) Das ambivalente Verhältnis zur Großstadt/
      Stadtflucht und exotistische Reisepassion   145
   g) Das Werk als Ware. Einstellung zum Literatur-
      und Kunstmarkt   146
   h) Einstellung zur bürgerlichen Arbeit   147
   i) Gemeinschaftsexperiment /Agrarutopismus   148
   j) Ludwig Derleths "Fränkischer Koran" -   149
      eine untypische Großform?
   k) Ludwig Derleth und Politik - sein Werk unter
      dem Aspekt des antidemokratischen Denkens
      betrachtet   151
      - Anti - Intellektualismus   151
      - Antidemokratische Kritik   153
      - Antiliberaler Staatsgedanke / Die Vision
        des Reiches   153
      - Der Ruf nach dem Führer   154
   l) Die Boheme in ihrer Bedeutung für Entstehung
      und Scheitern der Derlethschen Reformpläne   155

III. VON DER SYMBOLISCHEN AGGRESSION ZUR POLITISCHEN
     REVOLUTION   157

   1. Arthur Moeller van den Bruck (1876 - 1925)   157

Von der symbolischen Aggression zur konservativen
Revolution   157

A. Aspekte und Themen   159

   a) Der Bürgerstereotyp   159
   b) Symbolische Aggression in Kleidung und
      Haltung   162
   c) Einstellung zur Libertinage und ihre
      Entwicklung   162
   d) Neigung zum Varieté   163
   e) Bindung an öffentliche Lokale   165
   f) Der "Bohemekreis"   166
   g) Das ambivalente Verhältnis zur Großstadt/
      Reisepassion   168
   h) Einstellung zum Literatur- und Kunstmarkt   170
   i) Einstellung zur bürgerlichen Geldwirtschaft   171

B. Die Boheme als Voraussetzung verschiedener Aspekte
   in der Gedankenwelt des konservativen Revolutionärs
   Moeller van den Bruck   172

   a) Von der Dostojewski-Verehrung zum deutsch-
      sowjetischen Paktgedanken   173
   b) Von der Ablehnung des "Théatre Français"
      zum Haß gegen den "Erbfeind"   176
   c) Die Verachtung der bürgerlichen Welt als Basis
      des symbolischen Protestes gegen das Wilhel-
      minische Reich und des politischen Wider-
      standes gegen die Weimarer Republik   180
      - Die Stellung Moellers zur Novemberrevolution   180
      - Herkunft und Entwicklung von Moellers
        antidemokratischer Haltung   181
   d) Der Zukunftsentwurf als Utopie: Moellers
      "Das dritte Reich"   182

C. Die Ideenwelt Moeller van den Brucks - ihr
   Verhältnis zu den geistigen Strömungen der Zeit   184

D. Arthur Moeller van den Bruck: Bohemien und
   Propagandist bohemischer Literatur - konservati-
   ver Revolutionär und Künder des "Dritten Reiches"   186

2. Hanns Johst (geb. 1890)   189

Von der symbolischen Aggression zur national-
sozialistischen Revolution   189

A. Aspekte und Themen   190

   a) Der Bürgerstereotyp   190

b) Symbolische Aggression in Inhalt und Form
des Frühwerks   192
   - Die Darstellung des Sexuellen /der An-
     griff gegen die bürgerliche Ehe   192
   - Die Sympathie für "Erniedrigte und Be-
     leidigte"   194
   - Der Protest in der Form   195
c) Das Votum für das Leben   196
d) Die Bindung an öffentliche Lokale/ der
   Bohemestammtisch   198
e) Das Werk als Ware. Die Einstellung zum Li-
   teratur- und Kunstmarkt   199
f) Das ambivalente Verhältnis zur Großstadt
   bzw. Technik   201

B. Der Einfluß des bohemischen Gedankengutes auf
einzelne Aspekte im Denken des Nationalsozialisten Hanns Johst   204

a) Von der Einstellung gegen die bürgerliche Ehe
   zur Unterstützung der nationalsozialistischen
   Aktion "Lebensborn"   204
b) Das Votum für das "Leben" - vom Individuum
   zum Kollektiv   206
c) Vom bohemetypischen anbivalenten Verhältnis
   zur Großstadt bzw. Technik über die Favorisierung und Nationalisierung des Regressionsgedankens zur Rechtfertigung der nationalsozialistischen Eroberungspläne   208
d) Die Vermengung von Kunst und Politik   211

C. Hanns Johst - Boheme und Rechtsradikalismus   214

3. Erich Mühsam (1878 - 1934)   215

Von der symbolischen Aggression zur Räterevolution   215

A. Aspekte und Themen   215

a) Der Bürgerstereotyp   215
b) Der Bürgerstereotyp im Werk Erich Mühsams:
   "Das Lumpenlied" (ca. 1898) und "Das
   Rebellenlied " (ca. 1918/19)   216
c) Symbolische Aggression im Äußeren   219
d) Libertinage   220
e) "Freie Liebe" als dramatisches Sujet:
   "Die Freivermählten" (1914)   221
f) Sympathie für "Erniedrigte und Beleidigte"   223
g) Die Bindung an öffentliche Lokale   224
h) Das Kabarett   225
i) Das ambivalente Verhältnis zur Großstadt   226

j) Stadtflucht und Reisepassion (Vagabundage) 227
k) Das Werk als Ware. Einstellung zum Literatur-
und Kunstmarkt 227
l) Einstellung zur bürgerlichen Arbeit und Geldwirtschaft 228
m) Der "große Coup" als Komödienstoff: "Die
Hochstapler" (1906) 230
n) Gemeinschaftsexperimente und Agrarutopismus 233

B. Der Einfluß der Boheme auf die politischen Bestrebungen Erich Mühsams 235

a) Von der bohemischen Wertschätzung des Indi-
viduums zum Anarchismus - vom Außenseiter
in der bürgerlichen Gesellschaft zum Außen-
seiter in den linksrevolutionären Bewegungen 236
- Die Haltung zur SPD 237
- Die Haltung zur KPD 239
b) Die Boheme als Modell für Errichtung und
Struktur einer künftigen anarchistischen Ge-
sellschafts"ordnung" 240
- Von der Sympathie für "Erniedrigte und
Beleidigte" zur Revolutionierung des
Lumpenproletariats 240
- Das bohemische Libertinitätsprinzip als
Basis der "Befreiung der Gesellschaft
vom Staat" 241

C. Revolution und Bohemetum 242

LITERATURVERZEICHNIS 245

EINLEITUNG

a) Beschreibung und Untersuchung des Phänomens "Boheme"
   in der Literaturwissenschaft

Erscheinung und Bezeichnung "Boheme" sind nicht neu. Im Anschluß an Henri Murgers Roman "Scènes de la Bohême" (1) von
1851 werden mit diesem Wort, seit dem letzten Drittel des
19. Jahrhunderts auch in Deutschland (2), Künstler- und Pseu-
dokünstlerkreise bezeichnet, die durch prinzipiell antibürgerliche Haltung und Lebenseinstellung den Blick auf sich
lenken.
Die Literaturwissenschaft befaßt sich jedoch auf Grund ihrer
lange Zeit völlig anderen Interessenlage erst spät mit dem
Phänomen.
Im Bereich der Germanistik erscheint die erste Veröffentlichung, die sich mit Boheme beschäftigt, 1958: Fritz Martinis
Artikel zum Stichwort "Bohême" in der zweiten Auflage des
Reallexikons der deutschen Literaturgeschichte. (3)
Er bestimmt "Boheme" wie folgt: Den geistesgeschichtlichen
Hintergrund bilde die Romantik mit ihrer Vorstellung von
einer nur künstlerischen Existenz (verbunden mit sinnlichem
Hedonismus und Aufruhrstimmung, besonders gegen die bürger-
liche Zivilisation, und einer Neigung zur Bejahung des Nie-
deren und Verworfenen). Die historischen Voraussetzungen der
Boheme seien einerseits die Erstarrung der bürgerlichen Ge-

---

(1) Murger, Henri, Scènes de la Bohême, Paris 1851, (seit
    der 2. Auflage von 1852: "Scènes de la vie de Bohême").
    1. dt. Übersetzung: "Pariser Zigeunerleben. Bilder aus
    dem französischen Literaten- und Künstlerleben, von H.
    Hartmann, Leipzig 1851. - Ab 1906 hält sich auch im dt.
    Titel "Bohême".
(2) S. Meyers Großes Konversations-Lexikon, 3.Bd., Leipzig,
    Wien 1903, 6.Aufl., S. 143: Bohême (franz.) meine Böh-
    men bzw. den Böhmen, auch soviel wie Zigeuner; außerdem
    sei es "eine durch Murgers 'Scènes de la vie de B.'
    (1851) typisch gewordene Bezeichnung für die Welt der
    Studenten, Künstler und Literaten gewöhnlichen Schlages
    wegen ihres freien und sorglosen ('zigeunerhaften')
    Treibens."
(3) Martini, Fritz, Bohême, in: Reallexikon der dt. Litera-
    turgeschichte, hrsg. v. P. Merker und W. Stammler, 2.
    Aufl. neu hrsg. v. W. Kohlschmidt und W.Mohr, 1. Bd.,
    Berlin 1958, S. 180 - 183.
    In der 1. Auflage von 1925 fehlt das Stichwort "Bohême".

sellschaft und die Funktionalisierung von Geist und Kunst in
ihr, andererseits die Großstadt als Sammelpunkt der geistigen
Revolutionäre gegen Konservatismus und Konformismus.
Die Boheme sei somit eine Verfallserscheinung des Bürgertums,
jedoch als seine Randerscheinung an sein Bestehen gebunden.
Der Bohemien, frei von allen Klassenbindungen, lehne den Ra-
tionalismus sowie die konventionelle Moralität durch eine
herausfordernde Emanzipation des Lebensstils ab. In geisti-
gem und moralischem Individualismus wende er sich gegen die
Vergesellschaftung des Lebens.
Da die Boheme weder in der bildenden Kunst noch in der Literatur einen eigenen Stil hervorgebracht habe, handle es sich
im wesentlichen um ein soziologisches Phänomen.
Der Aufsatz endet mit der Feststellung, eine literaturhistorische Darstellung der Boheme als internationale Bewegung gäbe es noch nicht.
Inzwischen liegt mit dem Buch "Die Boheme. Beiträge zu ihrer
Beschreibung" von Helmut Kreuzer, eines Schülers von Fritz
Martini, ein Standardwerk zum Thema Boheme vor, das in seiner
Konzeption Hilfsmittel und Grundlage zu neuen Betrachtungs-
weisen sein kann und will, und zwar nicht nur zu solchen literaturwissenschaftlicher Art. (1) Historikern,Soziologen
und Psychologen vermag es sicherlich ebenfalls wertvolle Hinweise zu geben. Selbstverständlich wäre auch die vorliegende
Arbeit ohne die von Kreuzer geschaffenen Voraussetzungen
nicht möglich gewesen. Ich verweise daher kurz auf einige von
ihm erarbeitete Erkenntnisse und Kategorien; an welche ich
mich anschließe, werde ich dabei hervorheben.
Bei Kreuzer wird zum ersten Male der Begriff Boheme histo-
risch und systematisch entfaltet. Der 1. Abschnitt untersucht
"Boheme" und verwandte Begriffe in der Literatur seit der
Goethezeit, der 2. Abschnitt gibt in einem Literaturbericht
über den Bohemebegriff der Wissenschaft Auskunft. Eine vorläufig charakterisierende Skizze der Boheme als gesellschafts-
und literaturgeschichtliches Phänomen schließt das I. Kapitel
ab.
Im II. Kapitel gibt Kreuzer, ausgehend von der Besprechung
der Boheme-Romane von Murger, Vallès und Bloy,(2) eine Typologie der erzählenden Boheme-Darstellungen:
1) Szenen aus dem Leben der Boheme nach dem Muster Murgers,
   also literarische 'Kulturbilder' und 'Sittenschilderungen'
   mit dem Thema Boheme.

---

(1) Kreuzer, Helmut, Die Boheme. Beiträge zu ihrer Beschrei-
    bung, Stuttgart 1968. - Kreuzers Boheme-Buch baut auf den
    Feststellungen Martinis auf, es erweitert und ergänzt sie.
    Zitieren werde ich nach der unveränderten Studienausgabe:
    Kreuzer, Helmut, Die Boheme. Analyse und Dokumentation der
    intellektuellen Subkultur vom 19. Jahrhundert bis zur Ge-
    genwart, Stuttgart 1971. - Als Sigle wähle ich: Kreuzer.
    Die beigefügte Zahl meint die jeweilige Seite.
(2) Murger, Henri, s.S.13, Anm.1, Vallès, Jules, Les

2) Romane der transitorischen bzw. aszendierenden Boheme -
Existenz. Der erste Typ zeigt dabei "den Lebensweg einer
im ganzen positiv gesehenen Hauptfigur in die Boheme und
durch sie hindurch oder innerhalb ihrer zu einem Entwick-
lungsziel",das "im allgemeinen als äußerer Erfolg oder als
Abkehr vom literarisch - künstlerischen Beruf, als Sich-
Anpassen an die gegebenen sozialen Verhältnisse und Normen oder als u n bohemisches Engagement in einer politisch-
revolutionären Bewegung" bestimmt ist. Romane der aszendierenden Boheme-Existenz dagegen beschreiben dieses Ent-
wicklungsziel "als befriedigende künstlerisch-literarische
Aktivität oder geglückte Leistung (unabhängig vom Erfolg),
als Überwindung der Vereinsamung durch eine menschlich -
soziale Bindung oder als politisch revolutionäres Engagement des Bohemiens (als solchem)." (Kreuzer 83)
3) Romane der durativen Boheme-Existenz, d.s.existentielle
Binnenromane aus der Welt des Bohemetums. (Vgl. Kreuzer
84)

Aus dieser Typologie werde ich in meiner Arbeit die Begriffe
transitorisch, aszendierend und durativ aufgreifen, allerdings nicht als Mittel literaturwissenschaftlicher Klassifizierung, sondern als biographisches Bestimmungsmerkmal.
Von besonderer Bedeutung für diese Arbeit sind Kreuzers Ausführungen im III. Hauptteil. Er stellt dort ausführlich
"Einstellungen und Verhaltensweisen der Boheme" dar. Ich he-
be im folgenden die für meine Untersuchung relevanten Ergebnisse heraus. (1)
Dabei ist zu betonen, daß die von Kreuzer zusammengestellten
Aspekte in ihrer Gesamtheit einen "Idealtyp" im Sinne Max
Webers (2) beschreiben.
Die Konstruktion eines "Idealtyps" aber bedingt notwendigerweise den Verzicht auf die Berücksichtigung des Einzelfalls;
der Einzelfall nämlich birgt ein dynamisches Element, das dem
statischen Charakter des Typischen zuwiderläuft.
Hier, wo Kreuzers Untersuchung aufgrund ihrer speziellen Intention aufhören muß, setzt meine Arbeit an. Sie orientiert

---

Réfractaires, Paris 1866; ders., Jaques Vingtras, 3 Teile,
Paris 1879, 1881, 1886
Bloy, Léon, Le Désespéré, Paris 1886
(1)Nicht jedem von mir angeführten Punkt ist bei Kreuzer ein
eigener Abschnitt eingeräumt. Auch halte ich mich nicht
durchweg an die vorgegebene Reihenfolge.
(2)Weber, Max, Gesammelte Aufsätze zur Wissenschaftslehre,
hrsg. v. J. Winckelmann, 4. durchges. Auflage, Tübingen
1973

sich am Einzelnen: damit kann und wird sie dem Phänomen Boheme
in seinen Abwandlungen bis in Grenzbereiche nachgehen und über
diese hinaus. Fragen wie "Sind Möglichkeiten der Differenzierung des Grundmusters Boheme gegeben, ohne diese zu verlassen?
Unter welchen Umständen geht der Bohemien vom ästhetischen Protest über zur konkreten politischen Aktion, zur Revolution?
Bleibt der Einzelne, auch wenn er äußerlich der Boheme den Rük-
ken kehrt, dennoch bohemischem Gedankengut verhaftet? Wohin
führt der Weg aus der Boheme?" werden aufgeworfen und zu beant-
worten gesucht.

b) Ausgewählte Aspekte und Themen

In diesem Abschnitt werde ich, wie bereits erwähnt, einige der
von Kreuzer erarbeiteten Aspekte der "Einstellungen und Verhaltensweisen der Boheme" erläutern. Darüberhinaus werde ich
sie im Hinblick auf das Ziel meiner Arbeit ergänzen und ge-
wichten.

- Der Bürgerstereotyp als bohemische Konstante

Die Boheme schafft sich zur Legitimation ihrer Abkehr von der
bürgerlichen Gesellschaft und ihres permanenten Angriffs gegen sie ein "Normalbild" des Bürgers, das aus einer Anhäufung
verachtens- bzw. hassenswerter Eigenschaften besteht. Diesem
negativen Bürgerstereotyp steht der positive Autostereotyp der
Boheme gegenüber.
Der positive Eigenstereotyp ist inhaltlich hauptsächlich durch
einen "programmatischen und praktischen Spontanismus" bestimmt, "der zur Negierung des Allgemeinen, Normativen, Objek-
tiven und Vorgegebenen tendiert." (Kreuzer 49) Der Bürger ist
auf der anderen Seite in den Augen des Bohemiens "Allegorie
der Normativität und Stabilität, der Macht des Allgemeinen
und Vorgegebenen schlechthin." (Kreuzer 148) Dazu verkörpert
er Gewinnsucht, Borniertheit, scheinheilige Moralität, Kunstfeindlichkeit, Herzlosigkeit, Zynismus, Untertanengeist und
ähnliche negative Eigenschaften.
Meine Darlegungen werden erweisen, daß der negative Bürgerstereotyp, gekoppelt mit dem allerdings oft nur implizit fest-
zustellenden positiven Autostereotyp, d i e integrierende
Konstante der Boheme schlechthin ist. Er ist allen Bohemiens
gemeinsam, da die bohemische Grundhaltung der symbolischen
Aggression ohne die negative Pauschalierung des Bürgers nicht
denkbar ist. Fundamentalopposition läßt kein differenziertes
Bild vom Gegner zu.
Innerhalb des Stereotyps jedoch sind durchaus Akzentsetzungen
möglich, etwa auf die Komponente des Antikünstlerischen oder
der Scheinmoral - auch dies wird meine Untersuchung deutlich
machen.

- Individualismus als "Nenner"bohemischen Außenseitertums

Die Konzeption des bohemischen Bürger- und Autostereotyps

deutet es bereits an: allen bohemetypischen Einstellungen und
Haltungen liegt ein programmatischer Individualismus zugrun-
de,"der sich, mit dem Willen zur Abweichung als solcher, ohne
Scheu vor provokatorischer Wirkung (oft mit Lust an ihr) von
Konventionen der Lebensführung und des ästhetischen, morali-
schen oder politischen Urteilens emanzipiert". (Kreuzer 48)
Von diesem Individualismus geht, wie diese Arbeit zeigen wird,
auch die "theoretische und praktische Opposition gegen die
Geldwirtschaft und gegen eine ökonomisch-materiell und utili-
taristisch orientierte Skala der Geltung, der Macht und der
Möglichkeiten im sozialen Leben" (Kreuzer 48) aus. Kreuzer
sieht dagegen diese Opposition und den programmatischen Indiv-
dualismus als gleichwertige Merkmale.

- Symbolische Aggression als symptomatische Protestform der
  Boheme

Der im Bürgerstereotyp "zubereitete" Bürger wird zum Ziel
vielfältiger symbolischer Aggressionen. Äußere Erscheinung,
Wohnung, Stilisierung im Auftreten sind dabei die augenfällig-
sten symbolischen Kampfmittel, doch sind noch andere bohemetypische Einstellungen dieser Form provokatorischer Abweichung zuzurechnen. Ich werde gegebenenfalls darauf hinweisen.

- Kunst als Teil der symbolischen Aggression

Ein häufig angewandtes Instrument der symbolischen Aggression
seitens der Boheme ist neben den oben genannten beispielsweise
die Provokation des Bürgertums durch eine avantgardistische
Kunst, die in Opposition zum bürgerlich-traditionellen Kunstverständnis steht.
Naturalismus, Expressionismus, Dadaismus sind unter diesem
Aspekt zu verstehen als neue, zum großen Teil in der Boheme
entstandene provokatorische Stilrichtungen, die thematisch
und formal zu schockieren suchen.

- Libertinismus - gesteigertes Bild des Eros

Mit zu den symbolischen Aggressionen gehört die in der Boheme praktizierte Libertinage. Von ihr aus wird der Angriff gegen die bürgerliche Ehe und die mit ihr verbundenen Wertvorstellungen von Liebe und Treue geführt.
"Freie Liebe" ist jedoch nur ein Aspekt bohemetypischer Einstellung zur Sexualität. Darüberhinaus erfährt das Geschlecht-
liche in der Boheme eine Steigerung ins Mythische und wird zum
Sinnbild wahren Lebens stilisiert, das mit einer bürgerlichen
Existenz selbstverständlich nichts gemein hat. Im Gegenteil:
ausgelebte Natur bedeutet höchste Gefährdung der bürgerlichen Gesellschaftsordnung (und ist bewußt als solche von der
Boheme konzipiert).

- Die Sympathie für"Erniedrigte und Beleidigte"

Ein Charakteristikum der Boheme ist ihre Sympathie für "Erniedrigte und Beleidigte", d.h. mit "solchen Völkern und
Rassen, sozialen Klassen, Kasten, Schichten und Gruppen
[...], die politisch und militärisch unterdrückt oder verfolgt, ökonomisch oder juristisch benachteiligt oder einfach
'gesellschaftlich' diskriminiert erscheinen". (Kreuzer 281)
Die besondere Zuneigung der Boheme genießt dabei das "Lumpenproletariat". Kriminelle, Prostituierte, Zuhälter, Homoeroti-
ker, Vagabunden erscheinen dem Bohemien als "verwandte Außenseiter, Träger einer freieren Moral des Individuums oder
Opfer einer doppelten Moral der Gesellschaft". (Kreuzer 50)(1)

- Neigung zu Zirkus (und Varieté)

Symptomatisch für die Boheme ist ihre Begeisterung für Zirkus (und Varieté).
Zirkus bedeutet zum einen letztes Reservoir des Abenteuers
in einer zivilisierten Umwelt, zum anderen ist Zirkus - wie
auch Sexualität - Sinnbild rauschhaften, natürlichen, wahren
Lebens.
Darüberhinaus gehört der bohemische Enthusiasmus für Zirkus
und Varieté zum Spektrum symbolischer Aggressionen. Indem
nämlich der Bohemien das in Zirkus und Varieté Gebotene als
Kunst propagiert, zielt er darauf ab, das bürgerliche Kunstverständnis zu provozieren, das Kunst mit Erhabenem gleichzusetzen gewohnt und gewillt ist.

- Die Bindung an öffentliche Lokale

In der Teilnahme an der Lokalgeselligkeit sieht Helmut Kreuzer eine der internationalen und interepochalen Konstanten
des Bohemetums überhaupt: die Bindung ans Café erscheine "als

_____

(1) Kreuzer behandelt die"Sympathie für 'Erniedrigte und Be-
    leidigte'" unter den politischen Einstellungen der Boheme,
    freilich nicht, ohne darauf hinzuweisen, daß die jeweili-
    gen Sympathiekundgebungen eigentlich "Zeugnisse eines un-
    oder doch vor 'politischen' Ethos seien (Kreuzer 282); zu-
    grunde liege die psychologische Identifizierung des Außen-
    seiters mit dem Außenseiter (vgl.Kreuzer 282,Anm.). - Wie
    meine Darstellung ergeben wird (vgl.Wedekind -bzw. Mühsam-
    Kapitel, S.112f.und S.223f.), nimmt die "Sympathie für 'Er-
    niedrigte und Beleidigte'"neben der(eingeschränkt) poli-
    tischen Bedeutung innerhalb des Umfelds Boheme noch eine
    weitere Funktion wahr: sie ist Mittel der symbolischen
    Aggression, nicht zuletzt da, wo sie das Lumpenproletariat
    zum glorifizierten Gegenstand der Dichtung werden läßt.
    Diesen Gesichtspunkt übersieht Kreuzer.

'Wesenszug', als fixierte Eigenschaft des typischen Bohemiens".
(Kreuzer 202)
Im Lokal findet die Boheme zum einen Öffentlichkeit, die sie
braucht, um ihre symbolische Aggression wirksam werden lassen
zu können - auch Bürger verkehren, größtenteils aus Neugier,
in den Bohemelokalen -, zum anderen die Möglichkeit, sich mit
Gleichgesinnten auf der Basis von Philisterhaß und bohemischem
Lebensgenuß zusammenzutun. Noch andere Motive spielen eine Rolle: z.B. "triste Wohnverhältnisse, die Notwendigkeit, um der
äußeren Existenzerhaltung und inneren Selbstbestätigung willen
Anschluß an Freunde, Gönner, Bewunderer, Nachahmer zu finden,
die Suche nach Ruhm oder ein Sprungbrett des Erfolgs, nicht
zuletzt die Hoffnung auf leichten Anschluß an das andere Ge-
schlecht". (Kreuzer 204 f.)

- Das Kabarett

Die Entwicklung eines Künstlerlokals zum Kabarett setzt Helmut Kreuzer dort an, wo die Darbietungen der Gäste zur Regel
werden. (Vgl. Kreuzer 213)
Das literarische Varieté erweist sich für den Bohemien in verschiedener Beziehung als wichtig. Es ist zum einen ein Treffpunkt und erfüllt darin dieselben Funktionen wie das Boheme-
Lokal, zum anderen ist es ein Wirkungsfeld, das Sprungbrett
zum Erfolg sein kann, zum dritten eine Verdienstquelle, der
nicht der Geruch bürgerlicher Arbeit anhaftet und die somit
auch von einem eingefleischten Bohemien wahrgenommen werden
kann.

- Der Bohemekreis - Meister/Jünger-Verhältnis

Die Mehrzahl der Bohemiens gehört einem Bohemekreis an, der
über die bloße bohemische Lokalgemeinschaft hinausgeht.
Kennzeichnend für den Bohemekreis ist, daß seine Mitglieder
"über eine kürzere oder längere Zeitspanne hinweg (sie ist
nicht von vornherein befristet und kann Jahre währen) persönlich miteinander verkehren und sich oft, vielfach regel-
mäßig, an gemeinsamen Treffpunkten einfinden, und zwar im Bewußtsein einer persönlichen Zusammengehörigkeit". (Kreuzer
170)
Der Zweck der Zusammenkünfte reicht von der intellektuellen
Auseinandersetzung über 'mit schier sakraler Hingabe betrie-
bene[n] Alkoholgenuß' (zit.n.Kreuzer 170) bis zum Versuch,
neue ästhetische, weltanschauliche oder politische Normen
durchzusetzen.
Häufig steht im Mittelpunkt eines Bohemekreises ein Führer
bzw. Meister. Seine Macht über Anhänger und Freunde kann de
facto sehr groß sein, doch dokumentiert sie sich auf Grund
des programmatischen Individualismus und Nonkonformismus der
Boheme nie als offener Befehlsanspruch. Wird Gehorsam aus-
drücklich gefordert, ist in dieser Hinsicht das Bohemetum
aufgehoben.

- Das ambivalente Verhältnis zur Großstadt

Das Verhältnis der Boheme zur Großstadt ist von Faszination
und Abstoßung zugleich geprägt. (1) Einerseits braucht der
Anfänger und Außenseiter die vielfältigen Chancen, die ihm
die Großstadt bietet, andererseits wird er mit der ganzen
Härte des wirtschaftlichen Existenzkampfes konfrontiert.

- Stadtflucht und exotistische Reisepassion bzw. Vagabundage

Eine Folge des spannungsvollen Verhältnisses der Boheme zur
Großstadt ist die Tendenz zur Stadtflucht. Doch nicht ein
dauerndes Verlassen der Stadt ist die Regel, sondern "charak-
teristischer ist vielmehr die doppelte, jeweils umschlagende
Nostalgie, der häufige Wechsel zwischen großstädtischer und
sporadisch ländlicher oder vagierend - romantischer Existenz."
(Kreuzer 222)
Auch die exotistische Reisepassion und die Neigung zur Vagabundage entspringen dem Spannungsverhältnis der Boheme zur
Großstadt und den von ihr repräsentierten Zivilisationsten-
denzen. "Ästhetisches, rousseauistisches oder vitalistisches
Verlangen nach dem Reiz des Fremden, noch Unbekannten, der
regressiven Befreiung in der Sensation des Abenteuers, dem
primitivistischen Erlebnis einer arkadisch anmutenden Land-
schaft, einer für archaisch oder 'natürlich' gehaltener Ge-
sellschaftsform" sind die Motive, daneben oft der"Wunsch,die
Heimat oder Realisationsstätte politischer oder philosophisch-
religiöser Ideen, denen man sich verbunden fühlt, kennenzulernen." (Kreuzer 224)

- Das Werk als Ware. Einstellungen zum Literatur- und Kunstmarkt

Kennzeichnend ist in dieser Beziehung für den Bohemien ein
ständiger Zwiespalt zwischen der programmatischen Erfolgs-
verachtung der Boheme - jede Art von Erfolg in der bürgerlichen Gesellschaft wird als Zeichen eines Unwertes denunziert -
und dem Wirkungs- und Durchsetzungsverlangen des Künstlers,
zwischen der idealisierten Hochschätzung der Kunst als etwas
Göttlichem und dem Zwang, dieses "Göttliche" dem Mechanismus
des Marktes preisgeben zu müssen.
Viele Bohemiens versuchen diesem Dilemma zu entkommen, indem
sie neben ihrer künstlerischen Tätigkeit einem "Brotberuf"
nachgehen oder ein "literarisches Doppelleben" führen, d.h.
marktorientierte Werke von "äußerer Notwendigkeit als ökono-
mische Mittel zum Zweck der kompromißfrei intendierten Werke
von innerer Notwendigkeit" (Kreuzer 248) produzieren.

---

(1) Dies betrifft nun allerdings nicht nur die Boheme, ist
    aber für sie wesentlich (vgl. Kreuzer 219).

- Einstellung zur bürgerlichen Arbeit und Geldwirtschaft -
  der finanzielle Coup

Ist der Bohemien gezwungen, einem "bürgerlichen" Beruf nachzugehen, um sich seinen Lebensunterhalt zu verdienen, empfindet
er dies meist als unerträgliche Sklaverei. "Mit der Bejahung
der Kunst geht die Verneinung der Arbeit (für den Künstler
oder den Menschen als solchen) Hand in Hand." (Kreuzer 256)
Das Erwerbsdenken ist dem negativen Bürgerstereotyp zugeord-
net.
Dennoch, der Traum vom großen Geld wird auch, und zwar besonders häufig, in der Boheme geträumt. Bei der oben erwähnten
Haltung gegenüber bürgerlicher Arbeit ist klar, daß diese als
Möglichkeit, den Traum zu verwirklichen, nicht in Frage kommt.
Stattdessen soll der finanzielle "Coup" mit einem Schlage allen Geldnöten ein Ende bereiten.(1)

- Gemeinschaftsexperimente und Agrarutopismus

Der sozialen Gliederung der Boheme in Kreise entspricht der
immer wieder unternommene Versuch, die ökonomischen Probleme
der Boheme-Existenz im Kollektiv zu lösen: in Bohemekommunen
und Bohemekolonien.
Dabei ist eine zweckrationale Motivierung der Gesellschafts-
und Zivilisationsflucht nur ein Faktor; "teilweise dient sie
nur zur Rationalisierung irrationaler Antriebe hin zum 'einfachen Leben'; immer spielt ein anti-urbanistischer Exotismus
oder eine sentimentalische Gegnerschaft zur industrialisier-
ten Gesellschaft mit". (Kreuzer 274)

- Boheme und Politik

Wendet sich der Bohemien der Politik zu, bevorzugt er radi-
kal-revolutionäre Bewegungen, wobei er jedoch meist indivi-
dualistische Abweichungen von den organisierten Parteien und
Massenbewegungen vertritt. Die stärkste Affinität besteht dabei zum Anarchismus, "teils zu einer regressiven Ausprägung,
die sich an der Idee der Zerstörung berauscht, cäsaristische
Übermenschen, Verbrecher, Terroristen und Barbaren zu literarischen Idolen erhebt, teils zu einem spiritualistisch-
utopistischen Anarchokommunismus mit humanistisch - pazi-
fistischen, rousseauistischen und antiindustrialistischen
Tendenzen". (Kreuzer 50)

c) Ansatz der eigenen Analyse

Die vorliegende Untersuchung setzt an, wo Kreuzers Bemühun-

---

(1) Gelingt ein solcher Coup tatsächlich - meist bleibt es
    bei der Projektemacherei - ist es typisch für den Bohemien,
    daß er das Vermögen meist noch schneller durchbringt als
    er es erworben hat. (Vgl. Kreuzer 263)

gen aufgrund ihrer methodischen Zielsetzung notwendigerweise
an ihre Grenzen stoßen. Während dort in idealtypischer Weise
das Phänomen Boheme als Allgemeines darzustellen war, rückt
hier zuerst Individuelles in den Mittelpunkt der Analyse: der
einzelne Bohemien als Mensch und als Autor mit seinem Werk.
In dieser Perspektive sind zwei Hauptmomente zu analysieren:

1. Bei den jeweiligen Autoren lassen sich je verschiedene
   Muster bohemischer Haltungen, Motive und Züge feststellen.
   D.h., nicht alle der einzelnen bohemetypischen Merkmale
   finden sich bei jedem Autor, vor allem nicht in denselben
   Kombinationen und Abwandlungen. So ergeben sich Varianten,
   die dort, wo sie repräsentativ sind, als "Spielarten" über
   den individuellen Ansatz hinaus Untertypen der Boheme beschreiben können. Gemeinsamer Ausgangspunkt ist der Bürgerstereotyp. Eine Skala der Spielarten aufzustellen ist
   jedoch weder möglich noch sinnvoll. Zwar gibt es auf der
   einen Seite den Typus des Erzbohemiens, der die Fülle der
   bohemetypischen Merkmale in sich vereinigt, und zwar gleichermaßen in Leben und Werk, doch stünde am anderen Ende
   der Skala die völlige Abwesenheit bohemetypischer Züge.Da-
   her könnten unter diesem Aspekt nur eine mehr oder weniger starke Besetzung, nicht interessante bzw. typische
   Kombinationen zur Darstellung kommen. Auf diese jedoch ist
   die Aufmerksamkeit dieser Arbeit gerichtet. Sie bieten die
   Möglichkeit, das Bild der Boheme, wie Kreuzer es zeichnet,
   zu konkretisieren, zu differenzieren und zu bereichern.

2. Solche Fragestellungen nach der jeweiligen Verteilung und
   Kombination in individuellem Zusammenhang sind zu ergänzen durch Analysen unter temporalem Gesichtspunkt. Bohemetum dauert in den seltensten Fällen ein ganzes Leben an.
   So stellt sich neben der Frage nach den "Spielarten" der
   Boheme die nach ihren "Wegen": wenn Bohemiens die Boheme
   verlassen, was die Regel (nicht ohne Ausnahme) ist - wohin
   wenden sie sich, was ist ihr Ziel? Die Spannweite reicht
   von vorbehaltloser Rückkehr in die bürgerliche Existenz
   bis zu dem Versuch, bohemische Kategorien und Haltungen
   in die politische Sphäre zu übertragen. Soviel sei vorweggenommen: Der erste Weg ist der häufigste; eine mehr
   oder weniger bürgerliche Existenz löst die Phase der symbolischen Aggression ab. Dieser Vorgang erscheint in verschiedenen Variationen, die jedoch relativ leicht nachzu-
   vollziehen und zu beschreiben sind: vom Versuch, der auch
   mißlingen kann, bis zur weitgehenden Integration in die
   bürgerliche Gesellschaft.
   Bisweilen aber schlägt die literarische Rebellion in politische Revolution um - diesem scheinbar ganz und gar
   untypischen Phänomen gilt in diesem Zusammenhang das besondere Interesse. Es soll in seinen individuellen Bedingungen wie in seiner zeitgeschichtlichen Symptomatik er-
   hellt werden. In dieser Hinsicht wird entschieden über
   Kreuzers Ansätze hinauszugehen sein.
   Die beiden Fragerichtungen beziehen sich wiederum auf einen doppelten Gegenstandsbereich: einerseits auf den bio-

graphischen Zusammenhang, andererseits auf das literarische
Werk in seinen Gehalten und Strukturen. Es hat sich als un-
praktisch erwiesen, diese Aspekte und Bereiche in eigenen
Teilen der Arbeit abzuhandeln; dieses Verfahren würde durch
Dominanz allgemeiner Gesichtspunkte gerade die individuel-
len Kombinationen und Differenzierungen, auf die es dieser
Arbeit ankommt, nicht hervortreten lassen. Bei der Gliede-
rung nach Autoren kommen diese Gesichtspunkte in wechseln-
der Bezogenheit und Gewichtung je nach dem individuellen
Gegenstand zur Anwendung.

Eine ausführliche Beschreibung der wissenschaftlichen Literatur zu den einzelnen Autoren ist hier weder erforderlich noch
wäre sie ergiebig. Diese Literatur greift zwar bisweilen Einzelzüge auf, die auf das Umfeld Boheme verweisen, wie etwa Betonung des Individualismus, antibürgerliche Einstellung, erotische Freizügigkeit, anarchistische Tendenz etc., meist jedoch,
ohne den Begriff "Boheme" zu verwenden und - was entscheidend
ist - den damit bezeichneten Phänomenzusammenhang zu berücksichtigen. Auf Arbeiten, an die angeknüpft werden konnte oder
die eine Auseinandersetzung als wünschenswert erscheinen lassen, wird an entsprechender Stelle eingegangen.

Da Kreuzers Kategorien einen weiten Bereich wesentlicher Aspekte der Boheme und Bohemeanalyse erschließen und sich als gut
verwendbar erweisen, schließt diese Arbeit an sie an und
nutzt sie auch teilweise als Gliederungsschema. Allerdings bedürfen diese Kategorien in einigen Fällen der Modifikation.
Solche Modifikationen - Ausbau, Veränderung und Gewichtung
(vgl. "Bürgerstereotyp als bohemische Konstante", "Individua -
lismus als 'Nenner' bohemischen Außenseitertums", "Kunst als
Teil der symbolischen Aggression" u.a.) - wurden schon im
vorangehenden Abschnitt vorgenommen und werden sich weiterhin im Zusammenhang der Anwendung ergeben. Jeder der zu ana-
lysierenden Autoren wird eine spezielle Kombination von Kategorien erforderlich machen.

DIE BOHEME –
SPIELARTEN UND WEGE

Die "Einstellungen und Verhaltensweisen der Boheme", die
Helmut Kreuzer beschreibt, ergeben in ihrer Gesamtheit, wie
festgestellt, ein idealtypisches Bild des Phänomens Boheme.

Ich werde im folgenden am Beispiel von sieben Autoren aus
der Boheme zwischen Kaiserreich und Weimarer Republik –
Else Lasker-Schüler, Franziska Gräfin von Reventlow, Frank We-
dekind, Ludwig Derleth, Arthur Moeller van den Bruck, Hanns
Johst und Erich Mühsam – der individuellen Realisation von
Boheme Rechnung tragen, ihre "Spielarten und Wege" aufzeigen.

Es wird zum einen dabei deutlich werden, wie variabel die
Größe Boheme ist, berücksichtigt man, welche der die Subkultur konstituierenden Merkmale den einzelnen Bohemien kennzeichnen und wo jeweils der Schwerpunkt liegt. Dabei ergibt
sich die Aufgabe, innerhalb prinzipiell unendlich vieler
Möglichkeiten der Realisation von Boheme einige Kombinationen von Einstellungen als besonders aussagekräftig herauszuarbeiten und an ihnen wichtige Positionen im Gesamtspektrum
zu markieren, das so gemeinsame Konturen erhält; das geschieht an ausgewählten Autoren, die diese Positionen re-
präsentieren.
Zum anderen wird sich zeigen, daß vor allem die bohemische
Gedankenwelt selbst da noch weiterwirkt, wo das Milieu verlassen wird. Dies gilt – mit Einschränkung – sogar für den
Wechsel in die Bürgerlichkeit, weit mehr jedoch noch für
den Weg aus der Boheme in die Politik; vielfach wird nämlich dabei versucht, bestimmte bohemische Denkweisen zu
forcieren und damit, bzw. in diesem Sinne, die Gesellschaft
zu verändern.

I. DAS VERHARREN IM ÄSTHETISCHEN PROTEST

Die Boheme benötigt als ihr Pendant eine liberale bürgerliche Gesellschaft, die ihr den Freiraum für ihre provokatorische Abweichung gewährt und sie zugleich finanziell trägt. Mit einer
revolutionären Umgestaltung des bürgerlichen Ordnungssystems
würde die Boheme gleichzeitig sich selbst treffen.
Obwohl sich die Mehrzahl der Bohemiens eine solche Abhängig-
keit vom verhaßten "Philister" sicherlich nicht eingesteht,
beschränken sich doch die meisten Bohemiens darauf, dem Bürger Feindschaft und Verachtung durch symbolische Aggression
zu bekunden und das System de facto unangetastet zu lassen.
Else Lasker-Schüler, Franziska Gräfin Reventlow und Frank
Wedekind vertreten diese "konservative" Form des Bohemetums
mit jeweils individueller Akzentsetzung.

1. E l s e   L a s k e r - S c h ü l e r   (1869 - 1945)

Else Lasker Schülers Spielart von Boheme bewegt sich stets
nahe am Idealtypischen. Bei den anderen Autoren, die ich be-
sprechen werde, zeigt sich eine Tendenz aus der Boheme-Existenz hinaus zu Großbürgerlichem (Franziska von Reventlow)
bzw. Bürgerlichem (Wedekind) oder Reformerischem (Derleth)
bzw. Politischem (Moeller van den Bruck, Johst, Mühsam); solche Tendenzen fehlen Else Lasker-Schüler völlig. Nicht einmal
das Alter, das so viele ihrer Mitbohemiens konzessionsbereit
macht, ringt ihr hinsichtlich ihrer bohemischen Lebenshaltung
Zugeständnisse ab. Sie lebt bohemisch-symbolischen Protest
selbst da noch, wo bohemisches Milieu und dessen Widerpart,
die bürgerliche Gesellschaft, nicht mehr gegeben sind: im
Exil in Palästina.
Dieses so dauerhaft Typische des Boheme-Lebens von Else Lasker-
Schüler ist der Grund, der mich bewogen hat, mit ihr die Beschreibung der "Spielarten und Wege" der Boheme zu beginnen.
An ihr läßt sich fast das ganze Spektrum bohemischer Einzel-
merkmale exemplarisch darstellen, so daß damit die Basis ge-
schaffen wird, das abweichende Verhalten anderer Autoren in
Art und Bedeutung verstehbar zu machen. Im Gegensatz zur Analyse und Beschreibung bohemischer Lebenshaltung sind im Hinblick auf die literarische Produktion Einschränkungen zu machen: von dem großen Ensemble bohemetypischer Züge werden nur
wenige thematisiert. In dieser Hinsicht erweist sich z.B. die
Dichtung Frank Wedekinds weit aufschlußreicher.

a) Der Bürgerstereotyp

Im Bürgerstereotyp schafft sich der Bohemien ein Zerrbild des
Bürgers, das ihm dessen pauschale Aburteilung möglich macht.
Mangelndes Kunstverständnis, Normengebundenheit, Doppelmoral,

Profitgier und Untertanengeist sind nur einige Merkmale aus
dem großen Spektrum der negativen Eigenschaften, aus denen
sich der Bürgerstereotyp zusammensetzt.
Dem stellt der Bohemien einen positiven Autostereotyp gegenüber, der allerdings relativ selten explizit formuliert, sondern stillschweigend vorausgesetzt wird. Spontanität, Individualismus, Ungebundenheit und Sendungsbewußtsein gehören zu den
Elementen dieser Selbsteinschätzung.
Innerhalb von Fremd (=Bürger) - und Autostereotyp setzt der
einzelne Bohemien verschiedene Akzente.
Die ein ganzes Leben während Antihaltung Else Lasker-Schülers
(1) gilt einem Bürgersterotyp (2), der seine negativen Eigenschaften von der Warte des von ihr entworfenen positiven Künst-
lerstereotyps zugewiesen bekommt:

> Die Dichtung bettet sich neben Gott [...] Der
> Prophet, des Dichters ältester Bruder, erbte die
> Zucht des Gewissens direkt vom Schöpfer. Die Zucht
> des Gewissens adelt aber auch den Dichter [...]
> Die Dichtung ergibt also, vom erwählten Dichter nie-
> dergeschrieben: den Extrakt höherer Wahrheit. Die
> Dichtung ist eine Gunst, die der Dichter auf sich
> nimmt. (3)

---

(1) Erika Klüsener schreibt der Dichterin zur Zeit ihrer ersten
Ehe durchaus bürgerliche Neigungen zu. Als Belege führt sie
Briefe des Vaters an, u.a.: "Heute komme ich auf Bitte von
Else, die (der?) es unter uns gesagt (sonst wird sie zu stolz)
mehr als Gott sei Dank gut geht. Sie ist eine Frau à la seelige lieb seelige Mama sie kocht selbst und der Doctor ist
verliebt in den Speisen was Else kocht - sie ist sehr haus-
hälterisch sehr sparsam (geizig) ... und ganz gewiß bekommt
der arme Doctor nicht satt, der ja ohnehin ein Nebbisch ist
und verhungert aussieht etc. Für ihre Küche habe ich bis heute gesorgt." - Zitiert nach Klüsener, Erika, Else Lasker-
Schüler in Selbstzeugnissen und Bilddokumenten, Reinbek bei
Hamburg 1980 (rororo Bildmonographien 283), S. 33 -
Da ich auf keine weiteren Hinweise zu dieser "bürgerlichen
Phase" Else Lasker-Schülers gestoßen bin, halte ich es für
wahrscheinlich, daß sie dem Vater zuliebe eine Zeitlang die
Rolle der sorgenden Ehe- bzw. Hausfrau spielte.

(2) Ihre Familie bezieht die Dichterin nicht in den Stereotyp
ein: Geborgenheit und Liebe des bürgerlichen Elternhauses
werden stets positiv gewertet.

(3) Lasker-Schüler, Else, Gesammelte Werke in drei Bänden,
Band 1 und 2 hrsg. v. F. Kemp, Band 3 hrsg. v. W. Kraft,
München 1959 - 1962, hier: Band 2, S. 778 - Ich werde im
weiteren aus dieser Ausgabe unter Sigle "L.-Schüler GW"
zitieren. Römische Ziffern bezeichnen den Band, arabische
Zahlen die Seite.

Günstling Gottes und als Künder der Wahrheit Bruder des Propheten - eine höhere Wertung des Künstlers ist kaum denkbar.

Mehr als der Platz eines ungeliebten "Stiefsohnes" kann bei
solcher Gottesnähe, ja Gotteskindschaft des Dichters, dem Bürger nicht zukommen:

> Wir [die Künstler] sind die Lieblinge Gottes,
> die Kinder der Marien aller Lande. Wir spielen
> mit seinen erhabensten Schöpfungen und kramen
> in seinem bunten Morgen und goldenen Abend. Aber
> der Spießbürger ist ein Schwerphilister, bleibt
> Gottes Stiefsohn, unser vernünftiger Bruder, der
> Störenfried. (L.-Schüler GW II 151)

Dieser"vernünftige Bruder" Bürger steht der Welt voll Vorur-
teile gegenüber, da er sie nur oberflächlich erfaßt (im Gegensatz zum Künstler!) und sie in starre Systeme zwingt, in
denen Schöpferisches keinen Platz hat. (1)

b) Symbolische Aggression in Kleidung, Wohnung, Stilisierung
   des Benehmens

Der unkünstlerischen, einengenden Welt ihres "Stiefbruders"
Bürger begegnet Else Lasker-Schüler mit heftiger symbolischer
Aggression. Die Lebenshaltung des "Prinzen von Theben" (2)
kennt keinen Kompromiß mit der bürgerlichen Gesellschaft.
Einen beträchtlichen Schockeffekt weiß Else Lasker-Schüler allein durch ihre Kleidung zu erzielen. Gottfried Benn berichtet:

> Man konnte weder damals noch später mit ihr über
> die Straße gehen, ohne daß alle Welt stillstand
> und ihr nachsah: extravagante weite Röcke oder
> Hosen, unmögliche Obergewänder, Hals und Arme be-
> hängt mit auffallendem, unechtem Schmuck, Ketten,

---

(1) Vgl. L.-Schüler GW II 151: "Ich sehe [...] Ihren [der
    Bürger] Mond aufgehen hinter ihrer Stirn. Jeder Schmerz
    und jedes Freudegefühl, Vernichtung oder Erhebung ist ein
    neues Bild Ihres Sternensystems." - "Stirn" und "Sternen-
    system" stehen für das verstandesmäßige Erfassen und Ka-
    tegorisieren der Umwelt durch den Bürger.

(2) "Prinz von Theben" ist Else Lasker-Schüler von eigenen Gna-
    den. "In der Nacht meiner tiefsten Not erhob ich mich zum
    Prinzen von Theben." (L.-Schüler GW II 534 f.). Als Prinz
    von Theben (oder als "Tino von Bagdad", "Josef von Ägypten"
    etc.) unterschreibt sie und läßt sich auch so ansprechen.
    Näheres dazu s. S.32 f.

Ohrringen, Talmiringe an den Fingern, und da
sie sich unaufhörlich die Haarsträhnen aus der
Stirn strich, waren diese, man muß schon sagen:
Dienstmädchenringe immer in aller Blickpunkt.(1)

Die von Benn beschriebene "Alltagskleidung" - deren schockie-
rende Wirkung nicht auf den Spießbürger beschränkt bleibt, wie
dem Ton Benns zu entnehmen ist - wird in ihrer extravaganten
Zusammenstellung noch übertroffen von Else Lasker-Schülers
Abendrobe:

Da sie [Lasker-Schüler] immer wieder betonte, es
müsse elegant bei diesem Ausflug zugehen, zogen
wir [Tilla Durieux u. Paul Cassirer] uns Abend-
kleidung an und erschraken nicht wenig, als sie
uns am verabredeten Treffpunkt mit einer roten
langen Russenbluse entgegentrat. Auf dem Kopf trug
sie einen türkischen Fez, um die Schultern geworfen
ein Reiseplaid und in der Hand eine kleine Reise-
tasche. (2)

---

(1) Benn, Gottfried, Rede auf Else Lasker-Schüler, in: G.B.,
Gesammelte Werke in acht Bänden, hrsg. von D.Wellershoff,
Wiesbaden 1968, 4. Band: Reden und Vorträge, S.1101-1104,
hier: S. 1102. - Diese Schilderung Benns wird von vielen
Autoren, die sich zu Leben bzw. Werk der Dichterin äußern,
übernommen: z.B. von
Jais, Agathe, Else Lasker-Schüler. Die Lyrik der mittleren
Schaffensperiode, München 1965 (Diss.), S. 22
Schlocker, Georges, Exkurs über Else Lasker-Schüler, in:
Dt. Lit. im 20. Jh. Strukturen und Gestalten, 5.veränderte
und erweiterte Auflage, hrsg. v. O. Mann und W.Rothe,Bern,
München 1967, 1.Band: Strukturen, S. 344-357, hier:S.349.
Wallmann, Jürgen P., Else Lasker-Schüler, Mühlacker 1966,
S. 28 f.
Variationen zum Thema Kleidung bringen u.a.:
Ahl, Herbert,Eine Sappho, der die Welt zerbrach. Else
Lasker-Schüler, in: H.A., Literarische Portraits, München,
Wien 1962, S. 316-324, hier: S.320:" [...] diesmal eine
rote Samtjacke mit goldenen Knöpfen tragend, entweder einen
Kalabreser oder eine Jockeimütze auf dem Kopf und an den
Füßen Sandalen mit aufgebundenen Glöckchen."
Vgl. a. Goldscheider, Paul, "Wo ich bin, ist es grün", in:
Lasker-Schüler. Ein Buch zum 100. Geburtstag der Dichterin,
hrsg. v. M.Schmid, Wuppertal 1969, S. 50-54.

(2) Durieux, Tilla, Eine Tür steht offen. Erinnerungen, Berlin
1954, S. 122 - Reichlich zu übertreiben scheint mir allerdings Emmy Ball-Hennings, was die "Ausstattung" Else Lasker-
Schülers angeht. Sie behauptet, der "Prinz von Theben" habe
sich zu Beginn des 1. Weltkrieges mit einer deutschen bzw.
mit einer bayerischen Schärpe dekoriert, um nicht für eine
Spionin gehalten zu werden. (s.Ball-Hennings, Emmy, Ruf und
Echo. Mein Leben mit Hugo Ball, Einsiedeln, Zürich, Köln
1953,S.58 f.)

Gottfried Benns und Tilla Durieux' Schilderungen beziehen
sich auf die Zeit um 1910 bzw. 1920 in Berlin. Ungefähr 20
Jahre später lernt F. Grosshut Else Lasker-Schüler in Palästina kennen. Er erzählt von seiner ersten Begegnung mit der
Dichterin:

> Ein Geschöpf, zierlich, klein, in seltsamem Auf-
> putz. Über schmale Schultern fiel ein dreiviertel-
> langes schwarzes Samtcape, von einer silbernen
> Sicherheitsnadel zusammengehalten. Auf dem Kopf
> saß ein kleines Leopardenmützchen. Schwarze lange
> Locken in wunderlichem Gemisch quollen darunter
> hervor. In schwarzweiß karierte knielange Taft-
> hosen war Else Lasker-Schüler gekleidet. Von den
> Ohren baumelten große korallenfarbene Glasohrringe,
> die später mit giftgrün schillernden vertauscht
> wurden. Ein übergroßer rechteckiger Glasring
> leuchtete vom Zeigefinger der edel geformten Hand.
> Auf schwarzen Schuhen waren kleine Silberglöck-
> chen befestigt. (1)

Else Lasker-Schülers Äußeres drückt also, weit weg von jeglicher Boheme, in einem Staat, der noch um seine Konsolidierung ringt und an eine Institutionalisierung bürgerlicher
Verhältnisse gar nicht denken kann, unverändert Protest aus.
Provokation um der Provokation willen?
Ich meine, daß Else Lasker-Schülers symbolische Rebellion
in Permanenz von der Eigenart des von ihr konstruierten Bürgerstereotyps her erklärbar ist: der Bürger ist wesentlich
durch sein "Nichtkünstlersein" bestimmt. Und "Nichtkünstler"
finden sich eben überall.
Auch was "bohemisches Wohnen" angeht, ist bei Else Lasker-
Schüler kein Streben nach Veränderung erkennbar. Seit der
Trennung von Herwarth Walden haust sie nur noch "möbliert",
in Hotels oder privat.
In ihrer Streitschrift gegen ihre Verleger "Ich räume auf"
beschreibt die Dichterin das Domizil, das am Anfang einer langen Reihe mehr oder weniger schäbiger Unterkünfte steht:

> Hinter Holzgittern wohnte ich zur Zeit des ersten
> Buches in einem ehemaligen Flaschenraum, in einem
> der Käfige des Kellers, den der Portier mir ge-
> heimnisvoll, aber großzügig für fünfundsiebzig
> Pfennige monatlich auf seine Rechnung und Gefahr
> vermietet hatte. (L.-Schüler GW II 521)

---

(1) Grosshut, F.S., Else Lasker-Schüler in der Emigration, in:
Else Lasker-Schüler. Dichtungen und Dokumente. Gedichte,
Prosa, Schauspiele, Briefe, Zeugnis und Erinnerung, Mün-
chen 1951, S. 590 - 593, hier S. 591 - zu Else Lasker-
Schülers Exil in Palästina vgl. weiterhin: Ben Chorin,
Schalom, Prinz Jussuf in Jerusalem, ebd., S. 582-590.

Dagegen mutet das Berliner Mansardenzimmer, von dem Wieland
Herzfelde erzählt, schon fürstlich an: das Zimmer sei sehr
schön geschmückt.

Glasklingelspiele, bunte Federlaufrädchen, ein
Tisch voll kleiner Soldaten und Elefanten und
orientalische Schmucksachen. [...] An den
Wänden einige Plakate, Zeichnungen von Franz
Marc, von sich selber, von Kainer, von ihrem Sohn
Paul Walden. Auf einem Tisch ist eine Schreib-
maschine. Das paßt aber recht gut zu dem unwill-
kürlichen Durcheinander von nützlichen und
spielerischen Dingen, das mir den stärksten Eindruck hinterlassen hat. (1)

Später, als sie finanziell ein wenig besser gestellt ist, bevorzugt die Dichterin Hotelzimmer. Verhältnismäßig lange
wohnt sie z.B. im Berliner Hotel "Sachsenhof" (später"Hotel
Koschel"). Die Jahre in der Schweiz und in Palästina verlebt
sie ebenfalls in Hotelzimmern. In Zürich sind es das "Hospiz",
der "Seehof" und die "Bollerei", wo sie Quartier bezieht, in
Jerusalem u.a. das"Hotel Vienna".
Doch nur die Schauplätze ändern sich, die Requisiten bleiben
die gleichen. Stets sind die Zimmer "vollgestopft mit Spiel-
zeug, Puppen, Tieren, lauter Krimskrams." (2)
Dieser "Krimskrams" nämlich ist - wie die Kleidung - Teil
einer Stilisierung antibürgerlichen Verhaltens ganz eigener
Art (3): er gehört zum Bilde des "Prinzen von Theben".
Die Identifikation Else Lasker-Schülers mit dieser Rolle geht
sehr weit. Sie bezieht auch ihre Umgebung mit in die von ihr

---

(1) Herzfelde, Wieland, Else Lasker-Schüler. Begegnungen mit
    der Dichterin und ihrem Werk, in: Sinn und Form 21, 1969,
    S. 1294-1325, hier S. 1311. - Ob Hans Reimann das gleiche
    Zimmer meint, ist nicht sicher. Auf jeden Fall macht auch
    auf ihn das "unwillkürliche Durcheinander" großen Ein-
    druck: "Und als sie [Else Lasker-Schüler] aufgeräumt hat-
    te, durfte ich eintreten. Der Raum erweckte den Eindruck,
    als wolle jemand den Begriff 'unaufgeräumt' ad oculos
    demonstrieren." (In: Reimann, Hans, Mein blaues Wunder.
    Lebensmosaik eines Humoristen, München 1959, S.173 f.) -
    Zu Else Lasker-Schülers Zimmereinrichtung s.a. Schmidtbonn,
    Wilhelm, Die unerschrockene Insel. Sommerbuch aus Hidden-
    see, München 1925, S. 48 f.

(2) Benn, Gottfried, Rede auf Else Lasker-Schüler, S. 1101

(3) Inwieweit Else Lasker-Schülers stilisierte Haltung dem
    Schutz vor den Ansprüchen der realen Umwelt dient - eine
    von der wissenschaftlichen Literatur immer wieder disku-
    tierte Frage - ist hier nebensächlich. Entscheidend in
    diesem Zusammenhang ist, daß diese Stilisierung, mag auch
    Flucht ihr wirkliches Motiv sein, von bohemischer und bür-
    gerlicher Umwelt gleichermaßen als symbolische Attacke in-
    terpretiert wird.

aufgebaute, exotische"Spielwelt" ein (1). Menschen, die ihr
nahestehen, bekommen einen besonderen Namen bzw. Titel: Gottfried Benn ist z.B. "Giselher" oder der "Barbar", Karl Kraus
der "Herzog" "Cardinal" oder"Dalai Lama", Richard Dehmel nennt
sie u.a. "Kambyses" und "Kalif", Kete Otto-Parsenow (2) "Venus
von Siam". Wenn Else Lasker-Schüler an Richard Dehmel schreibt,
richtet zugleich Abba Waly von Theben das Wort an Kambyses:

> Kambyses, Du mußt dem Prinzen von Theben e i n e n
> G e f a l l e n   t u n! Nämlich Du mußt meinem
> Kameraden Herwarth Walden ein Glück bereiten!
> O, Kambyses, wenn Du es tust, ich werde Dir zehn
> weiße Elephanten schenken, meine Silbertauben,
> meine Gärten und verzuckerten Rosen, Salbenge-
> fäße, meine 3 Sudanneger und meinen Ring in des-
> sen Stein sich der Himmel spiegelt. (L.-Schüler
> B I 19)

Der, der sich in den Augen des Prinzen als solcher Ehren un-
würdig erweist, wird mit dem Entzug von Titeln und "Geschen-
ken" bestraft und aus Theben verbannt. (3)
Von vornherein ausgeschlossen aus dem orientalischen Phanta-
siereich Else Lasker-Schülers ist der Spießbürger. Für ihn
hat der "Prinz von Theben" nichts als Verachtung übrig, die er
in Wort und Tat unmißverständlich kundtut.
Glimpflich kommt dabei noch jener Germanistik-Dozent davon,
der einen Vortragsabend Else Lasker-Schülers in Wien einlei-
ten soll. Bei dem Versuch, vor dem Beginn der Veranstaltung
mit der Dichterin Konversation zu machen, muß der Dozent sich
zunächst sagen lassen, daß Goethe kein Dichter sei, weil er
"Wipfeln auf Gipfeln [sic!]" (4) gereimt habe. Als er sein
Glück mit einem Lobpreis Georges versucht, stößt er wiederum

---

(1) Ich merkte bereits an, daß sie sich mit "Prinz" anreden
   läßt und mit diesem Titel Briefe unterzeichnet (vgl. S.29,
   Anm. 2)

(2) Kete Otto-Parsenow, Schauspielerin, ist Else Lasker-Schülers "beste Freundin", s.Lasker-Schüler, Else, Briefe, hrsg.
   v. M. Kupper, 2 Bde., 1.Bd.: Lieber gestreifter Tiger, 2.
   Bd.: Wo ist unser buntes Theben, München 1969, hier Bd.2,
   S. 93 - Für diese Briefausgabe verwende ich im folgenden
   die Abkürzung: L.-Schüler B. Römische Ziffern stehen für
   den Band, arabische Zahlen geben die Seite an.- Die Briefe
   an Karl Kraus sind darin nicht enthalten, sondern in: Lasker-Schüler, Else, Briefe an Karl Kraus, hrsg. v. A. Gehlhoff-Claes, Köln, Berlin [1959]. Ich zitiere diese unter
   der Sigle: L.-Schüler B an K.K. Arabische Zahlen bezeichnen
   wiederum die Seite.

(3) Vgl. z.B. den Bruch Else Lasker-Schülers mit Karl Kraus,
   als dieser sich weigert, ihren Sohn zu protegieren.

(4) Goldscheider, Paul, "Wo ich bin, ist es grün", in: Lasker-

auf Ablehnung. "'Den mag ich nicht'" (1). Eine abfällige Bemerkung seinerseits über George hat jedoch unerwartete Folgen:
"Da sprang ihn Else Lasker-Schüler wild an die Gurgel:'Wie dürfen Sie so sprechen? Stefan George ist doch ein Gott'" (2)
Kritik zu üben an Dichtung steht nämlich nur einem Dichter zu,
nicht einem Nichtkünstler.
Zu diesem Vortragsabend hatte offensichtlich der Prinz von Theben seinen Regenschirm nicht mitgebracht. Sonst hätte es geschehen können, daß dem Dozenten die Mißbilligung seitens der
Dichterin noch eindringlicher klar gemacht worden wäre und er
das Schicksal von Frau Rascher (u.anderen) geteilt hätte.(3)
Tilla Durieux erzählt:

> Die Familie Rascher, für alles Neue interessiert,
> veranstaltete auch literarische Abende, unter an-
> derem auch einen für Else Lasker-Schüler, die in
> ewigen Geldsorgen in Zürich herumstrich. Zum Dank
> dafür attackierte dieser literarische Wildling die
> gutherzige Frau Rascher um die Mittagszeit vor
> einem vollbe setzten Café mit einem Regenschirm,
> was natürlich großes Aufsehen erregte. Als Grund
> gab sie an, Frau Rascher habe bei einem ihrer Ge-
> dichte gelächelt, was sicher nicht der Wahrheit
> entsprach. (4)

An der berühmtesten Ohrfeigengeschichte ist Else Lasker-
Schüler allerdings nur mittelbar beteiligt.Gegen Kurt Hiller tritt Wieland Herzfelde für sie in die Schranken. Umstrit-
ten ist der Anlaß. Kurt Hiller, der "Leidtragende", behauptet,

---

Schüler. Ein Buch zum 100. Geburtstag der Dichterin, hrsg.
v. M. Schmid, Wuppertal 1969, S. 53.

(1) Goldscheider, Paul,"Wo ich bin, ist es grün", S. 53

(2) Goldscheider, Paul, S. 53

(3) Hermann Nissen, Präsident der Bühnengenossenschaft, der
sich die Feindschaft Else Lasker-Schülers durch einen Ehren-
beleidigungsprozeß mit Herwarth Walden zugezogen hatte, ent-
geht nur dank Erich Mühsam einer Tracht Prügel: " [...]
ich hatte Mühsam seinen Stock abgenommen draußen und wollte
Nissen verhauen, aber Mühsam sagte, das gebe 6 Monate und
so müde bin ich nicht." (L.-Schüler B an K.K. 17) - Weniger
Glück hatte einer ihrer Verleger, den sie im Theater-Foyer
ohrfeigt, wobei ihr "ein Erzengel [...] die Hand geführt
hat." (zitiert nach Wallmann, Jürgen P., Else Lasker-Schüler, S. 80. Wallmann zitiert ohne Quellenangabe. Ich bin
auf diese Episode sonst nirgends gestoßen.) Nicht immer halten die Geprügelten still, wie man einem Brief der Dichterin
an Ludwig von Ficker ("Landvogt") entnehmen kann: "Ich wasch
mich am Kurfürstendamm mit faulen Prolethen [sic!] geprügelt
und einer der Spiessbürger hat mir fast den Kopf eingeschla-
gen. Ich habe einen Riss in der Knochenhaut und es geht mir
sehr schlecht [...] Ihr verprügelter Jussuf."(L-Schüler B I
105)
(4) Durieux, Tilla, Eine Tür steht offen, S. 229.

ein Vergleich der Lasker-Schülerschen Lyrik mit Goethes Gedichten, der zuungunsten des "Prinzen von Theben" ausgefal-
len sei, habe ihm Herzfeldes handgreiflichen Tadel eingetra-
gen. (1) Else Lasker-Schülers Version lautet:

> Der junge Wieland Herzfelde, unser jüngster Dich-
> ter hier, hat ihn[Kurt Hiller] denn ... zweimal
> für seine unerhörten Gemeinheiten gegen mich geohr-
> feigt öffentlich im Café d.W.[Café des Westens]
> So sagte Dr. Hiller in Gegenwart von Wieland: Den
> Dr. Groß hätte man lieber nicht einsperren sollen,
> lieber die Lasker-Schüler, der Dr. Groß ist wenig-
> stens nicht gemeingefährlich wie die Lasker-Schüler
> und er sagte dann noch etwas, das ich nicht vor
> Schmutz wiederholen will, ich kann es nicht ge-
> schrieben, von Mir dem Prinzen von Theben sehn.
> Der Inhalt aber ist der, daß er sagte wie zu allen
> jungen Dichtern, ich locke sie in mein Schlafzim-
> mer, die jungen Leute für mich auf niedrigem Weg
> zu gewinnen zum Kampf. Ich könnt auch dichterisch
> nichts [...] (L.-Schüler B an K.K. 78 f.)

Wieland Herzfelde schließlich gibt Kurt Hillers Anzüglichkei-
ten als   e i n z i g e n   Grund für seine Attacke an: Else
Lasker-Schüler habe an ihrem Stammtisch im "Café des Westens"
von einem jungen Dichter geschwärmt, den keiner der Anwesen-
den gekannt habe. Als man in Abwesenheit der Dichterin gerät-
selt habe, wer der Unbekannte sei, habe Hiller geäußert:'Ach,
das ist doch belanglos. Sie hat sich ja nur in der Etage ge-
irrt.' (2), und habe dabei jedes Mißverständnis mit einer
eindeutigen Geste ausgeschlossen.
Welche dieser Variationen der Anekdote nun auch immer zutref-
fen mag (3) - stimmt die Version Else Lasker-Schülers bzw.
Wieland Herzfeldes, muß es verwundern, daß die Dichterin so
empört auf den Verdacht reagiert, zu jungen Dichtern andere
als literarische Beziehungen zu pflegen, denn wie in Kleidung,
Benehmen etc. setzt sie sich auch - und gerade - in der Liebe
über alle Konventionen hinweg.

---

(1) Hiller, Kurt, Begegnungen mit "Expressionisten", in: Ex-
    pressionismus. Aufzeichnungen und Erinnerungen der Zeitge-
    nossen, hrsg. v. P. Raabe, Olten, Freiburg 1965, S. 24-36,
    hier nach S. 29.

(2) Herzfelde, Wieland, Else Lasker-Schüler. Begegnungen mit
    der Dichterin und ihrem Werk, S. 1316.

(3) Zu der Schwierigkeit, in der Memoirenliteratur Legende und
    Wahrheit zu unterscheiden, insbesondere bei Else Lasker-
    Schüler, vgl. Bauschinger, Sigrid, Else Lasker-Schüler.
    Ihr Werk und ihre Zeit, Heidelberg 1980, S. 30-49.

c) Libertinage als Merkmal bohemischer Lebenshaltung

Der bohemische Libertinismus hat in Else Lasker-Schüler eine
seiner bekanntesten und eifrigsten Verfechterinnen.
Else Lasker-Schülers "bürgerliche erste Ehe" (geschlossen 1894,
vgl. S. 28, Anm. 1) geht dementsprechend schnell in die Brü-
che. 1903 läßt sie sich von Dr. Lasker scheiden und beendet
zugleich ihre Beziehung zu Peter Hille. Im selben Jahr heiratet sie Herwarth Walden. (1) Diese Verbindung - mit landläu-
figen Vorstellungen von Ehe und Familie hat sie wenig gemein
(2) - dauert bis 1910. Dann verläßt Else Lasker-Schüler ein
für allemal "die Barke ehelicher Galeeren" (L.-Schüler GW III
93) (3)
Ohne irgendwelche Rücksichten lebt sie nun ihren "Verliebthei-

---

(1) Schenkt man der Aussage der Dichterin Glauben, so ist keiner der drei genannten Männer der Vater ihres 1899 geborenen Sohnes Paul. An Karl Kraus schreibt sie: "Sie wissen doch, er ist mein Junge und das Kind von Rouan [Alci-
biades de], der gestorben ist." (L.-Schüler B an K.K. 93)-
Sigrid Bauschinger meldet, m.E. nicht unberechtigt, Zweifel an diesem Geständnis Else Lasker-Schülers an. (Vgl.
Else Lasker-Schüler, S. 28)

(2) Vgl. Durieux, Tilla, Eine Tür steht offen, S. 122 f.: "Dieses Ehepaar [Else Lasker-Schüler und Herwarth Walden], mit
ihrem unglaublich verzogenen Sohn [Paul, siehe Anm. 1],
konnte man nun von mittags bis spät nachts im"Café des
Westens" unter all den wilden Kunstjüngern und Kunstfrauen
antreffen. [...] Die kleine Familie nährte sich, wie ich
vermute, nur von Kaffee, den ihnen der bucklige Oberkell-
ner des "Café des Westens" mitleidig stundete oder den ein
freimütiger Gast bezahlte. Das Kind ging inzwischen heim-
lich zu den Kuchenschüsseln und nahm sich in unbewachten
Augenblicken, was ihm gefiel. [...] Ging es dem Ehepaar
gar zu schlecht, unternahm es 'Raubzüge', wie sie es selber nannten, und besuchten ihre Lesergemeinde, deren Mitglieder auch in den reichsten Kreisen zu finden waren. Alle beteiligten sich dann an der Finanzierung des Ehepaares."

(3) Jethro Bithell, Germanistik-Dozent an der Universität von
Manchester und Herausgeber und Übersetzer einer Sammlung
zeitgenössischer deutscher Dichtung ("Contemporary German
Poetry", London, New York 1909), bekommt von Else Lasker-
Schüler den Rat, einen Sprung in die Themse einer Heirat
vorzuziehen (vgl. L.-Schüler B I 46 f.).

ten", (1) auch noch als über 70jährige. (Nicht immer wird allerdings ihre leidenschaftliche Zuneigung im gleichen Maße erwidert.) (2)
Zu den "Geliebten" der Berliner Jahre gehören Johannes Holtzmann, (3) Hans Ehrenbaum-Degele, Gottfried Benn, Hans Albert
von Maltzahn, Paul Leppin. Die Liebe der alternden Dichterin
wendet sich Paolo Pedrazzini (4) und Ernst Simon (5) zu.Unver-

---

(1) "Verliebtheit" steht bei Else Lasker-Schüler für "Liebe
ohne Anspruch auf Treue"; das Verbleiben der Liebe nämlich
liegt nicht in der Macht des Menschen, "da sie nicht von
dieser Welt ist. [...] Wie eine Sturmbraut naht die Liebe
von Liebwest oder wie Palmensäuseln aus der Morgenlandferne.
Ein Komet ist sie mit allen Verheißungen, steht man von ihr
umarmt ganz im Lichte. Eine Sternschnuppe, überraschend,
taucht die Liebe unsichtbar in das verzauberte Herz." (L.-
Schüler GW II 612)

(2) Jürgen P. Wallmann meint, es sei nicht gerechtfertigt, Else
Lasker-Schüler des erotischen Anarchismus (er spielt hier
sicher auf Walter Muschgs Aufsatz über E.L.-Schüler an, in:
Von Trakl zu Brecht. Dichter des Expressionismus, München
1961, S. 115-148, hier S. 122 f.) oder gar der Libertinage
zu beschuldigen. Nicht jeder lyrischen Liebeserklärung ent-
spräche eine persönliche Beziehung (s.Wallmann, J.P., Else
Lasker-Schüler, S. 44). Nun ist es aber so, daß in den Fällen, wo es zu keiner engen Beziehung kommt (z.B. Gottfried
Benn oder Ernst Simon), dies auf die mehr oder weniger heftige Abwehr der Angedichteten zurückzuführen ist.

(3) Else Lasker-Schüler nennt ihn - in Umkehrung seines Vor-
namens - Senna Hoy (oder Sascha). Die Liebesgedichte an
ihn sind unter dem Titel "Meinem so geliebten Spielgefähr-
ten Senna Hoy" zusammengefaßt (s. L.-Schüler GW I 175-189)

(4) Von der Intensität des Gefühls der 66jährigen zu dem wesentlich jüngeren Mann zeugt ein Brief an Pater Guardian Diego
da Melano vom 29.VIII. 1935:"Ich liebe Paolo Pedrazzini.
Ihn anzustaunen wie man ein Lieblingsbild mal lange anblickt;
so beschenkt fühlen sich nur Kinder an Weihnachten. - Ich
liebe ihn mit meiner ganzen Seele, ich liebe ihn wie ein
Hirte vom Hügel, ein verwunschener Prinz einen Dogen liebt
von ferne bis zum Horizont. Ich werde ein Engel (fast) wenn
ich an Paolo Pedrazzini denke. [...] Die Erde, der Himmel
will diese Liebe, sie wäre sonst in den langen sieben Mär-
chenbuchjahren vergilbt." (L.-Schüler B II 174)

(5) Dr. Ernst Simon, Professor für Pädagogik an der Universität
Jerusalem, Dichter und Religionsphilosoph, 30 Jahre jünger
als Else Lasker-Schüler, ist die letzte "große Liebe" der
72jährigen. Er weist sie mit viel Güte zurück:"' Sie machen
den heroischen wie tragischen Versuch, Ihr Dichtertum zu
leben' [...]'wir leben in verschiedenen Zeiten. Sie in
der Ihren, eigenen ... aber ich lebe ... auch, und nach

ändert exponiert sie, wie es Gottfried Benn formuliert, "schran-
kenlose Leidenschaftlichkeit, bürgerlich gesehen, ohne Moral und
ohne Scham", (1) ohne sich jemals um die bürgerliche Sicht zu
scheren.

d) Libertinage und Lebensrausch - Gedichte der Sammlung
   "Styx" (1902) und der Roman "Mein Herz" (1912)

Die bohemische Libertinage erscheint auch im Werk Else Lasker-
Schülers. (2) Verschiedene Gedichte, besonders der Sammlung
"Styx" (1902), (3) und der autobiographische Briefroman "Mein
Herz . Ein Liebesroman mit Bildern und wirklich lebenden Menschen" (1912) nehmen dieses Thema auf. (4) Sexuelles Sichaus-
leben wird darin in bohemetypischer Weise zum wesentlichen Element rauschhaft gesteigerten Lebens stilisiert. (5) (6)

---

außen vor allem, in der kühlen Hautoberfläche der Berührung
mit fremdem Leben. Bei Ihnen aber ist H e r z   u n d
H a u t eines - das macht Sie so groß und Ihr Leben, h e u -
t e, so schwer.'" (zit. n. Klüsener, Erika, Lasker-Schüler,
S. 125)

(1) Benn, Gottfried, Rede auf Else Lasker-Schüler, S. 1103

(2) In der umfangreichen Sekundärliteratur zu Else Lasker-Schüler
    findet sich lediglich bei Margarete Kupper der Hinweis auf
    einen möglichen direkten Zusammenhang zwischen bohemischer
    Lebenshaltung und den frühen Gedichten: "Bei der Lektüre die-
    ser Gedichte [der Sammlung "Styx"]erhält man den Eindruck,
    daß Else Lasker-Schüler hier nicht allein ihrem natürlichen
    Temperament und Lebensgefühl Ausdruck gibt, sondern auch der
    Mode der Zeit verfallen zu sein scheint und der Emanzipation
    und dem freien Bohèmeleben literarisch ihren vollen Tribut
    zollt." (In: Die Weltanschauung Else Lasker-Schülers in ihren
    poetischen Selbstzeugnissen, Würzburg 1963 (Diss., Teildruck),
    S. 74.

(3) Lasker-Schüler, Else, Styx. Gedichte, Berlin 1902. Ich zitie-
    re nach dem Abdruck in GW I 9-76.

(4) Lasker-Schüler, Else. Mein Herz. Ein Liebesroman mit Bildern
    und wirklich lebenden Menschen, München, Berlin 1912. Ich
    zitiere nach dem Abdruck in GW II 289 - 390.

(5) Von den sieben Autoren, die in dieser Arbeit behandelt werden,
    sind es lediglich zwei, bei denen diese Stilisierung keine
    bzw. kaum eine Rolle spielt: Arthur Moeller van den Bruck
    und Ludwig Derleth; bei Frank Wedekind ist sie sogar von zen-
    traler Bedeutung.

(6) Im Gegensatz zum unmittelbaren Zusammenhang Boheme-Werk
    (vgl. Anm:2 auf dieser Seite) wird auf die Einbettung der
    Dichtung Else Lasker-Schülers in den Lebenskult der Zeit im-
    mer wieder aufmerksam gemacht, vgl. z.B. Schlocker, Georges,
    Else Lasker-Schüler, in: Expressionismus. Gestalten einer

Als Beispiel aus der Sammlung "Styx" sei das Gedicht "Sinnen-rausch" zitiert: (1)

> Dein sünd'ger Mund ist meine Totengruft,
> Betäubend ist sein süsser Atemduft,
> Denn meine Tugenden entschliefen.
> Ich trinke sinnberauscht aus seiner Quelle
> Und sinke willenlos in ihre Tiefen,
> Verklärten Blickes in die Hölle.
>
> Mein heißer Leib erglüht in seinem Hauch,
> Er zittert, wie ein junger Rosenstrauch,
> Geküsst vom warmen Maienregen.
> – Ich folge Dir ins wilde Land der Sünde
> Und pflücke Feuerlilien auf den Wegen,
> – Wenn ich die Heimat auch nicht wiederfinde ...
> (L.-Schüler GW I 31)

Schon der Titel macht die für die Boheme bezeichnende Perspek-tive deutlich: Sinnlichkeit und Rauscherlebnis sind eine Ein-heit. Diese Einheit gilt es zu leben. Daß Untergang und Ver-derben drohen, bedeutet keineswegs eine Einschränkung der posi-tiven Setzung des "Sinnenrausches". Im Gegenteil: dadurch, daß der Tod als angemessener Preis akzeptiert wird, erfährt das Exzessive noch eine Wertsteigerung. (2) Das Gedicht wendet sich damit gegen die laut Stereotyp bürgerliche Vorstellung, Glück sei mit einem langen Leben in Sicherheit identisch. Der Bürger nämlich stirbt, ohne gelebt zu haben, die Bohemienne jedoch sinkt "verklärten Blickes in die Hölle".
Weit mehr noch als die Gedichte scheint Else Lasker-Schülers Briefroman "Mein Herz" der in der bürgerlichen Gesellschaft

---

literarischen Bewegung, hrsg. v. H. Friedmann und O.Mann, Heidelberg 1956, S. 140-154, hier S. 146 f. oder Bauschin-ger, Sigrid, Else Lasker-Schüler, S. 66 f., s. besonders auch Martens, Gunter, Vitalismus und Expressionismus, Stuttgart 1971 (= Studien zur Poetik und Geschichte der Literatur, Bd. 22), S. 116-125.

(1) Gedichte dieser Art sind u.a.: "Die schwarze Bhowaneh", "Trieb", "Nervus erotis", "Orgie", "Fieber", "Viva", "Eros", "Dein Sturmlied" etc.
(L.-Schüler GW I 17,19,21,28,29,33,34,35)

(2) Vgl. Sokel, Walter H., Der literarische Expressionismus. Der Expressionismus in der deutschen Literatur des zwanzigsten Jahrhunderts, München 1960, S. 126: "Ein starker Todes-wunsch setzt die ekstatische Lebensumarmung voraus. Die beiden Kulte, die im frühen zwanzigsten Jahrhundert die deutsche Jugend beherrschen, der Kult des Selbstmords und der Kult des leidenschaftlichen Irrationalismus, ergänzen sich gegenseitig."

herrschenden Auffassung von Ehe, Liebe und Treue spotten und
sie unterminieren zu wollen.
Die Dichterin berichtet in von vornherein zur Veröffentlichung
bestimmten Briefen ihrem Mann Herwarth Walden und dessen Freund,
die sich auf einer Reise durch Skandinavien befinden, von ihren
Kunst-, Café- und Liebesabenteuern in Berlin.

> Er hat das schönste Profil, das ich je gesehen habe,
> wem soll ich es anvertrauen - Dir, Herwarth: Er ist
> der Konradin, den ich tötete in Jerusalem, den ich
> haßte in Jerusalem und alle seine Kreuzchristen in
> Jerusalem. Wem soll ich es anvertrauen wie Dir, Her-
> warth, die andern sind ja alle Philister. Wir sind
> ganz lila, wenn wir uns lieben, wir sind Gladiolen,
> wenn wir uns küssen, er geleitet mich in die Himmel
> Asiens. Wir sind keine Menschen mehr. Du erzählst
> mir nie etwas, Herwarth, oder laß ich Dich nicht zu
> Worte kommen, oder hast Du noch immer nicht verges-
> sen, daß *wir* verheiratet sind?
> (L.-Schüler GW II 379)

An anderer Stelle heißt es "Ich weiß nämlich gar nicht genau,
wen ich liebe: den Slawen oder den Bischof? Oder sollte ich
mich noch immer nicht von Minn (1) trennen können?" (L.-Schü-
ler GW II 294 f.) oder "Und die Liebe, Herwarth, Du weißt doch,
was ich von der Liebe halte, wäre sie eine Fahne, ich würde
sie erobern oder für sie fallen." (L.-Schüler GW II 325)
Doch einer der letzten Briefe macht deutlich, daß Else Lasker-
Schüler nicht Ehe, Liebe, Treue a n   s i c h, sondern nur
f ü r   s i c h in Frage stellt:

> Herwarth, warst Du mir treu? Ich möchte aus Ge-
> schmacksgründen in Deinem Interesse, daß Du mir
> treu warst. Nach mir durftest Du Dich nicht richten,
> ich hab den Menschen nie anders empfunden wie einen
> Rahmen, in den ich mich stellte; [...] Herrlich
> ist es, verliebt zu sein, so rauschend, so über-
> wältigend, so unzurechnungsfähig, immer taumelt
> das Herz [...] Wie bürgerlich ist gegen die Verliebt-
> heit die Liebe [...] (L.-Schüler GW II 387)

Libertärer Liebes- bzw. Lebensrausch ist gewissermaßen das individuelle Recht dessen, der dazu geboren ist. Bohemische Li-

---

(1) "Minn" scheint kein "Spielname" für einen Bekannten zu sein,
    sondern eher eine Phantasiefigur: " [...] ich tanzte mit
    Minn, dem Sohn des Sultans von Marokko. Wir tanzten, tanz-
    ten wie zwei Tanzschlangen [...] er und ich verirrten uns
    nach Tanger, stießen kriegerische Schreie aus, bis mich sein
    Mund küßte so sanft, so inbrünstig, und ich hätte mich ge-
    niert, mich zu sträuben. [...] Er ist der Jüngste, den der
    Händler nach Europa brachte, er ist der ben, ben, ben, ben,
    ben des jugendlichsten Vaters im ägyptischen Lunagarten. Er
    ist kein Sklave, Minn ist ein Königssohn, Minn ist ein
    Krieger, Minn ist mein biblischer Spielgefährte." (L.-Schü-
    ler GW II 291 ff.)

bertinage etwa als Modell einer künftigen, freien Gesellschaftsordnung zu proklamieren, wie es z.B. Erich Mühsam tut (vgl.
S.241 f.) liegt der Dichterin fern.

e) Ausgelebte Sexualität als Bedrohung der bürgerlichen Gesellschaftsordnung - "Die Wupper" (1908/09)

Ob Else Lasker Schüler "Freie Liebe" für alle deshalb nicht in
Betracht zieht, weil sie in ihr eine Gefährdung einer jeden,
wie auch immer gearteten Gesellschaftsordnung sieht, läßt sich
allenfalls erwägen. Daß ausgelebte Sexualität innerhalb der
b ü r g e r l i c h e n Ordnung eine sehr starke Sprengkraft
hat, zeigt eindrucksvoll ihr Schauspiel "Die Wupper" (1): der
Fabrikant Heinrich Sonntag geht daran zugrunde und droht seine
ganze Umgebung mitzureißen; Hoffnungen, Pläne werden zunichte,
scheinbar gesicherte Modi des Zusammenlebens erweisen sich als
brüchig.
Dieses Zusammenleben hat zunächst geradezu idyllischen Charakter. Der Arbeitersohn Carl Pius verkehrt im Hause der Fabrikan-
tenfamilie wie "en Kind" (L.-Schüler GW II 991), Eduard Sonntag, der Bruder Heinrichs, wiederum sitzt einträchtig mit der
Proletarierfamilie Pius am Frühstückstisch. Scheinbare Toleranz
und Hilfsbereitschaft kennzeichnen aber nicht nur die Beziehung
der beiden Familien zueinander, sondern auch den Umgang innerhalb der einzelnen Familien. Wie sich z.B. auf der einen Seite die ganze Familie Sonntag liebevoll um den kranken Eduard
zu sorgen scheint, so bemüht man sich im Kreise der Familie
Pius um das Wohlergehen des alten Großvaters Wallbrecker.
Die Firnis der Konventionen in diesem scheinbar so harmonischen
modus vivendi zerbricht jedoch in dem Augenblick, wo vitale
Natur die ihr gesetzten Schranken durchbricht. Mit der Verfüh-
rung des minderjährigen Lieschen Puderbach durch Heinrich Sonntag gerät die aufgebaute Ordnung der zwischenmenschlichen Beziehungen aus den Fugen: der Fabrikant wählt den Freitod,
Lieschen Puderbach endet in der Erziehungsanstalt, Carl Pius
sucht Trost im Alkohol, weil ihm die Hand Martas, der Schwester
Heinrichs, verweigert und er aus der Villa Sonntag gewiesen
wird; Marta nämlich muß nun, da die Fabrik einen neuen Leiter
braucht, den verachteten Dr. Simon heiraten. Dieser seinerseits
läßt dafür Berta sitzen, der er, um sie seinen sexuellen Wün-
schen gefügig zu machen, die Ehe versprochen hat ...
Als symbolische Zusammenfassung der Wirkung, die die Hingabe
an den Trieb in der bürgerlichen Gesellschaftsordnung hat, erscheint es, wenn über Mutter Pius berichtet wird, wie sie dem
toten Heinrich die letzte Ehre erweist: "[...] De Augen standen scheel wie beim Geripp, un gedreht hat se sich [...] um
de Leichen immer rund um, ohne aufzuhören, un gesungen hat se
dabei [...]: O du lieber Augustin, alles is hin,hin,hin."
(L.-Schüler GW II 1045 f.)

---

(1) "Die Wupper" entsteht in den Jahren 1908/09. 1908 druckt
    die "Schaubühne" den 1. Akt ab, 1909 erscheint das Stück
    im Verlag Oesterheld in Berlin.

f) Die Darstellung des Sexuellen und die Auflösung der Form –
   symbolische Aggression über das Medium Kunst am Beispiel
   der "Wupper"

Wenn die Boheme das Bürgertum über das Medium Kunst symbolisch
attackieren will, bedient sie sich im wesentlichen zweier Mittel: der Darstellung des Sexuellen, speziell seiner Perversio-
nen und/oder der Auflösung der Form. Das Hand in Hand-Gehen
beider Elemente ist dabei die häufigere Erscheinung; dies zeigen die Dichtungen Frank Wedekinds, Erich Mühsams und Hanns
Johst ebenso wie das Werk Else Lasker-Schülers, aus dem ich
noch einmal das Schauspiel "Die Wupper" als Beispiel heraus-
greifen werde. (1)

– Die Darstellung des Sexuellen

Das im vorhergehenden Abschnitt erwähnte verhängnisvolle Schä-
ferstündchen des Fabrikanten Heinrich Sonntag mit Lieschen Puderbach allein macht nun mit Sicherheit nicht die Provokation
aus. Doch ist diese Verführungsepisode lediglich der Kulmina-
tionspunkt einer latent erotischen Atmosphäre, die das Schauspiel beherrscht: Großvater Wallbrecker bekennt vor dem Ein-
schlafen: "Tum Tingelingeling, wenn ich noch so en jung Weib
im Bett hab'n könnt" (L.-Schüler GW 987 f.). Carls Wünsche,
wenn er mit Marta zusammen ist, werden durch das Schreien läu-
figer Katzen entlarvt; die drei Landstreicher Pendelfrederech,
Anna und Amadeus vertreten Exhibitionismus und Homosexualität;
Lieschen Puderbach, von der Kupplerin Mutter Pius dem Fabrikanten als "en extra feine Delikatesse" (L.-Schüler GW II 994)
zugespielt, teilt den Jahrmarktsbesuchern mit: "Brüst hab ich
wie junge Salatköppe" (L.-Schüler GW II 1019); Carl erhält von
seiner Großmutter, jener Mutter Pius, ein Nacktfoto Martas, um
ihn zu einem Heiratsantrag an die Fabrikantentochter anzusta-
cheln ...
In solcher Massierung stößt die Provokation nicht ins Leere,
selbst in neuerer Zeit nicht, wie der Kommentar der Kirchenzeitung des Erzbistums Köln zu der ersten Aufführung der "Wupper" nach dem Kriege (1958) beweist. Es heißt da z.B.:

_____

(1) Solange das Thema"Sexualität" und das "Wagnis der Form" auf
    Lyrik und Prosa beschränkt bleiben, hält sich der provozie-
    rende Effekt in Grenzen, da damit nur ein kleiner und meist
    eingeweihter Kreis erreicht wird (es sei denn, der Dichter
    entschließt sich zum Kabarettvortrag). Das Drama dagegen ver-
    mag über die Bühne auf ein viel breiteres Publikum zu wir-
    ken; hier findet sich im bürgerlichen Abonnementsbesitzer
    der Adressat der Provokation.
    So nimmt man z.B. die "anstößige" Thematik und die abweichen-
    de Form in den Gedichten Else Lasker-Schülers oder in ihrem
    Roman "Mein Herz" kaum zur Kenntnis, während "Die Wupper"
    mehrfach zum Theaterskandal führt.

Es gibt Leute, denen z.B. ein Unterrock auf
der Bühne ästhetisches Gruseln verursacht, die
aber bei der Schaustellung sexueller Perversion
in ein kunstverzücktes Gestammel ausbrechen und
denen Obszönitäten wie Hymnen klingen, wenn sie
nur entsprechend verbrämt sind [...] Ihre Figuren [der Autorin] und ihre Aussagen [...]
waten durch den Sumpf der Amoralität. Die Dirne,
der Homosexuelle, der Schmutzfink, die Kupplerin,
der Verführer, die Verführte, der Vagabund, die
Schläger und anderes Gelichter beherrschen das
Feld. (1)

Eindeutiger könnte wohl die - in den Augen der Boheme spieß-
bürgerliche - Reaktion auf das symbolisch-aggressive Element
"Darstellung des Sexuellen" nicht formuliert werden.

- Die Auflösung der Form

Der Bohemien setzt als wesentliches Merkmal des bürgerlichen
Kunstverständnisses Erwartungen im Sinne der traditionellen
Gattungspoetik voraus. Mit ihrer Verletzung meint er, den Bür-
ger zu treffen, zu schockieren.
Daß dies so ist, zeigt nicht zuletzt Else Lasker-Schülers
"Wupper". Wiederum mag die Besprechung des Stückes in der Köl-
ner Kirchenzeitung für das "Ankommen" auch der formalen Provo-
kation dienen:

Es fehlt der Gegenpol, der ein echtes Spannungsfeld erzielen könnte [...] Womit wir zur Büh-
nenwirksamkeit des Stückes kämen.
In dieser Hinsicht kann ich am besten mit einem
Bilde sprechen: Wenn man ein bühnentüchtiges
Schauspiel in bestimmter Hinsicht mit einem
wohlgebauten Haus vergleichen darf, dann erinnert "Die Wupper" an einen Haufen von Ziegel-
steinen, mit denen ein Mann vom Fach etwas
bauen könnte. [...] Womit wir zur Sprache
kämen. Selbst für den Fall, daß mir einer nach-
wiese, das Platt der Straße sei zur Bühnenspra-
che geeignet, scheinen mir Monologe und Dialoge
des Stückes von intellektueller Blässe und Unbe-
holfenheit. (2)

Der Kritiker der Kirchenzeitung mißt ganz offensichtlich
Else Lasker-Schülers "Wupper" an den Kategorien des Dramas
der geschlossenen Form (Gegenpol, Spannungsfeld, wohlgebaut),
eine Wertungsperspektive, die eventuell vom fünfaktigen Aufbau des Stückes her mitbestimmt ist.

---

(1) Zit. nach Lasker-Schüler, Else, Die Wupper. Mit Dokumenten
    zur Entstehungs- und Wirkungsgeschichte und einem Nachwort
    von F. Martini, Stuttgart 1977 (=Reclam 9852),S.139 f.

(2) Zit.nach Lasker-Schüler, Else, Die Wupper, Stuttgart 1977,
    S. 140 f.

Die fünf Akte täuschen. Mag man in der Wupper noch eine Einheit des Ortes erkennen (die Schauplätze der "Handlung" an
ihren Ufern wechseln: Arbeiterviertel, Fabrikantenvilla, Jahrmarkt) - die Zeit ist unbestimmbar (auf jeden Fall mehrere
Tage) und ein strenger Handlungsaufbau in Spiel und Gegenspiel
(eigentlicher "Held" ist das Leben, gegen dessen unausweichli-
che Bedingungen sich die Akteure auf der Bühne mehr oder weniger heftig, letztendlich jedoch erfolglos, zur Wehr setzen)(1)
wird durch eine lose Bilderfolge ersetzt; daher fehlt auch eine
szenische Gliederung: die Auftritte (nicht als solche bezeichnet!)
erscheinen willkürlich, dienen bisweilen nur der atmosphärischen
Gestaltung (wie etwa die vorbeiziehenden Sozialdemokraten oder
die Kroatenjungen).
Ebenso genügt die Sprache den Forderungen des klassischen Dramas nicht: keine einheitlich hohe Stilebene, nicht einmal eine
einhellige Sprechlage ist gewählt, sondern Elberfelder Platt
wechselt mit lyrischem bzw. pathetischem Sprechen. (2)
Ein naturalistisches Drama also? Die Verwendung des Dialekts,
das Milieu und die von der Autorin nahegelegte Kulisse signalisieren zunächst ein solches. Doch zeigt sich bald, daß vieles
von dem, was scheinbar naturalistisch abgeschildert wird, vor-
verweisenden Symbolcharakter hat, der sich allerdings erst aus

_____

(1) Vgl. L.-Schüler GW II 986:
     "AMADEUS: Ich sag euch, lang mach ich so en Leben nich mehr
               mit. Pendelfrederech, was hast de von dein Leben?
     PENDELFREDERECH (Grausig murmelnd): Ich hab nix von's Le-
               ben, aber es hat mir zum Zeitvertreib."

(2) S. etwa L.-Schüler GW II 1028 f. :
     "MUTTER PIUS: De alten Doktors kurieren an Sie herum, die
               Mutter Pius aber wird Herr Eduard auf de Beine
               bringen, jeden Morgen und jeden Abend en Köpp-
               ken von de junge Weizensaat müssen Sie trinken.
               Ich will es Ihren Personal sagen.
     EDUARD (gütig): Das mag wohl zuträglich sein.
     GROSSVATER: Un jetzt man, wo wir Vollmond haben, soll es am
               tauglichsten sein.
     MUTTER PIUS (Herrisch und verächtlich): Misch dir nich in
               mein Praxis, Großvatter Wallbrecker.
     EDUARD (besänftigend): Das nehmen alle Mediziner übel. Groß-
               vater, wir sind doch Laien.
     GROSSVATER: [...]: Tum Tingelingeling, tum Tingelingeling
     CARL (frisch, markig, primanerhaft, pathetisch): Ich grüße
               dich, Gottesmann, der du fürlieb nimmst mit unse-
               rer Speise und Trank.
     EDUARD [...]: Friede sei deinem Haus, mein Bruder."

dem Fortgang des Stückes rückwirkend erschließt; (1) anderes
wiederum, ich erwähnte es, dient nur dazu, Stimmung zu schaffen (s.a. vorhergehenden Abschnitt). Beides sind unverkennbar
impressionistische Stilzüge.
Eine "Stadtballade" nennt Else Lasker-Schüler selbst ihr
Stück (2)- mit Recht, denn "Die Wupper"enthält mit der oben ex-
plizierten Stilmischung die drei die Ballade konstituierenden
Elemente: Episches und Dramatisches in der Anlehnung an das
naturalistische Vorbild, Lyrisches durch den Rückgriff auf das
Drama des Impressionismus. (3)
Der Zuschauer ist damit einem potenzierten formalen Verstoß aus-
gesetzt. Auch die Muster schon "gewohnter" Form-Provokationen
greifen nicht mehr. Durch die Unform dieses "Dramas" ist der
Protest vorprogrammiert. Ein Zuschauer der Berliner Premiere
hat seinen Eindruck kurzerhand so formuliert: 'Meschugge!'(4)

g) Die Neigung zu Zirkus/Varieté (Kino)

Die Neigung zu Zirkus und Varieté - für viele Bohemiens kennzeichnend - verbindet sich bei Else Lasker-Schüler mit der Ma-
nie für das Kino.
Dem Varieté (bzw. Kabarett) widmet der "Prinz von Theben" einige Essays. (5) Die Clowns des "Apollotheaters", die Chansons
Wedekinds, im Kabarett "Nachtlicht" vorgetragen von Marya Dal-
vard, die Humoresken Roda Rodas begeistern sie dabei besonders.
Noch größer allerdings ist ihr Enthusiasmus für den Zirkus:(6)
"Ich will lieber den ersten Aufzug einer Theaterpremiere ver-
säumen als die Reiterin im Quastensattel."(L.-Schüler GW II 207)

---

(1) Wenn z.B. die letzte Regieanweisung des 1. Aktes Lieschen
    Puderbach nachtwandeln läßt, ist ihr der Natur gehorchendes -
    also schuldloses - Handeln im 3. Akt (das Sicheinlassen mit
    Heinrich) vorweggenommen.

(2) S. L.-Schüler GW II 658

(3) Expressionistisches, wie es etwa der Artikel über die "Wup-
    per" in Kindlers Literatur Lexikon (dtv-Ausgabe München
    1974, Bd. 23, S. 10278 f.) feststellt, kann ich nicht ent-
    decken, mag auch die Uraufführung expressionistisch insze-
    niert gewesen sein.

(4) Zit. nach Lasker-Schüler, Else, Die Wupper, Stuttgart 1977,
    S. 115.

(5) "Im Neopathetischen Kabarett" (L.-Schüler GW II 192 f.)
    "Kabarett Nachtlicht-Wien" (L.-Schüler GW II 193-196)
    "Apollotheater" (L.-Schüler GW II 196-198)

(6) Vgl. "Tigerin, Affe und Kuckuck" (L.-Schüler GW II 199 f.)
    "Im Zirkus" (L.-Schüler GW II 200-205)
    "Zirkuspferde" (L.-Schüler GW II 205-207)
    "Zirkus Busch" (L.-Schüler GW II 207 f.)

Die traurige zirkuslose Zeit (wenn der Zirkus Busch auf Tournee geht) (1)überbrückt die Dichterin notdürftig mit Varieté-
besuchen. Erst das Aufkommen des Films bietet ihr vollwertigen
Ersatz. Sie geht häufig ins Kino und ihre Spezialität sind Aben-
teuerfilme. (2)
Doch nicht nur die Neigung zu Zirkus und Varieté als abwechs-
lungsreiche Unterhaltung teilt Else Lasker-Schüler mit so vielen Bohemiens, sie vollzieht auch die typische antibürgerliche
Wendung dieser Neigung mit.
Dies geschieht zum einen dadurch, daß sie die Welt der Artisten
zum Element des Mythos vom wahren Leben stilisiert. Zirkus bedeutet für sie letztes Reservoir des Abenteuers inmitten der
sie umgebenden Großstadtzivilisation:

> Es ist wie ein blühendes Abenteuer. Es ist, als ob
> ich brausenden, dunklen Wein trinke, und ich ver-
> gesse alles, was grau ist und hinkt. Ich sitze in
> einem bunten, jauchzenden Schoß, und um ihn herum
> wachsen ragende Gefahren, die aber lustige Kleider
> tragen. (L.-Schüler GW II 202)

Als negative Folie steht hinter dieser Verherrlichung des aben-
teuerlichen Lebens bürgerliche Lebens-Monotonie und bürgerliches
Sicherheitsdenken.
Zum anderen nutzt die Dichterin die Möglichkeit, mit dem Votum
zugunsten der Zirkusakrobatik und deren Erhebung zur Kunst die
traditionelle Kunstauffassung in der bürgerlichen Gesellschaft
zu attackieren. So schreibt sie beispielsweise über eine Zir-
kusvorstellung:

> Ich liebe die Pferde. Es sind gestaltgewordene
> Sagen, Legenden, Märchen aus Tausendundeiner
> Nacht. Wann setzen die wiehernden Paschas über
> den Bankzaun, im Kreis den Sand aufwirbelnd zur
> Wolke! Ihre Nacken schmückt der Halbmond mit dem
> Stern. Oben vom Gipfel des Zirkus braust ein Marsch.

---

(1) "Berlin hat sein größtes Kind eine Weile verloren, den Zirkus; wo geht man nun hin, um zuzugucken?" (L.-Schüler GW
II 199)

(2) Im Widmungsgedicht für Sigismund von Radecki heißt es:
"Und wir bekennen uns zu Kinonitern Schulter an Schulter,
Ausgerüstet mit Fruchtbonbons, begeistert ziehen wir in
manchen blutigen Film."
in: "Lasker-Schüler, Else, Sämtliche Gedichte, hrsg. v.F.
Kemp, München 1977, S. 224 f., hier S. 225. In den "Gesammelten Werken" ist das Gedicht nicht enthalten.
Vgl. auch Radecki, Sigismund v., Erinnerungen an Else Lasker-Schüler, in: Else Lasker-Schüler. Dichtungen und Dokumente, S. 575-582, hier 582: "Es gab Tage, wo sie dreimal
das Kino besuchte. Wenn ihr etwas gefiel, gab sie mir heim-
lich einen Rippenstoß, schaute mich mit großen Augen an
und machte: 'm-m-m!'"

> Ich hörte ihn schon am Bosporus; Abdul Hamids
> Sohn hat ihn vertont. - Die Kristallkronen sen-
> ken sich majestätisch, der bunte Riesenraum wird
> zu einem Krönungssaal. Die Ringer warten schon vor
> der Halle. Schlanke Königssöhne aus dem Norden,
> ihre Schultern sind dunkelvergoldet von der Mit-
> ternachtssonne. Dichtungen werden Wahrheiten.
> (L.-Schüler GW II 208)

Der Kommentar zu einer "Jedermann" - Inszenierung von Max Reinhardt lautet dagegen:

> Ich war nämlich in Jedermann oder heißt es Aller-
> lei? Ich glaube, es heißt Allerlei für Jedermann
> oder Jedermann für Allerlei: Herein meine Herr-
> schaften ins Riesenkasperle, ins Berliner Hännes-
> ken. [...] Nein, da wollen wir lieber auf die
> Kirmes gehn in Cöln am Rhein und ein Cölner Hännes-
> kentheater aufsuchen, von dort sollte Direktor
> Reinhardt die Naivität herholen, nicht sich welche
> anfertigen lassen von dem Hofmannsthaler im Wiener
> Stil. [...]Wenn Jedermann wüßte, was Jedermann
> wär' usw. - eine Blasphemie, eine Verhöhnung einer
> alten Pietät, einer religiösen Verfassung. Das Leben
> und der Tod, die Sünde und die Strafe, Himmel und
> Hölle, alles wird zur Schaustellung herabgewürdigt,
> wie die Elephanten und Araberpferde mit Bändern
> und Kinkerlitzchen geschmückt, allerdings nicht
> einmal wie hier den Kindern zur Freude, dem reichen
> sensationslustigen Publikum zur Erbauung, pfui
> Teufel, daß der Sekt besser mundet. (L.-Schüler
> GW II 375 f.)

Die ganze Schärfe des Angriffs auf das aktuelle Theaterge-
schehen mit Hilfe der enthusiastischen Begeisterung für die
Zirkuskunst kann zugegebenermaßen nur ermessen, wer beide
Texte kennt, aus denen die Zitate entnommen sind. Doch auch
die zweite Textstelle, für sich allein genommen, erhält durch
die Anspielung auf den Zirkus, der im Verhältnis positiver gewertet wird als Hofmannsthals Dichtung, eine zusätzliche Spitze;
das pejorative "zur Schaustellung herabwürdigen" soll mit
Sicherheit nicht den Zirkus treffen.
Die von Else Lasker-Schüler befürchtete Reaktion auf ihre Attacke bleibt allerdings aus: (1) ihr Schauspiel "Die Wupper"
wird dennoch am "Deutschen Theater" Reinhardts aufgeführt.

---

(1) Vgl. L.-Schüler GW II 376: "Nun wird mein Schauspiel eine
Geisel sein in Reinhardts Händen, er wird meine Dichtung
ins Feuer werfen oder sie mir mit ein paar Phrasen seiner
Sekretäre wiedersenden lassen."

h) Die Bindung an öffentliche Lokale/Kabarett

Die Attraktivität, die Varieté, Zirkus und Kino für Else Lasker-Schüler haben, wird jedoch noch übertroffen von der schier
magischen Anziehungskraft des Cafés. Die bohemische Lokalgemeinschaft spielt im Leben des "Prinzen von Theben" eine zentrale Rolle. Die Stationen ihres Lebens - im wesentlichen Berlin, Zürich und Jerusalem - lassen sich auch mit den Namen der
dortigen Cafés erfassen: "Café des Westens" (bzw. "Romanisches
Café" (1)), "Café Select", "Café Sichel". (2)
Manchmal trägt Else Lasker-Schülers Gebundenheit ans Café den
Charakter einer recht unglücklichen Liebe:

> Ich habe das Café satt, aber damit will ich nicht
> behaupten, daß ich ihm Lebewohl für ewig sage,
> [...] Im Gegenteil, ich werde noch oft dort
> verweilen. Gestern ging es Tür auf, Tür zu, wie
> in einem Bazar; nicht alles dort ist echte Ware:
> Imitierte Dichter, falsches Wortgeschmeide, Simili-
> gedanken. [...] Warum es einen so ins Café zieht![!]
> Eine Leiche wird jeden Abend dort in die oberen
> Räume geführt; sie kann nicht ruhen. (L.-Schüler
> GW II 313)

Klar erkennt sie hinter der glitzernden Fassade den Börsen-
und Bühnencharakter des Boheme-Cafés: Börse für private und ge-
schäftliche Beziehungen, Bühne, auf der dem Bürger der Künstler "gegeben" wird:

> [...] und nur die Leute vom Café nicht sehn.
> Weißt Du, das ist unsere Börse, dort muß man hin,
> dort schließt man ab. Dorthin kommen alle Drama-
> turgen, Maler, Dichter und viele Prolethen, die
> gucken wollen, Damen mit Riesenhüten, Männer mit
> Monocle, nüchterne, betrunckene [sic!]; (L.-Schü-
> ler B I 67 f.)

Doch wechselt diese realistisch-pessimistische Einschätzung
des Lebens im Café immer wieder ab mit dem "Lob des Caféhaus-

---

(1) Anlaß für den Umzug vom "Café des Westens" in das "Romanische Café" ist lt. Wieland Herzfelde die Ohrfeigengeschichte Dr. Hiller contra Herzfelde (vgl. S.34f.). Else Lasker-
Schüler gibt in "Unser Café. Ein offener Brief an Paul Block"
als Grund für das Verlassen des "Café des Westens" einen
Hinauswurf wegen zu geringem Verzehrs an (vgl. L.-Schüler
GW II 277 f.). Da sie von einem Wechsel in die "Konditorei
Josty" spricht, handelt es sich hier möglicherweise um eine
frühere Unstimmigkeit, die wieder beigelegt worden war.

(2) Auch wo Else Lasker-Schüler nur vorübergehend bleibt, verbindet sich stets der Name eines Cafés mit diesem Aufenthalt, so z.B. mit München das "Café Bauer", mit Ascona
das "Café Verbano" ...

lebens". Das Café wird zur "Geliebten" erhoben, für die einen
realen Geliebten zu verlassen der "Prinz von Theben" durchaus
bereit ist, falls sie jener vor die Wahl stellt: Ich oder das
Café (vgl. L.-Schüler GW II 379). Das Café sei zwar der Teufel,
" aber ohne den Teufel ist doch nun mal nichts." (L.-Schüler
GW II 298)
Im Exil treten die negativen Aspekte des Cafés für Else Lasker-
Schüler völlig in den Hintergrund. Das Café ist nunmehr zur
letzten Möglichkeit geworden, die Vereinsamung zu überwinden,
(1) und sei es nur in der Erinnerung. So ist das "Café Select"
für die Dichterin die "Urenkeltochter des Romanischen Cafés.
Bäche fließen aus meinen Augen, überkommt mich die Sehnsucht,
nach euch, meine unvergeßlichen Indianerfreunde und Indianer-
freundinnen und unserem romanischen Kraal." (2)
Nicht selten hat der "Prinz von Theben" Schwierigkeiten, die
Zeche im Café zu bezahlen. (3) Geldsorgen, durch ihre typisch
bohemische - "genußpostulatorische" - Einstellung zum Geld verursacht, sind eine Konstante im Leben Else Lasker-Schülers wie
ihr symbolisch-aggressives Verhalten.

i) Die Einstellung zur bürgerlichen Arbeit und Geldwirtschaft

Die Bitten der Dichterin um Geld, für sich und ihre Freunde,
und die Klagen über erdrückende Schulden sind zahllos. (4)

---

(1) Ohne Zweifel spielt dieser Gesichtspunkt - Überwindung der
    Einsamkeit - auch in den Berliner Boheme-Jahren Else Lasker-
    Schülers schon eine nicht zu unterschätzende Rolle als Mo-
    tiv für regelmäßigen Cafébesuch(ebenso wie die schon er-
    wähnte Wohnungsmisere der Dichterin!). Doch ist es da eben
    eines unter vielen Motiven.

2) Zit. nach Klüsener, Erika, Lasker-Schüler, S. 116 f.-
    Die "Tagebuchzeilen aus Zürich",aus denen diese Textstel-
    le stammt, sind im Jerusalemer Nachlaßarchiv aufbewahrt,
    ebenso wie die überarbeitete Fassung "Ein paar Tagebuch-
    blätter aus Zürich (Potporie)", s. Bauschinger, Sigrid,
    Else Lasker-Schüler, S. 263 ff.

3) Vgl.u.a. Kesten,Hermann, Dichter im Café, Wien, München,
    Basel 1959, S. 418: " [...]die Lyrikerin Else Lasker
    Schüler [sic!], die 'postlagernd' wohnte, [...]und so
    lange im'Café des Westens' saß, bis ihr ein Kollege den
    Kaffee endlich zahlte."

(4) Die unbürgerliche Verdienstquelle für viele ihrer Kollegen
    (z.B. Frank Wedekind, Erich Mühsam), das Kabarett, läßt der
    "Prinz von Theben" ungenutzt; zumindest tritt sie nie im
    Rahmen eines zusammenhängenden regelmäßigen Programms auf.
    Die Einkünfte aus ihren Vortragsabenden sind spärlich, da
    sie nur wenig Zuhörer anzieht, zudem verzichtet sie oft
    auf die Einnahmen zugunsten wohltätiger Zwecke, vgl. z.B.
    Goldscheider, Paul, "Wo ich bin, ist es grün", S. 53: "Für

Sie entwickelt (wie Franziska Gräfin Reventlow, s.S.80 ff.) einen regelrechten Geldkomplex:

> Wenn ich nur Geld hätte Geld! Geld! Geld! Geld! Geld! Geld! Geld!Geld!Geld! Geld!! Wer 20 Jahre ohne das ist - alles andere Lappalie - Idealismus - Luxus - Liebe - Galgenhumor - Prunk - unwert. O Geld, tanze mit mir den Tanz der Gerechtigkeit!! Ihr armer Prinz von Theben. (L.-Schüler B. an K.K. 49 f.)

Doch alle Versuche, ihr aus dem Dilemma zu helfen, scheitern sozusagen sprichwörtlich: wie gewonnen, ... (1)
Else Lasker-Schülers eigene Bemühungen, des chronischen Geldmangels Herr zu werden, sind recht abenteuerlicher Natur. Wie viele ihrer Boheme-Freunde (z.B. Franziska von Reventlow oder Frank Wedekind, der den großen Coup allerdings nur literarisch - im "Marquis von Keith" - ausheckt) plant sie den finanziellen Coup, der, ohne mit bürgerlicher Arbeit verbunden zu sein, den Lebensunterhalt sichern soll.
Einmal ist es ein in ihren Augen publikumswirksames Stück (2) - das nie zustande kommt - von dem sie finanzielle Rettung erhofft, ein anderes Mal wird sogar Selbstmord erwogen:

---

den nächsten Abend hatte ich ihr [Else Lasker-Schüler] einen Vortrag im Ottakringer Arbeiterheim arrangiert. Sie wollte kein Geld dafür nehmen. 'Sollen sie [sic!] den Arbeiterkindern Schokolade kaufen für mein Honorar', sagte sie."

(1) Karl Kraus führt z.B. zweimal eine Geldsammlung für Else Lasker-Schüler durch. Die erste Sammlung bringt 4.000 Mark ein. Einen großen Teil davon verschenkt sie sofort an Freunde. Den Betrag, den die zweite Sammlung erzielt, zahlt man ihr daher in Raten aus, doch vermag auch diese Maßnahme an ihrer permanenten Finanzmisere nichts zu ändern.

(2) Das hier von Else Lasker-Schüler in Erwägung gezogene "literarische Doppelleben" - mit Hilfe publikumsgerechter literarischer Produktion die finanzielle Überlebensmöglichkeit für das Schaffen wahrer Kunst zu gewährleisten - ist ein in der Boheme häufig praktiziertes Verfahren. Im Wedekind- und im Mühsam-Kapitel wird darauf zurückzukommen sein (s.S.117 ff. und S.225 f.)- Im Falle Else Lasker-Schülers hätte wohl auch das tatsächliche Zustandekommen des Stückes nicht den erhofften Geldsegen eingebracht. Kete Otto-Parsenow berichtet über den Inhalt des "Fakirs": "Eine Pyramide aus Krügen sollte den größten Teil einer Varietébühne einnehmen. Davor Else Lasker-Schüler, als Fakir fantastisch verkleidet, unter einem großen Muschelhut ununterbrochen redend. Die weitere Mitwirkende Kete Parsenow im 'goldenen Kleid', von einem hereinstürzenden Neger ergriffen und geraubt, im Gegensatz zum Fakir mit völliger Stummheit geschlagen." (zit. nach L.-Schüler B an K.K. 124 f.)

Ich sehe bald keinen anderen Ausweg, mir noch
einmal eine Summe Geld zu besorgen, mein Kind
einzukaufen oder mein schäbiges ganz hundsgemeines,
widerliches, verkommenes Leben versichern zu lassen und dann ein Ende zu machen. (L.-Schüler B an
K.K. 26 f.)

Auch das Schreiben von Reklame-Artikeln wird nicht ausgeschlossen: "Ich will dann Reclame Essays schreiben für Zeitungen über
Palm-Cigaretten - Blumenläden, Seidengeschäfte (Michel etc.
Kempinsky etc.) Nicht? Feine Idee nicht? Aber s o kann ich
mich nicht rühren." (L.-Schüler B an K.K. 42). Doch alle diese
Maßnahmen, "eine Existenz [zu] gründen" (L.-Schüler B an K.K.
23), scheitern, nicht zuletzt, weil sie über das Planungssta-
dium nicht hinauskommen.

j) Die Einstellung zum Literatur- und Kunstmarkt

1925 glaubt der "Prinz von Theben" endlich die Schuldigen an
ihrer (und aller Künstler) Notlage gefunden zu haben: es sind
"die Händler" in den "Tempeln" der Kunst, die Verleger (vgl.
L.-Schüler GW II 507). Besonders hart geht die Streitschrift
"Ich räume auf!" (im Selbstverlag erschienen) (1) mit Alfred
Flechtheim, Kurt Wolff und Paul Cassirer ins Gericht. Die konkreten, mit Hilfe von Verlagsabrechnungen etc. geführten Attak-
ken weiten sich dabei an mancher Stelle zu einer grundsätzlichen Auseinandersetzung mit einem zentralen Problem der Boheme:
dem Warencharakter der Kunst.
Die Boheme nämlich ist einerseits der Gipfel einer Emanzipa-
tionsbewegung des Künstlertums von außerkünstlerischen Ein-
flüssen, der ein Bild vom Künstler zugrunde liegt, das ihn als
Schöpfer, Prophet, Künder des Göttlichen und nur dem eigenen
Genie verpflichtet sieht.
Andererseits muß der Bohemien als freier Schriftsteller oder
Künstler seinen Lebensunterhalt mit seinem Produkt Kunst zu
bestreiten versuchen. Kunst wird so zur Ware auf einem Markt,
der zu allem Übel von Geld und Geschmack des verachteten Bürger-
tums beherrscht wird.
Wie tief gerade Else Lasker-Schüler den Konflikt Kunst als
Göttliches einerseits, Kunst als Ware andererseits, empfinden
muß, läßt die spezifische Ausprägung ihres Bürger- bzw. Künst-
lerstereotyps bereits vermuten (s.S.27 ff). Der Künstler ist
Kind Gottes, "Gottminiatür" und schafft "Weltminiatür" (vgl.
L.-Schüler GW II 547). Diese Weltminiatüren aber landen im
"Bordell eines Seelenverkäufers" (L.-Schüler GW II 545).
Einen praktikablen Ausweg vermag Else Lasker-Schüler jedoch

---

(1) Lasker-Schüler, Else, Ich räume auf! Meine Anklage gegen
    meine Verleger, Zürich 1925. Ich zit. nach dem Abdruck
    in den "Gesammelten Werken": GW II 505 - 555.

nicht aufzuzeigen. Zwar schlägt sie an einer Stelle die Gründung einer Art Künstlergewerkschaft vor, (1) doch will sie es
schließlich dem Staate überlassen, in der Zukunft eine befriedigende Lösung für das Kunst- bzw. Geldproblem zu finden.(2)
Ihre gegenwärtige Situation verbessert sie durch ihren "Rundumschlag" gegen die Verleger auf jeden Fall nicht. (3) "Bittere
Not" bleibt ihr auch weiterhin nicht erspart.

k) Das ambivalente Verhältnis zur Großstadt

Sich durch ein vorübergehendes "preiswertes Leben" auf dem Lan-
de über eine aktuelle Krise hinwegzuhelfen - wie es z.B. Franziska Gräfin Reventlow praktiziert - kommt für Else Lasker-
Schüler nicht in Frage. Die Großstadt, speziell Berlin, läßt
sie nicht los: (4)

> Warum man überhaupt in Berlin wohnen bleibt?
> In dieser kalten, unerquicklichen Stadt. Eine
> unumstößliche Uhr ist Berlin, sie wacht mit der
> Zeit, wir wissen, wieviel Uhr Kunst es immer ist.
> (L.-Schüler GW II 313 f.)

In dem Essay "Die kreisende Weltfabrik" (L-Schüler GW II 638-
640) erklärt die Dichterin diese Bindung an die Großstadt -
wie die Beziehung zum Café von einer Art Haßliebe geprägt(5) -

---

(1) "Organisieren wir uns doch wie die Arbeiter, machen wir unsere Kunst staatlich. Unser blauer Tempel gehört nicht einem
Geldmenschen, er gehört der Menschheit. Werden wir des Staates: Athener!" (L.-Schüler GW II 529)

(2) "Die Frage, wie ich mir eine Änderung in den Verlägen
[sic!] und Kunstsälen vorstelle, möchte ich dem Staate zu
regeln überlassen, ordnet er doch die Schönheit der Anlaggen
seiner Städte, warum nimmt er sich nicht schon längst
der Kunst an, die ihre Einwohner schmückt." (L.-Schüler
GW II 531)

(3) Mit Paul Cassirer kommt es wegen der Vorwürfe in "Ich räume
auf" zu einer Auseinandersetzung im "Berliner Tageblatt".
Es erscheint kein weiteres Buch mehr von Else Lasker-Schüler
im Cassirer-Verlag.

(4) Nach Ascona geht Else Lasker-Schüler nur, um in der Nähe
ihres Sohnes sein zu können, der sich längere Zeit in einem
Lungensanatorium im Tessin aufhalten muß.- Von Sindeldorf,
wohin sie vom Ehepaar Marc ihrer angegriffenen Gesundheit
wegen mitgenommen wird, läßt sie sich bald nach München
bringen: die dortige (Caféhaus-) Cur bekäme ihr weitaus
besser. (Vgl. L.-Schüler B I 85)

(5) Im Exil läßt das Heimweh die negativen Aspekte des Groß-
stadtlebens völlig zurücktreten. Die Komponente Haß ent-
fällt wie schon in Else Lasker-Schülers Beziehung zum
Café. Sigrid Bauschinger schreibt, auf die "Tagebuchzeilen

näher. In der Stadt auszuhalten ist für sie eine zu bestehen-
de Prüfung, (1) geradezu eine Mutprobe:

> Donnerwetter, mutig ist es eben, mitten in der
> Stadt sich unter Verschiedenart der Menge zu be-
> geben. Wir Künstler sind doch Erschaffende, in
> uns liegt das Material. Zieht sich Gott etwa auf
> ein Dorf zurück? [...] Unsere Stadt Berlin ist
> stark und furchtbar [...]. (L.-Schüler GW II 639 f.)

Droht das furchtbare Element der Stadt überhandzunehmen, bannt
Else Lasker-Schüler es mit ihrer dichterischen Verwandlungs-
kraft. 'Wo ich bin, ist es grün'.(2) Stadtflucht oder exotistische Reisen, die für viele Bohemiens die Folge ihres spannungsvollen Verhältnisses zur Großstadt sind, kommen für Else Lasker-Schüler nicht in Frage.

1) Else Lasker-Schülers "politische" Haltung

Else Lasker-Schüler hätte Berlin wohl nie verlassen, wäre sie -
die "Unpolitische" - (3) nicht von politischen Verhältnissen
dazu gezwungen worden.

---

aus Zürich" bezugnehmend: "Dennoch steht sie [Else Lasker-
Schüler] den Ereignissen [Exilierung] mit absolutem Un-
vermögen, sie zu begreifen, gegenüber: 'Die Scheidung meiner
Ehe mir begreiflicher als meine Ausbürgerung gewaltsame
Scheidung.' [...] Diese Scheidung ist vor allem eine Schei-
dung von Berlin, wie denn auch das Heimweh Berlin und den
dort zurückgebliebenen Freunden gilt.'Denn ich liebte schon
Berlin, unter Wilhelm und Auguste.'" (Else Lasker-Schüler,
S. 264).

(1) "Dieses Berlin, kreisende Weltfabrik. Tempo: auf Rollen
laufen die Einwohner, entnerven oder verstehen sich zu ent-
organisieren, vermögen maschinell zu werden. [...]Glühen-
der bewillkommnet man hier den menschgebliebenen Menschen,
der sich die Räder wieder von den Schuhen abschnallen kann;
seine Prüfung, die die Großstadt ihm auferlegt." (L.-Schü-
ler GW II 639)

(2) Zit. nach Goldscheider, Paul, "Wo ich bin, ist es grün",
S.51 - Diese Antwort erhält der Autor von Else Lasker-
Schüler auf die Frage, wie sie in dem grauen Steinmeer
Berlin leben könne.

(3) "Unpolitisch" zumindest dann, wenn man einen engen Begriff
des Politischen zugrunde legt, wie ihn etwa die Definition
im"Sachwörterbuch zur Politik" gibt: Politik bedeute "Heute
und im umfassenden Sinn alle Handlungen, Bestrebungen und
Planungen eines einzelnen oder einer Gruppe, die darauf ausgerichtet sind, 1) Macht oder einen Anteil an der Macht innerhalb eines Gemeinwesens zu erwerben, zu festigen und/oder
zu erweitern, mit dem Ziel, den eigenen Interessen inner-

Auch wo Else Lasker-Schülers Handeln von politischen Motiven
bestimmt zu sein scheint,(1) geht es ihr lediglich um den Einzelnen und sein Schicksal. Wenn sie sich nach Moskau aufmacht,
um Johannes Holtzmann aus dem Gefängnis zu befreien, so tut sie
es nicht, um der anarchistischen Bewegung einen Mitkämpfer zu-

---

halb des Gemeinwesens Geltung zu verschaffen und das Zusammenleben seiner Mitglieder diesen Interessen und den ihnen
zugrunde liegenden Ideen und Wertvorstellungen gemäß zu gestalten (Innenpol. im weitesten Sinne) und 2) Einfluß und
Macht des eigenen Gemeinwesens nach außen, gegenüber anderen Gemeinwesen zu erringen, zu erhalten, zu festigen und/
oder zu erweitern, um so dessen Interessen wirksam vertreten zu können (Außenpol. im weitesten Sinn)."(Sachwörterbuch der Politik, hrsg.v.R.Beck, Stuttgart 1977,S. 652 f.)-
Eine stark erweiterte Definition von Politik wird von Helmut
Kreuzer formuliert: "Der Begriff umfasse die Gesamtheit der
wertenden Äußerungen über politisch-gesellschaftliche Ordnungen, Institutionen und Bewegungen (über reale und ideale,
fiktive und propagierte) und die Gesamtheit der Handlungen,
die unmittelbar auf Apologie oder Kritik, Erhaltung, Veränderung oder Umsturz bestehender bzw. auf die Realisierung
neuer Ordnungen gerichtet sind."(Kreuzer 279) - Wie immer
man eine Skala des "Politischen" ansetzen mag - Else Lasker-
Schüler rangiert mit Sicherheit am unteren Ende. -
Ich werde hauptsächlich mit einem engen Politikbegriff arbeiten. Wo er der Erweiterung bedarf, werde ich darauf aufmerksam machen.

(1) Überraschenderweise -geht man nur von der Kenntnis Else Lasker-Schülers und ihres Werkes aus - führt Wieland Herzfelde
viele Handlungen Else Lasker-Schülers auf politische Beweggründe zurück, u.a.ihre Selbsternennung zum "Prinzen von
Theben":"[...], sich zum Prinzen von Theben zu erheben, wurde meines Erachtens - so paradox es klingt - durch einen wahr-
haft demokratischen Impuls ausgelöst. Dieses Sich-Erheben war
ihre Art, gegen die herrschende Monarchie von Gottes Gnaden
und ihren Anhang zu rebellieren.Else Lasker-Schüler wollte
nicht etwa einen neuen Mythos schaffen, sie sträubte sich
vielmehr gegen den im Hohenzollernreich weit verbreiteten
Mythos:'Der Mensch fängt erst beim Leutnant an'.Die von ihr
vollzogene Erhöhung des Künstlers zum Selbstherrscher war eine Manifestation gegen den Untertanengeist, gegen die Eintei-
lung der Gesellschaft in Über- und Untermenschen, gegen die
Entwürdigung nicht nur der Künstler und Dichter, sondern
nicht minder des 'gemeinen Volkes'. Else Lasker-Schüler pro-
klamierte den Machtanspruch der Liebe. (in:Else Lasker-Schüler. Begegnungen mit der Dichterin und ihrem Werk, S.1315) -
Diese und andere "politische Deutungen" Herzfeldes scheinen
mir allzusehr von seiner speziellen, überaus stark politisch
geprägten Optik bestimmt zu sein. Wäre es z.B. in der Tat so,
daß die Selbsternennung Else Lasker-Schülers zum "Prinzen

rückzugewinnen, sondern um des geliebten Mannes willen. Die-
selbe Motivation steht hinter ihren Bemühungen, Adalbert von
Maltzahn dem Kriegsdienst zu entziehen. Auch das Eintreten
für Mühsam, Toller, Jung etc. ist ein Mitleiden am Leiden der
Freunde, aber nicht ein bewußter Angriff auf die Kräfte der
Reaktion. Ihre Haltung zur Revolution macht dies deutlich.
Nicht die Ideen des Marxismus ziehen die Dichterin an, (1)son-
dern die Umbruchsituation an sich fasziniert sie: (2)

> Atemlos verließ ich den Raum, bog um die Ecke
> der Victoriastraße in die brennende Bellevue-
> straße ein, schrie mit den Arbeitern, die in
> langer, feuerspeiender Prozession, der Gefahr
> nicht achtend, über die gepflasterte Erde stampf-
> ten. Ich stampfte auch. (L.-Schüler GW II 554)

Nichtsdestoweniger glaubt Else Lasker-Schüler, wenn auch spät,
politische Leidenschaft bei sich zu entdecken. Ben Chorin berichtet, sie habe in Jerusalem ungern von Kunst gesprochen,
Politik sei ihr Lieblingsthema gewesen. Daß jedoch das, was
sie für Politik hält, wenig damit zu tun hat, wird u.a. aus
dem Vorschlag ersichtlich, den sie zur Lösung des Konflikts
zwischen Arabern und Juden macht: ein gemeinsamer Jahrmarkt für

---

von Theben" als "Erhöhung des Künstlers zum Selbstherrscher"
zu interpretieren wäre, könnte von "demokratischem Impuls"
auf keinen Fall die Rede sein, sondern es würde lediglich
die Ablösung einer alten Hierarchie durch eine neue bedeuten; an deren Spitze stünde nun der Künstler.

(1) Die Einstellung Else Lasker-Schülers könnte man als "Ge-
fühlssozialismus" bezeichnen, der aus der Sympathie des
Außenseiters für den Außenseiter herrührt. (Ihr Mitleid
mit Berliner Arbeiterkindern bringt ihr den Ruf eines
"kleinen Bebel" ein.)

(2) Vgl. auch "Brief an Korrodi" (L.-Schüler GW II 210 - 216,
hier 214 f.) : "Aber die Tage der Revolution, hochzuver-
ehrender Doktor, vergesse ich nie im Leben; es waren Römer-
zeiten! Ein feierlicher Schwur, eine einzige Fackel war
Berlin, die aufwärts lohte. Rührende Worte sprachen die
einfachen Landwehrmänner an das Volk aus geschmückten Kar-
ren, die zu Siegeswagen wurden in der Hand des schlichten
Rosselenkers."

die verfeindeten Parteien. (1)

m) Die theatralische Tragödie "IchundIch" (1940/41) als
   "politisches" Stück

Else Lasker-Schülers im palästinensischen Exil erwachtes
"politisches" Interesse geht auch an ihrer Dichtung nicht spur-
los vorüber. Während die Dichterin noch anläßlich der Uraufführung ihres Schauspiels "Arthur Aronymus und seine Väter"
(1936 in Zürich) in einem Brief an die Redaktion der "Neuen
Zürcher Zeitung" den Vorwurf, damit politische Interessen zu
verfolgen, energisch zurückweist, (2) trägt ihr letztes drama-

---

(1) Vgl. Ben Chorin, Schalom, Prinz Jussuf in Jerusalem,S.586:
    "Eines Tages erhielt ich eine Karte von ihr, in der sie
    mich bat, sie noch am Abend im Hotel aufzusuchen, sie habe
    dringende politische Projekte mit mir zu besprechen.[...],
    die Sache dulde keinen Aufschub, und das Wohl und Wehe
    Palästinas hinge davon ab. [...] Nur zögernd konnte sich
    die Dichterin dazu entschließen, ihr Projekt preiszugeben.
    [...]'Wissen Sie, wie man das jüdisch-arabische Problem
    lösen kann? Es gibt nur einen Weg: Freude schaffen. Wir
    gründen einen Rummelplatz für Juden und Araber, den beide
    Völker besuchen werden und wo sie gemeinsam Reibepfannkuchen
    essen, Karussell fahren und Glückshafen spielen. [...]
    Über dem Eingangstor zum Rummelplatz aber muß stehen 'Für
    Gott', schloß sie ihren mit unerhörtem Elan gehaltenen Vor-
    trag. [...] und Else Lasker-Schüler wollte, daß wir so-
    fort nach Zürich abreisten, wo der 21. Zionistenkongreß tag-
    te. Dort wollte sie vor das Plenum hintreten und ihren Plan
    der Öffentlichkeit enthüllen. Es gelang mir nur schwer, sie
    von diesem Vorhaben abzubringen. - Ähnlich phantastisch
    sind ihre Pläne, Hitler mittels Magie zu beseitigen (s.
    Benyoetz, Elazar, Die Liebe ist eine chinesische Mauer.
    (Über Else Lasker-Schüler), in: NDH 12, 1965,Heft 104,
    S. 58-65, hier S. 63) oder den Dichter Fritz von Unruh zum
    Präsidenten des Heiligen Landes zu machen (s.Ben Chorin,
    Schalom, Prinz Jussuf in Jerusalem, S. 584)

(2) S. "Ein Brief"(L.-Schüler GW III 44-49,hier 45 f.):"Begreife
    aber nicht, wie ein Kritiker meinem Schauspiel, weiß ge-
    deckt, ein aufrührerisches Tafeltuch zu unterlegen vermag.
    [...]Ich habe auch nie etwas bezwecken wollen, Freude oder
    Leid, politisches oder unpolitisches, weder im Niederschrei-
    ben meines Schauspiels noch beim Dichten meiner neunzehn
    anderen Bücher, und bin überrascht, daß man mir plötzlich
    ein weltliches Motiv unterlegt. Im Dichter wird gedichtet!
    er kann sich selbst nichts vornehmen zu dichten, [...]."

tisches Werk "IchundIch" (1940/41) (1) unverkennbar politische
Intentionen.
Schon die Liste der handelnden Personen deutet jedoch an, daß
sich die Dichterin in ganz eigener Weise mit der Zeitgeschichte
auseinandersetzt. Da agieren neben Adolf Hitler, Hermann Göring,
Joseph Goebbels etc. Der Baal, König Saul, König David, König
Salomon, die Dichterin, Mephisto, Faust u.a. (2)
Nicht detaillierte, auf Fakten basierende Analyse des aktuellen
Geschehens ist die Absicht Else Lasker-Schülers, sondern visio-
näre Schau über die konkrete geschichtliche Gegenwart hinaus.
Das Schicksal des Dritten Reiches und seiner Führer ist als
Höllenfahrt gestaltet: Goebbels, Göring, v. Schirach, Ley und
etliche Naziheere sind bereits in den Lavamassen versunken, Hit-
ler, Himmler, v.Ribbentrop und Rosenberg folgen:

> *Man hört wehklagen und fluchen die versinkenden*
> *Nazisoldaten. Hitler steht gepanzert mit seiner*
> *Leibwache und mit Ribbentrop, Himmler, Rosenberg*
> *vor dem Höllentor.*
>
> HITLER: Wo steckt er?!
> RIBBENTROP UND HITLER: Wo steckt der Satanas?
> DER BAAL: Steigt in der Uniform aus Stacheldraht
>   gefälligst, meine Herren, ins Luxusbad.
> HITLER (*zu Rosenberg bebend ahnungsvoll*):Luxus-
>   bad? Was meint der wulstige Kerl da oben
>   mit Luxusbad, Rosenberg?
> DER BAAL: Herre Adolf, sputet Euch und kommt herein-
>   spaziert! Der Satanas hat längst kapituliert!
> HITLER: (*größenwahnsinnig prahlend*)Hört! Kapituliert!
> DER BAAL: Das heißt: vor Gott, dem Herrn der Welt!

---

(1) Lasker-Schüler, Else, IchundIch. Eine theatralische Tragödie,
    hrsg. u.mit einem Nachwort versehen von M. Kupper, München
    1980.- In den "Gesammelten Werken" ist lediglich ein Teil-
    abdruck enthalten: GW III 85-103.

(2) Man könnte das Stück auch als Faust-Parodie verstehen und in
    Parallele zu Thomas Manns "Doktor Faustus" die historische
    Identifizierung der deutschen Seele mit der Faust-Gestalt
    und deren Problematik als politische Implikation deuten.
    Gemeinsam wäre beiden Werken zudem der apokalyptische Hori-
    zont, in dem deutsche Geschichte gesehen wird. Aber im Ge-
    gensatz zu Thomas Manns Roman, der wenigstens in einer Schicht
    der komplexen Geschichtsdeutung durchgehend und konkret auf
    geistig-gesellschaftliche und zugleich politische Phänomene
    der dargestellten wie der dem fiktiven Chronisten zugeord-
    nete Zeit Bezug nimmt, entbehrt "IchundIch" jeder solchen
    Vermittlung der Figuren (Hitler, Himmler etc.). Sie erschei-
    nen nicht als Gestalten der Zeitgeschichte und Politik, son-
    dern als freie Entwürfe, denen diese (historisch-politischen)
    Namen beigelegt sind. Damit treten diese Figuren gar nicht
    unter politische Aspekte im hier gemeinten Sinne.

> *Hitler und seine Kumpane treten durch das*
> *Tor: Es ergreift sie eine aufstürzende Lava-*
> *welle, und sie versinken rettungslos in den*
> *Lavafluten.*
> (IchundIch 63 f.)

Diese visionäre Schau scheint nun auf den ersten Blick nichts
anderes zu sein als Ausdruck der speziell Lasker-Schülerschen
Sehweise der Realität, respektive der Politik. Man fühlt sich
an den Plan der Dichterin erinnert, Hitler mit Hilfe von Zau-
berkräften zu töten oder durch "Lächerlichkeit" unschädlich zu
machen (vgl. S. 56 , Anm. 1), wenn hier die Mächte der Hölle
als Aliierte im Kampf gegen das NS-Regime aufgeboten werden.

Im Verlauf meiner Arbeit wird sich jedoch herausstellen, daß
eine solche Sicht des Politischen, die sich kaum oder gar
nicht mit realen Gegebenheiten auseinandersetzt, symptomatisch
ist für die Beziehung Boheme - Politik. Selbst für die sogenannten politischen Bohemiens bleibt das Ersetzen politischer
Argumente durch wirklichkeitsfremde Prophetie charakteristisch,
wie z.B. Moeller van den Brucks "Drittes Reich" oder Erich Mühsams "Befreiung der Gesellschaft vom Staat" zeigen werden.

n) Boheme und "große Form"

Die "große Form" widersteht der Boheme, besonders ihrem sponta-
nistischen, auf den Augenblick gerichteten Ansatz, als nicht
wesensgemäß. Zu ihren Bestimmungen gehören über den ausgreifen-
den Umfang hinaus überschauende Disposition und eine Höhenlage,
die auf Dauer und Geltung gerichtet ist. Sie verlangt nicht nur
ein erhebliches Maß an Arbeitsdisziplin und Ausdauer, sondern
auch an Distanz und Stilisierung. So schreibt der Zeitgenosse
Thomas Mann, der als Autor schon früh die Boheme-Haltung hinter
sich läßt (die er in seinem Werk weiterhin thematisiert), im
Zusammenhang mit den "Buddenbrooks" zur Frage der "großen
epischen Form": "Auf Größe war nämlich während der Arbeit fortwährend mein heimlicher und schmerzlicher Ehrgeiz gerichtet. Mit
dem quantitativen ins Kraut Schießen des Buches wuchs beständig
mein Respekt davor, sodaß ich einen immer höheren Stil von mir
verlangte." (1)
Ebenso wie die große epische Form wird die große dramatische
Form, speziell das geschlossene Drama, in der Boheme gemieden.
Sie erfordert den Aufbau eines stringenten Handlungsgefüges aus
Figuren, Szenen und Spannungsbögen, die sinnvoll geführt, verknüpft und aufgelöst werden müssen. Dem entspricht ein Quali-
tätsanspruch, dessen Voraussetzung wiederum kontinuierliches
und konzentriertes Arbeiten ist, das aber die bohemische Lebens-
auffassung nicht zuläßt.

---

(1) Brief an Heinrich Mann vom 27.3.1901, in: Thomas Mann, Hein-
    rich Mann, Briefwechsel 1900 - 1949, hrsg. v. H. Wysling,
    Frankfurt/M. 1975, S. 19

Auch Else Lasker-Schüler zeigt keine Neigung zur großen Form.
Der Schwerpunkt ihrer Arbeit liegt bei Klein- und Kurzformen,
speziell der Lyrik; hinzu kommen Essays, ein paar Erzählungen
und drei Dramen - aber auch diese sind solche der offenen Form,
nicht streng gefügt, sondern in lockerer Szenefolge gereiht.
Diese - bei Else Lasker-Schüler die Gattungen übergreifende
(s.u.) - "Kompositionsweise" läßt es keineswegs unwahrschein-
lich erscheinen, daß die Dichterin beispielsweise das Schauspiel "Die Wupper" in einer einzigen Nacht zu Papier gebracht
hat, wie sie selbst behauptet. (1)
Zwar findet sich in Else Lasker-Schülers Ouvre auch ein Werk,
das von ihr als Roman bezeichnet wird: "Mein Herz. Ein Liebesroman mit Bildern und wirklich lebenden Menschen". Schnell
stellt man jedoch fest, daß dieser "Liebesroman" mit einem Roman, wie ihn Thomas Mann etwa versteht, wenig zu tun hat. Zum
einen ist er mit 100 Seiten ausgesprochen kurz, zum anderen
wird auf den Aufbau im Sinne eines komplizierten Gefüges völlig
verzichtet. Stattdessen reiht Else Lasker-Schüler in ziemlich
willkürlicher Folge Brief an Brief; Momentbild aus der Berliner
Boheme folgt auf Momentbild. Der Arbeitsaufwand für diesen
"Roman" ist so nicht höher als jeweils für einen Essay, ein Gedicht oder eben einen Brief.

o) Else Lasker-Schüler - die ewige Erzbohemienne

Anhand der Betrachtung des Lebens von Else Lasker-Schüler läßt
sich, wie eingangs vorausgesetzt, eine Vielzahl bohemetypischer
Einstellungen und Verhaltensweisen aufzeigen: in ihrem Bürgerstereotyp, in symbolischen Aggressionsformen (Äußeres, Benehmen,
Kunst) und libertärem Engagement, in der Neigung zur Zirkuswelt, der Bindung an öffentliche Lokale, der Einstellung zum
Werk als Ware bzw. zur bürgerlichen Arbeit und Geldwirtschaft,
im Verhältnis zur Großstadt und Haltung zur Politik. Else Lasker-Schüler verkörpert damit wie kaum ein anderer den Typus
des Erzbohemiens. Daran ändert auch die Tatsache nichts, daß
nur verhältnismäßig wenige bohemetypische Themen im Werk verar-
beitet werden.
Zum Musterhaften der Lasker-Schülerschen Boheme-Existenz trägt
neben der Häufung der Merkmale auch wesentlich das Element des
Dauerhaften, des "Durativen" bei, wie es Helmut Kreuzer, allerdings auf die Typen erzählender Boheme-Darstellungen bezogen,
nennt: der Roman der durativen Boheme-Existenz sei "ein existen-
tieller Binnenroman aus der Welt des Bohemetums", der "eine Da-
seinszuständlichkeit" ausdrückt, "die unter den im Roman gegebenen Verhältnissen für das dargestellte Subjekt (und nach
Meinung des Autors) im wesentlichen nicht überwindbar ist."
(Kreuzer 84) Für Else Lasker-Schüler ist die Welt der Boheme

---

(1) S. L.-Schüler GW II 525: " In einer Augustnacht schrieb ich
    mein Schauspiel Die Wupper. In einer Nacht."

selbst da nicht überwindbar, wo die bürgerliche Gegenwelt als
soziales Umfeld nicht mehr existiert: im Exil in Palästina.
Die bohemische Lebenshaltung hat sich in einem Maße verselb-
ständigt, daß man ihren Ausspruch "Wo ich bin, ist es grün"
umformulieren könnte: "Wo ich bin, ist Boheme". Else Lasker-
Schülers "Spielart der Boheme", auf ein Schlagwort gebracht,
hieße: ewige Erzbohemienne.

2. F r a n z i s k a   G r ä f i n   z u   R e v e n t l o w
(1871 - 1918)

Auf den ersten Blick fällt es nicht leicht, bei Franziska Gräfin zu Reventlow eine solche Spielart von Boheme zu erkennen,
die sich wesentlich von der Else Lasker-Schülers unterscheidet.
Nicht nur, daß im Sinne einer temporal bestimmten Typologie
(s.S.14f.) die Boheme-Existenz von beiden als durativ anzusehen ist - auch in Einzelheiten zeigen sich, zumindest oberflächlich, auffällige Parallelen; z.B. in der Verwirklichung
des bohemischen Libertinitätsprinzips oder in ihrem Verhältnis
zum Geld ("Geldkomplex").
Während jedoch der "Prinz von Theben", wie dargelegt, nie den
Versuch macht, seine bohemische Lebenshaltung zu ändern, lassen
sich bei der Gräfin zu Reventlow Tendenzen feststellen, die
über die Boheme hinausweisen: Zum einen signalisieren die spezifischen Konstellationen und Variationen der bohemischen Merkmale eine Neigung zum Großbürgerlich-Aristokratischen, zur Lebensform der"Grande Boheme"; vorwegnehmend sei hier auf Aspekte
wie die Favorisierung der Libertinage unter den symbolischen
Aggressionsformen, den (z.T. verwirklichten) Anspruch auf lu-
xuriöse Lebensbedingungen (komfortable Wohnung, Hausangestell-
te, Reisen, Schmuck ...) oder die untypische Verachtung für
das "gemeine Volk" hingewiesen. Zum anderen ist überraschenderweise eine sich im Laufe der Jahre immer stärker äußernde
Sehnsucht nach den bürgerlichen Werten Ruhe, Ordnung und Sicherheit feststellbar; davon zeugt nicht zuletzt die wachsende
Beständigkeit der Gräfin in ihren Liebesbeziehungen. "Durativ"
bleibt das Leben Franziska von Reventlows in der Boheme schließlich nur deshalb, weil alle ihre Bemühungen, dem "Zigeunertum"
zu entrinnen, scheitern.
Über diese Verschiedenheit grundsätzlicher Natur hinaus lassen
sich auch in den meisten Einzelaspekten der bohemischen Lebensführung Else Lasker-Schülers und Franziska von Reventlows bei
genauem Hinsehen erhebliche Varianten konstatieren.

a) Der Bürgerstereotyp

Franziska von Reventlows Bild vom Bürger geht von der bürgerlichen Gesellschaft in ihrer Gesamtheit aus und gewinnt seine
Bestimmung entscheidend von der Einstellung zur Frau her.
Ansätze zu dem in ihrem Aufsatz "Viragines oder Hetären" (1899)
(1) formulierten Ansichten über das Philisterium sind schon

---

(1) Reventlow, Franziska zu, Viragines oder Hetären, in: F.v.R.,
    Autobiographisches. Ellen Olestjerne. Roman.Novellen.
    Schriften. Selbstzeugnisse, hrsg. v. E. Reventlow mit einem
    Nachwort von W. Rasch, München 1980, S. 468-481.- Ich zitie-

feststellbar, ehe sie mit der Boheme in Berührung kommt.(1)
In einem Brief an ihren Jugendfreund Emanuel Fehling attak-
kiert die 19jährige, eben aus dem freiadligen Magdalenenstift
zu Altenburg relegiert, die Erziehung junger Mädchen, deren
Ergebnis Durchschnitts- junge Mädchen und -Frauen seien: "un-
gebildete, bleichsüchtige, spitzenklöppelnde interessenlose
Geschöpfe; die, wenn sie sich verheiraten, in Haushalts- und
Kindergeschichten aufgehen und ihrem Mann unmöglich etwas sein
können, als eben seine Hausfrau".(2) Im zehn Jahre später erschienenen Aufsatz heißt es:

> In den Schichten der Gesellschaft, die man inner-
> lich und äußerlich zum Philisterium, zur Bourgeoisie
> rechnen kann, ist man sich völlig klar darüber, was
> der Frau ziemt und ansteht. [...] Vor allem han-
> delt es sich darum, daß das Leben möglichst glatt
> und anständig ohne lärmende Konflikte abläuft.[...]
> Als kleines Mädchen artig in die Schule und ma-
> nierlich mit Eltern oder "Fräuleins" spazierenge-
> hen, als großes Mädchen je nach Verhältnissen als
> Nutzobjekt oder Dekorationsgegenstand im Hause fi-
> gurieren, als Braut sittlich errötend an der Aus-
> steuer nähen, als Frau dem Gatten sorgend und lie-
> bend zur Seite stehen, den Pflichten des christ-
> lichen Ehebettes nach bestem Vermögen nachkommen
> und ihre Kinder zu der selben trostlosen Lebens-
> langeweile erziehen. (Reventlow A 469)

Wiederum gilt der Hauptangriff dem Erziehungssystem der Zeit,
das nichts anderes zum Ziel hat, als den jungen Menschen, ungeachtet seiner Individualität, für die ihm in der Gesellschaft
zugedachte Rolle zu dressieren. Für die Frau bedeutet das ein
für allemal Verzicht auf subjektive Gestaltung des Lebens. Sie
hat als Objekt den jeweiligen an sie gestellten Ansprüchen gerecht zu werden, als Entpersönlichtes zu fungieren, zu funktio-
nieren.
Außer diesem Vorwurf, der wie so viele Beiträge zur "sexuellen
Revolution" um die Jahrhundertwende den Einfluß Freuds erkennen läßt, benennt das Zitat noch zwei weitere Aspekte des Reventlowschen Stereotyps: den bürgerlichen Wunsch nach Sicher-

---

re aus diesem Buch unter Sigle A, die arabischen Zahlen
stehen für die Seite. - Ich ziehe die neueren Teilausgaben
den "Gesammelten Werken" (hrsg. v. E.Reventlow, München
1925) vor, weil sie gegenüber diesen textlich erweitert
sind.

(1) Franziska Gräfin Reventlows Weg in die Boheme ist - im Gegensatz zu Else Lasker-Schüler oder Frank Wedekind -"klas-
sisch": ein totaler Bruch mit dem Elternhaus geht voraus.

(2) Reventlow, Franziska zu, Briefe 1890-1917, hrsg. v. E. Reventlow, Frankfurt a.M. 1977 (=Fischer TB 1794), S.33.-Im
weiteren zitiert als Reventlow B, die arabischen Zahlen
geben die Seitenzahl an.

heit und Ruhe, nach "Lebenslangeweile". (1)
An anderer Stelle führt die Gräfin Anklage gegen Verlogenheit
und Scheinmoral in der bürgerlichen Gesellschaft: (2)

> In einem Teil der Frauen sucht man von Jugend
> auf durch die christlich moralische Erziehung
> das Geschlechtsempfinden abzutöten, oder man ver-
> weist sie auf die Ehe mit der Behauptung, daß
> die Frau überhaupt monogam veranlagt sei.Gleich-
> zeitig richtet man die Prostitution ein, zwingt
> also den anderen Teil der Frauen, poligam zu
> sein, damit den Männern geholfen werde, für die
> wiederum die Ehe unausreichend ist. (Reventlow A 479)

Überhaupt keine Rolle in Franziska von Reventlows negativem Bild
vom Bürger spielt dagegen der Vorwurf mangelnden Verständnis-
ses von Kunst und Künstler, der sich ja für Else Lasker-Schülers Bürgerstereotyp als wesentlich erwiesen hat.

b) Symbolische Aggression

Der Gräfin liegt es fern, dem Bürger ihre Andersartigkeit und
Überlegenheit mit exotischer Kleidung oder gar mit dem Regen-
schirm zu demonstrieren.
Im Gegenteil, gerade was Kleidung, Benehmen und Wohnung angeht,
zeigt sich Franziska von Reventlows Neigung zum Aristokratisch-
Großbürgerlichen, zur Lebensform der "Grande Boheme".(3)

---

(1) Dessen ungeachtet gilt, was ich einleitend festgestellt habe: die Gräfin selbst ist nicht immer frei von solch bürgerlichen Sehnsüchten. Ihr Streben nach komfortablem Wohnen hat
z.B. von Anfang an ambiguösen Charakter: dahinter steht nicht
nur aristokratisch geprägter Anspruch auf Luxus,sondern auch
ganz "gewöhnliches" bürgerliches Ruhebedürfnis.(Vgl. S.64 f.)

(2) Auch dieser Punkt des Stereotyps - die Doppelbödigkeit bürgerlicher Moral - taucht schon früh auf, u.a. in dem schon
erwähnten Brief Franziska von Reventlows an Emanuel Fehling:
"Die Töchter,[...], werden von der Lektüre von Büchern, in
denen das Wort Liebe vorkommt und vor jeder Berührung mit
jungen Herren mit Todesangst behütet - außer auf den Bällen,
deren es circa 20 im Winter gibt und zu denen die Mütter dann
mit ihren Töchtern und einem Altar in der Tasche hinfahren."
(Reventlow B 34)

(3) Die Nähe, ja die Überschneidung von Aristokratisch-Großbür-
gerlichem und "Grande Boheme" darf dabei nicht übersehen
werden: Neben "entsprungenen" Söhnen des Großbürgertums sind
es vor allem Adelige, aus denen sich der kleine Kreis der
"Grandes Bohemiens" rekrutiert (vgl. Baron v. Schennis,
Eduard Graf Keyserling). Mit Hilfe großer ererbter (nicht
erarbeiteter - dem Geist der Boheme gemäß!) Vermögen leben
sie eine Kombination von feudalem und künstlerisch-freiheit-

Am Beispiel Wohnung werden dabei die Ansprüche der Gräfin besonders deutlich. (1) Obwohl Mietschulden sie immer wieder zum Wohnungswechsel zwingen, läßt sie sich nur im äußersten Notfall auf die bohemische Dachkammer ein. Beim geringsten finanziellen Hoffnungsschimmer wird die "Bude" sofort zugunsten einer Wohnung aufgegeben, die nach Möglichkeit auch die Unterbringung eines Dienstmädchens erlaubt, (2) um den "entsetzlichen Energieverbrauch", den das "tägliche Leben" erfordert, senken zu können (Reventlow B 361).

---

lichem Lebensstil. Für die Armutsboheme bedeutet diese vermögende"Oberschicht" eine nicht zu unterschätzende Überlebenshilfe - eine Funktion, die mitanklingt, wenn John Höxter in seinen Erinnerungen über Baron von Schennis berichtet:"Wenn von Zeit zu Zeit mitternachts der Maler Friedrich Baron von Schennis [...] das 'Alte Westen' betrat, wußte die Bohême, daß ein Galaabend bevorstand. Galaabend sagt allerdings nicht genug; eine Nacht und einen Tag hielt die rechte Gesellschaft um Schennis immer zusammen, oft genug aber brachten wir es aber auch auf zweimal 24 Stunden. Ging das Geld inzwischen zur Neige (Schennis verstand ja ziemlich großfürstlich damit umzugehen; jedermann, der einen nicht alltäglichen Kopf zwischen den Schultern trug, wurde eingeladen, getrunken wurde nur Sekt und Grand Manier [...]; war also solchermaßen der Vorrat erschöpft, so fuhr man zum Lützowplatz 11 [...] und klingelte Karl, den Diener, herunter. Müde lächelnd [...] erschien er [...] und schob seinem Herrn [...] ein neues Päckchen Hunderter zu." (In: So lebten wir. 25 Jahre Berliner Boheme, Berlin 1929, S. 22 f.)

(1) Zu den Aspekten Kleidung/Benehmen vgl. etwa T 104 [Sigle T meint: Reventlow, Franziska Gräfin zu, Tagebücher 1895-1910, hrsg. von E.Reventlow, Frankfurt a.M. 1976(=Fischer TB 1702)}: "8.Dezember. [1898] Wollte die Guilbert sehn. Kein Billett mehr, melde mich bei ihr, um ein Interview zu schreiben, auf morgen bestellt, sieben Uhr abends. 9.Dezember. Heute abend regnet es in Strömen, und ich habe keine halbwegs mögliche Regentoilette und kann mich nicht entschliessen, schofel hinzugehen. Also fahren lassen." oder T 41 f.: "Neujahrsnacht 1896/97.[...] Mein Gott, dieses Herunterkommen gibt es ja eigentlich nur äußerlich. Wer sieht oder merkt mir an, was ich erlebt und getan habe, so lange ich es in meinem äußern Benehmen nicht merken lasse. [...] Bei Frau X. hab' ich meine Glanzgewänder, aber sie gehören mir nicht, ich muß sie immer als Pfand dalassen. Wenn ich dahin gehe, ziehe ich mich schön an und bin wie in einem andern Leben."

(2) Vgl. Brief an Paul Schwabe, einen Frankfurter Kaufmann:"Du denkst, daß ich mich zur Kapitalistin aufgeschwungen habe, weil ich mir eine eigene Wohnung nehmen will? Dieselbe kostet nur 30 M [...]. Ich will nämlich auch ein Mädchen nehmen, [...]." (Reventlow A 499)

Doch nicht nur "Junkerhaftes" (1) signalisiert die Einstellung
der Gräfin zu ihrem Wohnungsproblem, sondern, wie erwähnt, auch
Züge, die sie sonst als typisch bürgerlich verabscheut. Wenn
sie immer wieder den Wunsch nach einem komfortablen, dauernden
Domizil äußert, wie etwa "Ich freue mich so darauf, endlich eine
Art Heim zu haben, ich bin diese Wirtschaft mit Spiritusmaschi-
ne so müde, ich kann gar nicht sagen wie sehr." (Reventlow A
500) oder " [...] mein Leben besteht seit vielen Jahren, seit
Samos etwa, aus fortwährendem Ein- und Auspacken oder Umziehen.
Ich wollte, es hätte einmal ein Ende." (Reventlow T 290), so
drückt sich darin, wie auch bei Wedekind (vgl. S97f.), eine la-
tente Sehnsucht nach Ruhe, Ordnung und Sicherheit aus. Mit dem
Älterwerden trachten beide danach, dieser Sehnsucht in ihren
Lebensumständen gerecht zu werden, doch nur Wedekind gelingt es.

c) Libertinage

Sowenig Bemühen Franziska von Reventlow erkennen ließ, den
Bürger mit Hilfe der äußeren Erscheinung oder des Auftretens
vor den Kopf zu stoßen - mit der symbolischen Aggressionsform
"Libertinage" wird sie geradezu identifiziert, und zwar nicht
nur von der Memoirenliteratur ihrer Zeit: (2) der Titel einer
1980 erschienenen Reventlow-Biographie lautet: "Die erotische
Rebellion". (3)
Verstehbar wird diese Favorisierung der "Freien Liebe" seitens
der Gräfin, berücksichtigt man, daß Libertinage stets zu den
vom Adel in Anspruch genommenen Privilegien gehörte.(4)

---

(1) Franziska von Reventlow selbst stellt hin und wieder "Jun-
    kerhaftes" in ihrem Wesen fest, siehe B 361: "Da liegt ent-
    schieden etwas Junkerhaftes in mir, erst verwöhne ich die
    Leute, und dann bin ich selig, wenn sie mit einem Fußtritt
    hinausfliegen."

(2) Vgl. z.B. Fuchs,Georg, Sturm und Drang in München um die
    Jahrhundertwende, München 1936,S.194: "Es ist wahr: sie
    [Franziska von Reventlow] wechselte die Männer öfter als
    das Hemd; schon weil sie oft nur eines besaß."

(3) Fritz, Helmut, Die erotische Rebellion. Das Leben der Fran-
    ziska Gräfin zu Reventlow, Frankfurt a.M. 1980 (= Fischer
    TB 2250)

(4) Zur Entwicklungsgeschichte des Begriffs "Libertin" vgl.
    Schneider, Gerhard, Der Libertin. Zur Geistes- und Sozial-
    geschichte des Bürgertums im 16. und 17. Jahrhundert, Stutt-
    gart 1970 (= Studien zur Allgemeinen und Vergleichenden
    Literaturwissenschaft, Band 4)

Ein bedingungsloses sexuelles Sich-Ausleben im Sinne bohemischer Lebenshaltung ist also im Einklang mit aristokratischen
Tendenzen möglich.
Nach dem Bruch mit der Familie scheint der Lebensweg Franziska
von Reventlows zunächst allerdings in völlig anderen Bahnen zu
verlaufen. Nach einer einjährigen Malausbildung in München heiratet sie den Gerichtsassessor Walter Lübke. Von einem zweiten
Aufenthalt in München kehrt sie jedoch nicht mehr zu ihrem Mann
zurück. Bereits 1896 wird die Ehe wegen "fortgesetzten Ehebruchs"
geschieden.
Alle Geliebten Franziska von Reventlows aufzuzählen, ist unmöglich. (1) Viele ihrer Beziehungen laufen parallel. Ludwig Klages,
Karl Wolfskehl, Frank Wedekind, Roderich Huch,(2) Franz Hessel,
Bogdan von Suchocky,(3) Albrecht Hentschel (4) ...
Neben diesen bohemeinternen Verhältnissen pflegt sie auch "bür-
gerliche". Sie ist z.B. über Jahre hinaus die Geliebte des Münchener Rechtsanwalts Dr. Alfred Friess (der "Monsieur" bzw.
"Belami" des Tagebuchs).(5)

---

(1) Vater ihres 1897 geborenen Sohnes Rolf ist "A.". Seine Iden-
    tität gibt Franziska von Reventlow nie preis. Sie bricht
    mit ihm, lange bevor das Kind zur Welt kommt:"A. schickte
    mir Blumen, und ich ärgerte mich darüber, ich will nichts
    mit ihm zu tun haben. Er gehört nicht zu mir und nicht zu
    meinem Kind. [...] Mein Kind soll keinen Vater haben, nur
    mich." (Reventlow T 57 f.)

(2) Roderich Huch, Neffe der Dichterin Ricarda Huch (nicht Vet-
    ter, wie die Herausgeberin der Briefe meint) und als "Kon-
    stantin, der Sonnenknabe" eine der Hauptfiguren in Franzis-
    ka von Reventlows Roman "Herrn Dames Aufzeichnungen", ver-
    läßt München nach dem großen "Schwabinger Krach". Zu den
    Vorgängen um Ludwig Klages, Stefan George etc. nimmt er in
    dem Aufsatz "Erinnerungen an Kreise und Krisen der Jahrhun-
    dertwende in München - Schwabing" Stellung. (In: Castrum
    Peregrini 110, 1973, S. 5-49)

(3) Mit Bogdan von Suchocky, einem polnischen Glasmaler, und dem
    Schriftsteller Franz Hessel führt Franziska von Reventlow
    eine Zeitlang eine Ehe zu dritt. - Hessel verarbeitet dies
    in seinem Schlüsselroman "Der Kramladen des Glücks" (Frank-
    furt 1913). Die Gräfin agiert darin als Gerda von Brodersen.

(4) Mit Albrecht Hentschel (genannt "Adam", Privatgelehrter und
    Paläontologe) reist Franziska von Reventlow nach Griechen-
    land ("Samos-Reise" 1900).

(5) Dazu kommt noch so mancher Mann um eines hundert Mark Schei-
    nes willen. Ihre Gelegenheitsprostitution rechtfertigt Fran-
    ziska von Reventlow mit der Verpflichtung, für ihren Sohn
    sorgen zu müssen: "[...],bin froh, wenn ich etwas mehr Geld
    in der Tasche hab' und wieder bei meinem Bübchen bin. Aber
    daß er mir etwas übelnehmen sollte, wenn er groß wird und
    einen Einblick in die Abgründe tut, durch die seine Mutter

Ausgelebte Sexualität bedeutet dabei für Franziska von Reventlow - ganz im Geiste der Jahrhundertwende respektive der Boheme -
Möglichkeit gesteigerter Lebensempfindung:"Warum fühle ich das
Leben herrlich und intensiv, wenn ich viele habe? - immer das
Gefühl, eigentlich gehöre ich allen." (Reventlow T 42). Und
wenn sich diese Lebens- und Liebesekstase vorübergehend auch auf
einen einzelnen beziehen kann, (1) so heißt es doch bald: "Nun
möchte ich wieder alle lieben." (Reventlow T 80) (2)
Dieses libertäre Engagement ist frei von ernsthaften gesell-
schaftsreformerischen Ansätzen.
Ein flüchtiger Blick könnte allerdings anderes vermuten lassen.
In den Aufsätzen der Gräfin zu "Zeitfragen" (3) liest man beispielsweise:

> Gottseidank, unsere christliche Gesellschaftsmoral
> hat sich mehr als gründlich überlebt, die letzten
> Jahrzehnte, die moderne Bewegung, hat die junge
> Generation etwas von der mutigen Froheit des Hei-
> dentums gelehrt. Wir haben angefangen, die alten
> Gesetzestafeln zu zerbrechen. Warum sollte das
> moderne Heidentum uns nicht auch ein modernes
> Hetärentum bringen? Ich meine, den Frauen den Mut
> zur freien Liebe vor aller Welt wiederzugeben. In
> Frankreich ist man in dieser Beziehung, in der
> erotischen Kultur jedenfalls, weit voraus. Wir
> Deutschen müssen uns erst das schwere Blut, das
> kalte nordische Schuldbewußtsein und Verantwortungs-
> gefühl abgewöhnen. (Reventlow A 479 f.)

---

gelegentlich wandelt - er möchte mir's eher übelnehmen,
wenn ich ihn und mich verhungern ließe, und wenn ich mich
mit Übersetzen totschinde." (Reventlow T 94 f.); doch:
"Der in Sünden erworbene Reichtum ist längst zerronnen,
unrecht Gut gedeiht eben nicht." (Reventlow T 115)

(1) Nach einer mit "Belami" verbrachten Silvesternacht schreibt
    die Gräfin in ihr Tagebuch:"Gott, mein Gott, eine solche
    Hochflut von Leben, Freude, Seligkeit nach dieser Nacht.
    [...]Es war alles wie ein Märchen, das gar nicht wahr sein
    konnte. Dies ganze Jahr war ich so einsam und oft so schwer-
    mütig gewesen, nun braust wieder die alte, frohe Lebensfreu-
    de, mir ist, als ob meine Seele sich nach allen Seiten auf-
    lösen möchte, zerschmelzen in lauter Seligkeiten. [...]
    O Leben, göttliches, göttliches." (Reventlow T 79)

(2) Man fühlt sich an Wedekinds Gedicht "Ilse" erinnert:
    "Ich war ein Kind von fünfzehn Jahren,
    Ein reines unschuldsvolles Kind,
    Als ich zum erstenmal erfahren,
    Wie süß der Liebe Freuden sind.
    [...]
    Seit jenem Tag lieb ich sie alle,
    Des Lebens schönster Lenz ist mein;
    Und wenn ich keinem mehr gefalle,
    Dann will ich gern begraben sein." (Wedekind W II 404)

(3) "Das Männerphantom der Frau", 1898 (Reventlow A 451-467)

Franziska von Reventlow scheint hier, wie Frank Wedekind und
besonders Erich Mühsam, in der Verbindung von Sexualität und
Lebensemphase Mittel und Ziel gesellschaftlicher Erneuerung
zu sehen.
Andere Passagen jedoch machen deutlich, daß Franziska von Reventlow lediglich den eigenen - z.T. allerdings nur erträum-
ten - Lebensstil darlegt. Wenn sie ihn dabei zum erstrebens-
werten Allgemeingut aufwertet und sich auf das eigentlich Na-
turgegebene solcher Lebensart beruft, hat dies nicht Veränderungen gesellschaftlicher Strukturen zum Ziel, sondern soll
die eigene Existenzform rechtfertigen.

> Sie [die Frau] ist nicht zur Arbeit, nicht für
> die schweren Dinge der Welt geschaffen, sondern
> zur Leichtigkeit, zur Freude, zur Schönheit. -
> Ein Luxusobjekt in des Wortes schönster Bedeutung,
> ein beseeltes, lebendes, selbstempfindendes Luxus-
> objekt, das Schutz, Pflege und günstige Lebens-
> bedingungen braucht [...] Für den harten Kampf
> mit dem Dasein sind wir nicht geschaffen [...]
> Wenn wir die kurze Zeit des Lebens damit ausfül-
> len, Männer zu lieben, Kinder zu bauen und an al-
> len erfreulichen Dingen der Welt teilzunehmen,
> und dafür, daß wir unsere Kraft und unseren Kör-
> per den Männern und Kindern geben, verdienen wir,
> daß man uns das Leben äußerlich so leicht gestal-
> tet wie nur möglich.
> [...]
> Vielleicht entsteht noch einmal eine Frauenbewe-
> gung in diesem Sinne, die das Weib als Geschlechts-
> wesen befreit, es fordern lehrt, was es zu fordern
> berechtigt ist, volle geschlechtliche Freiheit,
> das ist, freie Verfügung über seinen Körper [...]
> (Reventlow A 478 f.)

Zudem mag es sich bei dem gesellschaftspolitischen Anstrich
der Aussagen (vgl. "Wir Deutschen müssen", "eine Frauenbewe-
gung in diesem Sinne") um ein Zugeständnis an die gesellschaftskritische Position der "Zürcher Diskussionen" und ihres Heraus-
gebers Oskar Panizza handeln, der zwei der drei Aufsätze veröffentlicht.
Andere - politische - Schlüsse zu ziehen, wäre falsch angesichts des totalen Desinteresses der Gräfin an Politik, das
noch zu diagnostizieren sein wird (vgl.S.84 ff.)

"Viragines oder Hetären" 1899 (Reventlow A 468-481)
"Erziehung und Sittlichkeit", wahrscheinlich 1903, aus
dem Nachlaß veröffentlicht (Reventlow A 482-488)

d) Bohemische Libertinage als Element der Dichtung (1) -
   "Von Paul zu Pedro" (1912)

Neben den Aufsätzen zu "Zeitfragen" ist es vor allem Franziska
von Reventlows stark autobiographischer Roman "Von Paul zu
Pedro" (2), der sich mit der Problematik Freie Liebe bzw. bür-
gerliche Ehe auseinandersetzt.
Der 1912 entstandene Roman trägt den Untertitel "Amouresken" (3)
In fingierten Briefen an "Paul" plaudert die Gräfin über ihre
Erfahrungen bzw. Ansichten über Liebe, Erotik, Treue, Ehe,
Prostitution etc. Daß diese Erfahrungen und Ansichten mit den
bürgerlichen Vorstellungen, die sich mit diesen Begriffen ver-
binden, nichts zu tun haben, ist angesichts des Lebenswandels
Franziska von Reventlows nicht anders zu erwarten.
Zu der von den "Leuten" angenommenen Identität von Erotik und
Liebe meint sie beispielsweise:

> Ach, mein Gott, wenn alles immer Liebe oder auch
> nur etwas Ähnliches sein sollte, wo käme man da hin?
> Jedesmal Seligkeit, wenn es anfängt, 'Konflikte',
> während es dauert, und große Tragik, wenn es zu
> Ende geht [...] nein, das möchte wirklich zu weit
> führen.
> [...]
> 'Man' tut doch schließlich in erster Linie, was einen
> freut, und weil es einen freut. Und dies ist natür-
> lich jedesmal etwas anderes. Es kann wohl manchmal
> Liebe und 'große Leidenschaft' sein, aber ein ander-
> mal - viele, viele andere Male ist es nur Pläsier,
> Abenteuer, Situation, Höflichkeit - Moment - Lan-
> geweile und alles mögliche. Jede einzelne Spiel-
> art hat ihre besonderen Reize, und das Ensemble
> aller dieser Reize dürfte man wohl Erotik nennen.

---

(1) Zum Zusammenhang Leben - Werk s.a. Székely, Johannes, Fran-
    ziska Gräfin zu Reventlow. Leben und Werk. Mit einer Bib-
    liographie, Bonn 1979 (=Abhandlungen zur Kunst-, Musik- und
    Literaturwissenschaft, Bd.276) - Wo der Autor meine speziel-
    le Themenstellung berührt, gelangt er meist zu ähnlichen Er-
    gebnissen; in einigen Fällen wird seine abweichende Deutung
    zu diskutieren sein.

(2) Reventlow, Franziska Gräfin zu, Von Paul zu Pedro. Amouresken,
    München 1912. Ich zitiere nach dem Abdruck in: Reventlow,
    Gräfin zu, Romane, Frankfurt 1978, S. 7-65. (Sigle: R) -
    Gegenstand einer "Amoureske" ist z.B. das auch in den Tage-
    büchern festgehaltene Verhältnis der Gräfin mit "Belami"
    (Dr. Albert Friess).

(3) Der von Franziska von Reventlow vorgeschlagene Untertitel
    "Teegespräche" wird vom Verlag nicht akzeptiert (vgl. Re-
    ventlow B 495)

[...]
Und Liebe? Unter Liebe verstehe ich - nun, eine
seriöse Dauersache. Aber Sie dürfen mir diesen Begriff nicht zu optimistisch auffassen. Dauersache
ist alles, was - sagen wir, was monatelang dauert -
seriöse Dauersache, wenn es viele Monate sind;
über ein Jahr - dann wird es schon Verhängnis mit
einem Stich ins Ewige. (Reventlow R 14)

Hier klingt auch schon an, was sie von Treue hält. An anderer
Stelle heißt es dazu: "Treue ist vielleicht eine besondere Be-
gabung, ein Talent. Wie kann man Talent von jemand verlangen,
der es nicht hat?" (Reventlow R 29)
In Anbetracht dieser Haltung zur Treue, die von der bürgerlichen Ehe ja vorausgesetzt wird, verwundert es nicht, daß die
Gräfin Heirat als Zumutung empfindet: "[...] ich hätte alle
möglichen Chancen haben können. Aber was wollen Sie? - die
legitimen? Gott soll mich bewahren - und er hat mich bewahrt."
(Reventlow R 38)
Stattdessen redet sie der käuflichen Liebe das Wort: Sie habe
weder für sich noch für andere etwas gegen "Verkaufen". Han-
del in seiner direktesten Form sei eigentlich noch immer die
beste und anständigste Möglichkeit. Leider sei aber auf diesem Gebiet alles so mangelhaft organisiert und gesellschaftlich unmöglich gemacht. (Vgl. Reventlow R 41)
Die literarische Formulierung des bohemischen Libertinismus
scheint damit auf den ersten Blick nicht weniger provozierend
als die von der Gräfin praktizierte "Freie Liebe". Eine Reaktion der Zensur - sozusagen Seismograph für jegliches symbolisch-aggressive Element der Kunst - bleibt jedoch aus. Es
gelingt Franziska von Reventlow offensichtlich, mit dem iro-
nisch-heiteren Plauderton, in dem die Maximen vom "Geist des
Fleisches" (1) verkündet werden, über die Brisanz des Gesagten
hinwegzutäuschen. (2) Zudem dürfte gelten, was bereits bei Else Lasker-Schüler festzustellen war: die Provokation über die

---

(1) Vgl. Wedekind, Frank, Aufklärungen, in: W III 233-237,
    hier 233: "Das Fleisch hat den Bekennern des Wahlspruchs:
    'Fleisch bleibt Fleisch - im Gegensatz zum Geist', immer
    und immer wieder den tollsten Schabernack gespielt. Infolge
    dieses ewigen Schabernacks hat sich eine andere Partei ge-
    bildet, die nach reiflicher Erfahrung dem Wahlspruch hul-
    digt: 'Das Fleisch hat seinen eigenen Geist.' [...] Was
    ich ihnen vortrage, dreht sich um den eigenen Geist des
    Fleisches, den wir im allgemeinen Erotik nennen."

(2) Nicht immer gelingt es der Gräfin, Schwierigkeiten mit der
    Zensur aus dem Weg zu gehen. Die Satire "Das jüngste Ge-
    richt" (1897) bringt ihr eine Anklage wegen Gottesläste-
    rung ein, die allerdings wieder fallengelassen wird. Dies
    dient ihr wiederum als Stoff zu einer Satire: "Das aller-
    jüngste Gericht" (1897). (Vgl. Reventlow A 428-448)

Romanform (bzw. Lyrik) ist weniger wirksam als über das Drama, fordert also auch weniger restrektive Maßnahmen heraus.(1)

e) Neigung zum Zirkus

Inwieweit die Begeisterung Franziska Gräfin Reventlows für den Zirkus dem häufig von der Boheme darin gesehenen Sinnbild wahren Lebens gilt, läßt sich nicht mit Sicherheit sagen; auch nicht, ob sie den Zirkus als eine bürgerlichen Vorstellungen widersprechende Kunstform besonders schätzt.
Auf jeden Fall fasziniert die Gräfin das Zirkusmilieu so sehr, daß sie auf die Träume ihrer Kindheit, Akrobatin zu werden (2), immer wieder zurückkommt:

> In den Zirkus, komisch, ich habe doch jedesmal
> das Gefühl, das wäre eigentlich mein Beruf und
> mein Leben gewesen und zwar so stark, daß ich
> ganz von der Überzeugung durchdrungen bin. Ich
> hatte auch Talent gehabt, bis Gottes Hand mich
> traf. (Reventlow T 350)

Es ist wohl die Verwandtschaft der eigenen, extremen - "unbehausten" -Bohemeexistenz mit dem Außenseiterdasein der "Fahrenden", in der die Attraktion steckt, denn häufig verwendet die Gräfin Bilder aus dem Zirkusmilieu, um die Besonderheit ihres Lebens zu charakterisieren. (3)

---

(1) Die Auseinandersetzung des Dramatikers Wedekind mit der Zensur sind beispielsweise ebenso heftig wie andauernd. - Doch auch die Wahl einer anderen Gattung schützt nicht immer vor dem Zugriff der Zensur, wie das Verbot von Hermann Conradis Roman "Adam Mensch" (1889) zeigt.- Zum Zensurproblem vgl. Otto, Ulla, Die literarische Zensur als Problem der Soziologie der Politik, Stuttgart 1968 - Diese Arbeit läßt zwar in ihrem historischen Überblick die Phase zwischen 1848 und 1933 weitgehend außer Acht, gibt jedoch einen umfangreichen "systematischen Überblick über die literarische Zensur" (S.67-129).

(2) In "Ellen Olestjernes" (=F.v.Reventlow) Tagebuch ist zu lesen: "Ich denke oft daran, wie ich als Kind war. Ich dachte mir immer, mein Leben müßte etwas ganz Besonderes werden, und später auch noch: Ungeheure Dinge leisten, in der Kunst, in allen möglichen Verwegenheiten, am liebsten hätte ich auch Seiltanzen und Akrobatenkünste gelernt, überhaupt alles können, alles beherrschen." (Reventlow A 218)

(3) Die Zirkusmetapher dient der Gräfin dabei nicht nur dazu, das Außergewöhnliche und Abenteuerliche ihrer Bohemeexistenz zu erfassen, sondern auch das Zwanghafte der einmal übernommenen Rolle zu charakterisieren. So stellt die Heldin in von "Paul zu Pedro" fest: "Man nimmt es uns förmlich

f) Sympathie für "Erniedrigte und Beleidigte"

Die im vorangegangenen Abschnitt beschriebene Sympathie Franziska von Reventlows für die Außenseiter der Zirkuswelt ist
nun bei ihr keineswegs Bestandteil der in der Boheme so häufig
anzutreffenden generellen Solidarisierung mit den wie auch
immer Benachteiligten der Gesellschaft. Selbst wenn gelegentlich Formulierungen zu finden sind wie

> Das Streben, die Frauen der arbeitenden Klasse aus
> ihrer Misere zu befreien, ihnen bessere Lebensbe-
> dingungen, höhere Löhne zu schaffen, sich der Kin-
> der und Wöchnerinnen, besonders der unehelichen,
> anzunehmen, alles das ist der sogenannte berechtig-
> te Verkehr der ganzen Bewegung [Emanzipationsbewe-
> gung], dem wohl kein vernünftig und human denken-
> der Mensch seine Anerkennung versagen wird.
> (Reventlow A 470)

so existiert doch in Wirklichkeit nicht das geringste Interesse
für die soziale Frage.
Im Gegenteil: gerade in diesem Punkt zeigt sich deutlich ihr
latenter Hang zum Aristokratischen. (1) Über ein Dienstmädchen
notiert sie beispielsweise: "Christa in die Hauswirtschaft ein-
gedrillt. Das war ein Stück Arbeit, besonders das blöde Angrin-
sen dieser Klasse zu ertragen resp. abzugewöhnen." (Reventlow
T 153)

g) Bindung an öffentliche Lokale/Beziehung zum Kabarett

Das Café nimmt im Leben Franziska von Reventlows längst nicht
den Rang ein, den es z.B. bei Else Lasker-Schüler, Frank Wedekind oder Erich Mühsam hat. Das Tagebuch berichtet zwar von

---

übel, wenn wir uns zu ordentlich benehmen, ärgert sich, daß
wir so durchaus salonfähig sind und die Hoffnung auf ganz
besondere Sensationen nicht erfüllen.- Gehörst du einmal
zum Zirkus, so spring durch Reifen und schlage Purzelbäu-
me - ja, aber wir haben manchmal gar keine Lust, [...]"
(Reventlow R 25)

(1) Auch für Franziska von Reventlows - im Sinne des Wortes -
vernichtendes Urteil über den Kleinbürger scheint mehr ade-
liges Standesbewußtsein als bohemisches Gedankengut die Basis zu sein: "Es scheinen die typischen Sommerfrischen des
schiefgetretenen, lahmen, buckligen, verkümmerten Kleinbür-
gertums zu sein, lauter mißratene Gestalten, die man ein-
stampfen sollte, statt sie wieder aufzufrischen. Pfui Teufel.
Es ist, wie man manchmal an Festtagen so viele schiefe ab-
scheuliche Gesichter sieht, die nur dann einmal aus ihren
feuchten Kellern hervorkriechen." (Reventlow T 194 f.)

häufigen Besuchen im "Café Stephanie", im "Café Leopold", im
"Café Luitpold" oder "Café Noris", doch findet sich nirgends
ein Hinweis, daß ihr das Café bzw. Lokal mehr bedeutet hätte
als eben eine geeignete Anlaufstation, um Freunde zu treffen
oder spendierfreudige Kavaliere kennenzulernen. Das Café als
"Arche" für ein heimatloses Leben, als Bühne für symbolische
Aggressionen oder als Börse für den "Stand" der Kunst, all diese für die Boheme so wichtigen Funktionen, spielen für die
Gräfin keine erkennbare Rolle.
Auch ihre Neigung zum Kabarett - sie selbst tritt im übrigen
nie auf - wird weniger von bohemetypischen Motiven bestimmt.
Nicht etwa der Reiz, bei einer vom bürgerlichen Publikum
honorierten Publikumsbeschimpfung dabei zu sein, zieht sie zu
den Vorstellungen der "Elf Scharfrichter", sondern Frank Wedekind.(1)

h) Der Bohemekreis

Durch ihre Geliebten Ludwig Klages und Karl Wolfskehl kommt
Franziska von Reventlow mit dem Schwabinger Kreis der "Kosmiker", der "Enormen" (Ludwig Klages, Karl Wolfskehl, Alfred
Schuler u.a.) in Kontakt.(2) Der Kreis rechnet sie zu den
Seinen, da sie auf Grund ihrer unehelichen Mutterschaft und
ihrer emphatischen Lebensverherrlichung, die dem Gefühl den
absoluten Vorrang einräumt, als - so das kosmische Vokabular -
"enorm" und "heidnisch" zu gelten hat; sie selbst betrachtet
sich jedoch nie als "Mitglied". Im Gegenteil, die anfängliche
Hinneigung zur Gedankenwelt der "Kosmiker" (3) wandelt sich
recht bald in starke Skepsis gegenüber dem Treiben um "Blut-
leuchte", um "Kosmisches" und "Enormes". Schon 1899 heißt es
in einem Brief an Ludwig Klages anläßlich einer Weihnachts-
feier bei Wolfskehls:

---

(1) Vgl. z.B. Reventlow T 228: "Abends saßen wir bei den Scharf-
    richtern. Wedekind, seine Ballade zur Gitarre singen ge-
    hört. E du mon Dieu, mon Dieu! - Das Karnevalsfaible für
    ihn erwacht wieder - aber arg." oder T 229: "Ich abends
    mit Rodi zu den Scharfrichtern, wo wir unserer gemeinsamen
    Verliebtheit für Wedekind frönen."

(2) Über die Kosmiker gewinnt Franziska von Reventlow auch
    Einblick in den George-Kreis (dem Klages, Wolfskehl und
    Schuler zeitweise ebenfalls angehören), doch sind die Be-
    ziehungen der Gräfin dazu noch lockerer als zu den "Enor-
    men". (Zum George-Kreis vgl. Winkler, Michael, George-Kreis,
    Stuttgart 1972 (=SM 110)) - Die personelle Verzahnung der
    verschiedenen Boheme-Kreise ist im übrigen typisch.

(3) Die Kosmiker, stark von den Theorien des Schweizer Prä-
    historikers und Mutterrechtlers Johann Jacob Bachofen
    beeinflußt, stilisieren Franziska von Reventlow zur "heid-
    nischen Madonna", d.h. zur Verkörperung von Hetärentum und
    Mutterschaft zugleich. Neben dem Verhältnis mit Klages und
    Wolfskehl dürfte diese "Anerkennung" ihrer Lebensweise die
    Gräfin hauptsächlich angezogen haben.

Und wenn s i e d a n n a l l e in Verzückung
geraten - Hanna (1), die aber noch mit etwas
gluckenhafter Ängstlichkeit darüber wachte, daß
wir nicht zuviel von dem Baumschmuck zerbrachen -
und die anderen - während Wolfskehl selbst mit
verunglücktem Vortrag ein Gedicht von Baudelaire
vorliest - ich weiß nicht, mir kamen sie alle vor
wie galvanisierte Leichen, als ob keiner von ihnen
das "Tiefe, Erregende" fühlte, aber alle so taten.
(Reventlow B 376 f.)

1904 nimmt dann die Gräfin in ihrem "Schwabinger Beobachter"
(2) die Kosmiker öffentlich aufs Korn, sicherlich nicht zuletzt, um Klages zu treffen, der sich kurz zuvor von ihr ge-
trennt hat. (3)
Weitere neun Jahre später dienen die Vorgänge um Klages, Wolfskehl, Schuler, George etc. Franziska von Reventlow als Stoff
für ihre Schwabing Satire "Herrn Dames Aufzeichnungen" (4).
Die Entstehung dieses Romans zeigt noch einmal auf, wie locker
die Bindung der Gräfin an die Kreise um Wolfskehl, Klages und
George gewesen ist. Die Passagen, die sich mit der Gedankenwelt dieser Zirkel befassen, stammen im wesentlichen von dem
Philosophen und Privatgelehrten Paul Stern (im Roman: Dr.

---

(1) Hanna Wolfskehl, die Frau Karl Wolfskehls.

(2) Die vier Nummern des "Schwabinger Beobachters" sind anonym
erschienen. Die ersten drei werden Franziska von Reventlow
und Franz Hessel zugeschrieben (vgl. Székely, Johannes,
Franziska Gräfin zu Reventlow, S. 265); der vierte "Beo-
bachter" ist offensichtlich das Werk Roderich Huchs, vgl.
Reventlow B 444: "Wissen Sie, Rodi, gefallen hat mir der
Beobachter auch nicht, wenn ich ehrlich sein soll, bis auf
Bix und die Zigarettenbänder, aber für die Keferstraßen-
Affaire,finde ich, sollte die Welt Ihnen dankbar sein."

(3) Durch die "Schwabinger Beobachter" wird der berühmte
"Schwabinger Krach" ausgelöst, an dessen Ende das schwere
Zerwürfnis zwischen Klages und Wolfskehl bzw. zwischen
Klages und George steht.

(4) Reventlow, Franziska Gräfin zu, Herrn Dames Aufzeichnungen
oder Begebenheiten aus einem merkwürdigen Stadtteil,
München 1913

Seudt). (1) Aufschluß über ihre Sicht gibt der Roman daher kaum,
sieht man davon ab, daß der Rahmen, den Franziska von Reventlow
den theoretischen Erörterungen gibt, unverändert ironisch-
spöttische Distanz signalisiert.

i) Das ambivalente Verhältnis zur Großstadt

Der Name Franziska von Reventlow verbindet sich mit München
wie der Else Lasker-Schülers mit Berlin. Ähnlich ist auch beider zwiespältige Einstellung zu ihrem Großstadtleben. (Vgl.
S.52 f.) So findet Franziska von Reventlow einerseits "Stadtmen-
schen überall zum Übelwerden" (Reventlow T 322) und klagt über
das "verdammte Stadtleben" (Reventlow T 373), andererseits bekennt sie " [...] ich kann doch nicht ohne München leben"
(Reventlow T 343). Die Ursache dieser stets wechselnden Haltung sucht s i e allerdings nie zu ergründen.

j) Stadtflucht / Reisepassion

Entsprechend einfach ist für Franziska von Reventlow die "Lösung" des Problems. "Stadtflucht mit Rückfahrkarte" heißt das
Rezept, das im übrigen von vielen Bohemiens angewendet wird,(2)

---

(1) Vgl. Reventlow B 537 f. (Brief vom 10.5.1912 aus Ascona an
Paul Stern): "Stern, können Sie mir nicht ein kleines Gespräch über schwarze und weiße Magie machen und etwas allgemein Orientierendes über Kreis und Meister?" oder B 541 f.
(Brief vom Juli 1912 aus Ascona): "Kosmisch, lieber Stern,
verlieren Sie nicht die Geduld, müssen Sie *mir* noch etwas
deutlicher erklären. Ganz einfach: kosmisch bedeutet ---
im Gegensatz zu --- und irgendwelche Beispiele, was für Dinge kosmisch sind. [...] Alles mit Ur - überhaupt müßte ich
auch noch etwas wissen - warum die Urzeit so enorm ist?
Und alles mit Blut - wissen Sie, ich werde jetzt beim Schreiben immer einen Fragebogen anlegen, wie den beifolgenden." -
Székely erwähnt die Coproduktion der Gräfin mit Paul Stern
nur am Rande und beachtet sie nicht weiter. Dadurch kann er
zu der These gelangen: "Die Ironie in 'Herrn Dames Aufzeichnungen' wird vor allem erzielt durch eine vorgeschützte
Naivität des fiktiven Autors Dame [...]" (Franziska Gräfin
zu Reventlow. Leben und Werk, S. 84). In Wirklichkeit ist
die Naivität Dames hinsichtlich kosmischer Dinge und die
daraus resultierende Ironie mit der Franziska von Reventlows identisch. Die Einführung Dames als Ich-Erzähler hat m.
E. einen anderen Grund als eine ironische Perspektive zu
schaffen: die Übernahme der von Stern geschriebenen Passagen
zu erleichtern. (Vgl. S. 83 f.)

(2) Ein bekanntes Beispiel ist die Künstlerkolonie Friedrichshagen in Berlin-Schlachtensee (Heinrich und Julius Hart,
Peter Hille, Erich Mühsam u.v.a.). In dieser letzten Stadt-
bahnstation lassen sich die Vorteile des Landlebens (billi-

auch von solchen, denen ihre Bindung an die Großstadt eine
weit stärkere Belastung ist.
Für ihre "Sommerfrische" (1) wählt die Gräfin beispielsweise
meist Orte, von wo aus eine häufige, manchmal tägliche Fahrt
nach München entfernungs- und geldhalber keine allzugroßen
Schwierigkeiten bereitet: Schäftlarn, Solln, Schloß Winkl.
Ihre vielen Auslandsreisen scheinen mir nur zum Teil bohemischer Reaktion auf das Gebundensein an die Großstadt zuzurechnen zu sein. Mit Samos, Florenz, Rom, Korfu, Mallorca u.
a. wird wohl zugleich dem Anspruch adeligen Standesdenkens genügt, denn zu den Luxusgütern, die sich Franziska von Reventlow erträumt, und auf die sie eigentlich ein legitimes Anrecht
zu haben glaubt, zählen neben Equipagen, Pferden, Schmuck, Kleidern, Dienerschaft und Landhäusern stets auch Reisen. (2)

k) Das Werk als Ware. Die Einstellung zum Literatur- und
   Kunstmarkt

Ruft man sich den Bürgerstereotyp Franziska von Reventlows ins
Gedächtnis - er wird von der Einstellung des Bürgertums zur
Rolle der Frau in der Gesellschaft bestimmt; der Faktor Kunst
ist ohne Bedeutung! - verwundert es nicht, daß die Konfliktsi-
tuation, die aus dem Warencharakter der Kunst für viele Bohemiens
entsteht, für die Gräfin nicht existiert. Vergleicht man nämlich
den Bürgerstereotyp Else Lasker-Schülers, Frank Wedekinds und
Erich Mühsams, denen die Marktabhängigkeit ihrer Werke so sehr

---

ge Lebenshaltungskosten etc.) mit denen des Stadtlebens verbinden: Berlin, respektive das "Café des Westens", ist immerhin so nahe, daß man die "Kunstuhr Berlin" zumindest stets
noch ticken hört. (Vgl. S. 52)

(1) "Sommerfrische" ist nicht jahreszeitlich gemeint. Immer wenn
Franziska von Reventlow sich dem Schwabinger Trubel nicht
mehr gewachsen fühlt, zieht sie sich in die Münchner Umgebung
zurück. So verbringt sie z.B. Herbst und Winter 1901/1902 in
Schäftlarn, um die nötige Ruhe zur Vollendung ihres ersten
Romans "Ellen Olestjerne" zu haben.

(2) Vgl. Reventlow R 40: " [...] ich zum Beispiel bin sehr ver-
wöhnt aufgewachsen, die äußeren Annehmlichkeiten waren einfach da und erschienen mir nie als etwas Außerordentliches.
Das bleibt im Gefühl - hätte ich von heute auf morgen Haus
und Hof, Equipage, Dienerschaft und so weiter - es würde mir
nur selbstverständlich vorkommen." oder Reventlow R 88:
"Lukas handelt mit mir wie Abraham mit dem lieben Gott um
die Gerechten von Sodom, wieviel ich festlegen soll und wieviel ich verjubeln darf. Ich höre andächtig zu und träume
dabei von einer Reise nach Siam - ich weiß nicht, warum mich
gerade das so besonders lockt - von Kleidern, Pferden, Landhäusern - kurz, ich übersetze mir die Zahlen in erfreuliche
Wirklichkeiten."

zum Problem wird, stellt man fest, daß bei ihnen das negative
Bild vom Bürger mit dem Merkmal "Kunst-Banause" ausgestattet
ist. Zu der schon allein belastenden Tatsache, daß Dichtung,
von ihnen als Göttliches, Außerordentliches gewertet, überhaupt den Gesetzen von Angebot und Nachfrage überantwortet werden muß, kommt noch hinzu, daß dieser Markt von Leuten bestimmt wird, denen jegliches Verständnis für Kunst abgeht. Die
Romane und Erzählungen der Gräfin sind dagegen von vornherein
für den Markt bestimmt und sollen möglichst viel einbringen:

> Franzl (1), Hurra, die "Teegespräche" sind ange-
> nommen. [...] Nur ist der Kontrakt noch nicht
> ganz nach meinem Geschmack, man will jetzt die
> Hälfte und beim Erscheinen die Hälfte der ersten
> Auflage auszahlen, und die Hälfte würde wieder
> nicht zum Fortkommen reichen. Ich hoffe aber,
> ich werde die Herzen noch bewegen. [...] "Frau
> Rabenschnabel" werde ich Ihnen schicken, bald -
> dann kommt der "Herr Fischötter", und dann der
> "schwarze Idiot", [...] Lauter ganz gehirner-
> weichte Geschichten, - ich glaube, meine Branche
> sind Wirgeschichten mit Gehirnerweichung, und ich
> bin jetzt entschlossen, Geld und Karriere zu
> machen. (Reventlow B 494 f.)

Wie diese Briefstelle zeigt, liegt es Franziska von Reventlow allerdings auch fern, für ihre literarischen Bemühungen
das Wort Kunst in Anspruch zu nehmen, geschweige denn, diese
mit Göttlichem in Zusammenhang zu bringen.
Wenn die Gräfin in Briefen und Tagebuch von Kunst und Kunst-
schaffen spricht, versteht sie darunter einzig und allein Malen.
An Ludwig Klages schreibt sie während der Arbeit an "Ellen
Olestjerne":

> Aber wissen Sie, daß ich doch im Grunde dies Buch
> auch wieder nicht als eigentliches Schaffen empfin-
> de. Diesen Begriff kann ich mir nur bei bildenden
> Künstlern vorstellen, zu denen ich diese Art von
> Schreiben doch nicht rechne. [sic!] Vielleicht nur,
> weil es mir so wenig liegt. O Gott, wenn ich nur
> malen könnte, ich glaube, dann wäre mir das ganze
> Leben ein fortwährender Rausch, aber ich darf gar
> nicht daran denken. (Reventlow B 353)

Da jedoch am Ende aller verzweifelten Versuche, sich diesen
"fortwährenden Lebensrausch" zu verschaffen - Malstunden,
immer wieder erneute Versuche, in Winkl, in Korfu - die Erkenntnis steht (2) "ich male schauderhaft" (Reventlow T 361) und an

---

(1) Der Schriftsteller Franz Hessel (s.a. S.66, Anm. 3)

(2) "Zwei Tage an meinen Zypressen gemalt,dann ein Stückchen
    Meer probiert." (Reventlow T 410) "Die unseligen Zypressen
    noch einmal versucht und sie dann definitiv abgekratzt."
    (Reventlow T 416)

einen Verkauf der Bilder nicht zu denken ist, läßt sich nicht
mit Sicherheit sagen, ob sie auch mit ihrer "Kunst" den größt-
möglichen finanziellen Gewinn angestrebt hätte. Ich nehme es an,
denn nach der Erotik spielt Geld die Hauptrolle im Leben der
Gräfin.

1) Die Einstellung zur bürgerlichen Arbeit und Geldwirtschaft

Sich"einmal in Geld [zu] wälzen" (Reventlow T 449) - die Anstrengungen, die Franziska von Reventlow unternimmt, sich diesen Wunsch zu erfüllen, sind enorm. Manchmal haben diese Unternehmungen sogar den Anhauch bürgerlicher Existenzsicherung, wie
etwa das Betreiben eines Milchladens oder das Werben von Ver-
sicherungskunden. Wie diese Versuche schließlich enden, könnte
allerdings bohemetypischer nicht sein.
Das Milchgeschäft scheitert daran, daß der Vorbesitzer eine
Straße weiter einen neuen Milchladen eröffnet und die Kundschaft
mitzieht, da diese durch den Reventlowschen Freundeskreis gründlich abgeschreckt wird. (1) Für die Versicherungsvertretung
bringt die Gräfin von vornherein nicht die rechte Einstellung
mit: "Versicherung gelaufen, aber ohne Resultat. Ich bin jedesmal froh, wenn die Leute gleich die Tür zu machen." (Reventlow
T 120)
Die sonstigen Bemühungen Franziska von Reventlows, zu Geld zu
kommen, bewegen sich von Anfang an im Rahmen bohemischer Über-
lebensstrategie: Gelegenheitsprostitution (s.S. 66, Anm. 5),
Übersetzen, Theaterspielen.
Doch auch all dies bleibt ohne Erfolg, geradezu zwangsläufig,
da sie z.B. lange Zeit einen großen Teil des Geldes, das sie
in oft 8 bis 10stündiger Übersetzertätigkeit verdient, für
Schauspielunterricht ausgibt, der ihr jedoch nicht zum erhofften lukrativen Engagement verhilft. Dazu kommt, daß Franziska
von Reventlow, wenn sie über größere Summen verfügt, freigebig
verleiht, verschenkt, verbraucht, (2) also echt bohemischen
Umgang mit dem Geld pflegt.

---

(1) Daß die Freunde im Hinterzimmer des Ladens dem Milchüber-
schuß mit aufopferungsvollem Milchpunsch-Trinken Herr zu
werden trachten, forciert nur noch den Bankerott. Einen
Ausgleich zu schaffen durch illegales Ausschenken von Alko-
holika mißlingt. Der Versuch bringt lediglich noch eine
Strafe dazu.

(2) Vgl. z.B. "Gab mir ein Buch zum Übersetzen und 200 Mark,
100 Mark hab ich S. gegeben, der am Rand der Verzweiflung
war." (Reventlow T 50) oder "Was tu' ich eigentlich mit
dem Geld, es ist mir selbst unklar. Ich arbeite wie ein
Pferd und lebe miserabel und habe nie etwas. Allerdings
passiert es wie neulich, daß ich einen Fiaker nahm, um nicht
zu spät zur Stunde zu kommen, und ihm 10 Mark gegeben, weil
ich mich nicht mit Wechseln aufhalten wollte." (Reventlow
T 91) - Solche Beispiele ließen sich beliebig vermehren.

So muß die Gräfin schließlich vor den Forderungen ihrer Gläubiger fliehen (1910). Sie geht zunächst nach Paris, dann nach
Ascona. Dort soll endlich der "große Coup" - Traum und Hoffnung aller Bohemiens - der Dauermisere ein Ende bereiten.

m) Der finanzielle Coup

Einen Anlauf dazu, einen Coup zu "landen", nimmt die Gräfin
bereits in ihrem letzten Münchner Jahr. Sie plant eine Antiqui-
tätenfälschung großen Stils - "alte" Fayencegläser sollen "das
große Geld" einbringen: "Arbeite wild an der Glasmalerei, um
damit eine Erwerbsbasis zu bekommen. Hab ich die einmal auf angenehme Weise, so kann ich mit viel mehr Seelenruh' auf größere
Gaunereien ausgehn." (Reventlow T 437). Doch bleibt sie auf dem
ganzen Posten Fälschungen sitzen, da ihr Komplize bei dem Betrug - aus dem Tagebuch ist zu schließen, daß dieser den Verkauf der Gläser bei den Passionsspielen in Oberammergau arran-
gieren soll - im letzten Augenblick aussteigt. Ein Mißerfolg
mehr muß notiert werden: "[...], und alles ist verkracht,
aus dem ganzen Glasaffäre nichts geworden, na etc. pp. -"
(Reventlow T 480) (1)
Wesentlich erfolgreicher verläuft, zunächst wenigstens, Franziska von Reventlows "Hauptcoup". (2) Die von Erich Mühsam ar-
rangierte Scheinehe mit dem Baron von Rechenberg in Ascona bringt
ihr rund 20000 Franken ein. (3)

---

(1) Über das Ende der "Glasaffäre" sind sich Erich Mühsam und
    Korfiz Holm, die in ihren Erinnerungen darauf eingehen,
    nicht ganz einig. Erich Mühsam erzählt, die Gräfin habe die
    Gläser im Klein-Hesseloher See versenken wollen, sei aber
    von einem Parkwächter daran gehindert worden. Korfiz Holm
    meint, sie habe ihre Fälschungen in den Würmsee geworfen.
    Das Tagebuch der Gräfin erwähnt überhaupt nichts von einer
    solchen Vernichtungsaktion.

(2) Vgl. Reventlow T 354: "Schicksal, was willst du von mir?
    Ewige Misere? Oder hast du irgendeinen tröstlichen Haupt-
    coup in petto?" Helmut Fritz, der diese Tagebuchstelle
    ebenfalls zitiert, gibt fälschlicherweise den 19. Oktober
    1905 an (vgl. "Die erotische Rebellion", S. 150). Es han-
    delt sich jedoch um eine Eintragung vom 19. September 1905.

(3) Der Rechenberg- Coup ist keine Fiktion, auch wenn es wegen
    seiner "Musterhaftigkeit" so scheint. Es existieren Dokumen-
    te, die die Heirat eindeutig bestätigen, so ein russischer
    Paß und ein schweizerisches Visum für "Fanny v.Rechenberg"
    (beide sind abgebildet in: Fritz, Helmut, Die erotische
    Rebellion, S. 151 u. 154)
    Die näheren Umstände dieser Heirat werden - wie der Gläser-
    coup - in der Memoirenliteratur verschieden dargestellt.
    Dem Bericht Erich Mühsams als unmittelbar Beteiligtem ist
    wohl der Vorzug zu geben: Mit dieser Scheinehe habe sich

Doch verhindert es paradoxerweise ihre bürgerliche Reaktion auf
den gelungenen Coup, dem "Gesetz" der Boheme zu entrinnen; (1)
sie will das Geld sparen, endlich einmal Vorsorge für die Zukunft
treffen, doch schon nach wenigen Wochen falliert die Bank, das
Vermögen ist verloren.
Allerdings trägt die Gräfin den Verlust mit gelassener Heiter-
keit: "[...], der Herr hat's gegeben, der Herr hat's genommen,
der Name des Herrn sei gelobt!" (Reventlow B 579)

n) Das bohemische Verhältnis zum Geld bzw. der finanzielle
   Coup als literarisches Motiv - "Der Geldkomplex" (1916)

Der finanzielle Coup erfreut sich nicht nur in praxi großer Be-
liebtheit in der Boheme; mindestens ebenso geschätzt ist er
als literarisches Motiv. Bei den von mir behandelten Autoren
findet es sich außer bei Franziska Reventlow noch bei Frank Wedekind ("Marquis von Keith") und Erich Mühsams ("Die Hochstapler").
Während sich jedoch die beiden Dramen Wedekinds und Mühsams,
schon von der literarischen Form her bedingt, im wesentlichen
auf die Darstellung des Coups beschränken, weitet die Gräfin
in ihrem Roman "Der Geldkomplex" (2) das Thema aus, indem sie
den Ursachen ihres finanziellen Desasters, das nur noch durch
einen großen Coup behoben werden kann, nachspürt.

---

der Baron Rechenberg die Möglichkeit verschaffen wollen,
über sein Erbteil selbst letztwillig verfügen zu können,um
der Tochter seiner Angebeteten, einer italienischen Wasch-
frau, - die allerdings von dem tauben und selten nüchternen
Baron habe nichts wissen wollen - die Hälfte des Vermögens
vermachen zu können. Die andere Hälfte sei per Vertrag an die
"Ehefrau" gegangen. (Vgl. Mühsam, Erich, Namen und Menschen,
S. 151-154)
Leicht veränderte Versionen des Heirats-Coups geben:
Falckenberg, Otto, Mein Leben - Mein Theater. Nach Gesprä-
chen und Dokumenten aufgezeichnet, München, Wien, Leipzig
1944, S. 71
Seewald, Richard, Der Mann von gegenüber. Spiegelbild eines
Lebens, München 1963, S. 153 f.
Holm, Korfiz, ich - kleingeschrieben, S. 164 f.

(1) "Gesetz" der Boheme nämlich ist es, daß solche Coups, wenn
    sie überhaupt über das Planungsstadium hinausgelangen (was
    selten ist!), bei der Ausführung scheitern, allerdings in
    den meisten Fällen durch bohemetypisches Verhalten, nicht
    durch "bürgerliches".

(2) Reventlow, Franziska von, Der Geldkomplex, München 1916.
    Ich zitiere nach dem Abdruck in: Reventlow, Franziska
    Gräfin zu, Romane, Frankfurt 1978, S. 66-132.

Diesem zweiten Hauptaspekt werde ich mich im folgenden ausschließlich zuwenden, da zum einen der Coup, der im Mittelpunkt des "Geldkomplexes" steht - die Reventlowsche Scheinehe
mit dem Baron von Rechenberg - bereits bekannt ist, (1) zum
anderen ein spezielles Eingehen auf den "Coup an sich" in der
Besprechung der beiden Dramen möglich bzw. notwendig sein wird.
Aufschlußreich hinsichtlich der "Schuldfrage", der die Gräfin
angesichts der finanziellen Katastrophe nachgeht, ist bereits
das 1. Kapitel. In einer Art Bilanz stellt sie hier fest:

> Ich habe die Sache mit dem Geld niemals ernst
> genug genommen, ließ es so hingehen und dachte,
> es würde schon einmal anders werden. Kurz, um
> mich im Freudianerjargon auszudrücken - ich habe
> es entschieden ins Unterbewußtsein verdrängt, und
> das hat es sich nicht gefallen lassen [...] ich
> bin tatsächlich dahingekommen, es - das Geld -
> als ein persönliches Wesen aufzufassen, zu dem
> man eine ausgesprochene und in meinem Falle qual-
> volle Beziehung hat. Mit Ehrfurcht und Entgegen-
> kommen könnte man es vielleicht gewinnen, mit
> Haß und Verachtung unschädlich machen, aber
> durch liebevolle Indolenz verdirbt man's voll-
> ständig mit ihm. Und das muß ich getan haben,
> ich ließ es kommen und gehen, wie es gerade kam
> und ging. (Reventlow R 67)

Mit anderen Worten: die bohemische Gepflogenheit im Umgang mit
Geld ist es, die der Gräfin zum Verhängnis wird, in dem Augenblick, wo das "soziale System" der Boheme nicht mehr greift:
die pecuniäre Kameraderie. "Die Wohltäter waren ausgestorben,
verschwunden, verreist, erzürnt oder nicht mehr zu haben."
(Reventlow R 68)
Einzelzüge dieser bohemischen Gepflogenheit, mit Geld zu han-
tieren, erfährt man dann im Laufe des Romans. Wenn die Gräfin
z.B. auf das Ansinnen, die erwartete Erbschaft anzulegen und
mit den Zinsen auszukommen, entgegnet:

> Denken Sie nur, plötzlich sterben zu müssen, was
> jedem passieren kann, und das ganze Kapital liegt
> noch da, mit dem man sich unendliches Pläsier
> hätte verschaffen können. Mir würde dieser Gedanke
> alle Seelenruhe nehmen. Man sollte vielleicht
> taxieren, wie lange man noch zu leben wünscht,

---

(1) Dies ist allerdings nicht der einzige Coup, von dem im
    Roman die Rede ist. U.a. spielen auch Gründungen von Aktien-
    Gesellschaften ohne Eigenkapital eine Rolle (südamerika-
    nisches Goldminen-Projekt und russisches Petroleum-Unter-
    nehmen). Hier ist die Nähe zum "Marquis v. Keith" beson-
    ders deutlich.

und danach die Summe einteilen. Bedenken Sie
doch auch meinen Geldkomplex, wie soll ich den
jemals loswerden, wenn ich mir nicht eine aus-
giebige Revanche für alle bisher erlittene
pecuniäre Unbill leisten darf?"
(Reventlow R 85)

so stehen dahinter die beiden typischen Merkmale: Genußpostulat und Kompensationszwang.
Das Genußpostulat fordert die unmittelbare Umwandlung von Geld
in Lebensgenuß, d.h. in Essen, Trinken, Rauschgift, Reisen;
Essen und Trinken haben dabei mit dem Stillen von Hunger und
Durst nichts zu tun, sondern haben ausgesprochen luxuriösen
bzw. exzessiven Charakter. Geld im Hinblick auf die Zukunft
anzulegen, etwa als Altersvorsorge, überläßt der Bohemien dem
verachteten Bürger.
Der Kompensationszwang, der den bohemischen Umgang mit Geld
bestimmt, hängt - das Zitat macht es deutlich - eng mit dem
Genußpostulat zusammen. Er ist durch die langen Phasen der
Entbehrung bedingt. Das unterschwellige Gefühl der Minderwer-
tigkeit, das die permanente äußere Not - trotz allen programmatischen "Darüberstehens" - im Bohemien erzeugt, erfordert als
Ausgleich nicht relative Sicherheit der Existenz über Wochen,
Monate oder Jahre, sondern intensivsten Genuß, und sei es nur
für Stunden.
Die dritte typische Komponente des bohemischen Verhältnisses
zum Geld, die der Roman Franziska von Reventlows erkennen läßt,
ist die praktische und theoretische Ablehnung der bürgerlichen
Methode des Gelderwerbs: des Geldverdienens durch regelmäßi-
ge Arbeit. Die ständigen Klagen einer "Mitpatientin" über den
Verlust des "sauerverdienten" Geldes ihres Gatten in der Kon-
kursmasse fordern z.B. folgenden Kommentar der Heldin heraus:

> Es [das "Sauerverdiente"] ist ein widerwärtiger
> Ausdruck und ein widerwärtiger Begriff. Es kann
> auch auf sauerverdientem Geld kein Segen ruhen,
> es muß uns hassen, weil wir es an den Haaren her-
> beigezogen haben, wo es vielleicht gar nicht hin-
> wollte, und *wir* müssen es hassen, weil wir uns dafür
> geschunden haben und in Gedanken an diese Schinderei
> noch voller Ressentiments sind. (Reventlow R 79)

Allein diese drei Einzelaspekte der Haltung zu Geld bzw. Geld-
erwerb, die der Roman gibt und die - wie dargelegt - als
bohemetypisch zu beschreiben sind, machen die Bedeutung verstehbar, die der "große Coup" in der Boheme hat: er soll mit
einem Schlag das große Geld einbringen. Zugleich machen die
genannten Merkmale aber auch deutlich, daß selbst der gelunge-
ne Coup eine Lösung der Finanzprobleme nur auf Zeit sein kann,
falls der erfolgreiche "Glücksritter" nicht das bohemische
Milieu verläßt; Genußpostulat und Kompensationszwang lassen
auch große Summen im Nu dahinschmelzen.
Ob es Franziska von Reventlow gelungen wäre, mit Hilfe der
20 000 Franken aus dem Rechenberg - Coup die "mesquine Sta-

tion" (1) Boheme zu verlassen, muß dahingestellt bleiben - gewollt hat sie es sicherlich. (2) Das Romanende erklärt heiter-resignativ zumindest den "Geldkomplex" als geheilt:

> Ich gehöre jetzt selbst zu den Gläubigern - der verkrachten Bank natürlich - und es gibt dem Geld gegenüber einen ganz anderen Gesichtspunkt. Wer weiß, ob es mich nicht doch noch respektieren lernt, wie es eben nur Gläubiger respektiert, und auf ebenso unwahrscheinliche Weise wiederkehrt, wie es sich verabschiedet hat. (Reventlow R 132)

o) Der Einfluß der bohemischen Lebenshaltung auf formale Aspekte des Werkes

Als die Gräfin mit der Arbeit an ihrem ersten Roman "Ellen Olestjerne" beginnt (1901), muß sie einsehen: "Mein ganzes äußeres Leben zerrt mich hin und her, es gehört ein Stück Gewaltsamkeit dazu, sich dabei zu konzentrieren." (Reventlow T 173, 8.2.1901) Da sie diese "Gewaltsamkeit" recht selten aufbringt, (3) wählt sie geschickt eine Art des Schreibens,die es ihr erlaubt, relativ unkonzentriert zu Werke zu gehen. Eine wesentliche Rolle in ihrem Vereinfachungssystem, wie ich es einmal nennen möchte, spielt ohne Zweifel der stoffliche Rückgriff auf das eigene Leben. Bis auf den novellistischen Roman "Der Selbstmordverein" (4) haben alle umfangreicheren "Dichtungen" der Gräfin stark autobiographischen Charakter. Dies bringt den Vorteil mit sich, daß Fabel und Füllmaterial (Briefe, Tagebücher) zugleich gegeben sind.

---

(1) Vgl. Reventlow R 40: "Ist es [Haus und Hof, Equipage, Dienerschaft] nicht vorhanden, so empfinde ich das eigentlich wieder nur als einen provisorischen unangenehmen Zustand. Hat man den Zug verpaßt, so muß man halt auf irgendeiner mesquinen kleinen Station warten, aber man identifiziert sich deshalb noch nicht mit ihr."

(2) Gerade die Briefe aus Ascona signalisieren ein immer stärker werdendes Verlangen der Gräfin nach soliden Lebensumständen, sogar in der Liebe. In einem Brief vom Herbst 1916 (an Friedel und Friedrich Kitzinger) heißt es: "Und das hiesige Idyll [Verhältnis mit dem Rechtsanwalt Mario Raspini-Orelli] besteht immer noch - man wird alt und beständig." (Reventlow B 580)

(3) Eine Tagebuch-Eintragung vom 10.3.1901 gesteht:"[...] komme gleich wieder in verwahrloste Lebensunordnung mit Zigaretten etc. Und der Roman [bleibt liegen]." (Reventlow R 180)

(4) Mit diesem Roman beginnt Franziska von Reventlow 1916. Er bleibt Fragment. Die erste Veröffentlichung erfolgt 1925 aus dem Nachlaß. Wieder abgedruckt u.a.in: Reventlow R 133-240.

Hinzu kommt die überwiegende Verwendung der Ich-Erzählform.
Dadurch kann Franziska von Reventlow Tagebuch- und Briefpas-
sagen einarbeiten, ohne sie aufwendig umschreiben zu müssen.
In den beiden Romanen, die nicht bzw. nicht ganz in der Ich-
Form gehalten sind, erzielt sie mit Hilfe erzähltechnischer
Kniffe denselben Effekt. In ihrem Personalroman "Ellen Olestjerne" baut sie ihre Briefe an Emanuel Fehling - z.T. wörtlich -
als Tagebuchaufzeichnungen der Heldin Ellen ein. In "Herrn
Dames Aufzeichnungen" schiebt die Gräfin den naiven Tagebuch-
Schreiber Dame vor, um zur Ich-Form zu gelangen. (1) So ist es
ihr möglich, die umfangreichen Informationen Paul Sterns hinsichtlich der Kosmiker (vgl. S.74f.)als Belehrung des Schwa-
bing-Neulings Dame unterzubringen, ohne Gefahr zu laufen, die
von ihr selbst nie durchschaute kosmische Gedankenwelt durch
sprachliche Umformung zu verwirren.
Als ein weiteres Element des formalen Tributs, den die Gräfin
den äußeren Zwängen der bohemischen Lebensform zollt, ist noch
die häufige Verwendung der Briefform zu nennen. Dies erlaubt
die Gestaltung des Stoffes in Momentbildern und damit ein ziemlich willkürliches Zusammenstellen. Selbst da, wo mit den Briefen ein Handlungsablauf wiedergegeben wird, wie im "Geldkomplex"
und z.T. in "Von Paul zu Pedro", kann doch mit Hilfe des Brief-
stils - nach dem Motto: Ich habe das letztemal vergessen, Dir
zu schreiben, daß ... - manches nachgetragen werden bzw. ein
abrupter Kapitelschluß mit dem Hinweis aufgefangen werden:
"Man hat es nicht leicht auf der Welt .... und mit diesem Stoß-
seufzer möchte ich für heute abbrechen." (Reventlow R 96)
In mancher Hinsicht gilt so auch für die literarische Produktion, was Franziska von Reventlow als Merkmal ihrer Über -
setzungstechnik festhält: es sei ein gewohnheitsmäßiges Herun-
tersudeln. (Vgl. Reventlow B 358) (2)

p) Franziska von Reventlow und Politik - ihre Einstellung
   zur Emanzipationsfrage

Unter den drei Autoren, die ich als exemplarisch für die unpolitische Rebellion der Boheme gegen Staat und Gesellschaft dar-
stelle, kennzeichnet Franziska von Reventlow ein Maximum an
Politikfremdheit. Ihre Briefe und Tagebücher erwecken den Eindruck, als lebe die Gräfin in einem absolut politikfreien Raum,

---

(1) Die Ich-Form ist allerdings nicht die einzige Erzählperspek-
    tive des Romans. Johannes Székely geht ausführlich auf diese
    formale Eigenheit ein(s.Franziska Gräfin zu Reventlow. Leben
    und Werk, S. 82-84). Seiner Wertung mehrmaligen Wechsels als
    "Spiel mit der Form", das die "ironische Grundhaltung des Wer-
    kes" stützen soll, kann ich mich nicht anschließen. Wenn z.B.
    ein Teil der "Aufzeichnungen" in der Art des Personal-Romans
    gestaltet ist, unvermittelt aber wieder zur Ich-Form zurück-
    gekehrt wird, ist dies m.E. weit eher als Folge von Zeitmangel,
    Unvermögen, Schlamperei und Unkonzentriertheit zu verstehen
    denn als ein durchdachtes "Spiel mit der Form".
(2) Brief an Klages aus Schäftlarn, etwa 13.11.1901

ja, als gäbe es Politik als Wirklichkeitsbereich und als Begriff überhaupt nicht. Selbst der Krieg, der so viele Unpolitische zumindest vorübergehend veranlaßt, politisch Stellung
zu beziehen, bleibt für sie ein ausschließlich privates Ereig-
nis. Die Sorge um den Sohn, der an der Westfront steht, bestimmt allein die Perspektive. Als es ihm 1917 gelingt, in die
Schweiz zu desertieren, (1) ist das Thema Krieg für die Gräfin
nicht mehr relevant.

Lediglich in ihrer Haltung zur Frauenemanzipation scheint sie
eine Ausnahme von ihren "Orgie[n] der Privatheit" - so eine
Kapitelüberschrift bei Helmut Fritz - zu machen. Sie ist nicht
nur mit führenden Frauen der Bewegung wie Anita Augspurg und
Lydia Heymann persönlich bekannt, sie geht auch in mehreren
Aufsätzen auf die Frauenfrage ein. (2)

Im Zusammenhang mit der scheinpolitischen Wendung des bohemischen Libertinitätsprinzips bin ich bereits auf eine dieser
Arbeiten zu sprechen gekommen (vgl. S. 67 f.). Der darin als
zentral erkannte Aspekt der Verteidigung der eigenen Lebenshaltung prägt auch die beiden anderen Aufsätze.

Dieses individuelle Element bedingt nun nicht nur das bei nähe-
rem Hinsehen durch und durch Unpolitische der Äußerungen; es
macht darüberhinaus ein Phänomen erkennbar, das sich als sig-
nifikant für viele Bohemiens erweist. Der betonte Individualismus läßt sie nicht allein zu Außenseitern der bürgerlichen Gesellschaft werden, sondern stellt sie auch gegen bzw. an den
Rand von Gruppen und Bewegungen, die ihrerseits die bürgerliche
Ordnung kritisieren bzw. bekämpfen. So sind die Vorwürfe Franziska von Reventlows gegen die organisierte Frauenemanzipations-
bewegung nicht minder hart als gegen die bürgerliche Ehe und
Erziehung (vgl. Abschnitt "Bürgerstereotyp", S. 61 f.), wenn es
heißt:

> Und sie gehen hin und werden Bewegungsweiber. Der
> Mann ist ihnen fortan etwas, das überwunden werden muß.
> Und das Bewegungsweib konstruiert sich ein seltsames
> Phantasiegebilde zurecht und sagt: das ist der Mann,
> so ist der Mann, wir haben ihn endlich erkannt.
> [...] Er ist einfach borniert, denn er faßt die Frau
> nicht als selbständiges Wesen auf, sondern sieht in
> ihr immer nur das Geschlecht, das Werkzeug seiner
> schnöden Lust und seiner egoistischen Laune. [...]

---

(1) Balder Olden, ein Freund der Gräfin, bringt über die De-
    sertion Rolf von Reventlows die Legende in Umlauf, Franzis-
    ka von Reventlow habe ihren Sohn unter Einsatz ihres Le-
    bens über den Bodensee gerudert (vgl. Marbacher Magazin.
    Schriftenreihe des Schiller Nationalmuseums und Deutschen
    Literaturarchivs, Marbach a.Neckar 1978, Nr.8, S.17), eine
    Version, die Rolf von Reventlow zurückweist: seine Mutter
    habe ihn zwar ermuntert, er sei aber alleine geflohen
    (s.Fritz, Helmut, Die erotische Rebellion, S. 116). - Evtl.
    hat die Gräfin die pathetische Mutter-Sohn Geschichte be-
    wußt in die Welt gesetzt, um wieder "ins Gespräch" zu kom-
    men. In einem Brief aus Muralto vom 7.11.1917 an Stern
    (Fortsetzung S. 86, ebenso Anm.(2))

Sie betrachtet ihn nun entweder als Objekt der
Verachtung, oder als Gegner, der aufs äußerste
bekämpft werden muß, da man ihn ja leider nicht
mit Stumpf und Stiel vom Erdboden vertilgen kann.
In exceptionellen Fällen mag er vielleicht noch
als Kamerad geduldet werden, aber wohlverstanden
nur als Kamerad auf gemeinschaftlich menschlicher
Basis (und das ist schließlich eine noch schwerere
Verkennung des Mannes, wie wenn man ihn als Sünder
und Lady-killenden Schurken auffaßt.) (Reventlow
A 455)

Allerdings bleibt dieses potenzierte Außenseitertum bei der
Gräfin aufgrund ihres politischen Desinteresses ohne weiter-
gehende Bedeutung. Wo der Bohemien jedoch den Weg in die Politik nimmt, kann diese potentielle "Dogmenfeindlichkeit" folgen-
schwer sein. Erich Mühsams Rolle in der Münchner Räterevolution
ist dafür wohl das markanteste Beispiel (vgl. S.239).

q) Franziska von Reventlow: die "grande dame"

De facto gelingt es, wie dargelegt, Franziska von Reventlow nie,
dem Bannkreis der Boheme zu entrinnen, und so ist ihre Boheme -
Existenz wie die Else Lasker-Schülers im Rahmen einer zeitlich
definierten Typologie als durativ anzusehen. Vom "Erzbohemischen"
jedoch, das der "Prinz von Theben" so musterhaft verkörpert,
weicht die Gräfin in ganz spezifischer Weise ab: neben dem -
mit den Jahren akuter werdenden - heimlichen Hang nach bürgerlicher Lebensführung, d.h. nach Sicherheit im materiellen, nach
Geborgenheit im menschlichen Bereich, weist vor allem ihr Bestreben, trotz intensivst gelebten Schwabingertums aristokrati-
sche Vornehmheit und Distanz an den Tag zu legen, aus dem Milieu
hinaus. Die weitgehende Beschränkung der symbolischen Aggression
auf das libertäre Element, die Abscheu vor "Erniedrigten und Beleidigten" und der als legitimistisch interpretierte Anspruch auf
allen erdenklichen Luxus - zeitweise in Bezug auf Wohnung, Haus-
angestellte, Garderobe und Reisen sogar verwirklicht -, sind untypische Verhaltensweisen, die eine großbürgerlich-aristokrati-
sche Tendenz signalisieren. "Grande dame" der Boheme lautet so
wohl die Formel, die die Spielart von Franziska von Reventlows
Boheme-Existenz am zutreffendsten erfaßt. Daß die Gräfin die
drückenden äußeren Belastungen des "Zigeunertums" am Ende nur
wider Willen ertragen hat und sogar eine bürgerliche Existenz
dem Bohemeleben vorgezogen hätte, vermag das Schlagwort freilich
nicht auszudrücken.

---

schreibt sie über die Fahnenflucht ihres Sohnes:"Es war wieder einmal ein Film zum Filmen, am filmsten." (Reventlow
B 567)

(2) von S. 85
s.S. 67 f., Anm. 1

3. F r a n k   W e d e k i n d   (1864 - 1918)

Frank Wedekinds Variation zum Thema Boheme ist Spielart und
Weg zugleich: Spielart von Boheme insofern als Wedekind den
Muster-Bohemien mit "geringen bürgerlichen Fehlern" gibt -
bis etwa zu seinem vierzigsten Lebensjahr; Weg aus der Boheme
heraus insofern als er mit dem beginnenden künstlerischen Erfolg - unter Beibehaltung einiger bohemischer Einstellungen
und Verhaltensweisen - die (Teil-) Integration in die bürgerliche Gesellschaft sucht und findet. Der Unterschied von Spielart und Weg beruht also in der Veränderung des jeweiligen Schwerpunktes Bohemien - Bürger.
Dennoch gehört Wedekind zu den von mir als "konservativ" bezeichneten Bohemiens; sein Weg aus der Boheme bedeutet ja nicht
den Wandel von der symbolischen Aggression zur politischen Revolution, sondern die (Teil-) Bekehrung zu den in der Jugend
verachteten Denk- und Lebensformen des Bürgertums.
Wenn im folgenden die einzelnen bohemetypischen Aspekte in Leben und Werk Frank Wedekinds erläutert werden, wird auf eine
eventuelle Modifizierung dieser Aspekte besonderes Augenmerk
zu richten sein.

a) Der Bürgerstereotyp

Wedekinds Bild vom Bürger trägt schon negative Vorzeichen, als
noch kein Kontakt zur Boheme besteht. Bereits in dem Schulauf-
satz "Betrachtungen des Spießbürgers vor der neuen Kantons-
schule in Aarau a.d. 1908" (1) nennt der 18jährige Aspekte, die
auch später die spezifische Wedekindsche Version des bohemischen
Bürgerstereotyps mitbestimmen: Streben nach Sicherheit, Bewer-
tung der Bildung bzw. Ausbildung nach ihrer ökonomischen Ver-
wertbarkeit und Rentabilität - vgl. das Motto des Aufsatzes
"Wat ik mir davor kofe!" - Kunstfeindlichkeit, unqualifiziertes
Urteilen und das Festhalten am Bestehenden. (2)   So lautet z.B.

---

(1) Wedekind, Frank, Betrachtungen des Spießbürgers vor der neuen
    Kantonsschule in Aarau a.d.1908, in: F.W., Werke, hrsg. u.
    eingel. von M.Hahn, 3 Bde., Berlin, Weimar 1969, hier Bd.
    III, S. 271-276. Diese Ausgabe wird weiterhin im Text als
    Wedekind W zitiert. Die beigegebene römische Ziffer bezeich-
    net den Band, die Seitenzahlen werden in arabischen Zahlen
    angegeben. -
    Wo diese Ausgabe nicht ausreicht, zitiere ich nach den "Ge-
    sammelten Werken", hrsg. v. A. Kutscher, 9 Bde., München
    1912 - 1921 unter Sigle: Wedekind W K

(2) S. Wedekind W III 274: "Statt Chemie betreibt man heutzuta-
    ge Philosophie auf der Kantonsschule.Da frag ich Sie nur
    wieder, was nützt das? - *Wir* sind ohne Logik und Ästhetik

das Urteil des "Spießbürgers" über Heinrich Heine: (1)

> Aber kennen Sie jenen Jüngling dort mit den großen,
> dunklen Träumeraugen im bartlosen Gesicht? Erken-
> nen Sie ihn, den Wolf im Schafspelz, der in sei-
> nen Schriften nur darum schönes Gefühl geäußert
> haben soll, um die niedrigsten Gemeinheiten dane-
> ben beim Publikum einschmuggeln zu können; der alles
> Bestehende begeiferte oder zu Boden trat, Charak-
> ter und Religion eines Menschen für schlechte
> Gewohnheiten hielt und den Genuß zum Zwecke sei-
> nes Daseins machte. Bis zu meinem achtzehnten
> Lebensjahre erlaubte mir meine Mutter nicht,
> Heines Schriften zu lesen, und später war ich
> selber gescheit genug, um solche schmutzigen
> Bücher zu meiden.
> (Wedekind W III 275)

Lediglich ein Negativ-Merkmal, das dann für den Bohemien Wedekind eine zentrale Rolle spielt, taucht in dieser Schüler-
arbeit noch nicht auf: die doppelbödige bürgerliche Moral.
Wie sehr gerade dieser Aspekt des Stereotyps mit dem Weg Wedekinds in die Boheme an Gewicht gewinnt, spiegelt sich in
seiner Dichtung aus dieser Zeit. So spielt sich z.B. die Kin-
dertragödie in "Frühlings Erwachen" (1891) vor der Folie eines
Bürgerstereotyps ab, der wesentlich vom Kennzeichen "Scheinmoral" geprägt ist. (Vgl. 90 ff.)
Damit ist dann das Bild vom Bürger endgültig fixiert, und Wedekind revidiert es auch nicht, als er in der von ihm attak-
kierten bürgerlichen Gesellschaft den ersehnten künstlerischen
Erfolg hat. Der negative Bürgerstereotyp ist eine der bohemischen Konstanten im Leben Wedekinds. Das Spätwerk - etwa
"Simson" 1914 (s.S. 9 3 ff.) - führt ebenso wie die frühe Dichtung den Angriff gegen den Bürger als Verkörperung von Scheinmoral, materiellem Denken, Profitstreben, Duckmäusertum, Beschränktheit und Mittelmäßigkeit.

b) Der Bürgerstereotyp in der Dichtung - "Frühlings Erwachen"
   (1891) und "Simson" (1914)

Der oben beschriebene negative Bürgerstereotyp beeinflußt In-

---

alt geworden, warum können es unsere Kinder nicht auch?"
oder Wedekind III 276: "Oder sollten Sie augenblicklich
nicht wissen, wo Geld hernehmen - kommen Sie zu uns -
und Sie erhalten soviel Sie bedürfen zu fünf und zu sechs
Prozent, natürlich nur gegen Sicherheit ..."

(1) Wedekind greift hier auf d i e Identifikationsfigur der
rebellischen jungen Generation um 1880 zurück: Heinrich
Heine ist die bevorzugte (und sichere) Waffe gegen die Etablierten der Gründergesellschaft.

halt und Aussage der meisten Werke Wedekinds. (1) Zwei davon greife ich heraus: "Frühlings Erwachen" deshalb, weil das Stück - wie erwähnt - den Stereotyp Wedekinds in seiner endgültigen Prägung wiedergibt, darüberhinaus aber auch, weil es die Bedeutung des Negativ-Bildes für den Aufbau symbolischer Aggression in literarischer Form besonders deutlich erkennen läßt. "Simson" wähle ich, um die Kontinuität des Wedekindschen Negativ-Entwurfs vom Bürger über einen Zeitraum von mehr als zwanzig Jahren deutlich zu machen. Das Aufzeigen einiger Parallelen soll zu diesem Zwecke genügen.

- Der Stereotyp in "Frühlings Erwachen"

Die Verwendung des Stereotyps in "Frühlings Erwachen" erreicht in der Lehrerkonferenz- und Begräbnisszene des III. und letzten Aktes ihren komplettierenden Höhepunkt. Die beiden vorangehenden Akte bereiten gewissermaßen vor, indem sie immer wieder einzelne Züge des Negativ-Bildes wie Bigotterie, Unmenschlichkeit oder rücksichtsloses Erfolgsstreben bloßstellen. Dazu werde ich, bevor ich auf die genannten Szenen des III. Aktes zu sprechen komme, einige Beispiele erläutern:
In der 3. Szene des I. Aktes berichtet Martha ihren Freundinnen von den drakonischen Strafen, die sie für geringste "Vergehen" zu Hause erwarten: "Papa schlägt mich krumm, und Mama sperrt mich drei Nächte ins Kohlenloch" (Wedekind W I 105) oder "Ich habe die ganze Nacht im Sack schlafen müssen [...] Wenn man nur nicht geschlagen wird." (Wedekind W I 106) Diese barbarischen Erziehungsmethoden erweisen sich jedoch als durchaus mit christlicher "Frömmigkeit" vereinbar:

> Martha: [...] - Mama riß mich am Zopf zum Bett
> heraus. So fiel ich mit beiden Händen vor-
> auf [!] auf die Diele. - Mama betet nämlich
> Abend für Abend mit uns .... (Wedekind W I 105)

Durch die unmittelbare Kontrastierung von roher Strafe und Beten wird hier der Angriff Wedekinds auf den Stereotyp-Aspekt "Scheinheiligkeit" besonders sinnfällig.
Auch die Institution Schule wird, lange vor der Lehrerkonferenzszene, in ihrer Unmenschlichkeit bloßgestellt. Rektor Sonnen-

---

(1) Ein früher Versuch, mit Hilfe der Kategorie Boheme einzelne Aspekte im Werk Wedekinds herauszuarbeiten und verstehbar zu machen, ist von Werner Mahrholz ("Deutsche Literatur der Gegenwart.Probleme, Ereignisse, Gestalten", Berlin 1930) unternommen worden, in dem Kapitel "Ein Zwischenspiel. Wedekind und die Boheme" (S.105-116). Seine moralische Aversion hindert ihn jedoch, dem Phänomen auch nur annähernd gerecht zu werden. Zweifellos richtige Ansätze und Erkenntnisse, wie z.B. Erotik als Mittel des bohemischen Kampfes gegen bürgerliche Normierung, die Nähe des Bohemiens zum Abenteurer oder der Einfluß des Lebensstils auf die formale Gestaltung der Werke, gehen in der pauschalen Aburteilung der Boheme samt Wedekind unter.

stich, der eigentlich Wahrer und Vermittler human(istisch)er
Ideale sein sollte, zeigt sich lediglich als Vertreter schuli-
scher Ordnung, ohne jedes Mitgefühl:

> Melchior: [...] - Du weißt ja, Mama, daß Max von
> Trenk am Nervenfieber darniederlag! - Heute
> mittag kommt Hänschen Rilow von Trenks
> Totenbett zu Rektor Sonnenstich, um an-
> zuzeigen, daß Trenk soeben in seiner Gegen-
> wart gestorben sei. - "So?" sagt Sonnenstich,
> "hast du von letzter Woche her nicht noch
> zwei Stunden nachzusitzen? - Hier ist der
> Zettel für den Pedell. Mach, daß die Sache
> endlich ins reine kommt! Die ganze Klasse
> soll an der Beerdigung teilnehmen" -[...]
> (Wedekind W I 118 f.)

Und wo dennoch menschliches Gefühl im Vordergrund steht, erweist
es sich als macht- und hilflos gegenüber bürgerlichen Konventionen und Normen. (1) Auch die Liebe Frau Bergmanns zu ihrer
Tochter Wendla vermag nicht die Barriere des "Darüber spricht
man nicht" zu überwinden: Auf die Frage Wendlas, woher denn nun
die Kinder kämen, die Geschichte mit dem Storch stimme ja wohl
nicht, gibt ihr die Mutter unter vielfacher Anrufung Gottes
nach heftigem Sträuben folgende Erklärung:

> Frau Bergmann: - Um ein Kind zu bekommen - muß man
> den Mann - mit dem man verheiratet ist ...
> l i e b e n - l i e b e n sag ich dir -
> wie man nur einen Mann lieben kann! Man
> muß ihn so sehr v o n g a n z e m
> H e r z e n lieben, wie - wie sich's
> nicht sagen läßt! Man muß ihn l i e b e n,
> Wendla, wie du in deinen Jahren noch gar
> nicht lieben kannst ... Jetzt weißt du's.
> [...]
> Wendla: - Und das ist alles?
> Frau Bergmann: So wahr mir Gott helfe! -- [...]
> (Wedekind W I 124)

Eine Erklärung mit tödlichen Folgen. Wendla weiß nicht, was sie
tut und nichts von den möglichen Folgen, als sie sich mit Melchior Gabor einläßt. Sie "liebt" ihn nicht, sie ist nicht mit

---

(1) Dies trifft ebenso wie für Frau Bergmann für die Mutter Melchior Gabors zu. Die Verfassung der Aufklärungsschrift von
Melchior für seinen Freund Moritz verteidigt sie noch ihrem
Mann gegenüber. Der Hinweis auf die uneheliche Vaterschaft
Melchiors jedoch läßt sie auf ihre "Reformerziehung" zugunsten rigoroser Erziehungsmaßnahmen verzichten. Sie stimmt
der Einweisung in die Korrektionsanstalt zu. Auch hier erweisen sich die Normen als übermächtig.

ihm verheiratet ... Wendla stirbt am Ende an der von der Mutter veranlaßten Abtreibung: zweifach Opfer bürgerlicher Moralvorstellungen.
Die Reihe der Beispiele, in denen Wedekind so auf die Satire
im III. Akt in Lehrerkonferenz- und Begräbnisszene hinführt,
ließe sich fortsetzen. Die angeführten Passagen, in denen die
zum Stereotyp gehörenden Züge der bürgerlichen "Scheinheiligkeit", der Unmenschlichkeit und der sexuellen Tabuisierung zugleich mit den sie verschleiernden "Werten" Moral und Ordnung
angeprangert werden, sollen jedoch genügen.
Die Lehrerkonferenz- und die Begräbnisszene sind in zweifacher
Hinsicht von Bedeutung. Wedekind faßt darin nicht nur, wie
schon eingangs festgestellt, die einzelnen Züge des Stereotyps noch einmal zusammen, es wird auch offenbar, wie sehr die
literarische Verwertung des Stereotyps geeignet ist, den Bürger
durch satirische Verzerrung zu attackieren.
Bei der zusammenfassenden Darstellung des Negativ-Bildes in
diesen Szenen liegt der Schwerpunkt auf dem Aspekt "Scheinmoral". Moral bzw. moralische Entrüstung werden als bloße Ver-
schleierung ganz anders gearteter Interessen entlarvt. So gibt
Rektor Sonnenstich Melchior gegenüber als offizielle Begründung
für den Schulausschluß zum einen das Verfassen einer Abhandlung
über den Beischlaf an, zum anderen, daß damit der Selbstmord
Moritz Stiefels ausgelöst worden sei. Den wahren Grund nennt er
jedoch gleich zu Beginn der Szene seinen Kollegen:

> Sonnenstich: [...] Wir können es [auf die Beantragung
> der Relegation verzichten] -[...] -
> aus dem jeden Einwand niederschlagen-
> den Grunde nicht, weil wir unsere An-
> stalt vor den Verheerungen einer Selbst-
> mordepedemie zu schützen haben, wie sie
> bereits an verschiedenen Gymnasien zum
> Ausbruch gelangt [...] (Wedekind W I 137)

Auch für den Vater von Moritz ist die Aufklärungsschrift ein
willkommener Vorwand. So braucht er die Wahrheit, daß sein Sohn
eigentlich dem Leistungsdruck von Schule und Elternhaus zum
Opfer gefallen ist, nicht zu sehen. Diese wahre Ursache wird
aber in einem Gespräch zwischen Moritz und Melchior deutlich:

> Moritz: [...] - Mein erster Gedanke beim Er-
> wachen waren die Verba auf $\mu\iota$. - Himmel -
> Herrgott - Teufel - Donnerwetter, während
> des Frühstücks und den Weg entlang habe
> ich konjugiert, daß mir grün vor den
> Augen wurde.- Kurz nach drei muß ich ab-
> geschnappt sein. Die Feder hat mir noch
> einen Klecks ins Buch gemacht [...]
> (Wedekind W I 116)
> [...]
> Moritz: [...] Wenn i c h durchfalle, rührt mei-
> nen Vater der Schlag und meine Mama
> kommt ins Irrenhaus. So was erlebt man
> nicht! - Vor dem Examen habe ich zu Gott

> gefleht, er möge mich schwindsüchtig werden
> lassen, auf daß der Kelch ungenossen vorüber-
> gehe [...] (Wedekind W I 116 f.)

Für den Vater gibt es jedoch außer der Schrift nur noch als einzig mögliche Erklärung für die "Untat" diese: "Der Junge war
nicht von mir!" (Wedekind W I 143)
Zu dieser rettenden "Erkenntnis" gelangt der Rentier Stiefel
während des Begräbnisses. Diese Szene komplettiert das negative Bild der Erwachsenenwelt. So garantiert Pastor Kahlbauch
dem Toten voll christlicher Nachsicht die ewige Verdammnis,
der Kommentar Professor Knochenbruchs - de mortuis nihil nisi
bene - lautet, während er eine Schaufel Erde in das Grab wirft:
"Verbummelt - versumpft - verhurt - verlumpt - und verludert!"
(Wedekind W I 143), der Trost Rektor Sonnenstichs für den Vater besteht in der Feststellung, daß man Moritz ja wahrscheinlich doch nicht hätte versetzen können usw.
Die ausgewählten Beispiele zeigen über die einzelnen Merkmale
des Stereotyps bzw. seiner Zusammenfassung hinaus - ich habe
es eingangs vorweggenommen - den engen Zusammenhang zwischen
der auf stereotype Züge reduzierten Darstellung und dem satirischen Angriff auf das Bürgertum. Das bohemische Negativ-Bild
gesteht dem Bürger keinen "gemischten Charakter" zu, es entzieht ihm jegliche Individualität. Er ist nur dumm, scheinhei-
lig, böse und damit zur satirischen, ja karikierenden Überzeich-
nung prädestiniert.(1) Wenn Wedekind die Lehrer mit den sprechen-
den Namen "Sonnenstich", "Fliegentod", "Hungergurt" etc. be-
legt oder wenn er sie in der Konferenz in schablonenhaften Phrasen um das Öffnen und Schließen eines zugemauerten Fensters
debattieren läßt, (2) nutzt er die im Stereotyp angelegten Möglichkeiten.
Trotz der harten symbolischen Attacken, die der Dichter in "Frühlings Erwachen" in der dargelegten Weise führt, verschließt er
sich schon in diesem frühen Stück keineswegs der Tatsache, mit
und in dieser Gesellschaft leben zu müssen. Wedekinds Streben
nach Aufnahme in die bürgerliche Gesellschaft unter bestimmten
Voraussetzungen ist bereits hier erkennbar. Der "vermummte Herr",

---

(1) Bezeichnenderweise tauchen Frau Bergmann und Frau Melchior die
    in den ersten beiden Akten als zumindest "guten Willens" ge-
    schildert werden, in den rein satirischen Szenen nicht auf.

(2) S. Wedekind W I 133:
    "*Fliegentod*: Wenn meine Herren Kollegen ein Fenster öffnen
    lassen wollen, so habe ich meinerseits nichts dagegen einzu-
    wenden. Nur möchte ich bitten, das Fenster nicht gerade hin-
    ter meinem Rücken öffnen lassen zu wollen!
    [...]
    Habebald: Befehlen, Herr Rektor!
    Sonnenstich: Öffnen Sie das andere Fenster! --- Sollte ei-
    ner der Herren noch etwas zu bemerken haben?
    Hungergurt: Ohne die Kontroverse meinerseits belasten zu wol-
    len, möchte ich an die Tatsache erinnern, daß das andere
    Fenster seit den Herbstferien zugemauert ist."

Personifizierung des "Lebens", der Melchior Gabor am Ende vom
Selbstmord abhält, und ins Leben zu führen verspricht, trägt
Frack und Zylinder; er symbolisiert damit die Notwendigkeit
der Integration wahren, natürlichen Lebens in die bürgerliche
Lebensform. (1)

- Der Stereotyp in "Simson"

Als 1913 Wedekinds Schauspiel "Simson" (2) erscheint, hat sich
der Dichter längst innerhalb der bürgerlichen Gesellschaft eta-
bliert. In seinen Lebensgewohnheiten ist ein Feindbild Bürger
kaum mehr erkennbar. So überrascht es umso mehr, daß in dem genannten Drama ein Bürgersterotyp zugrunde gelegt ist, der dem
dreiundzwanzig Jahre zuvor in "Frühlings Erwachen" konzipierten
auffällig ähnelt. (3) Dies gilt für die inhaltliche Auffüllung
des Stereotyps sowohl wie für dessen Verwendung als Mittel sa-
tirisch-karikierender Darstellung. Nur die Namen haben sich ge-
ändert. Statt Rektor Sonnenstich, Professor Fliegentod, Professor Knochenbruch, Pastor Kahlbauch heißen nun die Inkarnationen
von Feigheit, Profitstreben, Geldgier, Verlogenheit und Scheinmoral Chetim, Jetur, Nebrod, Azav, Gadias und Og von Bassan.
Wie in "Frühlings Erwachen" bereiten in "Simson" die ersten Szenen den späteren satirisch-grotesken Höhepunkt (II,4) vor, indem sie einzelne Züge des Stereotyps entlarven, bevor diese in
ihrer Zusammenfassung und Zuspitzung vollends zur Karikatur gesteigert werden. Da fällt z.B. Fürst Chetim vor Schreck in Ohnmacht, als er glaubt, auf Simson zu treffen:

>   C h e t i m [...]:
>   Noch niemand hier? - Niemand! - Vielleicht nur Simson?
>   Drei Türen. Jeden Augenblick stürzt Simson
>   Aus einer Tür und ich hab' ausgelebt.
>   (Er schrickt vor jeder der Türen zurück, Geräusch am Ein-
>   Da kommt er. Kommt zu spät! Ich bin schon tot.   gang.)
>   (Er fällt der Länge nach hin. [...] (Wedekind W K IX
>   225)

Wenig später verkündet er, er habe Simson in die Flucht geschlagen (vgl. Wedekind W K IX 225 u. 227). Feigheit und Verlogenheit sind hier die decouvrierten stereotypen Eigenschaften. Das Merkmal Geldgier wird attackiert, wenn Jetur nichts
Eiligeres zu tun hat, als die vermeintliche Leiche Chetims zu

---

(1) Notwendigerweise ein problematisches, in sich widersprüch-
    liches Symbol - soll es doch unvereinbare Gegensätze in
    einer Gestalt vereinigen.

(2) Wedekind, Frank, Simson oder Scham und Eifersucht. Drama-
    tisches Gedicht in drei Akten, in: Wedekind W K IX 218-
    312

(3) Vgl. S. 94, Anm. 1

fleddern (vgl. Wedekind W K IX 225). Scheinmoral ist das stereotype Element, das angegriffen wird, wenn die Fürsten vorgeben, eine Bestrafung Delilas wegen ihres Liebesverhältnisses zu Simson zu erwägen, um den Sittengesetzen Genüge zu tun, selbst jedoch nichts anderes im Sinne haben, als nach der Beseitigung Simsons seine Nachfolge bei Delila anzutreten. (s. Wedekind W K 231 f.).

Sexuelles Begehren, verschleiert hinter den Motiven Sittlichkeit und Ordnung - dieses Merkmal wird dann zum zentralen Aspekt der satirisch -grotesken Darstellung im 4. Auftritt des II. Aktes. (1) Delila hat die Fürsten zu Zeugen ihres Beilagers mit dem geblendeten Simson werden lassen. Dies läßt die Fürsten hoffen, zum Ziel ihrer eigenen sexuellen Wünsche zu gelangen, wenn Scham als Verhaltenskorrektiv per Gesetz allgemein ausgeschaltet und Delila zur Priesterin der neuen Tugend Schamlosigkeit erhoben wird.

---

(1) Das Spätwerk Wedekinds findet in der wissenschaftlichen Literatur kaum Beachtung; wenn doch, endet dies gewöhnlich mit einer Aburteilung wie: "Das Verdikt der Forschung über die späten Dramen besteht zu recht [...]" (s.Friedmann, Jürgen, Frank Wedekinds Dramen nach 1900. Eine Untersuchung zur Erkenntnisfunktion seiner Dramen, Stuttgart 1975, S.174). Interessant in meinem Zusammenhang ist neben einer Bemerkung zu "Simson" von Joachim Friedenthal in dem zum 50. Geburtstag des Dichters erschienenen "Wedekindbuch": "Das ["Simson"] ist wirklich ein Gedicht, ein dramatisch sich steigerndes. Gewiß, manche Szenen sind nur grotesk. Und es sind insbesondere jene, die sich mit allem Haß und allem Spott in philistros wenden. Jene Szene im 2. Akt, in der die frömmelnden und dummen, die feigen und liebedienerischen Philisterfürsten kommen und Delila huldigen als der göttlichen Schamlosen [...] - jene Szene gibt einen der glänzenden Wedekindschen Bocksprünge über Bürgerwitz." (s. Das Wedekindbuch, hrsg. v. Joachim Friedenthal, München, Leipzig 1914, S. 119) vor allem auch der kurze Hinweis Artur Kutschers im 3. Band seiner Wedekind-Biographie: "Die übrigen Figuren [in "Simson"] haben etwas marionettenhaft Grelles, was natürlich zusammenhängt mit der ingrimmigen Satire auf die Philister; hier kommt Wedekind wieder dem Karikaturstil von Frühlingserwachen nahe [...] Die anderen Philister [außer Og von Basan] sind grinsende Fratzen der leeren, eigennützigen, feigen, dummen Durchschnittsmenschen, des Dückmäusers und Leisetreters." (Frank Wedekind, 3. Bd., München 1931, S. 143 f.)

A z a v:
Menschheitserzieherin Delila, Heil!
Gelobt sei deine Kunst, aus schmutzigen Menschen
Uns in die reinsten Tiere zu verwandeln.
Vor allem nimm dich meiner an! Vor Sehnsucht
Ein echtes, ein vollkomm'nes Tier zu sein,
Zerspring' ich fast in Stücke auseinander.
(Wedekind W K IX 274) (1)

Delila allerdings durchschaut die Fürsten von Anfang an und
verweist sie als"Tölpel" (Wedekind W K IX 274) zurück auf
ihre"Bauernhöfe" (Wedekind W K IX 276).
Unverändert präsentiert sich also, wie gesehen, der literarische Kampf Wedekinds gegen den Bürger, von "Frühlings Erwachen"
bis "Simson". Eine Antwort auf die Frage nach den Gründen für
die offensichtliche Divergenz zwischen Leben und Dichtung hinsichtlich der antibürgerlichen Einstellung kann allenfalls als
Vermutung formuliert werden: sie mögen in einer gewissen Ali-
bifunktion beruhen, die das Überlaufen ins bürgerliche Lager
sich selbst und anderen gegenüber als rein äußerlich rechtfer-
tigt.

c) Symbolische Aggression in äußerer Erscheinung, im Wohnen
   und Auftreten

Während die symbolische Aggression gegen den Bürger über das
Medium Kunst bei Wedekind im Laufe seines Lebens - wie oben
dargelegt - im wesentlichen unverändert bleibt, gehört die
symbolische Aggression in Form einer provozierenden Lebenshaltung zu den bohemischen Merkmalen, die der Dichter mit zunehmendem Alter und beginnender finanzieller und künstlerischer Etablierung weitgehend reduziert.
In den langen Jahren des Mißerfolgs zeigt sich Wedekind noch
als wahrer Meister in der provokativen Stilisierung seiner
Lebenshaltung, ob es nun seine äußere Erscheinung, seine Wohnung oder sein Auftreten betrifft.

- Äußere Erscheinung

Kaum eine Autobiographie eines Zeitgenossen, die Wedekind erwähnt, läßt es sich entgehen, dessen originelle Kleidung und

---

(1) Dieses Zitat enthält, über das die wahren Absichten der
    Fürsten entlarvende Moment hinaus, noch ein weiteres Ele-
    ment der satirisch-grotesken Darstellung: es gibt den Für-
    sten Azav der Lächerlichkeit preis, da man eingangs der
    Szene erfahren hat, daß er so sehr von der Gicht geplagt
    wird, daß er sich kaum bewegen kann. (Wedekind W K IX
    272).

Barttracht zu beschreiben. (1)
Für die Zeit um 1890 dürfte die Schilderung Max Halbes zutreffend sein:

> Schon mein Berichterstatter hatte mir von den sechs
> bis sieben Bärten des Bohemiens erzählt. Ich fand
> die Mitteilung angesichts der Wirklichkeit nicht
> besonders übertrieben. Wenn es auch tatsächlich drei
> oder vier oder fünf waren - zwei lang ausgewachsene,
> wieder in je zwei Spitzen endigende Bartkoteletten,
> ein Schnurrbart und ein beinahe bis auf die Brust
> hinunterreichender Bocks- oder Ziegenbart -, so
> wirkte das ganze doch wie ein Heerhaufen von schwar-
> zen Bärten, die beim Beschauer den Eindruck eines
> Magiers, Gauklers, Zauberers oder auch Zirkusmen-
> schen hervorriefen. Dieser Eindruck wurde noch durch
> die geradezu penetrante äußere Eleganz des Fremd-
> lings verstärkt, denn er trug zur gelbkarierten Pepi-
> tahose einen grauen Gehrock und einen glänzenden
> neuen Zylinder und hatte die Hände in gelben Glacé-
> handschuhen stecken. (2)

Später überwiegen die Beschreibungen Wedekinds als des "Herrn
in Schwarz": schwarzer Zylinder, schwarzer Anzug, schwarze
Querschleife, schwarze Glacéhandschuhe. (3)
Diese "Konfirmandenausstattung" (4) vermag, wie aus den Autobiographien abzulesen ist, in ihrer verblüffenden Wirkung

---

(1) Auch für Wedekind gilt, was schon bei Else Lasker-Schüler
    aufgefallen ist: manche Autobiographien übernehmen ein-
    fach ein vorgegebenes Bild. Vgl. z.B. Kesten, Hermann,
    Dichter im Café, Wien, München, Basel 1959. Auf S. 395
    gibt er eine detaillierte Beschreibung der Wedekindschen
    Barttracht und des Anzugs. Da Kesten 1900 geboren ist,
    kann er Wedekind, wenn überhaupt, nur bartlos gekannt ha-
    ben. Auch die gelbkarierte Pepitahose gehört der Zeit um
    1890 an. In Anbetracht dessen ist es nicht verwunderlich,
    daß die Schilderung Kestens der Max Halbes in "Jahrhun-
    dertwende" (s.Anm. 2) fast im Wortlaut entspricht.

(2) Halbe, Max, Jahrhundertwende, Danzig 1935, hier zit. aus:
    Halbe, Max, Jahrhundertwende, in: M.H., Sämtliche Werke,
    2. Bd., Salzburg 1945, S. 309 f.

(3) Vgl. Holm, Korfiz, ich-kleingeschrieben, Heitere Erlebnis-
    se eines Verlegers, München 1932, S. 62

(4) Vgl. Rosner, Karl, Damals ... Bilderbuch einer Jugend,
    Düsseldorf 1948

sieben Bärte und gelbkarierte Hosen durchaus zu ersetzen.(1)
(2)
Aber auch beim Radfahren und im Bett verzichtet Wedekind nicht
auf wirkungsvolle Kostümierung.
Vom Wedekindschen Radfahrdress weiß Korfiz Holm zu berichten

> Wie gewöhnlich, trug er sich in Schwarz, auch
> eine Art von schwarzer Jockeymütze und lange
> schwarze Strümpfe fehlten nicht, nur die Pumphose
> strahlte in dem reinsten Weiß, desgleichen war das
> Rad schneeweiß lackiert. (3)

Ungewöhnlicher Abstellplatz für das weiße Fahrrad ist Wedekinds Schlafzimmer, ebenfalls ganz in Weiß gehalten: und inmitten dieser "keuschen Kühle" Wedekind im leuchtend roten
Nachthemd. (4)

- Wohnung

Außer dem weißen Schlafzimmer mit Fahrrad hat Wedekinds Wohnung allerdings wenig Bohemehaftes.Sie wird im allgemeinen
als bürgerlich-ordentlich eingerichtet geschildert. (5)

---

(1) Vgl. zum Äußeren Wedekinds u.a. folgende Autobiographien:
    Blei, Franz, Erzählung eines Lebens, Leipzig 1930,S.264
    Fechter, Paul, Menschen und Zeiten. Begegnungen aus fünf
    Jahrzehnten, Gütersloh 1948, S. 131, 135, 139
    Fuchs, Georg, Sturm und Drang in München um die Jahrhun-
    dertwende, München 1936, S. 116
    Gumppenberg, Hans v., Lebenserinnerungen. Aus dem Nach-
    laß des Dichters, Berlin 1929, S. 136, S. 216 f.
    Martens, Kurt, Schonungslose Lebenschronik, Wien, Berlin,
    Leipzig, München 1921, S. 205

(2) Ob jene Wirkung des schwarzen Habitus' Wedekinds geplant
    war, die Arthur Holitscher in seinen Erinnerungen festhält,
    ist allerdings fraglich: "Auf unseren Spaziergängen kam
    es oft vor, daß Schulkinder an den schwarzgekleideten Herrn
    mit dem Gesicht eines Prälaten herankamen und ihm ehrer-
    bietig die Hand küßten." (In: Holitscher, Arthur, Lebens-
    geschichte eines Rebellen, Berlin 1924, S. 191)

(3) Holm, Korfiz, ich-kleingeschrieben, S. 103; ähnlich auch
    bei Thoma, Ludwig, Leute, die ich kannte, S. 130

(4) Holm, Korfiz, ich-kleingeschrieben, S. 104

(5) Vgl. z.B. Schlagintweit, Felix, Ein verliebtes Leben.Er-
    innerungen eines Münchner Arztes, München 1946, S.217:
    "Seine wohlgeordnete, säuberliche Häuslichkeit, besonders
    sein spiegelndes Bibliothekzimmer [sic!], sein aufgeräum-
    ter Schreibtisch - sogar der große Ball, auf dem Lulu zu
    tanzen hat, lag so brav auf seinem Stammplatz -, alles das
    überraschte mich etwas."; s.a. Holitscher, Arthur, Mein
    Leben in dieser Zeit. Der "Lebensgeschichte eines Rebel-
    len" 2. Bd. (1907-1925), Potsdam 1928, S.44

Lediglich noch das Arbeitszimmer mit roten Tapeten, Peit-
schen und freizügigen Photos an der Wand läßt ahnen, wer der
Hausherr ist. (1)
Die Wohnungseinrichtung Wedekinds ist damit innerhalb seiner
symbolischen Aggressionsmethoden als ein Aspekt zu sehen, der
dem latent Bürgerlichen schon früh Rechnung trägt.
Das Phänomen einer gewissen Neigung zum Bürgerlichen (2)
trifft im übrigen für einen nicht geringen Teil der Bohemiens
zu, doch wird sie meist eifrig kaschiert, solange man noch
an das Milieu gebunden ist. Wedekind ist in seinen jungen
Jahren ein Musterbeispiel dafür.
Allerdings scheint er in seinem Bemühen, den "Bürger Wedekind"
geheimzuhalten, nicht durchweg erfolgreich gewesen zu sein,
trotz seiner gewaltigen Anstrengungen, als "Bürgerschreck"
zu erscheinen; - denn die Aussagen, die ihn als "verhinderten
Bürger" einstufen, sind sehr zahlreich. (3) Eine Äußerung
Korfiz Holms sei stellvertretend angeführt:

> Ich wenigstens bin überzeugt, daß, wer sich solche
> Mühe gibt, in Wort und Wandel den nun einmal
> festgesetzten Regeln der Gesellschaft ins Gesicht
> zu schlagen und damit den "Bürger zu erschrecken"
> selbst noch mit einem Fuß im Philisterium stecken
> muß. Wer solcher Haft völlig entronnen ist, weiß
> ohne allen Krampf, was er von sich zu halten hat.
> So glaube ich denn auch, daß Wedekind - dieser,
> ich darf wohl sagen, Moralist mit negativem Vor-
> zeichen - im Grunde viel bürgerlich normaler war,
> als er der Welt, und am erfolgreichsten sich sel-
> ber, vorzutäuschen liebte. (4)

---

(1) Holm, Korfiz, ich-kleingeschrieben, S. 104 und Durieux,
    Tilla, Eine Tür steht offen, S. 84

(2) In diesem Fall ist ein landläufiges Verständnis von Bür-
    gertum vorausgesetzt, nicht der Bürgerstereotyp der Boheme.

(3) Vgl. u.a. Wedekind, Tilly, Lulu- Die Rolle meines Lebens,
    München, Bern, Wien 1969, S. 115, S. 122 f.
    Holitscher, Arthur, Lebensgeschichte eines Rebellen, S. 115
    Kassner, Rudolf, Buch der Erinnerung, Leipzig 1938,S.87
    Kutscher, Artur, Der Theaterprofessor. Ein Leben für die
    Wissenschaft vom Theater, München 1960, S. 141:"[...] heim-
    lich war und blieb er ein Bürger [...]"
    Scholz, Wilhelm v., Eine Jahrhundertwende. Lebenserinnerun-
    gen, Leipzig 1936, S. 179 f.
    Durieux, Tilla, Eine Tür steht offen, S. 85
    Mann, Heinrich, Ein Zeitalter wird besichtigt, Berlin
    1947, S. 205 f.

(4) Holm, Korfiz, ich-kleingeschrieben, S. 61

Diese Tendenz zum Bürgerlichen - von Korfiz Holm hier sicherlich überspitzt formuliert - kommt auch in Wedekinds Einstellung zu seiner "Nichtseßhaftigkeit" zum Ausdruck. Zwar entspricht er in der Häufigkeit des Wohnungswechsels de facto bo-
hemetypischem Verhalten - in den Jahren 1897/98 zieht er 19
mal um (1) - nicht aber von seiner inneren Haltung her. Am
20.3.1900 schreibt er an Beate Heine (2)

> [...] ich [...] hoffte und hoffte, daß sich der
> seit nun 7 Monaten verkündete bescheidene Glücksfall
> [Erbschaft] endlich realisiren [sic!] würde und mir
> ermöglichte, mir nach zehn Jahren heimatlosen Umher-
> irrens nun endlich wieder einmal eine Stätte zu schaf-
> fen, wo ich mein Haupt hinlegen und in etwas ra-
> tionellerer Weise arbeiten könnte, als mir das bis-
> her möglich war. (3)

Auch seinem Bruder Donald gegenüber gesteht Wedekind seinen
Wunsch nach einem bequemen eigenen Zuhause ein:

> Ich fühle gerade in meinem jetzigen gemiehteten
> Zimmer wieder, wie brennend meine Sehnsucht danach
> ist, in einer selbstgeschaffenen Umgebung zu woh-
> nen und eigene Bedienung zu haben. (4)

Acht Jahre später hat es Wedekind geschafft, diese "bürgerlichen"Wünsche in die Tat umzusetzen: ab 1908 bleibt er ständig - mit Ausnahme von Gastspielreisen - in München, wo er sich
in der Prinzregentenstraße "hochherrschaftlich" (5) eingemietet
hat.

- Benehmen

Im Auftreten als Form herausfordernder Abweichung von den Normen des Bürgertums vermag Wedekind nun allerdings wieder jeglichen Geruch von Bürgerlichkeit zu vermeiden, jedenfalls solange, wie er sich der symbolischen Aggression im Auftreten überhaupt bedient: die Schockwirkung seines Benehmens ist unumstrit-
ten.

---

(1) Vgl. Brief an Beate Heine vom 7.1.1899 aus Paris (Wedekind
    B I 328)

(2) Mit dem Ehepaar Beate und Dr. Carl Heine steht Wedekind seit
    1898 in freundschaftlicher Beziehung. Carl Heine, Leiter
    des "Ibsen-Theaters" in Leipzig, hatte Regie geführt bei
    der Uraufführung des "Erdgeist" durch die Leipziger "Lite-
    rarische Gesellschaft" und das Stück in das Tournee-Pro-
    gramm des "Ibsen-Theaters" aufgenommen. (Wedekind beglei-
    tete übrigens diese Tournee als Theatersekretär.)

(3) Brief an Beate Heine vom 20.3.1900 aus Leipzig (Wedekind
    B II 44)

(4) Brief an Donald Wedekind vom 19.7.1900 aus Leipzig (Wedekind
    B II 48)

(5) Herzog, Wilhelm, Menschen, denen ich begegnete, Bern,Mün-
    chen 1953,S.203

"Wedekind, der Satanist", "Wedekind, die dämonische Persönlichkeit","Wedekind, der Mephisto pheles"(1)(2) sind ständig
sich wiederholende Formeln in den verschiedensten Autobiographien: sie bezeichnen das Endprodukt der Wedekindschen Stilisierung recht eindeutig - und einhellig.
Uneinig ist man sich über Sinn und Zweck des Rollenspiels.
Wilhelm Herzog sieht darin für den "Mephisto der Literatur
oder Faun und Satan zugleich" (3) die einzige Existenzmöglich-
keit:

> Und in der Tat: er hatte auch etwas von einem Clown.
> Um dieses Leben ertragen und der Welt seine Ver-
> achtung ins Gesicht schleudern zu können, maskier-
> te er sich. Er schminkte seine Wangen, färbte seine
> Augenbrauen, stilisierte sein äußeres Wesen, seine
> Haltung, seinen Gang und seine Ausdrucksweise. (4)

Korfiz Holm dagegen ist nicht gewillt, Wedekinds Haltung ernst
zu nehmen und schon gar nicht, darin ein existentielles Problem zu sehen. Der ironische Unterton ist unüberhörbar:

> Gerade Wedekind ließ es sich ja unendlich viel
> Nachdenken kosten, wie er sein Benehmen zwar ab-
> weichend von der Norm, doch streng in seinem
> eigenen - und etwa noch des großen Casanova -
> Stil zu stilisieren hätte, um da die Krone der
> Vollendung zu erringen. (5)

---

(1) Vgl.z.B. Otto Falckenberg, Mein Leben - Mein Theater, München 1944,S.119 !"Wedekind erdolchte meinen Vorschlag mit
satanischem Witz".
Hans von Gumppenberg, Lebenserinnerungen. Aus dem Nachlaß
des Dichters,Berlin 1929,S.283: "[...] das seltsame, ver-
halten-satanische Gepräge, das er seinem Vortrag zu geben
wusste,..."
Arthur Holitscher, Lebensgeschichte eines Rebellen,S.185 f:
"[...] und er gefiel sich,[...],in zur Schau getragener
Dämonie."

(2) Ob die folgende Äußerung Korfiz Holms zum "Rollenausbau"
Wedekinds der Wahrheit entspricht, kann ich nicht beurtei-
len. Sie wäre immerhin bezeichnend:"[...] der an sich fein-
geschnittene Mund schien durch das künstliche Gebiß entstellt, das er mit seinen zweiunddreißig Jahren damals
schon trug, und das ihm keineswegs durch einen Meister seines Faches angemessen war. Da es sich immerfort vom Gaumen
loslöste, zog Wedekind, es wieder an den rechten Platz zu
bringen, seinen Mund minütlich in die Breite und die Ober-
lippe stramm, baute jedoch, daß man den Zweck dieser Gri-
masse nicht so merke, sie geschickt zu einem lästerlichen
Grinsen aus. Auch seine Zungenspitze wurde häufig bei der
Bändigung des Gebisses mit bemüht; dies zu maskieren, leckte
er sich dann frivol die Lippen wie ein blutdürstiger Tiger
der Erotik und schuf sich so aus dieser Not zwar keine Tugend, aber eine Dämonie und eine Glorie von Lasterhaftigkeit."
(K.H., ich-kleingeschrieben, S.61)

(3) Wilhelm Herzog, Menschen, denen ich begegnete,S.199
(4) Wilhelm Herzog, Menschen, denen ich begegnete,S.198
(5) Korfiz, Holm, ich-kleingeschrieben, S.119

Georg Fuchs schließlich unterstellt Wedekind, mit seinem sti-
lisierten Auftreten nichts als kommerzielle Interessen zu verfolgen:

> Der Satanismus mitsamt der frivolen Pervertierung
> der Geschlechtsmoral, die er in seinen Stücken
> selbst mehr verulkte als propagierte, war "Litera-
> tur", war eine Maske, die er sich anschminkte, um
> als Literat eine aufsehenerregende "Note" zu haben
> und - möglichst viel zu verdienen ... (1)

Eine weitere, höchst überraschende Variation zum Thema bietet
Erich Mühsam. Ausgehend von der Behauptung, Wedekind sei ein
unbedingt wahrhaftiger Mensch gewesen, kommt er zu dem Schluß:

> Es ist [...] falsch, Frank Wedekind als Poseur
> auszugeben, der durch Bizarrerie oder durch An-
> stößigkeit des Benehmens es auf die Verblüffung
> seiner Umgebung abgesehen gehabt hätte. (2)

Was als Pose gewirkt habe, habe lediglich den Sinn gehabt, dem
Gegenüber klar zu machen, daß Wedekind ihn als "langweilig,ge-
schmacklos oder fehl am Orte empfand". (3)
Von den vier genannten Auffassungen möchte ich die Wilhelm
Herzogs, Korfiz Holms und Georg Fuchs' als teilweise richtig
bezeichnen. Zusammengenommen drücken sie etwa die Meinung aus,
die Korfiz Holm an anderer Stelle resümierend anführt und der
ich mich anschließen möchte: Wedekinds extravagantes Gehabe
entspringe der "Angst, es könnte jemand meinen, daß er in vielen Stücken schlichterdings ein Mensch wie jeder andere sei."
(4)
Die These Erich Mühsams jedoch ist sicher nicht haltbar. Zu
widerlegen ist sie schon am ersten Beispiel, das er als Beleg
bringt:

> Als ein junges Ehepaar von der Hochzeitsreise zu-
> rückkam und besonders die junge Frau andauernd die
> schmalzigsten Schilderungen aller gesehenen Herr-
> lichkeiten von sich gab, fuhr ihr der Dichter,
> bis zur Übelkeit angeödet von der Kitschigkeit
> der Unterhaltung, plötzlich mit einer Frage ins
> Gesicht, die sich nicht auf die Landschaft der
> Fahrt bezog und die arme Person blutrot vom Tische
> jagte. (5)

---

(1) Georg Fuchs, Sturm und Drang in München um die Jahrhundert-
    wende, S. 115 f.

(2) Erich Mühsam, Namen und Menschen, S. 161

(3) Erich Mühsam, Namen und Menschen, S. 161

(4) Korfiz, Holm, ich-kleingeschrieben, S. 61

(5) Erich Mühsam, Namen und Menschen, S. 161

Die Wedekindsche Frage lautete mit Sicherheit: Wie oft schlafen
Sie mit Ihrem Mann? Sie ist ebenso berüchtigt wie seine Spe-
zialfrage an unverheiratete Frauen: Sind Sie noch Jungfrau?
Diese Fragen stellt Frank Wedekind aber nun keineswegs nur,
wie Erich Mühsam meint, wenn jemand seine Wahrhaftigkeit in un-
gebührlicher Weise, z.B. mit kitschigen Erzählungen, strapa-
ziert, sondern immer, wenn er glaubt, damit schockieren zu müssen, d.h. in seinen Anfängen also mit ziemlicher Regelmäßigkeit.

Aus diesem Grunde vermeiden es auch beste Freunde, ihm weib-
liche Wesen überhaupt vorzustellen. Kurt Martens schreibt:

> An einem unserer Gesellschaftsabende war zufällig
> einmal meine Schwester zugegen. Er [Wedekind] nahm
> es mir ernstlich übel, daß ich ihn nicht mit ihr
> bekannt machte. "Das ist eine unverdiente Zurück-
> setzung", sagte er voll Bitterkeit. "Fürchten Sie
> etwa, ich könnte Ihr Fräulein Schwester vor allen
> Leuten vergewaltigen?" - "Das zwar nicht", erwider-
> te ich ihm. "Aber, Sie verstehen ... die bewußte
> Frage, die S i e g e w o h n h e i t s m ä ß i g
> (1) an jede junge Dame richten: Mein Fräulein,
> sind Sie noch Jungfrau? ... Auf diese Frage hätte
> Ihnen meine Schwester, vorurteilsvoll, wie sie nun
> einmal ist, vielleicht den Rücken gewendet."(2)

Gegen Mühsams Auffassung spricht auch folgendes: Mißlingt Wedekind der beabsichtigte Effekt seiner provozierenden "Wahrheits-
findung", d.h. erntet er statt Empörung eine gelassene Antwort,
pflegt er meist, enttäuscht und erzürnt über soviel Unver-
schämtheit, die Gesellschaft zu verlassen. So ergeht es ihm
z.B. bei einer Einladung bei der Schwester Walter Rathenaus(3),
die Tilla Durieux in ihren Erinnerungen schildert:

> Am Ende des Essens öffnete Wedekind mit einem Male
> den Mund und fragte mit lauter Stimme, wie immer
> jedes Wort stark akzentuierend: "Darf ich mir eine
> Frage erlauben, gnädige Frau?" - "Gewiß", antwor-
> tete die Dame, glücklich darüber, daß er, wenn auch
> spät, das Wort an sie richtete. An der Tischrunde
> herrschte sofort atemlose Stille, denn wer Wede-
> kinds Namen noch nicht gekannt hatte, war durch die
> Hausfrau auf ihn aufmerksam gemacht worden. In diese
> Stille hinein nun klang die überdeutliche Frage:
> "Wie oft schläft Ihr Herr Gemahl bei Ihnen?"Einen
> Augenblick stockte jeder Herzschlag. Die schöne
> Frau Ida H. faßte sich rasch und antwortete kühl:
> "Zweimal in der Woche, Herr Wedekind, scheint Ihnen
> das genügend?" worauf Herr Wedekind verstummte, kein

---

(1) Die Hervorhebung durch Sperrdruck ist von mir. E.K.- Es
     bestätigt meine obige These.

(2) Kurt Martens, Schonungslose Lebenschronik, S. 207

(3) Wedekind lernt W.Rathenau 1904 in Berlin kennen. Rathenau

Wort mehr sprach und sich gleich nach Tisch
entfernte. (1)

Zugegebenermaßen könnte man nun dieses Benehmen Wedekinds eventuell noch im Sinne Erich Mühsams deuten: die Gesellschaft
mag ihn angeödet haben. Aber sein Auftreten ist ja auch im Zusammenhang mit der bewußten Stilisierung in der Kleidung und
(z.T. wenigstens) in der Wohnung zu sehen. Daraus ergibt sich
eindeutig: Wedekind i s t ein Poseur, der es darauf angelegt
hat, seine Umgebung "durch Bizarrerie oder durch Anstößigkeit
des Benehmens" (2) zu verblü ffen, zu reizen.Er spielt seine
Rolle mit Perfektion (3) - solange er glaubt, es "nötig" zu
haben.
Schon 1905, sechs Jahre nach der geschilderten Episode, hätte
z.B. Kurt Martens seine Schwester unbesorgt mit Wedekind bekannt machen können. Die Berliner Uraufführungen von "Hidalla"
(1905) und "Frühlings Erwachen" (1906) bringen Wedekinds Durchbruch zum anerkannten Dramatiker. Die Tantiemen beginnen zu
fließen, dazu die Gagen für seine Schauspielertätigkeit in
seinen Stücken. Als 40 jähriger ist er endlich "gesellschafts-
fähig" geworden, eine Tatsache, der er auch, wie mehrfach erwähnt, in einer weitgehenden Reduktion seines symbolisch-aggressiven Benehmens Rechnung trägt. (4)
Die Einschätzung Wedekinds als "Poseur" hinsichtlich der von
ihm praktizierten symbolischen Provokation, der ich aus den
genannten Gründen zuneige, soll aber nun keineswegs die Verurteilung einer individuellen Charakterschwäche bedeuten. Der
"Satanist" richtet sich nach den Verhaltensmustern des Milieus,

---

schickt ihm seine Veröffentlichungen, u.a. "Impressionen".
Die Diskussion darüber führt zu einem regen Briefwechsel.
Wedekind besucht Rathenau auch jedesmal, wenn er in Berlin
ist.

(1) Tilla Durieux, Eine Tür steht offen, S. 85 f.

(2) Erich Mühsam, Namen und Menschen, S. 161

(3) Der Begriff "Rolle spielen" etc. taucht im Zusammenhang mit
    Wedekinds Auftreten häufig auf, vgl. Hermann Kesten, Dich-
    ter im Café, S. 395: "[...] im übrigen 'trug er' den ver-
    kannten Dichter Wedekind, [...]".Hermann Uhde - Bernays,
    Im Lichte der Freiheit. Erinnerungen aus den Jahren 1880-
    1914, Wiesbaden 1947, S. 304: " [...] kam mir zum Bewußt-
    sein, welche Kraft und welches Leid, welche Weisheit - und
    welche götzenhafte Opferbereitschaft dazu gehört haben müs-
    sen, um durch Jahrzehnte [...] dieses unwürdige Theater
    zu spielen!"
    Lovis Corinth, Selbstbiographie, Leipzig 1926, S. 114:"In
    dieser ernsthaften Pose leistete er [Wedekind] Gewaltiges."
    Karl Rosner, Damals ..., S. 273:"[...] Frank Wedekind.Um
    ihn war dabei immer eine Atmosphäre, als ob er so, wie er
    sich gab und auftrat, gar nicht wirklich wäre, als ob er
    sich als Träger irgendeiner tragikomischen Rolle fühle, die
    (Fortsetzung und Anm. (4) s. nächste Seite)

solange er ihm angehört; und provokatorische Abweichung in der
äußeren Lebenshaltung ist nun einmal d a s Mittel der Boheme
schlechthin, sich vom Bürgertum abzusetzen, Gleichgesinnten
Integration zu vermitteln und - für Wedekind von zentraler Bedeutung - auf sich aufmerksam zu machen.

d) Libertinage

Die Jahre 1905/06 markieren noch für ein weiteres bohemetypi-
sches Element im Leben Wedekinds eine Wende: auch mit der
"Freien Liebe" ist es fortan vorbei. 1906 heiratet er die
Schauspielerin Tilly Newes. Im selben Jahr wird die erste
Tochter geboren.
Wie groß das libertäre Engagement des jungen Wedekind gewesen
ist, deuten die Pariser Tagebücher an: (1) Rachel, Leontine,
Kadudja, Henriette, Marie-Luise, Alice, Adèle, Germain, Made-
leine, Raimonde, Lucie, das "Christkindchen"...
Von Paris nach Berlin bzw. München zurückgekehrt (1895/96),
beginnt er ein Verhältnis mit Frieda Strindberg; (2) deren
Nachfolge tritt u.a. Franziska von Reventlow für kurze Zeit
an.
Als sich jedoch die ersten Erfolge abzeichnen (1905), faßt
Wedekind eine standesamtlich sanktionierte Bindung ins Auge.
Im Mai 1905 läßt er seine Mutter wissen: "Ich glaube sogar
beinah, daß ich mich verlobt habe; ich weiß es aber noch nicht
ganz bestimmt und bitte daher, mir vorderhand noch nicht zu
gratuliren [!]." (Wedekind B II 140).
Gratulationen wären in der Tat verfrüht gewesen. In seinem
Brief meint Wedekind die Schauspielerin Berthe Marie Denk,
ein Jahr später heiratet er Tilly Newes.
Wedekinds Libertinismus, zwanzig Jahre getreu der Devise
"Greife wacker nach der Sünde; Aus der Sünde wächst Genuß"(3)
praktiziert, spiegelt in typischer Weise die von der Boheme

---

er darstellen, nein, kreiren wollte." Vgl. weiterhin:
Hermann Sinsheimer, Gelebt im Paradies. Erinnerungen und
Begegnungen, München 1953,S.162

(4) von S. 103
Ich erinnere daran, daß im Gegensatz dazu die symbolische
Aggression über das Medium Kunst, soweit sie über den Bür-
gerstreotyp geführt wird, zu den bohemischen Konstanten
bei Wedekind gehört (vgl. S. 88 ff.).

(1) Die Pariser Tagebücher (Wedekind W III 281-331) sind nur
in Auszügen veröffentlicht; vgl. zum Aufenthalt Wedekinds
in Paris auch die autobiographischen Erzählungen "Bei den
Hallen"(Wedekind W III 57-64) und "Der erste Schritt"(Wedekind W III 79-81)

(2) Mit Frieda Strindberg, damals noch mit dem schwedischen
Dramatiker offiziell verheiratet, hat Wedekind einen Sohn
(geb. 1897)

(3) Dies sind die beiden ersten Verse des Gedichtes "Erdgeist",
s. Wedekind W II 526

damit verbundenen Intentionen wieder.
Zum einen steht "Freie Liebe" bei Wedekind im Zeichen des nach
außen hin dokumentierten provokativen Andersseins:die bürgerliche Ehe mit ihren Wertvorstellungen von Liebe und Treue wird
negiert mit Hilfe und zugunsten einer Beziehung, deren Basis
und Ziel allein Triebbefriedigung ist. (1)
Zugleich aber fungiert für Wedekind ausgelebte Sexualität als
Trägerin des "Prinzips Hoffnung"; sie hat utopischen Charakter,
indem sie als Möglichkeit natürlichen, wahren Lebens hinter der
gesellschaftlichen Wirklichkeit aufscheint.
Dieser Aspekt, der über die Gleichsetzung von ungehemmtem Trieb-
leben und Lebensrausch, wie sie bei Else Lasker-Schüler und
Franziska von Reventlow zu finden war, weit hinausgeht, kommt
vor allem im Werk Wedekinds zum Tragen. Am Beispiel der "Lulu"-
Tragödie wird darauf näher eingegangen.

e) Ausgelebte Sexualität als Element der Dichtung - die Utopie
   vom "Leben" und ihr Widerpart "Gesellschaft" in Wedekinds
   "Lulu"-Tragödie (1894/95)

Nicht alle Utopien sind "Nirgendwoland". So werden in den modernen Utopien häufig zukünftige Ordnungen entworfen, die durch
Veränderung gegebener gesellschaftlicher Bedingungen Wirklichkeit werden können. (2) Erich Mühsams "Die Befreiung der Gesellschaft vom Staat" (vgl. S. 241f.) und Arthur Moeller van
den Brucks "Das dritte Reich" (vgl. S. 182 ff.) z.B. sind solche
Utopien, die auf geschichtliche Realisierung abzielen. -
Moellers Traum vom "Dritten Reich" ging sogar in Erfüllung,
zumindest dem Namen nach.
Wedekinds Utopie vom wahren Leben dagegen hat keine historische
Dimension, obwohl sie sich auf die bürgerliche Gesellschaftsordnung als gegebenes System bezieht. Ihrer Verwirklichung
geht weder eine geistige, teils brachial-gewalttätige
Destruktion der bürgerlichen Gesellschaft voraus, noch liegen
ihr unmittelbar konkretisierbare Zukunftsvorstellungen zugrunde. Sie steht vielmehr unter dem Einfluß der zeittypischen
Verherrlichung des Lebens in den verschiedenen Ausprägungen der

---

(1) Vgl. z.B. Wedekind W III 80: "Sie gefiel mir, weil das
    Eigenste, das Intimste in mir, was der Mensch in sich hat,
    das Tier, weil das seine Kompensation witterte."

(2) In der Politikwissenschaft werden Utopien, die Verwirkli-
    chung anstreben, als "konkrete" Utopien bezeichnet, während
    jene, die eine ideale Ordnung entwerfen, ohne nach Reali-
    sierungsmöglichkeiten zu fragen, "abstrakte" Utopien ge-
    nannt werden. (Vgl. Beck, Reinhart, Sachwörterbuch der Po-
    litik, S. 877 f.)

Lebensphilosophie.(1)
In diesem Sinne nun meint "Leben" bei Wedekind zum einen die
Betonung des körperlich Vitalen, das Schönheit, Elastizität
und Rhythmus vereint - diese Komponente herrscht besonders in
"Fritz Schwigerling" vor (vgl. S. 111f.) -, zum anderen das
Ausleben der Triebe, frei von der Einengung durch bürgerliche
Moralvorstellungen - dieser zweite Aspekt steht im Mittelpunkt
von Wedekinds "Lulu"-Tragödie. Der Prolog des Tierbändigers (2)
läßt keinen Zweifel daran:

> Hereinspaziert in die Menagerie,
> Ihr stolzen Herrn, ihr lebenslust'gen Frauen,
> Mit heißer Wollust und mit kaltem Grauen
> Die unbeseelte Kreatur zu schauen,
> [...] (Wedekind W I 235)
> Das w a h r e Tier, das w i l d e, s c h ö n e Tier,
> Das - meine Damen! - sehn Sie nur bei mir.
> (Wedekind W I 236)

Auf den Zuruf des Tierbändigers wird schließlich die "Heldin"
Lulu hereingetragen:

> [...] bring mir unsre S c h l a n g e her!
> [...]
> Sie ward geschaffen, Unheil anzustiften,
> Zu locken, zu verführen, zu vergiften -
> Zu morden, ohne daß es einer spürt.
> [...]
> Die U r g e s t a l t des W e i b e s ...
> (Wedekind W I 237)

Doch ist zwischen dem ersten Teil der Tragödie "Erdgeist" und
dem zweiten Teil "Die Büchse der Pandora" erheblich zu differenzieren, was den Stellenwert dieser Naturhaftigkeit angeht:
im Verhältnis zur Gesellschaft nämlich tritt ein grundlegender
Wandel ein; es vollziehen sich Aufstieg und Fall der Utopie vom
Leben.

---

(1) Dies hat Friedrich Rothe in dem Buch "Frank Wedekinds Dramen. Jugendstil und Lebensphilosophie", Stuttgart 1968
(=Germanistische Abhandlungen 23) überzeugend nachgewiesen.-
Es liegt dabei auf der Hand, daß die Lebensphilosophie für
die Boheme insgesamt von großer Bedeutung sein muß. So sind
z.B. mit Schopenhauers Auffassung von Sexualität als Brenn-
punkt des Lebens oder Nietzsches These vom schrankenlos
zu lebenden Individualismus zugleich wesentliche Aspekte
des bohemischen Gedankenguts bezeichnet. - Auf den Bezug
Lebensphilosophie /Boheme - auch bei Else Lasker-Schüler
und Franziska von Reventlow deutete er sich an - wird immer wieder hinzuweisen sein.

(2) Der Prolog zur "Lulu"-Tragödie weist in der Verwendung von
Bildern aus der Zirkuswelt zugleich auf die zweite Form
der Verwirklichung wahren Lebens bei Wedekind hin: auf den
Zirkus (vgl. S. 111 f.)

Im Erdgeist erweist sich die in Lulu verkörperte schrankenlos
gelebte Sexualität noch als siegreich über die bürgerliche
Welt und ihre Normen.
Dies ist nun nicht einfach durch Textstellen zu belegen, es
ergibt sich vielmehr aus dem Handlungsablauf. Indem Lulu ihrer
Natur gemäß lebt, im Sinn der bohemischen Vorstellung von Libertinismus, bricht sie sämtliche gesetzte Regeln der Gesellschaft. Mitleid, Treue, Dankbarkeit, (1) wesentlicher Bestandteil bürgerlicher Wertvorstellungen, gelten nicht für Lulu.
Bezeichnend ist ihre Bemerkung, als sich ihr zweiter Ehemann,
der Maler Schwarz, die Kehle durchschneidet, weil er von ihrem
Vorleben und gegenwärtigen Leben erfährt (sie ist nach wie vor
die Geliebte Dr. Schöns):

> Schön: Es ist deines Gatten Blut.
> Lulu: Es läßt keine Flecken. (Wedekind W I 279)

Die Leichen, die Lulu im "Erdgeist" zurückläßt, demonstrieren
eindringlich die Machtlosigkeit der Gesellschaft gegenüber
ausgelebter animalischer Natur. Diese Machtlosigkeit muß auch
Dr. Schön erfahren. Er tritt im Stück als Verkörperung von
Geist und Intelligenz - vom Bürgertum hochgeschätzte Eigen-
schaften - gegen Lulu an und scheitert ebenfalls an ihr. Der
"Geist des Fleisches" erweist sich als machtvoller.
Der Tod Dr. Schöns am Ende des "Erdgeist" markiert Höhe- und
Wendepunkt der in Lulu verkörperten Schau von der Wirkungs-
macht ungehemmter Naturkraft. Indem selbst Dr. Schön ein
Opfer Lulus wird, ist zum einen die extreme Gefährdung der bür-
gerlichen Ordnung durch die in die Tat umgesetzte Idee vom
Leben sinnfällig gemacht; zugleich aber wird mit dem Eintref-
fen der Polizei am Tatort - Lulu hat Dr. Schön erschossen -
die beginnende Gegenwehr der Gesellschaft gegen das sie zerstö-
rende Prinzip angedeutet.
Diese Gegenwehr verstärkt sich in der "Büchse der Pandora", dem
2. Teil der "Lulu"-Tragödie, zusehends. Dabei bedient sich die
Gesellschaft vor allem der von ihr geschaffenen Existenzbedin-
gung Geld. Lulu muß, um des Ü b e r lebens willen, das Leben
verraten. Indem sie zur Prostitution gezwungen ist, geht die
Einheit von Trieberfüllung und Naturhaftigkeit - Basis ihrer
Unbezwingbarkeit im "Erdgeist" - verloren. Die Hingabe an den
Trieb ist nicht mehr mit natürlicher Wesenserfüllung identisch,
sondern Mittel des Gelderwerbs. Eine zunehmende Korrumpierung
von Lulus Natur ist die Folge. Am Ende ihres Abstiegs steht die
Ermordung durch Jack the Ripper. Die Vision vom natürlichen Leben ist damit zurückgenommen, die bürgerliche Ordnung hat sich

---

(1) Vgl. die Äußerung Wedekinds zu "Erdgeist": "Es kam mir bei
    der Darstellung um [!] Ausschaltung all der Begriffe an,
    die logisch unhaltbar sind wie: Liebe, Treue, Dankbarkeit."
    (Wedekind W III 340)

erfolgreich zur Wehr gesetzt. (1)
Wedekind geht mit der "Büchse der Pandora" über die Darstellung des Konfliktes von Natur und Gesellschaft in "Frühlings
Erwachen" hinaus: gestaltet er dort noch im Symbol des "ver-
mummten Herrn" die Möglichkeit der Synthese von Natur und Gesellschaft, läßt er die (im "Erdgeist" noch so unüberwindliche)
Naturkraft als Lulu in der "Büchse der Pandora" zugrundegehen.
Natur und Gesellschaft erweisen sich damit nicht nur als unver-
einbar; (2) darüberhinaus wird deutlich, daß Wedekind resignie-
rend zur Kenntnis nimmt, wie die Gesellschaft, kraft ihres
Systems, in der Lage ist, Natur in Schach zu halten und nie-
derzuringen.
Literarisch stellt Wedekind damit das bohemische Ideal freier,
nur dem Triebhaften hingegebener Liebe und die damit
verbundene Utopie vom Leben in Frage, lange bevor er in praxi
der Libertinage den Abschied gibt.

---

(1) Eine von Wedekind intendierte Beziehung Jacks zur Gesellschaft wird in der handschriftlichen Fassung der "Büchse
der Pandora" besonders deutlich. Darin geschieht der Mord
als Dienst für die Wissenschaft, Jack ist damit Agent der
Gesellschaft. "I would never have thought of a thing like
that.- That is a phenomen, what [sic!] would not happen
every two hundred years. I am a lucky dog, to find this
curiosity ... When I am dead and my collection is put up
to Auction, The London Medical Club will pay sum of three-
hundred pounds for that prodigy I have conquered this night.
The professors and the students will say: That is asto-
nishing!-" (zit. nach Friedrich Rothe, Frank Wedekinds
Dramen, S. 56)

(2) In die Entstehungszeit der "Lulu"-Tragödie (1894/95) ist
der Versuch Wedekinds zu datieren, das gesteigerte Bild
des Eros in Form der Idylle zu fassen. "Das Sonnenspektrum"
bleibt jedoch Fragment. Walter H. Sokel meint dazu in seinem Aufsatz "The changing role of eros in Wedekind's drama", in: G Qu 39, 1966, Heft 2, S. 201-207, hier S. 202:
"The play [Sonnenspektrum] is set in a bordello. This
bordello exemplifies the ancient topos of the garden of
love in a modern setting. It is actually laid in a garden
and proves to be an abode of serene contentment. A humane
urbanity rules the relations between girls, customers, and
madams. One of the habitues comforts a newly arrived girl
by telling her: 'Hier tut einem niemand ein Leid. Hier
weint man nur Freudentränen'. The bordello is an island,
a refuge of hope. For here alone one acknowledges and
administers to the truth of humane nature. In this garden
of truth the omnipotent, but universally concealed sex
drive can hope for gratification and contentment." -
Es handelt sich dabei um eine den Vorstellungen der Boheme
recht entsprechende Idylle. Die Glorifizierung des Freuden-
hauses spiegelt die Sympathie der Boheme für das Dirnen-

f) Begeisterung für Zirkus und Varieté

Die ersten Zeugnisse der Wedekindschen Zirkusleidenschaft stammen aus dem Jahr 1887, als er sich gerade in Zürich aufhält.
In einem Essay (1), in dem er zwei verschiedene Positionen des Idealismus klarlegen will, dient ihm der Unterschied zwischen Hochseil- und Trapezartistik als Beispiel.
In Zürich lernt er auch Willy Morgenstern (alias Willy Rudinoff) kennen, der im Pfauentheater als Vogelstimmenimitator und Schattenmaler in einem Varietéprogramm auftritt.
Von einem Wiedersehen mit Morgenstern in Paris 1893 schreibt Wedekind begeistert in einem Brief an Karl Henckell:

> Vor wenigen Wochen beglückte Morgenstern Paris mit seinen Schattenbildern. [...] Wir verlebten einige glückliche Abende zusammen, meistens in Circusgesellschaft unter Baleteusen [sic!], Kunstreitern, Schlangenmenschen, Katzenbändigern, Athleten, dummen Augusten und anderem Gelichter.(2)

Überhaupt ist Wedekinds Interesse in Paris für Zirkus, Varieté und Cancan-Ballett erheblich größer als für das Theater. Sein Tagebuch berichtet von häufigen Besuchen im Cir$_{que}$ d' Hiver, Moulin rouge, Follies Bergère etc.
In einem kurzen Lebenslauf, der 1901 entsteht und die Jahre 1864-1901 umfaßt (3), gibt Wedekind sogar an, er sei 1888 mit dem Zirkus Herzog ein halbes Jahr als Sekretär gereist und anschließend mit seinem Freund Rudinoff auf Tournee durch England und Südfrankreich gegangen.
Willy Rudinoff selbst widerspricht dieser Behauptung entschie-

---

milieu wieder.- Daß das "Sonnenspektrum" Fragment bleibt, zeigt jedoch, wie sich Wedekind in zunehmendem Maße mit der gesellschaftlichen Wirklichkeit auseinandersetzt und die Unmöglichkeit einer "Freudenhausidylle" erkennt, vgl. z.B. Wedekinds "Totentanz" von 1905!

(1) Wedekind W III 153-163, vgl. auch "Im Zirkus", 1888, in: Wedekind W III 163-169

(2) Brief an Karl Henckell vom 9.1.1893 (Wedekind B I 247)

(3) "Autobiographisches" (Wedekind W III 332 - 334, hier nach 333)

den.(1) Wedekinds Zirkusenthusiasmus und der Hang, gerade in
dieser Zeit, sich in jeder Hinsicht als außergewöhnlich zu
präsentieren - de facto "Fahrender" zu sein, bedeutet Abgren-
zung nicht nur vom Bürgerlichen, sondern auch vom Bohemeübli-
chen, ist also potenzierte Abweichung -, sind offensichtlich
so groß, daß sie ihn zu dieser "circensischen Hochstapelei"
animieren.
Revidiert wird diese Falschmeldung von Wedekind nie, doch finden sich danach keine weiteren Belege mehr für seine Zirkusleidenschaft. Offensichtlich verdrängt die Teilintegration in
die bürgerliche Gesellschaft auch dieses bohemische Merkmal.
Die ca. 1909 entstandene nachträgliche Kommentierung Wedekinds zu "Fritz Schwigerling" (1891/92) verwendet dann auch bereits das Imperfekt:

> Meine Begeisterung für den Zirkus, die mich Jahre hin-
> durch b e s e e l t e [Sperrung von mir. E.K.],
> sollte in dem Stück zum Ausdruck gelangen. Eine
> Verteidigung und Rechtfertigung körperlicher Kunst
> gegenüber geistiger Kunst. Verteidigung des Per-
> sönlichen in der Kunst gegenüber Engherzigkeit,
> Schulmeisterei und Unnatur. (Wedekind W III 340)

Beim frühen Wedekind hat die Begeisterung für Zirkus und Varieté zwei Funktionen. Eine nennt das obige Zitat : die Verehrung der Zirkuskunst wird als Mittel der symbolischen Attak-
ke gegen das bürgerliche Kunstverständnis gesetzt. Darüberhinaus gilt Wedekind die Welt des Zirkus aber auch als Teil
der Utopie vom Leben. Darauf wird der folgende Abschnitt eingehen.

---

(1) Vgl. Rudinoff, Willy, Wedekind unter den Artisten, in:
Der Querschnitt, 10. Jg., 1930, S. 801-807, hier S. 807:
"Mein lieber Freund Frank ist weder mit dem Z i r k u s
'H e r z o g' noch je mit mir gereist!
Wir wollen ihm diese kleine Abweichung von der Wirklichkeit
nicht verübeln. Er wollte seinem Leben, das so g a r
n i c h t s 'Abenteuerliches' aufzuweisen hatte, einen -
in diesem Fall etwas unechten - Goldglanz von Indianerro-
mantik anpolieren." - Einige Autobiographien fallen auf die
Falschmeldung Wedekinds herein z.B.
Krell, Max, Das Alles gab es einmal, Frankfurt/M. 1961,
S. 58
Wilhelm Weigand läßt Wedekind sogar im Pariser Zirkus Scan-
zoni auftreten, s.W.W., Welt und Weg. Aus meinem Leben,
Bonn 1940, S. 68

g) Die Welt des Zirkus als Teil der Utopie vom Leben -
   Wedekinds "Fritz Schwigerling" (1892)

In "Fritz Schwigerling" basiert Wedekinds idealisierendes Bild
vom Zirkus auf dem Grundbegriff "Elaszität". (1) Ein Mensch,
der sie besitzt, kann in Vitalität sämtliche Lebenslagen
meistern. Körperliche Vorzüge prägen in entsprechender Weise
den elastischen Geist.
Fritz Schwigerling, "der in allen Sätteln gerechte" Protagonist des Stückes, setzt seinem Freund Cölestin die Vorzüge der
Elaszität auseinander, als er ihn vom "Irrweg" platonischer
Liebe abzubringen sucht:

> Schwigerling:
> Mit deinem idealen Plunder hast du zeitlebens das
> Nachsehen! - Elaszität! Du bist aus der Übung.
> Ich bin dreimal vom Turmseil gestürzt, ich war
> siebenmal verheiratet, ich war siebenmalsiebzig-
> mal zum Sterben verliebt. Kein Glied an meinem
> Körper, das ich nicht schon gebrochen. Aber zeig
> mir die Situation, deren ich mich nicht zu be-
> meistern wüßte. Das lernt sich im Zirkus, siehst
> du. Ein entschlossener Sprung, und wenn der Fuß
> die Erde berührt, eine graziöse Kniebeuge, daß
> man nicht auf die Nase fällt. Jeder stürzt mal in
> Nacht und Finsternis, aber wem es an Elaszität
> gebricht, der bleibt im Grase und die wilde
> Jagd saust johlend, kläffend, achtlos über ihn
> hin. (Wedekind W I 186)

Demzufolge vermag auch Schwigerling, in einer Person "Komiker,
Maschinist, Akrobat, Kritiker, Ballettmeister, Clown, Drama-
turg, Oberregisseur, Feuerwerker, Chef der Claque" (Wedekind
W I 176), daneben noch "Kavalier der Kaiserin von Brasilien"
(Wedekind W I 185) etc., dem Fürsten Rogoschin, der ihn als
Hauslehrer engagiert hat, getrost zu versprechen:

> Schwigerling:
> [...] Es soll kein Gebiet geben, sei es Pferde-
> kenntnis, Sozialpolitik, Bakkarat, Spiritismus,
> oder die Emanzipation der Weiblichkeit, auf dem
> meine Zöglinge nicht absolut sattelfest sind.
> (Wedekind W I 178)

---

(1) In diesem Zusammenhang sei auf zwei Arbeiten verwiesen, die
    dem Zirkus-Motiv bei Wedekind besondere Beachtung schenken:
    Jones, Robert A., Frank Wedekind: Circusfan, in: Monatshef-
    te 61,1969,S.139-156 und Klotz, Volker, Wedekinds Circus
    mundi, in: Viermal Wedekind. Methoden der Literaturanalyse
    am Beispiel von Frank Wedekinds Schauspiel "Hidalla", hrsg.
    v. K. Pestalozzi und M. Stern, Stuttgart 1975, S.22-47.

Aber nicht nur implizit - wie es in den angeführten Beispielen der Fall ist - wird in der Verherrlichung von körperlicher Schönheit, Elastizität, Vitalität etc. eine Utopie vom natürlichen, freien Leben entworfen; sie wird auch konkretisiert. Die Erziehung im Zirkus stellt Wedekind als beispielhaft hin. Es gilt, die natürlichen Gaben wach zu rufen, dann kann auf jeglichen Zwang mit der Peitsche verzichtet werden. Dieses für die Dressur der Tiere als richtig erkannte Prinzip soll und muß auch den Menschen zugute kommen. Als Fürst Rogoschin Schwigerling die Peitsche als Erziehungshilfe übergibt, erwidert ihm dieser:

> Schwigerling [...]:
> Das ist meine Art Dressur nicht, Iwan Michailowitsch!-
> Ehrgeiz kitzeln! Selbstgefühl wachrufen! Im Zirkus hat
> man andere Begriffe von Erziehung. Das Tier muß seinen Stolz darein setzen, hinüberzukommen, mit Anmut,
> mit Sicherheit über jedes erdenkliche Hindernis!
> Ich löse die Glieder, damit der Geist sie durch-
> bebt, damit Freiheit und Freude durch jede Ader
> zittert, bis die Faszination in hellen Funken aus
> beiden Augen sprüht! - Das Tier muß seine Muskeln
> schwellen, seine Brust sich heben fühlen, wenn es
> der Welt gegenübertritt! - (Wedekind W I 181 f.)

Der Schwank "Fritz Schwigerling" bringt im Gegensatz zur "Lulu"-Tragödie, die zumindest im Prolog des Tierbändigers beide Elemente der Lebensutopie - ausgelebte Sexualität und circensische Vitalität bzw. Elastizität - erfaßt, nur eine Komponente der Wedekindschen Vorstellung vom natürlichen Leben zur Sprache: die Welt des Zirkus. Erotisches ist zwar durchaus thematisiert, jedoch weit entfernt von jeglichem Lebensmythos. Die Liebesverwicklungen drehen sich im Possenstil rund um den "Liebestrank" und sollen das Publikum zum Lachen bringen.

h) Die Sympathie für "Erniedrigte und Beleidigte"

Die "Sympathie für Erniedrigte und Beleidigte" beschränkt sich bei Wedekind auf das Prostituiertenmilieu. Diese Sympathie tut er nicht nur theoretisch kund, (1) sondern auch praktisch, zumindest in seinen jungen Jahren. Daß ihn dabei weniger politische Motive bewegen als vielmehr die Absicht, seine provokatorische Haltung zu vervollkommnen, deutet folgende Schilderung von Kurt Martens an:

> In jenem öffentlichen Haus des Preußengäßchens,
> wo Hartleben coram publico Gunstbeweise spendete

---

(1) Vgl. z.B. "Elins Erweckung" (Wedekind W K IX 3-65) oder das "Sonnenspektrum" (Wedekind W K IX 133-178)

und forderte, führte sich Wedekind als ein Muster
von Zartgefühl und diplomatenhafter Reserve auf.
Er besuchte diese Stätte vulgärer Orgien nicht
ungern, aber nur wie ein Herr vom Stande, der sich
zu einem vornehmen Rout begibt. Den Mädchen, die
ihm dürftig bekleidet entgegentraten, begegnete er
ohne jede Ironie mit ausgesuchter Höflichkeit,
küßte ihnen chevaleresk die Hand und redete sie
nie anders als "Mein Fräulein" an. In diskreter
Haltung nahm er auf dem Kanapee Platz und unter-
hielt sich mit ihnen ernst und sachlich über ihre
Geschäftsinteressen, über Fragen der Toilette, der
Körperpflege und der obrigkeitlichen Kontrolle.(1)

Sein mustergültig kavaliersmäßiges Betragen in Freudenhäusern
läßt sein brüskierendes Benehmen in gehobenen Gesellschafts-
kreisen (vgl S.102 ff.) noch beleidigender erscheinen.
Mit dem Abbau seiner symbolisch-aggressiven Haltung ist auch
Wedekinds so spezifische Sympathie für "Erniedrigte und Beleidigte" nicht mehr festzustellen.

i) Die Bindung an öffentliche Lokale/ der Stammtisch

Von Dauer ist Wedekinds Leidenschaft für "öffentliche Lokale".
In dieser Beziehung gibt er sein Bohemeleben nie auf.
So ist z.B. das Café bzw. Gasthaus bevorzugte Arbeitsstätte
des jungen wie des etablierten Dichters. Lou Andreas-Salomé,
die als einzige in ihren Lebenserinnerungen näher auf Wedekinds literarische und bohemische Anfänge in Paris
berichtet: "Am sichersten übrigens traf man ihn [Wedekind] in
den Cafés des Quartier Latin, wo er nachts auf die klebrigen
Marmortische vor der Tür Verse kritzelte".(2) Das Festhalten
an dieser Gewohnheit bestätigt seine Frau Tilly: "An seinem
Schreibtisch arbeitete Frank nur, wenn es sich absolut nicht
vermeiden ließ. Meistens schrieb er in Restaurants, in Kneipen
und Kaffeehäusern." (3)

---

(1) Martens, Kurt, Schonungslose Lebenschronik, S. 207

(2) Andreas-Salomé, Lou, Lebensrückblick. Grundriß einiger Lebenserinnerungen, aus dem Nachlaß hrsg. von E.Pfeiffer,
Zürich 1951, S. 126

(3) Wedekind, Tilly, Lulu - Die Rolle meines Lebens, S. 118-
vgl. dazu auch
Holitscher, Arthur, Lebensgeschichte eines Rebellen, S.163
Brandenburg, Hans, München leuchtete. Jugenderinnerungen,
München 1953, S.89
Höxter, John, So lebten wir. 25 Jahre Berliner Boheme,
Berlin 1929, S. 34 f.
Hoferichter, Ernst, Jahrmarkt meines Lebens, München,Basel,
Wien 1963, S. 88 f.
Herzog, Wilhelm, Menschen, denen ich begegnete, S. 221

Die Lokale, die Wedekind dabei bevorzugt, sind keine ausgesprochenen Boheme-Treffpunkte wie z.B. das"Café des Westens"
in Berlin oder das "Café Stefanie" in München, sondern solche,
wo neben Künstlern auch bürgerliches "Publikum" verkehrt.(1)
Es geht Wedekind bei der bohemischen Lokalgemeinschaft also
nicht nur darum, sich unter Gleichgesinnten zu profilieren(2)
bzw. Kontakt zu künstlerischen Kreisen zu halten, um zu wissen, "wieviel Uhr Kunst es immer ist"(3),sondern offensichtlich
auch darum, eine geeignete Bühne zu haben, wo er zugleich den
Bürgern seine Rolle als dämonisch satanischer Ausnahmemensch
vorführen und sie so mit seinen symbolischen Aggressionen unmittelbar treffen kann.
Bühne bleibt die Gastwirtschaft für Wedekind auch in der Zeit,
in der er seine provokatorische Haltung dem Bürger gegenüber
einschränkt. Nun gibt er den "Meister". Von dieser neuen Rolle
zeigen sich zumindest seine Dichterkollegen ebenfalls sehr be-

---

(1) Das "Hofbräuhaus" als Wedekind-Stammlokal erwähnen:
    Brandenburg, Hans, München leuchtete, S. 89
    Hoferichter, Ernst, Jahrmarkt meines Lebens, S. 88 f.
    Die "Torggelstuben" nennen u.a.:
    Thoma, Ludwig, Leute, die ich kannte, S. 99
    Mühsam, Erich, Namen und Menschen, S. 157 ff.
    Krell, Max, Das Alles gab es einmal, S. 59
    Herzog, Wilhelm, Menschen, denen ich begegnete, S. 221
    Mann, Heinrich, Ein Zeitalter wird besichtigt, S. 202
    Gumppenberg, Hans von, Lebenserinnerungen, S. 366 (er
    gibt auch noch die "Strasser'schen Weinstuben" an, S.136)

(2) Daß Wedekind mit seinen Lokalvisiten u.a. die Absicht ver-
    folgt, sich in der "Zunft" einen Namen zu machen, deutet
    Hans von Gumppenberg in seinen "Lebenserinnerungen" an:
    "Er [Wedekind] hatte bereits seine Kindertragödie "Früh-
    lings Erwachen" geschrieben, die unter den führenden
    Münchner Modernen lebhaft und mit viel Anerkennung er-
    örtert wurde; In [sic!] der Strasser'schen Weinstube nächst
    dem Viktualienmarkt, wo wir uns manchen Abend mitten unter
    den Profanen am Tiroler Roten labten, griff er des öftern
    zur 'Klampfe' und sang in halb schnarrendem, halb larmo-
    ryant näselndem Ton seine Parodie auf die Heilsarmee. Im
    übrigen blieb er aber unseren regelmäßigen Zusammenkünf-
    ten fern und nahm auch an den späteren Kämpfen der organi-
    sierten Münchener 'Moderne' keinen tätigen Anteil."
    (H.v.G., Lebenserinnerungen, S. 136)

(3) L.-Schüler GW II 314

eindruckt, (1) wenn auch nicht jeder gewillt ist, sie ernst
zu nehmen. Ludwig Thoma spottet: (2)

> Torggelstube [Kapitelüberschrift] Eine Weinwirtschaft
> am Platzl, in der die Zunftstube der bedeutenden
> Literaten war. Wer aus der Fremde kam und dort das
> Handwerk grüßte, durfte sich an den Tisch setzen, an
> dem Meister Wedekind Tag um Tag, im frostigen Winter,
> im jungen Frühling, im heißen Sommer und im hin-
> sterbenden Herbste saß und Rotwein trank. Manchmal
> warf er ein bedeutendes Wort unter die gierig Hor-
> chenden, die es sich merkten und weitertrugen und
> auch niederschrieben. (3)

Eine Kreisbildung, wie sie Thomas ironisches "Meister Wedekind"
in Analogie zu George und seinem Kreis eventuell vermuten lies-
se, geht jedoch von Wedekind nie aus, wie auch er selbst sich
zu keiner Zeit einem Kreis oder einer "Bewegung" fest an-
schließt. (Vgl. S.114, Anm.2)
Der Wedekind-Stammtisch in der Torggelstube mag manchmal sogar recht bürgerlich wirken, wenn nicht gerade in vorgerück-
ter Stunde der "Meister" selbst Chansons zur Laute singt,
August Weigert Biedermeierlieder aus Sachsen oder bayerische

---

(1) Ich habe bereits anläßlich der ausführlichen Besprechung
von Wedekinds symbolisch-aggressivem Gebaren (vgl.S.99 ff.)
darauf hingewiesen, daß es in der Memoiren-Literatur häufig mit dem Begriff "Rolle spielen" in Zusammenhang gebracht wird; s. dazu noch
Kesten, Hermann, Dichter im Café, S. 395:"[...] im übrigen 'trug er' den verkannten Dichter Wedekind, [...]"
Uhde-Bernays, Hermann, Im Lichte der Freiheit. Erinnerungen aus den Jahren 1880-1914, Wiesbaden 1947,S.304:"[...]
kam mir zum Bewußtsein, welche Kraft und welches Leid,
welche Weisheit - und welche götzenhafte Opferbereitschaft
dazu gehört haben müssen, um durch Jahrzehnte [...] dieses unwürdige Theater zu spielen!"
Corinth, Lovis, Selbstbiographie, Leipzig 1926, S.114:"In
dieser ernsthaften Pose leistete er [Wedekind] Gewaltiges."
Rosner, Karl, Damals ..., S.273:"[...] Frank Wedekind. Um
ihn war dabei immer eine Atmosphäre, als ob er so,wie er sich
gab und auftrat, gar nicht wirklich wäre, als ob er sich
als Träger irgendeiner tragikomischen Rolle fühle, die er
darstellen, nein, kreiren [sic!] wollte."
Vgl. weiterhin: Sinsheimer, Hermann, Gelebt im Paradies.
Erinnerungen und Begegnungen, München 1953,S. 162.

(2) Ludwig Thoma und Frank Wedekind sind seit ihrer gemeinsamen Tätigkeit beim "Simplicissimus" im Verlag Albert
Langen nicht gut aufeinander zu sprechen. Wedekind kari-
kiert in seinem Stück "Oaha" (Wedekind W II 91 - 155),
in dem er die Verlagspraktiken bei Albert Langen satirisch
beleuchtet, Ludwig Thoma in Dr. Kilian. Thoma rächt sich
mit den Szenen "Der Satanist", in denen er das Verhalten
Wedekinds (in den Szenen:Franz Wedelgrind) im Majestätsbe-
leidigungsprozeß angreift.
(3) Thoma, Ludwig, Leute, die ich kannte, S. 99

Schnadahüpfln vorträgt, Gustav Waldau italienische Reden hält,
die nicht eine einzige richtige Vokabel enthalten, aber un-
geheuer echt klingen etc. (1) Dann wird für Stunden die Weinstube zum Kabarett. (2)

j) Das Kabarett

Die Mitwirkung Wedekinds bei kabarettistischen "Vorführungen"
am Stammtisch ist selten. Ungern ruft er offensichtlich bei
sich und anderen die Erinnerung an die Zeit hervor, als er
noch allabendlich bei den "Elf Scharfrichtern" auftrat; denn
nicht etwa die Möglichkeit, den Bürger in zweifacher Hinsicht
zu verhöhnen - ihn zu beleidigen und ihn dafür auch noch bezahlen zu lassen (3) - hat ihn den Weg zum Kabarett finden
lassen, sondern seine finanzielle Notlage (4) und die Aussicht,
bekannt zu werden und damit sein dramatisches Werk zu fördern.
Dies gibt er auch unumwunden zu. So antwortet Wedekind Otto
Falckenberg auf die Frage, welchen Scharfrichternamen er wählen wolle für seine Tätigkeit bei den "Elf Scharfrichtern":
'Wozu ein Pseudonym? Wenn man dabei ist, ist man es, nicht um
sich zu verstecken, sondern um bekannt zu werden.' (5) Einmal
als Dramatiker zum Durchbruch gelangt, lehnt er es ab, als
Bänkelsänger zu agieren. (6) Gegenüber Beate Heine gesteht Wedekind in einem Brief vom 10.3.1902: "Denn zu alledem kommt
nun seit 10 Monaten mein allabendliches Auftreten als Bänkelsänger, eine Rolle, die mir entsetzlich ist [...] Aber sie
bringt Geld und ich lebe davon." (7)

---

(1) Vgl. Mühsam. Erich, Namen und Menschen, S. 157 f.

(2) Mühsams Ausführungen betreffen die Zeit nach Wedekinds
Engagement bei den "Elf Scharfrichtern".

(3) Dieses Motiv machen viele Bohemiens für ihre Kabarettauf-
tritte geltend. Vielfach mag es eine Schutzbehauptung sein,
die die materiellen Interessen vertuschen soll. Die speziell
Wedekindsche Einstellung zum Kabarett würde dann lediglich
darin bestehen, daß er die wahren Beweggründe offen aus-
spricht.

(4) Am 3.März 1900 wird Wedekind aus der Festungshaft (Verurteilung wegen Majestätsbeleidigung im Gedicht "Palästina-
fahrt") entlassen und kehrt völlig mittellos nach München
zurück.

(5) Falckenberg, Otto, Mein Leben - Mein Theater, S. 116

(6) Hans Brandenburg erzählt dazu folgende Anekdote:Wedekind
habe, "als ihn in den Tagen seines endlichen Bühnenruhmes
ein Agent noch einmal für das Kabarett engagieren wollte,
mit todernstem Gesicht geantwortet [...]:'Waren Sie mit
Ihrer Aufforderung auch schon bei Gerhart Hauptmann?'"
(H.B., München leuchtete, S. 223)

(7) Brief an Beate Heine vom 10.3.1902 (Wedekind Briefe II 88)

k) Die Einstellung zum Werk als Ware bzw. zur bürgerlichen
   Arbeit und Geldwirtschaft

Wedekind liegt es fern - das im vorigen Abschnitt Gesagte läßt
dies noch einmal ganz deutlich werden - der "Mißerfolgsideologie" der Boheme zu huldigen. Er will den Erfolg, und er will
ihn unter (fast) allen Umständen. Lediglich diese Frage stellt
sich bei ihm: um welchen Preis? Welche Kompromisse kann er
noch eingehen, welche nicht mehr?
In Paris zeigt sich Wedekind anfangs, als er nach einer Ver-
dienstmöglichkeit suchen muß, da das väterliche Erbe restlos
verbraucht ist, noch recht unnachgiebig: als er sich an den
Pariser Korrespondenten Paul Goldmann mit der Bitte wendet,ihn
als Journalisten zu beschäftigen, lehnt er dessen Bedingungen
als unannehmbar ab. Das Tagebuch berichtet in der Folge, laut
Arthur Holitscher, vom Entschluß Wedekinds

> nunmehr in die Champs-Elysées gehen zu wollen, und
> zwar in jene bewußte Allee, in der bei Einbruch der
> Dunkelheit junge Epheben in Erwartung zahlungsfähi-
> ger alter Herren auf und ab wandeln, um ihre Kör-
> per zu verkaufen, was im Grunde [...] weit weniger
> entehrend sei als die Prostitution der Feder für
> Geld! (1)

Schon ein halbes Jahr später nimmt er es weniger genau. Im
Entwurf eines "Bettelbriefes", wahrscheinlich an Willi Gretor,
(2) berichtet Wedekind von seinem vergeblichen Versuch, Artikel
bei führenden deutschen Zeitungen unterzubringen. Er erklärt
sich nun durchaus dazu bereit, seinen Stil zu ändern, um eine
weitere Ablehnung zu verhindern. Er erbittet 200 Francs und
die Vermittlung einer Arbeit, die ihm 200 Francs im Monat ein-
bringe, wobei er "mit jeder Arbeit vorlieb nehmen" würde.(3)
Wedekind nennt auch das Ziel, dem diese Bemühungen gelten:
"Ich huldige keinen Utopien. Ich habe kein anderes Ziel, als
mir eine g e a c h t e t e P o s i t i o n i n d e r G e-

---

(1) Holitscher, Arthur, Lebensgeschichte eines Rebellen, S.185 -
    Diese Tagebuchnotiz ist in den von Manfred Hahn veröffent-
    lichten Teilen nicht enthalten. Sie müßte meiner Meinung
    nach auf das Frühjahr 1894 zu datieren sein. - Meine Be-
    mühungen, dieses Zitat im Original vom Wedekind-Archiv der
    Münchner Stadtbibliothek zu erhalten, waren leider verge-
    bens. Das "Pariser-Tagebuch" ist zur Einsichtnahme gesperrt,
    und eine Bitte um Freigabe bei Frau Kadidja Wedekind blieb
    ohne Antwort.

(2) Im Entwurf ist kein Adressat genannt. Artur Kutscher ver-
    mutet jedoch Gretor, da dieser wenig später regelmäßig Geld
    an Wedekind schickt, vgl. Kutscher,A.,Frank Wedekind, 1.Bd.,
    S.281 f.

(3) Briefentwurf an Willi Gretor vom 9.1894 (Wedekind B I 272)

s e l l s c h a f t zu erringen." (1) Er vergißt jedoch nicht,
auf seine Idealität hinzuweisen: als Zeichen dafür will er dem
Brief eines seiner Bücher beilegen.(2)
Als Wedekind aber, 35jährig, noch immer nicht den angestreb-
ten Durchbruch erzielt hat, versucht er schließlich, auch einmal ein publikumsgerechtes Drama zu schreiben:

> Einmal erzählte er [Wedekind] uns, er habe einen
> Entwurf, den er nach den Prinzipien des Blumen-
> thal -Kaddelburgschen [sic!] (3) Erfolgslustspiels
> auszuarbeiten gedenke. Er glaubte nach eifrigem
> Studium diesen Prinzipien auf die Spur gekommen
> zu sein: nun wollte er mit Vorbedacht einen bühnen-
> wirksamen Kitsch herstellen. Daraus wurde: König
> Nicolo oder: So ist das Leben (4)

In dieser Phase ist Wedekind offensichtlich jedes Mittel recht,
um endlich auf der Bühne Fuß zu fassen. Er weist nicht nur jegliche bohemische Mißerfolgsideologie weit von sich, er geht sogar noch über die in der Boheme übliche Praxis - mit Hilfe literarischer Zweigleisigkeit dem eigentlichen Künstlerischen
eine materielle Basis zu sichern - hinaus: Wedekind ist nun

---

(1) Briefentwurf an Willi Gretor vom 9. 1894 (Wedekind B I 272).
    Die Heraushebung durch Sperrdruck ist von mir. E.K. - Vgl.
    dazu meine These, daß Wedekind den Erfolg von Anfang an
    sucht. Gretor darin etwas vorzumachen, hat Wedekind keine
    Veranlassung. Fritz Strich charakterisiert Gretor so:
    "[...] ein genialer Abenteurer und Hochstapler, Maler,
    Dichter, Bilderfälscher und Kunsthändler." (Wedekind B I
    354 f., Anm. 140) Willi Gretor selbst nimmt also nicht
    gerade eine "geachtete Position in der Gesellschaft" ein.

(2) Hier deutet sich in der Unterscheidung zwischen Dichtung
    (=Idealität) und journalistischer oder anderer Arbeit an,
    was in Zukunft die Lösung für Wedekind in dem Dilemma,
    einerseits unabhängige Kunst schaffen zu wollen, anderer-
    seits leben zu müssen, sein wird: das in der Boheme häufig
    praktizierte literarische Doppelleben. Aus diesem Grund
    wertet Wedekind auch seine Kabarettätigkeit gegenüber sei-
    nem dramatischen Schaffen ab (vgl. S. 116)

(3) Kaddelburg [!] - zu Blumenthal - Kaddelburg:
    Oskar Blumenthal (geb. 1852) und Gustav Kadelburg (geb.1851)
    schrieben zusammen einige Lustspiele und Schwänke, die
    recht erfolgreich waren. Das bekannteste Stück von beiden
    dürfte heute "Im weißen Rößl" (1898) sein.

(4) Holitscher Arthur, Lebensgeschichte eines Rebellen,
    S. 187 f.

selbst zu Zugeständnissen in seiner"Kunst" - d.i. sein dramatisches Schaffen - bereit. Umso größer die Enttäuschung,
als auch dieses Stück ein Fehlschlag wird. Arthur Holitscher
fährt fort:

> Als auch dieses Stück keinen Erfolg bei eben dem
> Publikum, dem er es diesmal mundgerecht gemacht zu
> haben glaubte, fand, da verzweifelte er. All seine
> Produktion war, so klagte er, mit dem Stempel seines
> Namens behaftet! Mochte er sich anstrengen, wie er
> wollte: es hieß ja doch immer wieder: ach ja, von
> diesem Wedekind! und das Publikum wandte sich ab.-
> (1)

Vier Jahre später hat Wedekind sein Ziel - den künstlerischen
Erfolg in der bürgerlichen Gesellschaft - dennoch erreicht.
1905 wird ein erster Wedekind-Zyklus ("Lulu", "Kammersänger"
und "Hidalla") im Nürnberger Intimen Theater mit dem Autor
als Hauptdarsteller aufgeführt. Im selben Jahr bringt Karl
Kraus in Wien die "Büchse der Pandora" auf die Bühne. 1906
findet auch endlich die Uraufführung von"Frühlings Erwachen"
statt. Wedekind steht nun sicher in der Gunst des Publikums
und der Theaterdirektoren; er wird zu einem der meistgespiel-
ten Dramatiker.
Der Ausbruch des 1. Weltkrieges droht diese errungene Aner-
kennung fast wieder zunichte zu machen. Die Dramen Wedekinds
werden wegen ihres"gefährdenden Inhalts" (2) von den Spiel-
plänen verdrängt. Theaterdirektoren und bürgerliches Publikum wollen in nationaler Begeisterung "Vaterländisches" auf
der Bühne sehen. Diese Entwicklung ahnend, hält Wedekind zu
Kriegsbeginn, sozusagen vorbeugend, in den Münchner Kammerspielen einen Vortrag mit stark nationalistischem Charakter.(1)
Daß er im Grunde genommen anders denkt, zeigt seine fortdauern-
de Freundschaft mit Erich Mühsam und Heinrich Mann. Beide
sind erklärte Gegner des Wilhelminischen Regimes und des Krieges. Wedekind äußert sich auch dementsprechend gegenüber Kurt
Martens. Dieser schreibt im 2. Band seiner Autobiographie:

---

(1) Holitscher, Arthur, Lebensgeschichte eines Rebellen, S. 188

(2) Auch den Zensurbehörden gegenüber ist er, um seine Stücke
auf die Bühne zu bringen, zum Nachgeben bereit, wenigstens
scheinbar: z.B. gibt er im Vorwort zur 3. Auflage der
"Büchse der Pandora" die Gräfin Geschwitz als Hauptfigur
an, um die Zensur von Lulu, dem Stein des Anstoßes, abzu-
lenken. Der Schluß der Vorrede weist darauf hin, daß die
3. Auflage unter Gesichtspunkten überarbeitet sei, "die
in der Verhandlung vor dem Königlichen Landgericht II in
Berlin für den Richter maßgebend waren, als er die Vernichtung der Druckschrift verfügte, in der das Drama in
einer früheren Form erschienen war."
(Wedekind W III 341-346, hier 346).

(3) Den Inhalt der Reden geben die beiden Aufsätze "Vom deutschen Vaterlands stolz"(Wedekind W K IX 411-418) und
"Deutschland bringt die Freiheit" (Wedekind W III 260-265)
wieder.

Resigniert beugte er [Wedekind] sich dem Zwange
der Tatsachen und ging darin so weit, daß er ab
und zu sogar den offiziellen Forderungen Konzessio-
nen machte. Bei einer patriotischen Veranstaltung
in den "Münchner Kammerspielen" schlug er in einem
Vortrag überraschend imperialistische Töne an."Man
muß mit den Wölfen heulen", sagte er nachher und
berichtete uns nach einem Ausflug in die Schweiz
mit hinterhältigem Lächeln, wie ihn ein paar in
Zürich versammelte deutsche Schriftsteller darüber
zornig zur Rede gestellt hätten. "Diese Dummköpfe!"
schmunzelte er. "Wie wichtig sie das nehmen! Sie
fassen alles wörtlich auf und können nicht abwarten." Abwarten - das war seine Haltung damals,
eine Haltung voll einer dämonischen Ironie, die
sich mit der Ironie der Weltgeschichte nahezu
deckte. (1)

So erweist sich auch Wedekinds Einstellung zum "Werk als Ware"
mit den Jahren als immer weniger bohemegemäß,zumindest was
die "Ideologie" der Boheme angeht. Daß er handelt wie viele
andere,für die die Boheme ein Durchgangsstadium, ein erster
Abschnitt der Karriere ist, darauf wird an anderer Stelle
näher einzugehen sein. (Vgl. S. 129 f.)

1) Der Warencharakter der Kunst als literarisches Motiv in
   Wedekinds "Der Kammersänger" (1897)

Im "Kammersänger" geht Wedekind hauptsächlich der Frage nach
der Stellung und den Bedingungen der Kunst in der bürgerlichen
Gesellschaft nach.
Die zentrale Szene in diesem Zusammenhang ist die zweite des
Einakters: das Gespräch zwischen dem Kammersänger Gerardo
und dem Komponisten Dühring. (2) Beide tragen einen Konflikt

---

(1) Martens, Kurt, Schonungslose Lebenschronik, 2.Bd., Berlin
    1924, S. 145

(2) Wedekind selbst lenkt die Aufmerksamkeit auf diese Szene,
    wenn er schreibt: "Gerardo, eine durch den Erfolg aufgebla-
    sene Philisterseele, die sich des Erfolges wegen für einen
    Künstler hält und von allen Erfolgsanbetern dafür gehalten
    wird [...] Selber der eingefleischte Erfolgsanbeter und
    Verächter alles künstlerischen Kämpfens und Ringens. [...]
    Professor Dühring bin ich selber, so wie ich mir mit
    dreiunddreißig Jahren dem Theater gegenüber erschien."
    (Wedekind III 347) - Inwieweit die Aussage Wedekinds, er
    sei Dühring, zutreffend ist, sei vorläufig dahingestellt.
    Ich werde später darauf zurückkommen (s.S. 123)

aus, der sich als bohemetypisch erwiesen hat: den Konflikt
zwischen Kunst als Beruf und Kunst als Berufung.
Dühring vertritt in dem Gespräch die der Boheme gemäße Einstellung zur Kunst. Dabei gilt für ihn aber von vornherein
auch die Einschränkung, die bereits für die Person Wedekinds
zu treffen war: der Ideologie der Boheme entspricht Dühring
insofern nicht, als diese jede Art von Erfolg in der gegebenen Gesellschaft als Zeichen des Unwerts anprangert. Er jedoch erstrebt den künstlerischen Durchbruch. Trotzdem ist
Dührings Auffassung von Kunst bohemetypisch zu nennen, da sie
auf dem Glauben an die Idealität der Kunst und die Berufung
des Künstlers basiert und sich über den Warencharakter der
Kunst soweit wie möglich hinwegsetzen will. Die Mittel, die
Dühring verwendet, sind mit der Praxis der Boheme durchaus
vereinbar. Einen Kompromiß, der seiner idealen Einstellung
zur Kunst letzten Endes widersprechen würde, schließt er
nicht.
Dührings Position wird gleich am Anfang klargestellt:

> Dühring:
> [...] man ist Streber gewesen, man ist ein leicht-
> herziges Kind gewesen und man wird ein ernster
> Künstler - nicht aus Ehrgeiz, nicht aus Über-
> zeugung, sondern weil man nicht anders kann, weil
> man dazu verflucht und verdammt ist von einer
> grausamen Allmacht, der der lebenslängliche
> Todeskampf ihrer Kreatur ein wohlgefälliges
> Opfer ist! Ein wohlgefälliges Opfer, sage ich,
> denn unsereiner empört sich so wenig gegen sein
> Künstlerlos, wie ein Weiberknecht gegen seine
> Verführerin, [...] (Wedekind W I 403)

Das Bild eines Märtyrers der Kunst wird hier entworfen und
im weiteren ausgebaut. Um dem Kammersänger seine Oper vor-
spielen zu können und damit dessen Fürsprache zu erreichen,
nimmt es Dühring auf sich, eine Woche lang auf der Straße
auf eine günstige Gelegenheit zu warten. Dabei geht es ihm
nicht um den materiellen Gewinn:

> Dühring:
> [...] Mich zieht man dann mit Geschrei aus dem
> Dunkel hervor,und ich habe vielleicht noch Gelegen-
> heit, der Welt einen Teil dessen zu geben, was
> ich ihr hätte geben können, wenn sie mich nicht
> wie einen Aussätzigen von sich gestoßen hätte.
> Aber der große materielle Ertrag meines Ringens,
> der fällt doch nur Ihnen ... (Wedekind W I 405)

Beides - das persönliche Opfer und der Verzicht auf das "große
Geld", um nur das Werk auf die Bühne zu bringen - entspricht
bohemetypischen Intentionen, nicht aber Plagiat.
So lehnt Dühring die Empfehlung Gerardos, es mit einer neuen
Oper zu versuchen, die "aus allen Wagnerschen Opern" (Wedekind
W I 414) zusammengestohlen ist, da er dann höchstwahrscheinlich
mit einer Aufführung rechnen könne, empört ab:

> Dühring [...] :
> Ich fürchte nur, daß ich zu alt dazu bin, um
> noch s t e h l e n zu lernen.Mit so was muß man
> als junger Mann anfangen, sonst lernt man es nie.
> (Wedekind W I 414)

Der Schluß bringt noch eine Steigerung der Ideal-Einstellung,
die allerdings schon fast nicht mehr als bohemetypisch zu bezeichnen ist.(1)   Der Kammersänger bietet ihm aus Mitleid 500 Mark
an, Dühring weist dieses Angebot heroisch zurück:

> Dühring [...]:
> [...] Nein, Herr Kammersänger - ich habe ihnen
> die Oper nicht vorspielen wollen, um eine - Er-
> pressung zu üben. Dazu ist mir mein Kind zu lieb.-
> [...] (Wedekind W I 415)

Mit diesen Beispielen ist die Kunstauffassung Professor Dührings hinreichend gekennzeichnet. Gerardos Gegenposition -
in der 1. Szene wird sie bereits vorbereitet - läßt sich an
zwei Textstellen verdeutlichen.
Dühring bittet Gerardo, weiter zuzuhören, dann werde er Lust
bekommen, den Hermann in der Oper zu singen. Daraufhin stellt
ihm der Kammersänger die Situation dessen vor Augen, der auf
dem Markt i s t:

> Gerardo [...]:
> Wenn Sie wüßten, zu wie vielem mir die L u s t
> kommt, was ich mir v e r s a g e n muß, und wie
> vieles ich auf mich nehmen muß, wozu ich nicht
> die geringste Lust habe! Es gibt für mich gar
> nichts anderes als diese zwei Eventualitäten. Sie
> waren Ihrer Lebtag ein freier Mann. Wie können Sie
> sich darüber beklagen, daß Sie nicht auf dem Markt
> stehen?   [...] (Wedekind W I 410)

Legt Gerardo hier die Wirklichkeit des Künstlers dar, der "in"
ist und bleiben will, desillusioniert er im folgenden die
"ideale" Auffassung von Kunst Dührings. Dieser erklärt ihm,
er demütige sich für seine Kunst.

> Gerardo [...]:
> Sie überschätzen die Kunst, mein verehrter Herr!
> Lassen Sie sich von mir sagen, daß die Kunst ganz
> etwas anderes ist, als was man sich in den Zeitun-
> gen darüber weismacht.

---

(1) Weitaus bezeichnender ist mit Sicherheit eine Einstellung
zu Geldzuwendungen , wie sie in einem Brief Franziska von
Reventlows zum Ausdruck kommt:"Wer dieser Prinz Lippe ist,
ahne ich nicht.[...] hat er Geld - dann geben Sie mir doch
seine Adresse. (Brief an Stern aus Muralto,Juni/August 1916,
in: Reventlow B 564). Auch der unkünstlerische Mensch darf
durchaus zur Finanzierung der Boheme beitragen.

Dühring:
Sie ist mir das H ö c h s t e auf Erden!

Gerardo:
Die Ansicht besteht nur bei Leuten wie S i e,
die ein Interesse daran haben, diese Ansicht zur
Geltung zu bringen. Sonst glaubt Ihnen kein
Mensch daran! - Wir Künstler sind ein L u x u s-
a r t i k e l der Bourgeoisie, zu dessen Bezah-
lung man sich gegenseitig überbietet [...]
(Wedekind W I 412)

Angesichts dieser beiden total konträren Positionen ist es nun
wirklich verlockend, nach Wedekinds Stellung zu fragen. Gegen
Wedekinds Aussage, er sei Dühring (vgl. S.120, Anm. 2), spricht
die Tatsache, daß er Gerardo gewichtige Argumente in den Mund
legt, die die ideale Kunstauffassung von Dühring-Wedekind fast
widerlegen; z.B.:

Gerardo:
[...] Der Maßstab für die Bedeutung eines Menschen
ist die W e l t und nicht die innere Überzeugung,
die man sich durch jahrelanges Hinbrüten aneignet
[...] E s g i b t k e i n e v e r k a n n t e n
G e n i e s. (Wedekind WI 413)

In diesem Sinne scheint es wirklich ein "Selbstgespräch" -
so der Untertitel eines Aufsatzes zum "Kammersänger" (1) -
zu sein. Ein Rückgriff auf Biographisches kann dies unter-
stützen. Die Pariser Boheme-Jahre liegen hinter Wedekind. Seine dort noch recht kompromißlose Einstellung gerät ins Wanken
in Anbetracht permanenter Erfolglosigkeit. Das Gespräch
Dühring - Gerardo erweckt den Eindruck, als wolle sich Wedekind durch die teilweise überzeugenden Feststellungen des
Kammersängers, der die Bedingungen des Marktes kennt und an-
erkennt, von seiner ideal-bohemischen Einstellung befreien
lassen.
Über diesen biographisch-individuellen Aspekt hinaus aber offenbart der "Kammersänger" ein für die Boheme insgesamt zen-
trales Problem: der Anspruch des Künstlers auf das Attribut
"göttlich" für sich und sein Werk kollidiert unausweichlich
mit den von der Marktwirtschaft unter dem Warenaspekt zugewie-
senen Funktionen "Produzent" bzw. "Produkt".
Mag nun der Entschluß Wedekinds, im Streben nach Erfolg alle
Skrupel über Bord zu werfen, durch das "Selbstgespräch" geför-
dert worden sein - den dahinterstehenden substantiellen Widerspruch "Kunst als Ware" muß Frank Wedekind, ebenso wie Else
Lasker-Schüler (vgl. S.51 f.), ungelöst, weil unlösbar, stehen lassen.

---

(1) Thomas, Klaus W., Gerardo - Dühring. Ein Selbstgespräch Wedekinds, in: G Qu 44, 1971, Heft 2, S. 185-190

m) Die Figur des Abenteurers und der finanziellen Coup als
Gegenstand der Dichtung - Frank Wedekinds "Marquis von Keith"
(1900)

Im "Marquis von Keith" stellt der Protagonist nicht mehr die
Gesellschaft, etwa durch der Natur gemäßes Leben, in Frage -
die Utopie der Natur hat für Wedekind an Bedeutung verloren -
sondern er will sich der bürgerlichen Société anpassen, will
von ihr aufgenommen werden.
Ziel und Mittel des Aufstiegs allerdings sind die eines Bohemiens und Abenteurers. Keith jagt nicht nach Geld um der materiellen Sicherheit willen oder um Kapital zu raffen und zu
vermehren, sondern er will Geld als Mittel zum "allerergiebigsten Lebensgenuß" (vgl. Wedekind W I 495 u. 442).
Der Gedanke, sich durch Arbeit Geld zu verdienen, kommt ihm
überhaupt nicht. Keith plant den großen "Coup": die Gründung
eines Aktienunternehmens zum Bau des "Feenpalastes", und zwar
ohne einen Pfennig Eigenkapital. Er legt den Aktionären in spe,
dem Bierbrauereibesitzer Ostermeier, dem Baumeister Krenzl und
dem Restaurateur Grandauer, folgende Eröffnungsbilanz vor:

> v. Keith [...]:
> Viertausend Anteilscheine à Fünftausend, macht
> rund zwanzig Millionen Mark. - Ich gehe von der
> Bedingung aus, meine Herren, daß jeder von uns
> vierzig Vorzugsaktien zeichnet und schlankweg
> einzahlt [...] (Wedekind W I 465)

Er bezahlt allerdings seinen Anteil am Gründungskapital von
der ersten Rate seines Direktorengehalts, also mit Geld aus
dem Gründungskapital.
Nichtsdestoweniger lebt Keith auf großem Fuße, um seine Se-
riosität in finanziellen Dingen glaubhaft zu machen. Das Motto heißt: Ist kein Brot mehr im Hause, speist man eben im Hotel Continental (s.Wedekind W I 440). Das Geld, das ihm
sein Freund zur Verfügung stellte, verwendet er jedoch keineswegs
zur Konsolidierung seiner Verhältnisse, sondern verbraucht,
was er nicht vorher verliehen und verschenkt hat, für eine
Reise nach Paris, angeblich, um den Börsenmarkt vorzubereiten,
in Wirklichkeit aber, um ein Feuerwerk für die Gründungsfeier
und eine Konzerttoilette für seine Geliebte zu kaufen:

> [...]
> Eine Silberflut von hellvioletter Seide und
> Pailetten von den Schultern bis auf die Knöchel,
> so eng geschnürt und vorn und hinten so tief aus-
> geschnitten, daß das Kleid nur wie ein glitzern-
> des Geschmeide auf deinem schlanken Körper er-
> scheint!
> [...] (Wedekind W I 468)

Dies ist die einzige Notiz, die man bei Keith findet, als man
die Geschäftsbücher einsehen will. Er führt weder Geschäfts-

noch Kopierbuch - ein Versäumnis, das sich letztendlich als
verhängnisvoll erweist: es ist dies der willkommene Anlaß
für den Aufsichtsrat, den Abenteurer aus dem Projekt Feenpalast auszubooten. Zwar fingiert der Marquis ein Glück-
wunschtelegramm des einflußreichen Consuls Casimir anläßlich
der Gründungsfeier, um seine Aktionäre bei der Stange zu halten; die bürgerliche "Tugend", wenigstens Geschäftsbücher zu
fälschen, wenn schon keine richtigen existieren, verschmäht
er jedoch und daran scheitert er. Der Feenpalast wird unter
der Leitung des Consuls gebaut werden. Keith wird mit
10 000 Mark abgefunden und muß die Stadt verlassen: "Das Leben ist eine Rutschbahn ..." (Wedekind W I 517)
Der fiktive Coup im "Marquis von Keith" ist, wie der reale der
Gräfin Reventlow, geprägt von Genußpostulat und Kompensationszwang. Bei der Erörterung des Heirats-Coups der Gräfin bin ich
ausführlich auf diese beiden Komponenten des bohemischen Um-
gangs mit Geld eingegangen, so daß hier eine kurze Darstellung
genügen mag.
An der genußpostulatorischen Perspektive, unter der der Marquis Geld bzw. Besitz betrachtet, läßt die schon erwähnte
Textstelle, in der er "den allerergiebigsten Lebensgenuß als
[sein] rechtmäßiges Erbe" bezeichnet, keinen Zweifel.
Die Passage, aus der dieses Zitat stammt, schlüsselt diese Einstellung noch näher auf. Keith setzt sich darin mit Molly auseinander, die mit ihm einen bürgerlichen Hausstand gründen
will. Sie offeriert ihm das Vermögen ihrer Eltern, wenn er mit
ihr nach Bückeburg zieht. Solches Geld aber, das lediglich
eine bürgerliche Existenz sichern soll, weist der Marquis empört zurück: "Lieber suche ich Zigarrenstummel in den Cafés
zusammen." (Wedekind W I 443)
Noch weniger vermag ihn die Aussicht auf eine kleine, doch
kostenlose Wohnung in Mollys Elternhaus zu locken. Ruhelosigkeit und Entbehrung (1) kann nicht mit zwei "Vorzimmer[n]im
dritten Stock" (Wedekind W I 440) kompensiert werden. Keith
hat da ganz andere Vorstellungen:

> Ich habe ein wechselvolles Leben hinter mir, aber
> jetzt denke ich doch ernstlich daran, mir ein Haus
> zu bauen; ein Haus mit möglichst hohen Gemächern,
> mit Park und Freitreppe. Die Bettler dürfen auch
> nicht fehlen, die die Auffahrt garnieren. (Wedekind
> W I 437)

---

(1) Vgl. Wedekind W I 468:
    "Sommersberg: Ich bin der Verfasser der 'Lieder eines
                       Glücklichen'. Ich sehe nicht danach aus.
    v. Keith: So habe ich auch schon ausgesehen!
    Sommersberg: Ich hätte auch den Mut nicht gefunden, mich
                       an Sie zu wenden, wenn ich nicht tatsäch-
                       lich seit zwei Tagen beinah nichts gegessen
                       hätte.
    v. Keith: Das ist mir hundertmal passiert."

Die Finanzlücke, die Molly hoffen läßt, der Marquis würde ihr
nach Bückeburg folgen, schließt dieser lieber in bohemischer
Manier: er versucht, ein Gemälde zu verkaufen - "Bückeburg
muß sich noch gedulden." (Wedekind W I 444)
Den "Marquis von Keith" betreffend verwundert es besonders,
daß die wissenschaftliche Literatur bisher das Phänomen Boheme
kaum zur Deutung herangezogen hat, denn als Vorbild für den
Marquis wird immer wieder Willy Gretor genannt, (1) der ohne
Zweifel als ein exemplarischer Vertreter der "Grande Boheme"
gewertet werden kann. (2) Man interpretiert lediglich hin und
wieder über die literarische Figur des Abenteurers, (3) ohne
deren Nähe, ja Identität zum Bohemien zu berücksichtigen.

n) Wedekinds Gesellschaftskritik - ihre politische Dimension

Wedekinds "Übergriffe" in den Bereich des Politischen haben
nichts mit einem parteipolitischen Engagement, welcher Richtung auch immer, zu tun; (4) sie sind vielmehr das Ergebnis

---

(1) S.z.B. W.Hartwig in: Frank Wedekind, Der Marquis von Keith,
    Text und Materialien zur Interpretation, bes. von W.H.,
    Berlin 1965 (=Komedia 8), S. 105: "Außer dem Dichter selbst
    waren der Hochstapler WILLI GRETOR sowie der Maler RUDINOFF
    Vorbilder für die Gestalt des Keith."

(2) Wedekind trifft in Paris mit Gretor zusammen, der ihn fi-
    nanziell großzügig unterstützt. Das Modell des Marquis ist
    erfolgreicher Maler und Kunsthändler sowie - ebenso erfolg-
    reich - Bilderfälscher und Verkäufer von Falsifikaten.

(3) S. etwa Wysling, Hans, Zum Abenteurer - Motiv bei Wedekind,
    Heinrich und Thomas Mann, in: Heinrich Mann 1871-1971.
    Bestandsaufnahme und Untersuchung. Ergebnisse der Heinrich
    Mann-Tagung in Lübeck, hrsg. v. K.Matthias, München 1973,
    S. 27-67

(4) Artur Kutscher, der im Zusammenhang mit Wedekinds "Simpli-
    cissimus"-Tätigkeit zu dessen politischer bzw. nichtpoli-
    tischer Haltung Informationen sammelt, erhält von Richard
    Weinhöppel, Wedekinds wohl bestem Freund, die Auskunft,
    "niemand könne im Ernst behaupten, daß Wedekind ein Sozia-
    list, Nihilist, Anarchist noch auch ein persönlicher Feind
    oder Widersacher des Deutschen Kaisers war. Seine Einstel-
    lung sei überhaupt nicht eigentlich politisch [...]"
    (Frank Wedekind, 2. Bd., S.22) - Wedekinds Haltung, spe-
    ziell zur Sozialdemokratie, erläutert Kurt Martens: "Zum
    Abendtrunk der Sozialdemokraten bei Kassel nahmen wir ihn
    [Wedekind] öfters mit. Er fand sie aber [...] parteipoli-
    tisch verbohrt und doktrinär." (In: Schonungslose Lebens-
    chronik, S. 205) - Diese Fremdheit, ja Feindschaft partei-
    politischen Dogmen gegenüber läßt vermuten, daß sich Wede-
    kind dessen nicht bewußt ist, daß er mit seiner Egoismus-
    Theorie - man nützt der Allgemeinheit am meisten, wenn man

einer grundsätzlichen Kritik an der Wilhelminischen Gesellschaft.
Die Verwicklung Wedekinds in die"'Simplicissimus'-Affäre"
macht dies deutlich. Die beiden Gedichte "Meerfahrt" und "Im
heiligen Land", die die Ermittlung des Reichsgerichts Leipzig
wegen Majestätsbeleidigung veranlassen, (1) greifen wie viele
andere seiner Gedichte, wie fast sein gesamtes Werk, den po-
temkinschen Charakter der bürgerlichen Gesellschaft der Gründerzeit an. Dadurch jedoch, daß Wedekind diese Eigenschaft in
der Person Wilhelms II.attackiert, gerät er zwangsläufig auf
politisches Terrain.
Diese These von Wedekinds "Politiknähe wider Willen" scheint
nur auf den ersten Blick mit der Tatsache zu kollidieren, daß
er - wie bereits erwähnt - zu Kriegsbeginn patriotisch-imperia-
listische Reden in den "Münchner Kammerspielen" hält, der
"Deutschen Gesellschaft 1914" beitritt und 1916 das historische
Schauspiel "Bismarck" veröffentlicht. Genaues Hinsehen offenbart jedoch auch dafür außerpolitische Motive, in der Hauptsache eine gehörige Portion Opportunismus.

----

sich selbst nach besten Kräften nützt -, die er z.B. im
"Marquis von Keith" als positiv herausstellt, wirtschafts-
liberalistisches Gedankengut verkündet, also im Grunde
genommen dem Prinzip der verachteten Gründergesellschaft
huldigt.

(1) Der drohenden Verhaftung entzieht sich Wedekind durch
Flucht in die Schweiz. Bereits ein Jahr später stellt er
sich jedoch freiwillig den Behörden und wird zu einer
7monatigen Haftstrafe verurteilt. Davon werden drei Monate Untersuchungshaft abgezogen, der restlichen vier in
Festungshaft umgewandelt. - Da hinter den satirischen
Hieben der Gedichte keine auf einer parteiideologischen
Basis beruhende politische Absicht steht, fällt es Wedekind später auch leicht, sich davon zu distanzieren, um
eine Verminderung des Strafmaßes zu erreichen. Kurz vor
seiner Rückkehr nach Deutschland schreibt er beispielsweise an Beate Heine nach Leipzig (das dortige Gericht
ist zuständig!), daß er die Gedichte ganz gegen seine
Überzeugung geschrieben habe und er in gar keinem morali-
schen Zusammenhang - was auch immer das hier heißen mag -
mit seinem Vergehen stehe (Brief vom 12.11.1898 in:
Wedekind B I 314 - 318, hier 316); vgl. auch Brief an
Richard Weinhöppel vom 14.11.1898 (Wedekind B II 318-320).-
Auch künstlerisch distanziert sich Wedekind von den
"Simplicissimus" - Gedichten. (Die Bezahlung erfolgte pro
Zeile!). Unter den Gedichten, die Wedekind für die Ge-
samtausgabe zusammenstellt, befindet sich nur eines der
"Simplicissimus" - Gedichte: "Ahasver" unter dem Titel
"Sommer 1898".

Daß Wedekind mit seinen Vorträgen in München die Verbannung
seiner Dramen von der Bühne verhindern will, legte ich bereits
dar (vgl. S.119f.). (1) Dieser Beweggrund ist auch für seinen
Eintritt in die "Deutsche Gesellschaft 1914" nicht auszu -
schließen. Hinzu kommen hier die langjährige persönliche Be-
kanntschaft mit Walter Rathenau, (2) der ihn wirbt, und das
Bedürfnis, seine nunmehr errungene "geachtete Position in der
Gesellschaft" (3) nach außen hin zu dokumentieren. (4)(5)

---

(1) Was von der Ernsthaftigkeit dieser Vorträge zu halten ist,
    wird klar, wenn man den Mann, der seine ständige und hef-
    tige Auseinandersetzung mit den Behörden sogar in einem
    Theaterstück thematisiert ("Die Zensur",1907), verkünden
    hört: "Wir Künstler können vor allen anderen Berufen Zeug-
    nis ablegen, daß wir im monarchischen Deutschland uns ei-
    nes freieren Wirkens erfreuen, als es uns das republika-
    nische Amerika heute böte, als wir es im republikanischen
    Frankreich gefunden hätten." (Wedekind W III 264)

(2) Wedekind lernt Walther Rathenau im Herbst 1904 kennen und
    bleibt von da an mit ihm in freundschaftlicher Verbindung.
    Es kommt zu einem regen Briefwechsel.

(3) Vgl. S. 117 f.

(4) S. Brief an Walther Rathenau vom 5.X.1915 (Wedekind B II
    321): "Für die Ehre, die die deutsche Gesellschaft 1914
    mir durch ihre Aufforderung zum Beitritt zuteil werden läßt,
    sage ich Ihnen aufrichtigen Dank. Von der Gründung der
    deutschen Gesellschaft 1914 hörte ich schon mehrfach reden
    und freue mich nun um so mehr, an ihren Bestrebungen teil-
    nehmen zu können. Möge es der Gesellschaft beschieden sein,
    den Sieg des deutschen Volkes zum Glück für das deutsche
    Volk zu gestalten."

(5) Unter der von mir gesichteten Literatur geht lediglich
    Heinrich Mann näher auf Wedekinds Mitgliedschaft bei der
    "Deutschen Gesellschaft 1914" ein. In Anbetracht des oben
    zitierten Briefes überrascht sein Kommentar zunächst. Er
    schreibt: "Wohlhabend jetzt und sozusagen Bürger, liebte er
    [Wedekind] es, gehaßt zu werden. Haß bewies ihm, er sei
    nicht gealtert. Mit glücklichem Gesicht sagte er: 'Der
    mag mich nicht', von einem Mann von Gewicht in der Deut-
    schen Gesellschaft 1914. Dort in der Berliner Wilhelmstras-
    se, unter lauter Männern von Gewicht, stellte er politisch-
    wirtschaftliche Fragen voll einer anzüglichen Unwissenheit,
    die aufreizte indes sie Lachen erzwang. Nachhilfe der ei-
    genen Fragwürdigkeit, Belebung alter Widerstände, halb er-
    künstelte Feindschaften." (In: H.M., Essays, Hamburg 1960,
    S. 256). Verständlich jedoch wird die Einschätzung Hein-
    rich Manns, liest man einen Brief Wedekinds an ihn, knapp
    zwei Monate später datiert als der an Rathenau. Darin
    preist er Manns Buch über Zola als eine"Tat des Friedens",
    vom Sieg des deutschen Volkes ist nirgends die Rede. Für

Wedekinds "Bismarck"-Drama (1916)(1) ist allerdings kaum mit
Anbiederung an das Wilhelminische Regime zu erklären, es sei
denn, man würde die Unkenntnis des Verhältnisses Bismarck-
Wilhelm II.voraussetzen, was angesichts der Beschäftigung des
Dichters mit dem Stoff seit den 90er Jahren nicht anzunehmen
ist. Ich meine, daß die Entstehung des Stückes in Zusammenhang mit dem ihn zu dieser Zeit ebenfalls bewegenden Simson-
und Herakles-Stoff zu sehen ist und - wie die "Simplicissimus"-
Gedichte - das Feld des Politischen lediglich durch die Wahl
des Sujets berührt. (2) Der neuzeitliche Mythos um den Reichs-
gründer steht in einer Reihe mit den antiken Helden-Mythen:(3)
im Zugrundegehen bzw. Scheitern des Helden an seiner Umwelt
liegt das verbindende Moment, mag auch der Gegenstand des
"Bismarck"-Dramas der militärische und diplomatische Erfolg
im preußisch-österreichischen Konflikt sein; das Schicksal des
Helden und seines Bemühens um Aufbau und Sicherung des Reiches
ist dem Zuschauer von 1916 zur geschichtlichen Erfahrung geworden.
Wedekinds gesellschaftskritische Position bewegt sich am
äußersten Rande der von mir als "konservativ" bezeichneten bohemischen Haltung zur bürgerlichen Gesellschaft - ihr zeitweises
Übergreifen in den politischen Bereich ist ein Zeichen dafür.
Die bewußte Zurücknahme möglicher politischer Wirkung, das
sich Beschränken auf die Diagnose gesellschaftlicher Mißstände,
ohne Lösungen anzubieten oder gar durchsetzen zu wollen, weist
Wedekind dennoch unzweifelhaft der unpolitischen Boheme (später dem unpolitischen Bürgertum) zu.

o) Frank Wedekind: permanente literarische Provokation -
   trotz privaten Übergangs in die bürgerliche Gesellschaft

Der alternde Bohemien droht zur Karikatur seiner selbst zu
werden, denn er vermag den extremen Bedingungen und Intentio-

---

Heinrich Mann spielt Wedekind offensichtlich weiter die Rolle des trotz allem Unangepaßten, die dieser aus der eigenen
Perspektive heraus gerne akzeptiert.-Wie sehr Wedekind zu
dieser Zeit laviert, wird gerade in den divergierenden Mei-
nungen seiner Freunde hinsichtlich seiner Einstellung zum
Krieg erkennbar. Eine positive Haltung glauben Paul Fechter
u. Artur Kutscher feststellen zu können. Das Gegenteil behaupten Erich Mühsam, Kurt Martens und Heinrich Mann.

(1) Wedekind, Frank,Bismarck. Historisches Schauspiel in 5 Akten,
    in: Wedekind W K VII 79-180.

(2) Bezeichnenderweise führt "Bismarck" im Gegensatz zu "Simson"
    und "Herakles" zu Schwierigkeiten mit der Zensur, so daß von
    der für den Januar 1916 vorgesehenen Uraufführung im Deut-
    schen Theater abgesehen wird.

(3) Kurt Martens, der während des Krieges häufig mit Wedekind
    zusammen ist, schreibt: "Er [Wedekind] sprach damals oft
    von der Bismarckschen Staatskunst, von seiner Virtuosität
    in der Behandlung aller großen Geschäfte und von der ma-
    gischen Wirkung seiner Persönlich-

nen der bohemischen Lebenshaltung rein physisch nicht mehr ge-
recht zu werden. Das ewige Bohemetum gewinnt tragikomische Züge.
Else Lasker-Schülers Leben ist ein Beweis dafür.
Franszika von Reventlow spürt diese Gefahr und sucht der Bo-
heme, als sie die Vierzig überschritten hat, mit aller Macht
zu entkommen, wenn auch vergebens. Vor dem "Fluch der Lächer-
lichkeit" - so der Titel des 4. Bildes in Wedekinds Stück
"Musik" (1) - bewahrt sie der frühe Tod.
Wedekind läßt die Boheme als Vierzigjähriger hinter sich. Seine
Bohemeexistenz ist damit im Rahmen der zeitlich bestimmten Typo-
logie als transitorisch zu definieren: der äußere Erfolg geht
Hand in Hand mit einem Sich-Anpassen an die gegebenen sozialen
Verhältnisse und Normen. Der "Satanist" entledigt sich Zug um
Zug des Teuflischen. Aus dem breiten Spektrum der symbolischen
Aggression, die Wedekind in den Jahren der künstlerischen Erfolglosigkeit so rigoros einsetzt, ob über das Äußere, das Benehmen, die Kunst oder die Libertinage, bleibt nur der literarische Angriff auf den Bürgerstereotyp übrig. Von den anderen Merkmalen überdauert lediglich die "Bindung an öffentliche Lokale".
Diese transitorische Form der Bohemeexistenz nun aber ist die,
die die Mehrzahl der Bohemiens wählt. Von den bisher besprochenen Autoren auf die Häufigkeit von durativem bzw. transitori-
schem Bohemeleben zu schließen, wäre falsch. Für die meisten
bedeutet Boheme nur eine Lebensphase. Von ihr aus führt der Weg,
trotz aller ideologischen Verdammung, meist zur künstlerischen
Etablierung samt bürgerlicher Lebensform (2) - in manchen Fällen aber auch in Reform- und Revolutionsbewegungen, wie die
nächsten Kapitel aufzeigen werden.
Eine Formel für die Spielart der Boheme, die Wedekind exemplarisch für so viele vertritt, könnte heißen: Bohemien auf Zeit.
Damit wäre allerdings allein dem transitorischen Element Rechnung getragen, das ja auch den größten Teil des politischen
Bohemetums kennzeichnet. Will man die latenten bürgerlichen Neigungen Wedekinds und seine schließliche Integration in die bürgerliche Gesellschaft miteinbeziehen, so muß die Formel eine
inhaltliche Erweiterung erfahren: "Bohemien auf Zeit" als Stufe (vielleicht bei Wedekinds permanentem Hang zu bürgerlichen
Bequemlichkeiten: als notwendiges Übel) zur künstlerischen und
gesellschaftlichen Etablierung.
Im literarischen Werk wird die symbolische Aggression gegen den
Bürger allerdings trotz des stillschweigenden Wandels in der
Lebenshaltung unverändert beibehalten, so daß dieses Werk in
seiner Gesamtheit als konsequenter Ausdruck bohemischer Haltungen und Probleme gesehen werden kann. Das wird besonders auch
durch die Rezeptions- und Wirkungsgeschichte bestätigt.

---

k e i t [Sperrung von mir. E.K.]."
(Martens, Kurt, Schonungslose Lebenschronik,2.Bd.,S.144f.)

(1) Wedekind W II 47 .

(2) Thomas Mann, Max Halbe, Walter von Molo, Herbert Eulenberg,
    Wilhelm v.Scholz, Richard Dehmel ...

II. VON DER SYMBOLISCHEN AGGRESSION ZUM REFORMVERSUCH

So differenziert sich die individuelle Ausprägung des bohemischen Lebensstils bei Else Lasker-Schüler, Franziska von Reventlow und Frank Wedekind auch erwiesen hat, gemeinsam ist ihnen
zumindest e i n wesentlicher Aspekt bohemetypischen Verhaltens: das Verharren in der symbolischen Aggression (wie auch
immer sie sich manifestiert). Alle drei (und mit ihnen ein Großteil der Bohemiens) beschränken sich auf Fundamentalopposition,
indem sie das herrschende Gesellschaftssystem verurteilen und
sich durch demonstrativ provozierende Absonderung dagegen auf-
lehnen - ohne (von minimalen Ansätzen abgesehen(1)) eine Lösung der Probleme anzubieten oder gar selbst verändernd eingreifen zu wollen. Von den "Konservativen" der Boheme bleibt
der dem Bürgertum und ihnen gleichermaßen die Existenz garan-
tierende status quo unangetastet.
Versuche, eine ästhetische Protesthaltung mit einer aktiven
Umgestaltung der gesellschaftlichen Gegebenheiten zu verbinden,
sind meist am Rande der Boheme angesiedelt oder führen aus ihr
hinaus, (2) ohne jedoch ihrer Anlage und Bestimmung nach (wie
z.B. mangelnde Ausrichtung an realpolitischen Möglichkeiten,
antibürgerliche Stoßrichtung etc.) ihre Herkunft, nämlich das
Umfeld Boheme, verleugnen zu können.

L u d w i g   D e r l e t h   (1870 - 1948)

Von der literarischen Opposition zur Gründung eines Eliteordens
als Instrument der gesellschaftlichen Erneuerung

Ludwig Derleth nimmt eine Zwischenstellung zwischen den unpolitischen Bohemiens und denen ein, die aus der Boheme in revolutionäre Bewegungen abwandern. Er sucht zwar wie diese - über
den symbolischen Protest hinaus - die gesellschaftliche Wirklichkeit zu verändern, jedoch über den Weg der Reform: (3) ein

---

(1) Wie etwa Frank Wedekinds "Utopie vom Leben".

(2) Eine Ausnahme ist z.B. der "Erzbohemien" und Räterevolutionär
    Erich Mühsam (s.S. 215 ff.)

(3) Ein interessanter Vertreter solch reformerischen Bohemetums
    wäre z.B. auch der Zeichner Fidus (eigentl. Hugo Höppener),
    1868-1948. Einige Zeit lebt dieser als "Jünger" des Malers
    Diefenbach in dessen dem Sonnenkult geweihter Landkommune
    in Höllriegelskreuth. Später tritt er mit dem "Friedrichs-
    hagener Kreis" in Verbindung und nimmt an einem "Gemein-
    schaftsexperiment" auf dem Grappenhof bei Zürich teil.
    Schließlich gründet er in Woltersdorf den lebensreformeri-

für die neue Lebensform beispielhafter Orden soll bekehrend
den Wandel bewirken; gewalttätig - revolutionär gibt sich lediglich die Verkündung der Ordensregeln(vgl. S. 140,Anm.2)(1)

Das reformerische Bestreben Derleths baut auf einer besonderen
Spielart von Boheme auf; sie soll im folgenden näher untersucht
werden. Nur so wird die spezifische Korrelation von Reform und
Boheme erkennbar.

In seiner Münchner Zeit war Derleth eine feste Größe in der
Schwabinger Boheme. Die Darstellung seines "Schwabingertums"
ist dabei weit schwieriger als bei den bisherigen Autoren.
Weder Briefe noch etwaige.Tagebücher sind veröffentlicht, (2)
und auch die Memoirenliteratur der Zeit liefert verhältnismäßig spärliche Hinweise. Viele Einzelzüge im Bild des "Bohemiens" Ludwig Derleth sind nur über das Werk erschließbar. Ein
gesondertes Aufzeigen bohemischer Gehalte in der Dichtung wie
bei Else Lasker-Schüler, Franziska von Reventlow und Frank Wedekind erübrigt sich daher, jedoch sollen einige formale Probleme erörtert werden.

Zunächst ist eine Divergenz zwischen Fremd-und Selbsteinschätzung
hinsichtlich des Verhältnisses Ludwig Derleths zum Bohemetum
zu konstatieren.

Thomas Mann beispielsweise, der Derleth näher kannte, weist
ihm eindeutig eine Spielart der Boheme zu, wenn er schreibt:

---

schen "St.-Georgs-Bund". - Der verhältnismäßig geringe Umfang seiner literarischen Äußerungen, die sich zudem häufig
mit der bildenden Kunst befassen, hat mich bewogen, Derleth den Vorzug zu geben. - In neuerer Zeit sind zwei Arbeiten zu Fidus erschienen. Eine stark ironische Perspektive kennzeichnet den Aufsatz von Hermand, Jost, Meister
Fidus.Vom Jugendstil-Hippie zum Germanenschwärmer, in:
J.H., Der Schein des schönen Lebens. Studien zur Jahrhundertwende, Frankfurt 1972, S. 55-127. Das Buch von Frecot,
Janos, Geist, Joh. Friedr., Kerbs, Diethard, Fidus. Zur
ästhetischen Praxis bürgerlicher Fluchtbewegungen, München
1972 wertet aus eindeutig linksorientierter Position.

(1) Der Zusammenhang der Derlethschen Reformpläne mit dem an-
     tidemokratischen Denken der Zeit und ihre daraus resul-
     tierende indirekte revolutionäre Bedeutung sei an dieser
     Stelle noch außer Acht gelassen; er wird später bespro-
     chen werden (s.S. 151 ff.)

(2) Ein großer Teil des Derleth-Nachlasses (der Rest wird er-
     wartet) liegt im Deutschen Literatur-Archiv Marbach,
     doch ist er, da noch nicht freigegeben, nicht zugänglich.

Ich bin in München öfters mit ihm und seiner
Schwester, der "bösen Nonne", wie sie bei George
heißt [in dem Gedicht "An Anna Maria"], zusammen-
getroffen und war immer zugleich fasziniert und
amüsiert von der strengen und stolzen Verspielt-
heit der Geschwister, die eine besondere Abwand-
lung der Münchener Bohême war und bei ihm natürlich das bedeutendere Gesicht hatte.(1)

Von Derleth selbst ist die Äußerung bekannt: 'Zwei Dinge sind
mir gräßlich: der Bourgeois und der Bohêmien. Aber wenn ich
wählen müßte: lieber der Bohêmien.' (2)
Im folgenden wird sich erweisen, daß Thomas Manns Einschätzung der Position Derleths zutreffend ist: Ludwig Derleth
steht keineswegs im totalen Gegensatz zur Boheme, sondern
vertritt eine bemerkenswerte Spielart des Phänomens, die gekennzeichnet ist von der Distanz zu einem von ihm als rein
parasitär verachteten "Wein, Weib und Gesang" - Bohemetum und
daher in einigen Momenten eine über das Milieu hinausweisende
Tendenz in sich birgt.

a) Der Bürgerstereotyp

Wenn Ludwig Derleth den Bürger bzw. den Bourgeois als Objekt
seiner Verachtung direkt benennt, wie dies in dem vorhergehenden Abschnitt zitierten Ausspruch der Fall ist, handelt es sich
um eine Ausnahme. Meist verwendet er in seiner Kritik an der
bürgerlichen Gesellschaft für diese den Begriff "Masse".(3)

---

(1) Brief Thomas Manns an Otto Reeb vom 1.5.1950, zit.n.Der-
leth, Christine, Das Fleischlich - Geistige. Meine Erinnerungen an Ludwig Derleth, Bellnhausen 1973, S. 184. -
Thomas Mann wehrt in diesem Brief die Vorwürfe Reebs, eines
ehemaligen Schülers Derleths, zurück, er habe Derleth in
der Figur des Daniel Zur Höhe ("Doktor Faustus") als Prä-
faschisten gezeichnet. Er bestreitet jedoch nicht, daß Derleth e i n e s der Vorbilder für die Gestalt Daniel Zur
Höhe gewesen sei. - In der dreibändigen Ausgabe der Briefe Thomas Manns (hrsg. v. Erika Mann, 1961-65) ist der
obengenannte nicht enthalten.

(2) Zit. nach Derleth, Ludwig, Auswahl aus dem Werk, Nürnberg
1964, Anhang, S.280. - Ob es sich bei dieser Frontstellung
Derleths gegen Bürger und Bohemien zugleich um eine "potenzierte Abweichung" handelt (d.i. eine aus betontem Individualismus heraus gewollte Abkehr sowohl von bürgerlichen
als auch von "bohemischen Normen") und damit noch durchaus
bohemegemäß wäre, läßt sich aus dieser kurzen Bemerkung
nicht mit Sicherheit schließen.

(3) Manchmal bezieht Derleth "Masse" allerdings auch nur speziell auf das Proletariat. - Ungenauigkeiten, Wiederholungen
und Widersprüche finden sich im übrigen häufig im Werk Derleths, besonders in seinem Hauptwerk "Der fränkische Koran".

Die Untugenden, die Derleth der Masse zuschreibt, sind viel-
fältig und zum großen Teil aus den bisher betrachteten Negativ-
Bildern vom Bürger bekannt: u.a. Sicherheitsstreben, Orientie-
rung an Materiellem, Borniertheit und vor allem Zufriedensein
im Mittelmaß. (1)
Nie prangert er jedoch bürgerliche Mentalität an, ohne zugleich
die ihr gemäße Staatsform der nivellierenden Mittelmäßigkeit
anzugreifen: die Demokratie.(2)

> Sie haben die Befehlshaber abgeschafft und glauben
> mit Konstitutionen nach dem Lohngesetz das eiserne
> Regiment der Mittelmäßigkeit gründen zu können, wo
> jede ursprüngliche Kraft als Mißklang, die Eigenhand-
> lung als drückende Gewalt und der planmäßige Entwurf
> weit über die Gegenwart hinaus rettender Ideen als
> Plage empfunden wird [...] Wendet euch ab von
> den wankelmütigen Sklaven der angeborenen Gemeinheit,
> die vor jeder Begeisterung eine tiefe Scheu in der
> zum Staube gebeugten Seele tragen und jede Erhebung
> hassen, die hemmend ihrer ausgleichenden Tätigkeit

(Von den sechs Bänden des Gesamtwerkes nimmt der "Fränkische
Koran" die Bände II-VI ein, rund 2000 Seiten). Zu erklären
ist dies u.a. sicherlich aus der anthologischen Entstehungs-
weise des Werkes, vgl. Jost, Dominik, Die Dichtung Ludwig
Derleths. Einführung in Das Werk, Gladenbach 1975,S.14,18 f.-
Auch Hörfehler sind nicht ausgeschlossen: Derleth diktiert
gewöhnlich (s. Jost, Dominik, Die Dichtung Ludwig Derleths,
S. 80)

(1) Derleth,Ludwig, Das Werk, in Verb. mit Ch. Derleth hrsg. v.
D. Jost, 6 Bde, Bellnhausen über Gladenbach 1971/72. Ich
zitiere diese Ausgabe im Text als Derleth W. Die römische
Ziffer bezeichnet den Band, die arabischen Zahlen geben die
Seitenzahl an. - S. z.B. Derleth W II 416: "Wenn nur ihr ani-
malisches Wohlbefinden gesichert, ihre kleinbürgerlichen
Lokalinteressen befriedigt blieben,würden sich diese kleinen, gewöhnlichen Menschen, wie sie der blinde Geschlechts-
trieb in Massen erzeugt, alle den Gesetzen des schlechthin
Niederträchtigen unterworfen, mit der geringsten Form des
sozialen Organismus zufrieden geben, mit der breitesten,
flachsten und plattesten Mittelmäßigkeit, wo der Mensch an
und für sich nichts gilt, nur nach seiner Funktion und Nütz-
lichkeit gewertet wird."

(2) Von den "modernen"-nicht absolutistischen- Monarchien hält
Ludwig Derleth allerdings auch nicht sonderlich viel:"Die
Monarchien haben ihren Untergang selbst verschuldet, da sie
nicht Festigkeit und Charakter genug hatten, ihr Gottesgna-
dentum, ihr Erbe, Freigut und Eigentum zu verteidigen, da
die oben standen, die Kunst zu befehlen verkannten und wie
Kartenkönige mit sich spielen ließen. So kam es, daß Skla-
venherden sich zu fürchten verlernten und das Raubgesindel
sich auf die gefallene Größe stürzte."(Derleth W II 414)

entgegentritt. (Derleth W I 134) (1)

Der Bürgerstereotyp Ludwig Derleths erweist sich so erheblich
stärker politisch orientiert als der Else Lasker-Schülers,
Franziska von Reventlows und Frank Wedekinds.
Doch damit nicht genug: im Gegensatz zu den drei genannten
Autoren beläßt es Derleth nicht bei der Diagnose der (in seinen
Augen) Mißstände,sondern sucht (in Ansätzen wenigstens) die ver-
ändernde Tat (vgl. S. 143 ff.).

b) Symbolische Aggression

Wären nicht Aspekte wie der doch stark politisch gefärbte Bürgerstereotyp, die spezielle Einstellung zur Libertinage (vgl.S.
138 ff) oder eben die erwähnten konkreten reformerischen Bemühungen (vgl. S. 143 ff.), die Derleth im Grenzbereich der Boheme ansiedeln - die symbolische Aggression gegen die ihn umgebende Gesellschaft in der Stilisierung von Kleidung, Wohnung
und Benehmen ließen ihn uneingeschränkt bohemisch erscheinen.
In diesen Bereichen demonstriert er recht augenfällig Andersartigkeit und Mißachtung.(2)
So teilt Derleth beispielsweise mit Frank Wedekind (und Stefan
George) den Ruf des "Mannes in Schwarz". Seinen priesterlichen
Habitus zu erwähnen, vergißt kaum einer, der sich an den "Propheten" (3) erinnert:

> [...], schon von weitem sah ich ihn die Rue
> Richelieu hinunterschreiten, [...] wie immer im
> schwarzen Gehrock, das priesterliche Haupt in den
> Nacken geworfen, den breitrandigen schwarzen Hut
> in der Hand. (4)

---

(1) Vgl. dazu auch besonders "Die vieläugig geblendete Masse"
    (Derleth W III 230-233)

(2) Daß Derleth mit seiner Angewohnheit, sich in feierlichem
    Schwarz zu kleiden etc., sein Außenseitertum demonstrieren
    will, darauf weist auch Dominik Jost hin (Ludwig Derleth.
    Gestalt und Leistung , Stuttgart 1965, S.20,S.59,S.62).
    Einen Zusammenhang mit den Formen der in der Boheme üblichen
    symbolischen Aggression zieht er jedoch nicht in Erwägung.

(3) Eine Erzählung Thomas Manns ("Beim Propheten") schildert
    die Verlesung der Derlethschen "Proklamationen" in dessen
    Atelierwohnung in der Destouchestraße in München.

(4) Burckhardt, Carl Jakob, Begegnungen, Zürich 1958, S.307-
    vgl. auch Faesi, Robert, Erlebnisse. Ergebnisse.-Erinnerun-
    gen, Zürich 1963, S. 357
    Derleth, Christine, Aus Ludwig Derleths Werkstatt, in:
    Ludwig Derleth Gedenkbuch, Amsterdam 1958 (=Castrum Peregri-
    ni, Sonderdruck des Heftes 36/37), S.164-214, bes. S. 177
    Verwey, Albert, Mein Verhältnis zu Stefan George, dt.v.
    A. Eggink, Strassburg 1936, S. 38 f.

Diesem würdigen Äußeren entspricht die "weihevolle" Einrichtung der Derlethschen Wohnung:

> Kam man durch den langen Gang hinein, fiel einem zuerst eine große Kohlezeichnung auf: Napoleon lebensgroß, wie er sitzend Landkarten studiert. Zwei gipserne Adlerschnäbel waren darauf geheftet, die den Eintretenden nach vorn wiesen. Links war das Zimmer Anna Marias, rechts das Zimmer Ludwigs, wo im Alkoven sein schönes, mit Muscheln verziertes Mahagonibett stand. Betrat man die Räume, so sah man ausser den vielen Büchern, mit deren Aufstellen es Ludwig sehr genau nahm, einen kleinen Gipsabguss des Parthenonfrieses, einen schwarzen Kerzentisch, in dessen Mitte der Kopf der Medusa lag, das Haupt des jugendlichen Augustus, eine Mamorbüste des Papstes Pius X., und viele Bilder Napoleons wie er in Fontainebleau von seinen Generalen Abschied nimmt, wie er die russische Schneewüste durcheilt oder den Brand von Moskau betrachtet, ein Bild der Kaaba von Mekka [...]. Da stand der grossmächtige Adlertisch aus der Empire-Zeit, den Anna Maria 1904 für die Lesung der Proklamationen angeschafft hatte. Ein altdeutscher Stuhl, den Luther in Miltenberg benutzt haben soll, stand neben dem Renaissancesekretär mit der Franziskusstatue. Da gab es rotsamtene Barocksessel, Bildwerke des Heiligen Sebastian und der Maria von Altoetting, holzgeschnitzte vergoldete Adler, eine Alabasterlampe mit dem Tierkreis, einen Abguss der Nike vom Louvre, aus einem Rokokorahmen sah ein langverstorbener Kurfürst auf den verwunderten Gast, [...]. (1)

Christine Derleth schildert hier die Wohnung am Marienplatz. Ähnlich ausgestattet ist auch das Atelier in der Destouchestraße , (2) das die Geschwister vorher bewohnen.
Später wird die ausgesuchte Einrichtung mit einem würdigen Rahmen verbunden: aus den Dachwohnungen in München-Schwabing werden Palazzos in Rom, in Pechtoldsdorf bei Wien und San Pietro di Stabio (Schweiz). Das bohemische Merkmal, die Außenseiterstellung im Wohnstil zu demonstrieren, bleibt für Derleth kennzeichnend, selbst als er Schwabing verläßt (1924).

---

(1) Helbing, Lothar, Ludwig und Anna Maria Derleth. Eine Sammlung von Berichten, in: Ludwig Derleth Gedenkbuch, S. 5-73, hier S. 24

(2) S. die Beschreibung des Ateliers in Thomas Manns "Beim Propheten", in: T.M., Gesammelte Werke, Bd. 8, Frankfurt/M. 1960, S. 362-370, bes. S. 365 f.

Auch die Stilisierung seiner Haltung "unberechenbar - geheim-
nisvoll - mystisch" behält Ludwig Derleth unverändert bei (während er, nach Fotos zu schließen, die schwarzen Priesteranzüge
im Lauf der Zeit doch ablegt).
Lothar Helbing, der Ludwig Derleth im Jahr vor dessen Tod (1948)
in San Pietro aufsucht, berichtet:

> Es war ein leuchtender Spätsommermittag, als mich
> hinter dem hohen schmiedeeisernen Tor der zauberhafte
> Garten mit seinen Feigen- und Tannenbäumen, seinen
> Rebengängen und den wild wuchernden Blumen empfing.
> [...] Durch die Loggia trat ich ins dunkle Zimmer,
> wo der Dichter mächtigen Hauptes, gleich einem alten
> Kirchenfürsten in seinem Sessel thronte. Die spär-
> lichen Lichtbahnen, die durch die herabgelassenen
> Jalousien den Raum mit dämmrigen Goldstaub füllten,
> gaben dem Antlitz Derleths eine seltsam entrückende
> Aura von Geheimnis und Ferne. (1)

Vom jungen Derleth der Schwabinger Jahre wird erzählt, er habe
stets den Eindruck zu erwecken gesucht, nicht menschlichen Bedingtheiten unterworfen zu sein. Er habe immer allein gegessen,
auch habe er es vermieden, sich beim Kommen und Gehen sehen zu
lassen. Wenn er z.B. jemanden zu einem Treffpunkt bestellt habe
(etwa Mariensäule) - natürlich zu höchst ungewöhnlicher Stunde -
sei er auf einmal dagewesen, "wie eben sichtbar geworden".(2)
Daß für Derleth, der sich "Menschlichem" schon zu entziehen
sucht, gesellschaftliche Konventionen nicht im geringsten zählen, ist nahezu folgerichtig.
Beispielsweise liebt er es - wie Wedekind - mit plötzlichen
Fragen sein Gegenüber zu provozieren, wenn auch seine Fragen
nicht ganz so drastisch ausfallen wie die des "Satanisten".
Doch bewirkt wohl ein "Lügen Sie oft?" ebenfalls eine nicht zu
geringe Verblüffung und daraus resultierende Idignation.

---

(1) Helbing, Lothar, Ludwig und Anna Maria Derleth, S. 67 -
    Ein "Kabinettstück" geheimnisvollen Gebarens a la Derleth -
    die feierliche Verbrennung einzelner Manuskriptblätter -
    hält C.J. Burckhardt in seinen "Begegnungen" fest (S.381 f.):
    "Derleth, immer in dem priesterlichen Rock, mit einer lan-
    gen, goldenen Kette um den Hals, kam den steilen Weg heran-
    gestiegen, in der Hand trug er zwölf rote, langgestielte Tul-
    pen. [...] Der kleine Holzstoß wurde entzündet, dreimal
    umschritt Derleth die aufsteigenden Flammen, dreimal schien
    er sie mit den roten Tulpen zu berühren - dann aber legte
    er die Tulpen weg und nahm nun stumm Blatt für Blatt aus
    den Händen seiner Frau und übergab jedes einzelne mit einer
    großen, langsamen Gebärde dem Feuer. Als das letzte Blatt
    zu Asche geworden war, wiederholte er das Umschreiten der
    Feuerstätte, [...]."

(2) Derleth, Ludwig, Auswahl aus dem Werk, Anhang, S. 63

Allerdings hat Ludwig Derleth im Laufe der Jahre immer weniger Gelegenheit, einen Gesprächspartner in dieser Weise zu attackieren, denn das Extreme in seiner symbolisch-aggressiven Haltung treibt ihn selbst innerhalb der Boheme in die Isolation. Voll Spott setzt Franziska von Reventlow als Motto über den zweiten "Schwabinger Beobachter": "Warte Schwabing, Schwabing warte, Dich holt Jesus Bonaparte".(1)
Dennoch, wären die im Vorangegangenen betrachteten Aspekte bohemischen Lebensstils - provokative Abweichung in der Stilisierung von Kleidung, Wohnung und Benehmen - alleinige Gradmesser der Bohemezugehörigkeit, wäre Derleth - ich habe dies eingangs schon vorweggenommen - keineswegs eine "Randerscheinung" der Boheme.

c) Gegen die bürgerliche Ehe - Keuschheit statt Libertinage

Bei den drei in Teil I behandelten Autoren Else Lasker-Schüler, Franziska von Reventlow und Frank Wedekind hat sich das persönliche und künstlerische Engagement für die Verwirklichung der "Freien Liebe" als wesentlicher Gesichtspunkt bohemischer Lebens- und Denkweise erwiesen.
Hier nun liegt neben dem politisch orientierten Bürgerstereotyp die zweite Abweichung Derleths vom "Schema Boheme" vor. Zwar greift auch er die Ehe an, aber aus der entgegengesetzten Richtung: neben Armut und Gehorsam ist Keuschheit erstes Gebot für die jungen Krieger des Elite-Ordens,(2) denn

> Sie gehören zu den Sieghaften, die dem Willen die
> unablenkbare Richtung geben, denen nicht Satan,
> Welt, Fleisch und Gelüst etwas anzuhaben vermag,
> so daß sie auch im Schlafe nicht überwunden werden.
> Von keiner lebendigen Frau sprechen sie, wohl aber
> von seligen [...] Nach einer Liebe verlangen sie,
> die nicht sterbliche Kinder von einer sterblichen
> Mutter sich erzieht, sondern die Seele überzeugt,
> daß sie fruchtbar werde an weltschöpfenden Gedanken.
> (Derleth W III 65)

Ehe wäre allenfalls gutzuheißen, wenn Mann und Frau das Reich der Androgyne wiederherzustellen strebten, aber diese wahre Kunst der Ehe sei noch nicht erfunden. Vielmehr diene sie der Wollust und dem niederen Egoismus zu zweien. (3)

---

(1) Zit. nach Huch, Roderich, Erinnerungen an Kreise und Krisen der Jahrhundertwende in München - Schwabing, S. 44 - Derleths Napoleonverehrung ("Die Proklamationen" sind im Stil der Aufrufe Napoleons an seine Truppe gehalten, in Paris pflegt er in der "Rue Bonaparte" zu wohnen, etc.; vgl. auch Wohnungseinrichtung, S. 136) und seine Eroberungspläne für einen Christus Imperator Maximus kombiniert die Gräfin zu "Jesus Bonaparte".
(2) Vgl. auch Derleth W I 54,68 f.und besonders Derleth W V 286 ff
(3) S. Derleth W V 282, 285

139

Nicht nur in der Art des Angriffs (1) auf die Institution Ehe
unterscheidet sich also Derleth von den drei bisher besprochenen Autoren, auch der Grund der Attacke ist ein völlig anderer.
Else Lasker-Schüler, die Gräfin Reventlow und Wedekind laufen
gegen die bürgerliche Ehe Sturm, weil sie in ihr den sicheren
Untergang jeder sinnlichen Leidenschaft erblicken. Derleth jedoch will die Ehe in der bestehenden Form überwunden wissen,

---

(1) Ganz kann sich allerdings nicht einmal der asketische Derleth dem in seiner Schwabinger Umgebung so virulenten Gedanken der "Freien Liebe" entziehen. Doch ist sie bei ihm
nicht "von dieser Welt", sondern dem Paradies vorbehalten:
"Im Zeichen himmlischen Anteils vollbringen sie ["die
durchleuchtigen Seelen"] die Zeugungen, heilig umschlungen,
von Götterkraft durchdrungene Gemeinschaften, himmlische
Geschwader voll Liebesfeuerglastes, an die Wasser des Lebens gelagert, ein Wahlreich freier Umarmungen, das alle
Einzelrechte aufhebt. Aus der Fülle schöpfen sie das Unge-
teilte, und aus dem Mischkruge des liebenden Krieges trinken sie im Wechselgenusse holdes Genügen, und süß ist auch
von Nektar die Neige." (Derleth W IV 123) –
Welcherart die Beziehungen Ludwig Derleths zu Franziska
von Reventlow gewesen sind, ist nicht mit Sicherheit zu
sagen. Bei der Verkündung der "Proklamationen" (1904) gehört sie zu den geladenen Gästen. Im Nachlaß Wolfskehl
(Deutsches Literaturarchiv Marbach, 76 1195/10) befindet
sich die maschinenschriftliche Abschrift eines Briefes von
Derleth an die Gräfin, der eine engere Beziehung als bisher
angenommen signalisiert. Der Brief, dessen Veröffentlichung
mit dem Einverständnis des Dt. Literaturarchivs Marbach sowie Frau Christine Derleths (bei der ich mich an dieser
Stelle für die Freigabe der Rechte herzlich bedanken möchte)
erfolgt, lautet: "Zum [!] wiederholten Male lese ich heute
Abend Ihren letzten todestraurigen Brief. Warum bin ich
nicht grösser und leuchtender geworden, damit Sie an mich
glauben könnten? Ach, dass ich Licht wäre! Wenn wir längst
einmal tot sind – sie waren längst gestorben; sie wussten's
selber kaum – und ein weiser Mann wird unsere Briefe lesen,
so wird ihm dabei das schwermütige Lächeln kommen. Dann
haben wir uns nichts mehr gegenseitig zu verzeihen. Aber in
seinem Lächeln wird die Vergebung ruhen. Mit diesen Gedanken macht ich mich heut Nachmittag auf den Weg. Da wurde
mir mit einem Male klar, wie das Vergangene – und wenn es
in jüngster Zeit sich zugetragen – in aller Ewigkeit begra-
ben liegt.
+   +   +
Ich werde mir jetzt eine Cigarette anbrennen und dabei an
das denken, was nie geschah, und nie geschieht.
Ich wollte, Du wärst jetzt bei mir, meine geliebte Schwester." – Daß Ludwig Derleth zu den Geliebten Franziska von
Reventlows zu rechnen sei, glaubt Frau Else Reventlow (Schwie-
gertochter der Gräfin und Herausgeberin der Werke, Briefe
und Tagebücher) allerdings ausschließen zu können: "Fanny"

weil sie den Mann in "Fleischeslust" gefangen hält und ihn von
seiner wahren Aufgabe, der bewegenden Tat, ablenkt. (1)
Daß unter diesen Voraussetzungen eine literarische Stilisierung des Erotischen zum Sinnbild des Lebens im Werk Derleths
ebenso vergeblich zu suchen ist wie die Darstellung des "Zer-
störungswertes" ausgelebter Sexualität innerhalb der bürgerlichen Gesellschaftsordnung, steht außer Frage.
Ansatzweise erfährt allerdings der Keuschheitsgedanke bei Derleth eine solche Interpretation als zerstörerische Kraft innerhalb der gegebenen Gesellschaftsordnung.
Ich erwähnte bereits, daß den Truppen, die der Autor in seinen
"Proklamationen" (2) zum Kampf gegen die alten demokratischen
Ordnungen im Namen des Christus Imperator Maximus wirbt, Keuschheit geboten ist. Dadurch glaubt Derleth den christlichen Krie-
gern letztendlich die Überlegenheit gesichert über die Massen
des liberalen Staatssystems, die dem Sinnengenuß hingegeben
verweichlichen und die Macht über ihre Körper verlieren, (3)

---

habe sich ja auch nicht gescheut, z.B. ihre Verhältnisse
mit Wolfskehl und Klages publik zu machen. (Telefonische
Auskunft von Frau Reventlow)

(1) Eine Kapitelüberschrift in"Der Heilige II" lautet: Der un-
sinnige Kampf um den Besitz des Weibes hat zuviel männliche
Kraft vergeudet." (Derleth W V 254)

(2) "Die Proklamationen" von 1904, deren Verkündung Thomas Mann
schildert, werden von Derleth unter dem Titel "Proklamationen" 1919 in erweiterter Fassung noch einmal herausgegeben.
Viele Einschübe nehmen dabei auf die Zeitsituation - Niederlage und Revolution - Bezug. Offensichtlich sieht der
Autor in den Monaten, in denen in Deutschland alles möglich
scheint, eine neue Chance für das "Reich des Herrn", doch
wieder findet er niemand, dem er - zumindest nicht im Namen Christi - die Welt zur Plünderung übergeben kann. Daran
ändert auch der neugestaltete Umschlag nichts, auf dem der
napoleonische Adler der ersten Ausgabe mit einem die Fahne
aufsteckenden Revolutionär vertauscht wird.
(Vgl. Steinen, Wolfram von den, Über Derleth (1870 - 1948),
in: DVjs 42, 1968, S. 553 - 572, hier S. 561)

(3) Vgl. z.B. Derleth W V 241 f.: Wenn das Gesetz des Fleisches
in Wollust und Schlaf, Erschlaffung und Müdigkeit in ihren
Gliedern übermächtig wird, haben sie so wenig Macht über
den eigenen Leib wie eine Kinderhand, die vergebens am
Halfter den störrischen Esel von der Hecke zerrt. [...]
Alle ihresgleichen sind zugrunde gegangen, gehen zugrunde,
werden zugrunde gehen."

während

> die treuen, jungfräulich starken Truppen im Gefecht
> [bleiben], welche die Ruhmsucht unter das Joch
> des Gehorsams geschirrt haben, daß ihr Mut ein
> Vasall der Weisheit werde. Ave Virgo. Dieser zarte,
> keusche, vom rötesten Blute durchronnene Körper ist
> waffennackt und unverletzbar in einer diamantenen
> Rüstung. (Derleth W I 95)

Sind die alten Ordnungen zerstört, bleibt Keuschheit die Grundlage der neu zu bildenden Gemeinschaft, denn

> Die Keuschheit ist ein Gefäß, welches die Wunsch-
> kraft des Menschen verwahrt. Heilig über alles
> seltene Gute ist sie ein Schmuck noch in der Pracht,
> eine Arzenei in der Kränkung, ein Nektar, der alle
> Bitterkeiten zu durchsüßen vermag, ein Trost in
> der Einsamkeit und eine Schenkung in der Bedürftig-
> keit. Von ihr kommt Lichtstärke, Triumph und geisti-
> ger Glanz, Gesundheit, Sinnenfreude und Erkenntnis,
> die das Blendwerk zerstreut und an seiner Stelle
> die Kraft erscheinen läßt. (Derleth W V 287)

Dieser aggressive - innovative Charakter der Keuschheitsforde-
rung läßt, trotz des scheinbar so Gegensätzlichen, eine gewisse Nähe zum bohemischen Libertinagegedanken erkennen, zumindest in der Intention: beide gehen von der Erkenntnis aus,
daß die Sicherung der bürgerlichen Gesellschaftsordnung wesentlich auf einem durch die bürgerliche Ehe normierten Sexualver-
halten basiert, und beide suchen mit dem Angriff auf die Ehe
das System zu treffen.(1) Dennoch bleibt festzuhalten, daß Derleth in einem bohemischen Merkmal, das bei den bisher besprochenen Autoren eine zentrale Rolle gespielt hat, erheblich ab-
weicht.

---

(1) Derleth revidiert seine ehefeindliche Einstellung später persönlich und literarisch. 1924 heiratet er die um 24 Jahre
jüngere Christine Ulrich. Er glaubt nun an die "Wandlungen
der Pandora", s. Derleth W IV 225-252, hier 249 f:
"Es geben die Sonne, der Mond und das Meer
von ihr [der Frau] zu sprechen ihr Gleichnis her.
Den reinen Wert ihrer Seele zu wägen
muß auf die Waage man Perlen legen.

Sie braucht nicht Schmuck und Edelsteine
sie ist ja selbst in ihrer Pracht
ein Frühling, der im Morgenscheine
aus tausend Blütenaugen lacht.

Sie kann mit jedem Reiz beglücken,
und wenn aus ihren Liebesblicken
das Feuer ihm [dem Mann] entgegenschlägt,
das nicht verzehrt, nur stark belebt,
ist sie ein dauerndes Entzücken,
macht sie ihn frei von den Geschicken,
ist sie ein Flügel, der ihn hebt,
ist sie ein Boden, der ihn trägt."

d) Sympathie für "Erniedrigte und Beleidigte"

Sympathie für Erniedrigte und Beleidigte hegt Ludwig Derleth
zunächst nur, insofern er in den Armen und Unterdrückten das
gegebene Potential zur Rekrutierung seiner christlichen Elite-
Einheit sieht: "Wir schließen die Käfige und Gitter von Staat,
Regiment und Kirche auf. Und ist ein reges Frohlocken unter den
frommen Raubtieren und schütteln ihre Mähnen und recken sich
und wittern die Nähe der aasreichen Vernichtung." (Derleth W I
117). Doch sind diese Truppen, wie ihre "massenhaften" Feinde,(1) lediglich "Menschentonerde", die für das höhere Ziel,
das Reich des Herrn, bedenkenlos geopfert wird:

> Ich wuchs im Feld des Wehes und der Waffen und
> setzte die Massen meiner Krieger mit Gleichmut
> auf das eherne Spiel gegen die verächtlich ern-
> sten Wünsche des kleinen Eigenwillens, um zu for-
> men mit Menschentonerde ein bleibendes Gebilde
> durch den Wandel der Zeit, [...].
> (Derleth W I 79)

Wie viele Thesen Derleths - ich merkte es bereits an - bleibt
auch diese radikale Position nicht unmodifiziert. Der Heilige
im "Fränkischen Koran" (2) predigt seinen Jüngern Barmherzig-
keit und Nächstenliebe:

> Unerschöpflich spenden wie ein Talteich, in dem
> von allen Seiten das Bergwasser zusammenrinnt, den
> Bedürftigen nicht warten lassen auf den Überfluß,
> nicht nur zeitlich Gut austeilen, wenn man Wohl-
> taten empfängt, nicht nur wiederlieben, wenn man
> geliebt wird, freigiebig aus mitleidendem Gefühl
> seinen eigenen Vorteil nicht erwägen und ohne Ver-
> zug seinem Feinde wohltun, mit Nachsicht bedecken
> die Schwächen der andern, den Schleier ihres guten
> Rufes nicht zerreißen, Süßes einschenken denen,
> die mit Bitterkeiten tränken, muß man das nicht
> das Übergut aller Tugenden nennen?
> (Derleth W V 96) (3)

---

(1) S. Derleth W I 63

(2) An dieser Stelle sei noch einmal daran erinnert: Zitate aus
den Bänden II-VI sind Zitate aus dem "Fränkischen Koran".
Seine Hauptteile sind überschrieben: Des Werkes erster Teil
(=Bd.II) - Das Buch vom Orden - Die Posaune des Krieges -
Die apokalyptische Schlacht - Das Buch der Geschichte -
Der Tod des Thanatos - Die himmlische Basilie - Advent(=Bd.III
Seraphinische Hochzeit - Das Paradies - Das sibyllinische
Buch - Poem der magischen Natur - Vom Wingert zur Kelter -
Die Wandlungen der Pandora - Der Liederdichter (=Bd.IV)
Der Heilige I und II (=Bd.V) - Der Heilige III und IV(=Bd.VI)

(3) S. dazu besonders "Heil sei den Guten, deren Wohlfahrt das
Glück der andern ist" (Derleth W V 89-101) oder "Nichts hei-
ligt so wie die Kraft,helfen zu können"(Derleth W V 102-108)

Diese veränderte Einstellung scheint nun auf den ersten Blick
dem bohemetypischen Merkmal "Sympathie für Erniedrigte und Beleidigte" zu entsprechen. Doch hat sie, wie ich meine, weit
weniger mit dem Umfeld Boheme zu tun als die zuerst angeführte,
die die bedingungslose Verfügungsgewalt des großen Individuums
über die Masse - ob Freund, ob Feind - betont. Das Recht des
Individuums gegenüber einer normierten Gesellschaft zu behaupten, ist ja d a s konstituierende Element der Boheme überhaupt, während die "Sympathie für Erniedrigte und Beleidigte"
nur dann ein Charakteristikum der Boheme ist, wenn sie sich in
provokativer Absicht gegenüber der "guten Gesellschaft" den
von dieser Verachteten zuwendet.

e) Der Bohemekreis - das Meister/Jünger-Verhältnis (1)

Die bisher besprochenen Autoren hielten zu den verschiedenen
Bohemekreisen sehr lockeren Kontakt. (2) Anders Ludwig Derleth.
Er steht in den ersten Münchner Jahren dem George-Kreis nahe,
(3) schließlich avanciert er selbst zum "Meister" eines Kreises.
Dieser Kreis allerdings - und deshalb oben das einschränkende
"ansatzweise" - erfüllt nicht in jeder Hinsicht die Bedingun-
gen, die einen Boheme-Kreis kennzeichnen. Einige Merkmale des
Derlethschen Kreises weisen über das Bohemetum hinaus.

----

(1) Boheme-Charakteristika wie "Neigung zu Zirkus und Varieté",
    "Bindung an öffentliche Lokale", "Kabarett" spielen für
    Derleth offensichtlich keine sehr wichtige Rolle. In der
    Literatur findet sich lediglich hin und wieder ein Hinweis
    dazu. So nimmt man an, Stefan George und Ludwig Derleth sei-
    en sich in einem Pariser Boulevardcafé zum ersten Male be-
    gegnet (vgl. Helbing, Lothar, Ludwig und Anna Maria Derleth,
    S. 18). Christine Derleth berichtet von der Wiener Zeit
    Derleths: "[Er hatte] nicht das Bedürfnis [...], Theater-
    Aufführungen zu sehen, Konzerte zu hören, Vorträge zu be-
    suchen. Das Leben war Schauspiel genug. Das einzige, was
    er von Pechtoldsdorf aus gern tat, war der Sonntagnachmit-
    tag-Besuch des Varieté in Wien. Die Kunst, die er als Kind
    am meisten bewunderte, war das Seiltanzen." (in: Das Fleisch-
    lich - Geistige, S. 88)

(2) In der Literatur zur Lasker-Schüler wird zwar gelegentlich
    vom "Kreis um Else Lasker-Schüler" gesprochen, doch handelt
    es sich dabei lediglich um eine Stammtisch-Runde, ähnlich
    der Wedekinds.

(3) Die engsten Beziehungen hat Derleth wohl zu George selbst,
    dann zu Wolfskehl. Über das Verhältnis George - Derleth
    schreibt Friedrich Wolters: "George war zunächst trotz
    aller Weite und Weltgewandtheit gegen den Verschwiegenen,
    in einsamster Zucht Geprüften, Schritt und Wort berechnen-
    den Späher der Gefährdete, fast Unbewahrte, der nichts ge-
    danklich zu umhüllen gewohnt war, wenn der erregte Augen-
    blick seinen leidenschaftlichen Anteil aufrief. (in: Stefan

Diese Abweichungen bestehen nicht allein in der Tatsache, daß
Derleth mit den Mitgliedern des Kreises einzeln zusammentrifft
und sich diese untereinander kaum kennen oder darin, daß es das
Ziel des "Meisters" ist, die Kirche, die Gesellschaft, die
Menschheit zu reformieren, sondern hauptsächlich zum einen in
dem Versuch, dieses Ziel konkret zu verwirklichen, zum andern
in Derleths Forderung nach absolutem Gehorsam. Das innerhalb
der Boheme übliche Genügen an nur symbolischer Aggression und
die Betonung der individuellen Freiheit sind die Komponenten
bohemischer Lebens- und Denkweise, zu denen der "Prophet" in
Widerspruch gerät und an denen er u.a. scheitert.(1)
Um die "Werbung einer kleinen ausgewählten Schar beherzter,
an Askese und Gehorsam gewöhnter geistiger Kämpfer als Kern-
truppe gewalttätiger religiöser Erneuerung" (2) bemüht sich
Derleth schon um die Jahrhundertwende. Genaueres darüber berichtet der Bildhauer Michael Kolbe, lange Zeit "Lieblingsjün-
ger":

> Derleth suchte ganz unangetastete Menschen, mit
> dem Ziel, diese Auserwählten zu einer stets wach-
> senden Schar zu vereinigen. Beseelt vom gleichen
> Denkbild, vom gleichen hohen Streben, sollte sie
> auf die Menschheit ihren geistigen Einfluß ausüben.
> Er gab uns den Auftrag, unter unsern Freunden und
> Bekannten Personen aufzuspüren, die der Verwirk-
> lichung seiner Ideale dienten. Wir formten den
> Kern eines Heeres - er war der Führer. Er befahl,
> wir gehorchten blind ... (3)

Doch dieser "Kern eines Heeres", diese wenigen, die Derleth in
der "Umgebung von Studenten und Künstlern" (4) für sich gewinnen kann, (5) und die bereit sind, das "Trägheitsgesetz"
der Boheme zu überwinden, aktiv zu werden, verlassen ihn

George, Berlin 1930,S.239) - Auf der Suche nach eigenen Ge-
folgsleuten trennt sich Derleth allerdings bald von George
und dessen Kreis.

(1) Vgl. S. 144 f.

(2) Ulrich, Wilhelm, Erinnerungen, (nicht veröffentlicht),zit.
nach Helbing, Lothar, Ludwig und Anna Maria Derleth, S.30

(3) Zit. nach Helbing, Lothar, S. 35

(4) Kolbe, Michael, zit. nach Helbing, Lothar, Ludwig und Anna
Maria Derleth, S. 34

(5) Kolbes Behauptung, es hätten sich in vielen europäischen
Städten Gruppen unter der Leitung Derleths gebildet
(Helbing, Lothar, S. 35), wird von keinem anderen Bericht
bestätigt.

schließlich. Auf die Dauer vermögen sie dem Anspruch des "Meisters" auf bedingungslose Gefolgschaft nicht nachzukommen. Selbst Kolbe, der noch nach Jahren enthusiastisch für Derleth schwärmt,(1) entzieht sich ihm aus diesem Grund: "Was mir Schwierigkeiten machte und mich unmerklich langsam von ihm entfernte, war seine Forderung unbedingten Gehorsams. Ich verlor mein Selbst, ich konnte nicht mehr frei atmen. Und das war auf die Dauer nicht auszuhalten." (2)
1919, als die "Proklamationen" zum zweitenmal wirkungslos verhallen, gibt Derleth seinen Reformversuch endgültig auf. Dichtung soll ihm fortan die Tat ersetzen. Die letzten Verse des "Proömions" zum "Fränkischen Koran" bekennen:

> Doch was zur Tat des Schicksals Spruch verneinte,
> steht mächtig hier im Wortgebäude da. (Derleth W I 12)

f) Das ambivalente Verhältnis zur Großstadt/Stadtflucht und
   exotistische Reisepassion

Auf ein ambivalentes Verhältnis Derleths zur Großstadt läßt sich aus dem Umstand schließen, daß er lange in der Großstadt lebt und sie als Wirkungsfeld nutzt (3), andererseits jedoch utopische Vorstellungen von einer vorindustriellen Form des

---

(1) Vgl. z.B.: "Welch mächtigen Einfluss hatte doch dieser Mann auf mich! So unglaublich es klingen mag, wenig fehlte, und ich hätte meine Bildhauerei aufgegeben, um mich nur noch der von ihm mir zugedachten Aufgabe bei der Verwirklichung seines großen Traums zu widmen. Er beseelte mich, er hob mich über mich selbst hinaus, er zwang mich, das Schwierigste und Höchste zu erstreben. Alles um mich her bekam einen andern Zusammenhang: diesem Manne ganz hingegeben, lebte ich fortwährend in höchster Ekstase ..." (Kolbe, Michael, zit. nach Helbing, Lothar, S. 36) - Von einem anderen Jünger namens Artaval erzählt Otto Falckenberg, allerdings mehr lustig als objektiv : Jener habe im Auftrag seines Meisters "Jerusalem erleben" sollen und habe dieses darüber beinahe vergessen. Erst kurz vor dem Ablegen des Gelübdes in einem Kloster in Palästina habe er sich erinnert und sei zurückgekehrt. (Mein Leben - mein Theater, S. 67 f.)

(2) Kolbe, Michael, zit. nach Helbing, Lothar, S. 36

(3) Vgl. Helbing, Lothar, Ludwig und Anna Maria Derleth, S.11: "In dieselbe Zeit, da Derleth die undurchsichtige Maske des Gymnasiallehrers trug, fällt die erste Epoche seines eigentlichen Lebens als Dichter, vor allem aber als Sendbote eines neuen Auftrags. Mit Beginn der Ferien steigt Derleth in den nächsten erreichbaren Schnellzug, um nach Paris, nach München oder Rom zu fahren."

menschlichen Zusammenlebens entwickelt. (1)
Ob jedoch z.B. Derleths Pendeln zwischen Pechtoldsdorf und
Wien dem Wechsel zwischen Anziehung und Abstoßung entspricht,
den das Großstadt - Milieu bei so vielen Bohemiens hervorruft,
oder ob sein Rückzug nach San Pietro di Stabio etwa den Cha-
rakter einer endgültigen Stadtflucht trägt (die im übrigen in der
Boheme weniger häufig auftritt als ein ständiges Hin-und Her
zwischen Stadt und Land), kann ich nicht entscheiden, da zu
diesen Punkten zu wenig Material zur Verfügung steht.
Dasselbe gilt für Ludwig Derleths "exotistische Reisepassion".
Ist seine Orientreise 1933, bei der er Haifa, Akkon, Beirut,
Baalbek, Damaskus, Bagdad, Babylon, Ktesiphon, Khasimen, Ur,
Uruk, Palmyra besucht, (2) Antwort auf eine im Grunde genommen
verachtete Großstadt - Existenz, sucht er im Orient die ein-
fache Lebensweise, die hierarchische Ordnung der Gemeinschaft
etc., die in Europa Utopie bleiben muß? In Anbetracht der bisher von der Person Ludwig Derleths gewonnenen Eindrücke neige
ich dazu, diese Frage zu bejahen, ohne dies, wie gesagt, belegen zu können.

g) Das Werk als Ware. Einstellung zum Literatur- und Kunstmarkt

Ludwig Derleths Auffassung von Kunst, respektive Dichtung, ist
in mancher Hinsicht der Else Lasker-Schülers vergleichbar (s.
S. 51f.). Wie diese sieht er sich durch sein Werk in die Nähe
des Göttlichen gerückt:

> In Lettern, deren Schimmer nie verbleicht,
> hab ich den Weg des Himmels euch gezeigt.
> Wahrhaftig, der niederen Kunst zu dienen (3)
> vermied der Koran,

---

(1) Dazu Näheres im Abschnitt "Gemeinschaftsexperiment/Agrar-
    utopismus" (s.S. 148)

(2) Vgl. Jost, Dominik, Die Dichtung Ludwig Derleths,S.79

(3) In der "niederen Kunst" kommt die Wirklichkeit zur Darstel-
    lung und wird als Wert geschätzt. Die "hohe Kunst" verkün-
    det dagegen eine geistige, eine ideale Welt und will den
    Menschen leiten. Vgl. Ratzki, Anne, Die Elitevorstellung
    im Werk Ludwig Derleths und ihre Grundlagen in seinem Bild
    vom Menschen, von der Geschichte und vom Christentum. Ein
    Beitrag zur Interpretation des Werkes Ludwig Derleths,
    München 1968 (Diss.), S. 263. - In dieser Arbeit wird auf
    einzelne Züge im Werk Derleths hingewiesen (Antibürgerlich-
    keit, Betonung des Individuums etc.), die auch ich heraus-
    gestellt habe, auch hinsichtlich der Person Derleths. Eine
    mögliche Einbettung dieser Aspekte in den Rahmen des Phäno-
    mens Boheme wird bei Ratzki jedoch nicht in Erwägung gezo-
    gen.

da ich mein Feuer vom Herde der Joviswolke nahm.
Namenloses kor ich, und in den Schmelzöfen meiner Worte
glühte das Ungewordene, diamantener Fels,
der vom ewigen Leuchten des Gottesreiches Funken sprüht,
der in der Tiefe typhonischer Schatten wurzelt,
dessen Scheitel die Sterne berührt. (Derleth W II 10)

Angesichts solcher Hochschätzung des dichterischen Wortes möchte man meinen, (1) das "Feilbieten" der "Kleinode, in klingen-
dem Goldreim eingefaßte[n] Sinnworte" (Derleth W II 11) müsse
für Derleth außerordentlich problematisch sein. Doch läßt das
vorhandene Material keine Schlüsse zu, daß der sein bohemisches
Umfeld so belastende Konflikt - Kunst als Göttliches/Kunst als
Ware - für ihn eine Rolle spielt. Dies mag nicht zuletzt daran
liegen, daß er nie darauf angewiesen ist, vom "Ertrag" seiner
Dichtung zu leben (s. folgenden Abschnitt).

h) Einstellung zur bürgerlichen Arbeit (2)

Derleths Haltung zur bürgerlichen Arbeit entspricht nur zum
Teil bohemischem Muster. Obwohl schon in Kontakt mit dem Schwabingertum, vollendet er dennoch 1889 in München sein Lehramts-
studium in den Fächern Philosophie, Altphilologie, Germanistik
und bleibt immerhin bis 1906 Lehrer, d.h. die unbürgerlichen
"Proklamationen" entstehen, während er einer durchaus bürgerlichen Tätigkeit nachgeht, mag sie ihm auch verhaßt gewesen sein.
(3)
Wovon Derleth 1906 - 1924 seinen Lebensunterhalt bestreitet, ist
nicht zu ergründen. Doch über das "wie" der wirtschaftlichen
Bewältigung dieser Zeit erzählt Christine Derleth:

> Dass es dort [Wohnung Marienplatz] keine Not gab,
> kam von Annas sparsamem und geschicktem Haushal-
> ten. Sie verstand es meisterhaft, mit geringsten
> Mitteln auszukommen. Um heute frischgemachte Nu-
> deln zu kaufen, legte sie weite Strecken zurück,
> sie konnte weinen, wenn der Milchtopf zerbrach,
> bei den Kräuterweibern am Petersdom handelte sie
> unbarmherzig die Preise herunter, den Verkäufern
> von Schnupftabak hielt sie Reden, wie ihre Ware
> beschaffen sein müßte; [...] (4)

---

(1) Vgl. auch "Das Wort ist der Mutterschoß der Ereignisse"
    (Derleth W VI 115 - 123).

(2) Planung oder gar Durchführung eines "finanziellen Coups"
    kommt für Derleth nicht in Frage - es sei denn, man will
    seine Heirat mit der sehr vermögenden Christine Ulrich als
    einen solchen "Coup" einstufen.

(3) S. Jost, Dominik, Ludwig Derleth, S. 20

(4) Zit. nach Helbing, Lothar, Ludwig und Anna Maria Derleth,
    S. 26 f.

Derleths bohemegemäßer Rückzug von der bürgerlicher Arbeit wird
also von der absolut unbohemisch sparsamen Haushaltsführung (1)
der Schwester gedeckt.
Mit seiner Heirat 1924 ist Derleth endgültig jeglicher Geldsorgen enthoben. Doch nicht eine Wendung ins Bürgerliche wie
bei Wedekind ist die Folge der Heirat und der finanziellen Konsolidierung, sondern bei ihm setzt sich eher die latent vorhandene Neigung zu den Lebensformen der "Grande Boheme" durch (ex-
klusives Wohnen, weite Reisen, Sammeln wertvoller Bücher und An-
tiquitäten).

i) Gemeinschaftsexperiment/ Agrarutopismus

Im Gegensatz zu Derleth sind die meisten Bohemiens von ständigen Existenzsorgen bedroht. Immer wieder versuchen sie mit Hilfe von Bohemekommunen bzw. -kolonien sich wirtschaftlich über
Wasser zu halten und sich zugleich den Traum vom einfachen Leben, in dem sich die antiurbanistischen Tendenzen der Boheme
häufig manifestieren, zu erfüllen.
Auch bei Derleth taucht der Gedanke an ein "Gemeinschaftsexperiment" immer wieder auf. (2) Nach dem Scheitern des "Ordens"
soll z.B. auf der Rosenburg im Altmühltal eine neue Gemeinschaft
im Sinne Derleths verwirklicht werden. Genaueres über den Aufbau der Gemeinschaft ist allerdings nicht bekannt.(3) Als der
Ankauf der Rosenburg scheitert, werden die Pläne offensichtlich
aufgegeben.

---

(1) Es sei an das "Genußpostulat" der Boheme erinnert. Es erfor-
    dert, daß man, wie auch immer zu Geld gelangt, es nicht ein-
    teilt, um über Wochen davon leben zu können, sondern es auf
    der Stelle in eine "Orgie" investiert.

(2) Existenzsicherung als Motiv ist bei Derleth jedoch auszu-
    schließen. Bei ihm dürfte der Wunsch nach Realisierung
    einer archaischen Lebensform alleiniger Beweggrund sein.

(3) Möglicherweise ist an Strukturen gedacht, die im "Buch vom
    Orden" die neue Gemeinschaft prägen: "Jenseits von Staat
    und Nation entstehen geistliche Familien des Menschenge-
    schlechts, Geisterbünde von immer heftiger werdenden Involu-
    tionen, in denen gemeinschaftlich erlebte Erschütterung der
    Seele die Welt des Denkens und der Gefühle befruchten. In
    beispielloser Vollendung bilden sich neue Gemeinschaften,
    die trotz ihrer räumlichen Beschränkung an Schönheit reich-
    sten Republiken. Es sind Kleinwelt - Körper, deren Angehö-
    rige in den Formen mönchischer Gesetze leben und von ihren
    Vorgesetzten Rat, Tröstung und das Brot der Seele empfan-
    gen. [...] Gottgeweihte Verhältnisse von Person zu Person
    bilden sich, kleine Wahlverwandtschafts-Familien, die, in
    eines ewigen Weltgefühls unendlicher Ahnung mit den heili-
    gen Banden des Gehorsams, der Ehrfurcht, der Demut, der
    Treue, der Liebe verknüpft, über alle Innigkeiten von Ehe-
    bünden und Freundschaften weit hinausgehen."(Derleth W III
    12 f.)

j) Ludwig Derleths "Fränkischer Koran" - eine untypische
Großform?

Die bohemische Lebenshaltung in ihrer faktischen Ruhelosigkeit
und ihrem programmatischen Spontanismus schafft ein ungünsti-
ges Klima für das Gedeihen der literarischen Großform - eine
Korrelation, die das Werk von Else Lasker-Schüler, Franziska
von Reventlow und Frank Wedekind deutlich widerspiegelt.
Ludwig Derleths "Fränkischer Koran" nun scheint auf den ersten Blick einem solchen Zusammenhang zwischen Lebensweise
und dichterischer Form ganz entschieden zu widersprechen. Der
"Koran" umfaßt immerhin fünf Bände des sechsbändigen Gesamtwerkes und bringt es auf nahezu 2000 Seiten.
Bei etwas genauerem Hinsehen fällt jedoch sofort die Reihung
weitgehend eigenständiger Themen im "Fränkischen Koran" auf:
"Das Buch vom Orden", "Die Posaune des Kriegs", "Die apokalyptische Schlacht", "Das Buch der Geschichte", "Der Tod des Thanatos", "Die himmlische Basilie", "Advent", "Seraphinische
Hochzeit", "Das Paradies","Das sibyllinische Buch", "Poem der
magischen Natur", "Vom Wingert zum Kelter", "Die Wandlungen
der Pandora", "Der Liederdichter", "Der Heilige I,II,III,IV".

Die voneinander unabhängigen Themenkreise - von inhaltlichen
Parallelen wie Kampfdarstellung in "Die Posaune des Kriegs"
und "Die apokalyptische Schlacht" abgesehen - sind wiederum
vielfach unterteilt. In einer Art Bildertechnik wird Gedanke
an Gedanke gereiht, wobei in diesen kleinen Abschnitten allerdings durch einen Leitgedanken eine gewisse Einheit entsteht.

Es handelt sich also um ein lockeres Kompilationsverfahren,
wobei der Verfasser nicht einmal die endgültige Durchführung
verifiziert. (1)
Bezeichnend ist auch ein ständiger Wechsel von Lyrik und Prosa. Er dokumentiert das Reihungsprinzip ganz besonders sinnfällig. Im folgenden ein längeres Beispiel dafür, und zwar
aus dem "Heiligen", der innerhalb des "Korans" den größten
(scheinbar) zusammenhängenden Komplex ausmacht:

---

(1) Vgl. Jost, Dominik, Die Dichtung Ludwig Derleths, S.18 f.:
    "Der *Fränkische Koran*, der bei Derleths Tod nicht in druck-
    fertiger Ordnung vorlag, sondern noch der Redaktion bedurf-
    te, hat Dank der genauen Kenntnis und der unermüdlichen Ge-
    wissenhaftigkeit von Christine Derleth die gültige Form er-
    halten. [...] Form meint hier die Abfolge der einzelnen
    Texte, Komposition der Teile. Derleth hat seine spätere
    Frau schon in der ersten Zeit der Arbeit am *Fränkischen
    Koran* mit der Einfügung neuer Stellen in das Volumen des
    bisherigen Werks beauftragt [...] - s.a. Jost, Dominik,
    Ludwig Derleth, S. 101

Und er [der Heilige], der unter allen Alten ewig jung
erschien und doch um viele Menschenalter reifer war,
wandte sich an seine Jünger und sprach:
Nichts ist so köstlich wie ein Menschenleben, durch
das sich die Goldader eines beharrlichen Willens zieht.
Ein Mensch, der mit Herzkraft zu sprechen weiß, ein
wahrsagender und wahrmachender Mensch, ein kernfester,
zielstarker, worthaltender Charakter, der über sich und
das Schicksal mächtig ist, wägt weislich ab, entscheidet sich langsam, aber einmal entschlossen geht er
nicht ab von dem, was er zugesagt, was er als Brief
und Siegel hat gegeben. Er ist weich wie Wasser, das
sich nach jedem Gefäße formt, solange Vorsatz und Entschluß noch durch die Dichte eines Zweifels geschieden
sind, doch bleibt er fest wie ein Stein, wenn er entschlossen ist. Sein mannhaft Herz gibt keinem Diaman-
ten an Härte, Licht und Dauer nach.
So ist der Mensch: Nicht unbedingt
erfüllt die Tat sein Wortversprechen
nur was ein Gott hat zugewinkt,
vermag kein Ding zu unterbrechen.
Wie dunkel auch die Stürme schauern,
die Wolke sich in Wolke jagt,
hat Gott einmal sein Ja gesagt,
So wird es durch die Zeiten dauern.
An einem dieser Tage sprach er von der unveränderlichen
Einheit eines durchhaltenden Menschen
[...]
Treu in jedem Augenblicke
mit sich selbst im Gleichgewicht
muß er seine Bahn vollenden.
Selbst die härtesten Geschicke
dieses Herz von Eisen bricht.
[...]
Als der erste Sonnenstrahl die Porphyrklippen der Gipfel
berührte, wandte sich der Heilige an seine Jünger und
sprach:
[...]
(Derleth W V 367 ff.)

Der"Fränkische Koran" ist zwar, wie festgestellt, zweifelsohne
geprägt vom "quantitativen ins Kraut Schießen" - um noch einmal Thomas Manns Äußerung zur "großen Form" aufzugreifen (1)-
ohne jedoch Derleth, wie nicht zuletzt das obige Zitat zeigt,
einen immer höheren Stil abzufordern. Das "Zettelkastenprinzip"
des "Koran" entspricht weit mehr der punktuellen Arbeitsweise
der Boheme als den Anforderungen der großen epischen Form.

---

(1) Vgl. S. 58

k) Ludwig Derleth und Politik - sein Werk unter dem Aspekt
   des antidemokratischen Denkens betrachtet

Christine Derleth beteuert, ihr Mann sei ein "Unpolitischer"
gewesen, er habe "keinerlei politischer Richtung" angehört.(1)
Zieht man nur das bisher Erörterte heran, muß dieser Behauptung
widersprochen werden: Ludwig Derleths Reformversuch weist ihn -
wenn auch nur für kurze Zeit - eindeutig dem Politischen,sogar
im engen Sinne, zu.
Darüberhinaus zeigt das gesamte Werk - nun allerdings den er-
weiterten Politikbegriff vorausgesetzt - politische Züge: es
enthält Einstellungen, die dem antidemokratischen Denken zuzurechnen sind, dem Kurt Sontheimer einen so bedeutenden Anteil
am Untergang von Weimar und dem Aufstieg des NS-Regimes bei-
mißt. (2)
Diesem Zusammenhang sei im folgenden nachgegangen. Es wird
dabei deutlich werden, daß dieses Spektrum antidemokratischer
Aspekte nicht allein der individuellen Sicht Derleths entspricht, sondern Geist vom Geiste der Boheme ist. Davon zeugt
nicht zuletzt die Berufung Derleths auf das "Leben" im Kampf
gegen den Intellektualismus und das diesem zugeordnete System
der parlamentarischen Demokratie. Den Wert, den das Prinzip
"Leben" in der Boheme einnimmt, hat die Besprechung von Else
Lasker-Schüler, Franziska von Reventlow und Frank Wedekind
bereits aufgewiesen.

- Anti - Intellektualismus

Im Rahmen des antidemokratischen Denkens spielt die "Utopie
vom Leben" eine ebenso zentrale Rolle wie in der bohemischen
Gedankenwelt. Hier wie dort ist der Feind die "ratio", die
sich der universalen Dimension des Genial-Schöpferischen in
den Weg stellt.Wenn Kurt Sontheimer das der ratio im antidemokratischen Denken zugeschriebene Wesen erläutert, gilt dies
nicht weniger für deren "Ansehen" in der Boheme: ratio ist

---

(1) Derleth, Christine, Das Fleischlich-Geistige, S. 114 -
    Doch kann sie selbst nicht so recht an das "Unpolitische"
    Derleths und seines Werkes geglaubt haben: sie wagt es
    nicht, in den Nachkriegsjahren sein Werk herauszugeben
    (vgl. Jost,Dominik, Die Dichtung Ludwig Derleths,S.12).

(2) Sontheimer, Kurt, Antidemokratisches Denken in der Weima-
    rer Republik. Die politischen Ideen des deutschen Natio-
    nalismus zwischen 1918 und 1933, München 1978 (=dtv WR
    4312). - Die von mir herangezogenen Kategorien sind: Anti-
    Intellektualismus (S. 61-63), antidemokratische Kritik
    (S. 141-192), antiliberaler Staatsgedanke (S.192-214),
    Vision des Reiches (S.222-243), Der Ruf nach dem Führer
    (S.214-222)

> ein bloß kritisches Instrument [...] eine Fähig-
> keit, die das unmittelbar Schöpferische hemmt zu-
> gunsten eines alle Ganzheiten auflösenden und aus-
> einanderreißenden analytischen Verfahrens. Ratio
> zergliedert, trennt, atomisiert alles, was sich
> ihrem Zugriff unterwirft. (1)

Bei den meisten Bohemiens allerdings pflegt solcher Anti-In-
tellektualismus in der allgemeinen gesellschaftskritischen
Protesthaltung aufzugehen.
Nicht so bei Ludwig Derleth. Seine Feindschaft gegen die ratio
äußert sich zum einen als vehemente Kritik an der modernen Wissenschaft:

> Seit dem Einsturz des scholastischen Weltgebäudes
> gibt es nur noch Dogmatiker des Unglaubens, die
> sich ein Urteil zumuten über geistliche Dinge,
> Theologen, die nichts wissen von den innersten
> Erlebnissen des Weltgemüts, in allem Religiösen
> das von selbst Einleuchtende wegerklären, wenn
> es nicht zu ihrem System stimmt, Archäologen, die
> die mythische Welt nur aus schriftlichen Denkmalen
> kennen, Historiographen und Lumpensammler von ab-
> gelegten Garderoben der Weltgeschichte [...].
> Das Ganze ist nur ein Tohuwabohu von Wissenschaf-
> ten, aber nirgends sieht man die Ansätze einer
> Philosophie, die Einheit in diese ungeordneten
> Massen bringt. (Derleth W II 362) (2)

Zum anderen läßt sie ihn sich gegen die Staatsform wenden,
deren Aufstieg mit dem Siegeszug der ratio im 19. Jahrhundert
Hand in Hand geht: die parlamentarische Demokratie (s.dazu
folgende Abschnitte).

---

(1) Sontheimer, Kurt, Antidemokratisches Denken, S. 61

(2) S. auch "Eine Erkenntnis, die ohne Liebe ist, tötet und
    entgöttert die Welt. Man findet die Seele nicht, wenn man
    zergliedert, was nur in seiner Totalität besteht, wenn man
    nicht weiß, daß der Leib außer seinen Zellengefäßen, Ner-
    ven, Membranen, Sehnen, Muskeln und Knochen noch etwas
    anderes in seiner lebendigen Einheit ist, [...]" (Der-
    leth W II 360) oder "Nicht Lehrstuhl gegen Lehrstuhl,
    nicht mit den gegen feindliche Reden schwirrenden Wort-
    pfeilen wird die Schlacht auf dem ewigen Geisterfelde
    gewonnen, in der sich das Schicksal der christlichen Wahr-
    heit gegen die weltliche Lüge entscheide. Es ist unser
    fester Glaube, daß für den Napoleon der Metaphysik und
    alle geistigen Eroberer der Unfehlbarkeit nur ein eksta-
    tisches Wissen und nicht das natürliche Licht des Ver-
    standes den gewaltigen Aufgaben des zukünftigen Reiches
    gewachsen sei." (Derleth W I 96)

- Antidemokratische Kritik

Auch die einzelnen Elemente der Kritik am demokratischen System,
die sich im Werk Derleths finden, zeigen die für den Aspekt "Leben" /ratio kennzeichnende Nähe von antidemokratischem Denken
Zugehörigem und bestimmten bohemetypischen Einstellungen: hinter Verachtung des Liberalismus, Kritik des Parlamentarismus
und des Parteienwesens Kritik am demokratischen Gedanken stehen
Abneigung gegen Nivellierung und Kompromißbereitschaft sowohl,
wie der Hang zum Übermenschentum und die Suche nach "neuen Gemeinschaften".
Meist greift Derleth sämtliche "Mißstände" des demokratischen
Systems in einem Rundumschlag an:

> Seitdem aber die ungeschriebenen Gesetze ihre Kraft
> verloren, wurde die Erde voll des eitelen Geredes.
> Wer nimmt noch Rat an? Statt der Ideen der Macht
> nur die hallenden Schlagworte, die großen Überschrif-
> ten, alles, was klingt und nichts zu sagen hat, Wahl-
> reformen und Formenwechsel der staatlichen Gewalt,
> abermals neue Erfindungen von noch nie gelungenen
> Bindungen, ein Hokuspokus von sich widersprechenden
> Vorschlägen. Alles salbadert, und niemand hört. Wie-
> der ein Quacksalber mit einem neuem Allheilmittel.
> Ein Scharlatan hat abgetan, ein andrer tritt an
> seine Stelle. (Derleth W II 408) (1)

Verfassung, parlamentarische Diskussion, Parteiparolen, Wahl-
recht, Koalitionsverhandlungen, Regierungs- und Kanzlerwech-
sel sind hier Zielscheiben der Derlethschen Attacke. Bezeichnend ist dabei das Irrationale der "Argumentation" - dem Verstand und der Vernunft ist ja der Kampf angesagt.

- Antiliberaler Staatsgedanke /Die Vision des Reiches

Solche "Kritik am Bestehenden in der antidemokratischen Geistes-
bewegung", so stellt Kurt Sontheimer fest, geschieht "im Zeichen politischer Zukunftsvorstellungen bzw. mehr oder weniger
idealisierter politischer Verhältnisse der nahen und fernen Vergangenheit". (2)

---

(1) S. besonders "Mit den Quellgeistern des großen Lebens, mit
    der Energieerzeugung in Völkern und Staatsgebilden ist es
    vorüber" (Derleth W II 403 - 446) - Dieses Kapitel ist
    eine große Abrechnung mit der demokratischen Ordnung über-
    haupt und ihrer Weimarer Ausgabe speziell.

(2) Sontheimer, Kurt, Antidemokratisches Denken, S. 142

Was aber sind Derleths Träume von einem Ordensstaat, von einer Restaurierung urchristlicher Gemeinden, einer Wiederherstellung eines Ständesystems in einem agrarisch strukturierten Gemeinwesen anderes als solche antidemokratischen "Staatsgedanken"?(1)

Die "Vision vom Reich" hat bei Derleth allerdings einen anderen Inhalt als bei den meisten, die sie als antidemokratische Waffe verwenden. Sie haben ein Reich in Anlehnung an das "Weltreich" der Ottonen, der Staufer im Auge, also einen deutschen Reichsmythos. Derleth dagegen denkt an die Aufrichtung eines Imperiums im Namen Christi, wenn er vom Reich spricht:

> Das Reich, um welches auf jeder Menschenerde gerungen wird, ist Christi Königreich. Die Entscheidungen der Menschen beeinträchtigen die Intentionen des Weltherrn nicht. Niemand vermag sich seinem Kriegsrecht zu entziehen. [...] Gedenke, daß einmal der Tod ein Fest war, als man sterbend für ein großes Reich zu fallen schien. (Derleth W I 52)

Am antidemokratischen Charakter der Reichsvorstellung ändert diese Verschiebung jedoch nichts. Sie verweist in derart gesteigerter Unrealisierbarkeit lediglich verstärkt auf die geistige Heimat ihres Urhebers (s.Anm.1)

- Der Ruf nach dem Führer

Daß der Führergedanke bei Derleth eine zentrale Rolle spielt, ist unübersehbar, zugleich seine antidemokratische Stoßrichtung:

> Eine vollendete Gemeinschaft kann nie das Kunstwerk der Menge sein. Sie darf ihre Führer nicht wählen, aber sie hat ihnen zu gehorchen, weil diesen allein Überzeugung, Gewissen, Selbstentschiedenheit, Verantwortlichkeit und Urbewegung zuzugestehen ist. Die große Masse ist eher imstande, die Vernunft ihrer Führer auszunützen, als aus eigenem Verstand zu leben.[...]
> Dauer und Stärke gewinnt sie [die Masse] nur dadurch,daß sie sich in einem hervorragenden Führer personifiziert, der die attraktiven herrschaftlichen Kräfte besitzt, die zur Anziehung der trägen Massen nötig sind, [...].
> Überall, soweit wir Geschichte kennen, hat Despotie höhere Wohlfahrt gezeitigt als Sklavenregiment, [...], waren die hellsten und schönsten Offenbarungen, alles Wachstum in Geist und Kultur an den Bestand von irgend einer Tyrannei gebunden. (Derleth W III 232 f.)

---

(1) Die Frage nach einer Realisierbarkeit solcher "Staatsutopien", die gegen die Demokratie gewendet werden, wird gewöhnlich nicht gestellt. Dies mag am antidemokratischen Lager, wie es Kurt Sontheimer beschreibt, so anziehend auf die "politisierenden" Bohemiens gewirkt haben, daß im wesentlichen nur destruktives Talent gefordert ist, die"Lust am Untergang".

Wie sehr dabei der Führergedanke von dem in der Boheme mit besonderer Intensität zelebrierten Nietzsche-Kult beeinflußt ist,
wird deutlich, wenn man Stellen hinzunimmt wie folgende aus
den "Königsreden" (eine Art Fürstenspiegel):(1)

> Nicht das Verbrechen erniedrigt, sondern die Nie-
> dertracht, die ein Verbrechen begeht. Da er [der
> König] unter dem Richtspruch seines eigenen Gesetzes
> steht, kann er wagen, das Entsetzliche zu tun, denn
> an seinen Verbrechen haftet kein Makel der Selbst-
> sucht. (Derleth W VI 201)

Unübersehbar ist hier, wofür von einem "Unpolitischen" der Bo-
den mitbereitet wurde, auch wenn zugegebenermaßen das Dritte
Reich ohne Ludwig Derleth ausgekommen ist, ja, ihn und sein
Werk wahrscheinlich nicht einmal zur Kenntnis genommen hat.

Wichtig jedoch ist die Feststellung der Tendenz. Sie wird sich
bei den in den folgenden Kapiteln zu besprechenden Autoren be-
stätigen: die Boheme und ihr Gedankengut leisten einen nicht
zu unterschätzenden Beitrag im Kampf gegen die parlamentarische
Demokratie, wenn der Bereich des nur Symbolisch-Aggressiven
verlassen wird.

1) Die Boheme in ihrer Bedeutung für Entstehung und Scheitern
   der Derlethschen Reformpläne

Vor dem Versuch Ludwig Derleths, die ihn umgebende Gesellschaft
zu reformieren, steht als Zeichen des Ungenügens an ihr die Zugehörigkeit zu der "Außenseitergesellschaft" Boheme in Schwabing.
Diese Zugehörigkeit zum subkulturellen Milieu demonstriert Derleth dabei in üblicher Weise: er bedient sich der symbolischen
Aggression, insbesondere der provokativen Abweichung im Äußeren, im Wohnen und im Benehmen, wobei die Stilisierung auf
"priesterlich-weihevoll" abzielt.
Mit der bloßen Absonderung und ihrer aufreizenden Zurschaustel-
lung ist Ludwig Derleth jedoch nicht lange zufrieden. Ebenso-
wenig genügt ihm auf die Dauer die Verwirklichung unkonventio-
neller Lebensformen und Kunstideen im auserwählten Kreis, wie
er sie bei George und dessen Jüngern kennenlernt. Nicht Rückzug aus der Gesellschaft, sondern ihre Veränderung heißt nach
dreijährigem Schwabingertum die Devise Derleths.
Seine "Ordensgründung" lehnt sich dabei stark an das Muster
des George-Kreises mit seiner Meister/Jünger-Struktur an (die
im übrigen viele Boheme-Kreise kennzeichnet), mit einem gravie-
renden Unterschied: die Mitglieder seines Ordens, die bekehrend
für eine Wiederherstellung urchristlicher Gemeinden wirken sollen, sind ihrem Meister absoluten Gehorsam schuldig. Daß Derleth seine Jünger aus den Künstlerkreisen der Boheme rekrutiert,

---

(1) Derleth W VI 200 - 215

ergibt sich aus seiner ständigen Nähe und früheren Zugehörigkeit zu ihnen. Allerdings trägt er so selbst - von der Zielsetzung der Reform einmal abgesehen - wesentlich zum schnellen
Scheitern der Ordensidee bei: der programmatische Individualismus der Boheme widersetzt sich letztendlich jedem System von
Befehl und Gehorsam.

III. VON DER SYMBOLISCHEN AGGRESSION ZUR POLITISCHEN REVOLUTION

Was sich bei Derleth angedeutet hat, bestätigt sich bei den drei
Autoren, die in diesem Kapitel behandelt werden: wenn der Bohemien über die symbolische Aggression hinaus politisch wird,
dann nicht im Rahmen parteipolitischer oder parlamentarischer
Tätigkeit (1), sondern in revolutionären Bewegungen, die sich
gegen das für die Boheme zentrale Feindbild Bürger bzw. bürgerliche Gesellschaft richten. Moeller van den Bruck ist führender
Kopf der "konservativen Revolution", Hanns Johst wendet sich
dem Nationalsozialismus zu, Erich Mühsam ist maßgeblich an der
Räterevolution in Bayern beteiligt.
Während jedoch Derleths Ausflug in den "Aktivismus" von recht
kurzer Dauer ist, lösen sich Moeller, Johst und Mühsam nie mehr
vom Politischen. Ihr Leben und Werk steht beispielhaft für jene
Wege, welche die Boheme geht, wenn sie sich nicht mehr damit zufrieden gibt, ihr Ungenügen an der herrschenden Gesellschaftsordnung durch provokatorische Absonderung zu demonstrieren,
sondern ihren Protest in Aktion umsetzen will.

1. A r t h u r   M o e l l e r   v a n   d e n   B r u c k
   (1876 - 1925)
   Von der symbolischen Aggression zur konservativen Revolution

Die Quellenlage zu Arthur Moeller van den Brucks Biographie ist
ähnlich schlecht wie bei Derleth, da Briefe und Tagebücher zum
großen Teil in den Nachkriegswirren verloren gegangen sind. (2)
Besonders betroffen ist die Bohemezeit Moellers, da hierzu
auch die Sekundärquellen wenig ergiebig sind: in der Memoirenliteratur finden sich relativ spärliche Hinweise, die wissenschaftliche Literatur der frühen NS-Zeit über Moeller - hauptsächlich von Freunden verfaßt (3) - vernachlässigt diese Phase

---

(1) Sowenig Derleth auf die Idee kommt, seine Vorstellungen
    von der Rückkehr zu Urchristlichem innerhalb bzw. mit Hilfe
    der Zentrumspartei durchzusetzen, sowenig schließt sich der
    "konservative" Moeller der DNVP an; auch der Linksrevolutio-
    när Erich Mühsam tritt nur widerstrebend und kurzzeitig
    der KPD bei.

(2) S.Stern, Fritz, Kulturpessimismus als politische Gefahr.Ei-
    ne Analyse nationaler Ideologie in Deutschland, Bern, Stutt-
    gart, Wien 1963, S. 224, Anm. 1

(3) Paul Fechter (Moeller van den Bruck. Ein politisches Schick-
    sal, Berlin 1934) und Hans Schwarz (Über Moeller van den
    Bruck, in: Dt. Volkstum XIV, 14.9.1932,S.689-692) sind Teil-
    nehmer an Moellers "Montagstisch".

seines Lebens bewußt, um den Verfasser des "Dritten Reiches"
nicht in einer Reihe mit "Entarteten" nennen zu müssen, (1)
die wissenschaftliche Literatur nach 1945 beschäftigt sich vor
allem mit Moellers Stellung innerhalb der konservativen Revolution. (2).

Dennoch erlaubt es das Vorhandene, Moeller für eine bestimmte
Spanne seines Lebens (etwa 1892 - 1906) zweifelsfrei der Boheme zuzuordnen (Zugehörigkeit zum Friedrichshagener Kreis)
und darüberhinaus dem Einfluß dieses Bohemelebens auf sein spä-
teres politisches Denken und Handeln nachzugehen.

Ein Kennzeichen dieser Entwicklung wurde einleitend schon vorweggenommen, da es für den Weg vom literarischen Rebellen zum
politischen Revolutionär das signifikante Merkmal schlechthin
ist: die antibürgerliche Einstellung bleibt die Achse, um die
sich der Wandel von der symbolischen Aggression zur konkreten
Aktion vollzieht.

Bei Moeller verläuft diese Bahn in die rechtsgerichtete "konservative Revolution". Dies mag auf den ersten Blick überra-
schen, scheint doch die Konstitution der Boheme eher eine Links-
tendenz nahezulegen. Doch bei Ludwig Derleth hat es sich schon
angedeutet, daß sich eine Fülle bohemetypischer Züge auch in
einem Rechtsschwenk behaupten, ist er in seiner Anlage nur ra-
dikal genug. Spezifisch für Moeller ist dabei das Übertragen
literarisch-ästhetischer Kategorien auf den politischen Bereich,
ohne entsprechende Modifikationen vorzunehmen.

---

(1) Allerdings vergeblich: sobald das Regime sich gefestigt
    hat, wird Moeller als "Ahnherr" verstoßen. Den Anfang macht
    der führende NS-Ideologe Alfred Rosenberg mit seinem Arti-
    kel "Gegen Tarnung und Verfälschung" im "Völkischen Beobach-
    ter" vom 8.12.1933

(2) Eine Ausnahme machen Schwierskott,Hans Joachim, Arthur.
    Moeller van den Bruck und die Anfänge des Jungkonservati-
    vismus in der Weimarer Republik. Eine Studie über Geschich-
    te und Ideologie des revolutionären Nationalismus, Göttin-
    gen 1962 und Stern, Fritz, Kulturpessimismus als politi-
    sche Gefahr (vgl. S. 157, Anm.2)
    Beide schenken auch dem frühen Moeller Aufmerksamkeit.

A. Aspekte und Themen

a) Der Bürgerstereotyp

Moellers "vorpolitischer" Bürgerstereotyp trägt starke Züge
des "Philisterbildes" in der Ausprägung "Bildungsphilister"(1),
wie ihn Nietzsche in seinen "Unzeitgemäßen Betrachtungen" (1873-
1876) zeichnet: die "Un"- bzw. "Scheinkultur" der Gründerjahre
ist auch Moeller ein ständiger Dorn im Auge.(2)
In kaum einer seiner frühen Schriften versäumt er es, auf die
Diskrepanz zwischen Macht- und Kulturentfaltung des 2. Reiches
hinzuweisen. Am härtesten ist der Angriff gegen die "Unkultur"
des kaiserlichen Deutschland wohl in Moellers Buch "Die italienische Schönheit" formuliert, trotz des "Umwegs" über das Römische Kaiserreich:

----

(1) Theoretisch läßt sich der bohemische Bürgerstereotyp in
    zwei Komponenten aufspalten: in das Bourgeoisbild (gekenn-
    zeichnet von Geistfeindlichkeit, Zynismus, Rücksichtslosig-
    keit etc.) und in das Philisterbild (geprägt von Untertanen-
    geist, Autoritätshörigkeit, Abneigung gegen schöpferische
    Abweichung u.a.). Praktisch herrscht jedoch der"gemischte"
    Stereotyp vor. - Zu "Bildungsphilister" s.auch: Meyer, Her-
    mann, Der Bildungsphilister, in: H.M., Zarte Empirie. Stu-
    dien zur Literaturgeschichte, Stuttgart 1963, S.179-201.

(2) Die Anlehnung an Nietzsche beginnt schon bei der Definition
    von wahrer Kultur bzw. Kunst. Heißt es bei diesem in den
    "Unzeitgemäßen Betrachtungen": "Kultur ist vor allem Ein-
    heit des künstlerischen Stiles in allen Lebensäußerungen
    eines Volkes". (in: Nietzsche, Friedrich, Werke in 6 Bänden,
    hrsg. v. K. Schlechta, München, Wien 1980, hier: Bd.1,S.140),
    liest man bei Moeller: "Zu dieser Kunst und unter diese
    Form gehört alles, was aus der originalen Anschauung des
    Volkes, von seinen überdur.chschnittlichen Begabungen in be-
    stimmter Weise gebildet und geprägt, unmittelbar hervor-
    geht und uns ins lebendiges Wesen durch Alle [!], die an
    seiner Entwicklung mitarbeiten, schöpferisch verkündet.
    [...] Kurzum, der Stil gehört hierhin, auf den wir ein
    Volk zu bringen haben, nachdem es sich zuvor selbst auf
    ihn gebracht hat, und mit dem es sich dann zu dem Einheits-
    ganzen verbindet, als das es schließlich auf die Nachwelt
    übergeht." (in: Nationalkunst für Deutschland, in: Flug-
    schriften des Vaterländischen Schriftenverbandes, Nr.1,
    Berlin 1909, S. 3 f.) - Mit der Hinwendung Moellers zu
    Deutschland, die sich um das Jahr 1904 während seines Auf-
    enthaltes in Paris anbahnt, ist keineswegs das Ende seiner
    Kulturkritik gegeben. Im Gegenteil: nun, da er seine Vater-
    landsliebe entdeckt hat, vermißt er erst recht eine der
    politischen Größe Deutschlands angemessene kulturelle
    Größe.

Die Kultur, die sich die Römer in diesen Zeiten
schufen, war in ihrer Anmaßung und Kläglichkeit die
rechte, schlechte Kultur von Gründerjahren, die in
Rom allerdings nicht nur ein Menschenalter, sondern
ungefähr ein Drittel der römischen Geschichte gedauert
haben. Wir müssen uns dabei erinnern,daß es schließlich die Kultur von Kaisern war, die selbst als
Bastarde in das römische Reich gelangt, dazu von rei-
chen Kaufleuten, Getreidelieferanten, von emporge-
kommenen Offizieren, Salongeneralen und jenem ganzen
Gesindel, das aus allen Provinzen des Weltreichs in
die Kaiserstadt strömte.(1)

Hier deutet sich eine im Werk Moellers immer wieder feststell-
bare Zuspitzung der Kulturkritik auf die Person Wilhelms II.an.
Der Kaiser ist für ihn die Verkörperung der verachtenswerten
Similikultur schlechthin, gilt ihm sozusagen als oberster Bildungsphilister. (2)
Als der Ausgang des Ersten Weltkrieges Kaiser und Reich ein Ende setzt, bedeutet dies jedoch keinen Wandel in der Grundein-
stellung Moeller van den Brucks.Er überträgt die ganze Verachtung, die er für den Bildungsphilister des Wilhelminischen Reiches hegte, auf den liberalen Bürger der Weimarer Republik.(3)

---

(1) Moeller van den Bruck, Arthur, Die italienische Schönheit,
München 1913, S. 36

(2) Vgl. Moeller van den Bruck, Arthur, Scheiternde Gegenwart,
in : A.M.v.d.B., Scheiternde Deutsche, Minden o.J.[etwa 1908]
(= Die Deutschen. Unsere Menschengeschichte, Bd.7),S.243-
318, hier S. 297 ff.:"Dabei ist es aber noch nicht einmal die
Skulptur, die unter der Ästhetik Wilhelms des Zweiten am
meisten leidet, sondern die Architektur. [...] So hat er
[Wilhelm II.]einmal davon gesprochen, daß Berlin die schön-
ste Stadt Europas werden müsse. Und ganz gewiß hat das Jahr
1871 uns die Aufgabe gebracht, dem neuen Kaisertum eine eben-
bürtige Herrscherstadt zu schaffen und die gegebene Zentrale Europas in eine deutsche Weltstadt zu verwandeln.
Aber gerade hier ist so gut wie alles verfehlt worden.[...]
Heute ist das Stadtbild,und gerade in der Gegend der kaiserlichen und staatlichen Bauten, völlig zerstört.[...] Sie
[die Ästhetik Wilhelms] hat in dem Augenblick, in dem wir
uns daran machten, den Stil des Barock und des falschen Klas-
sizismus endlich zu überwinden, der unsere künstlerische
Entwicklung mit allen möglichen Fremdformen jahrhunderte-
lang aufgehalten hat, noch einmal neue Beispiele eben dieses selben Stils aufgestellt und damit die Gefahr einer
abermaligen künstlerischen Mißerziehung des Volkes herauf-
beschworen." -

(3) Eine Gegnerschaft zum Liberalismus läßt sich allerdings
schon vor dem Krieg feststellen, z.B. im Essay über Friedrich den Großen, in: Moeller van den Bruck, Arthur, Ent-

Diese unverändert negative Haltung wird verstehbar, berücksichtigt man, daß Moeller kurzerhand ein und dieselbe Generation
verantwortlich macht für die Kulturverfehlungen der Gründerzeit,
den verlorenen Krieg und das Arrangement mit der "westlerischen"
Staatsform der parlamentarischen Demokratie - angesichts einer
Zeitspanne von fünfzig Jahren höchst fragwürdig, doch für seine
drei Generationen-Theorie unentbehrlich.(1)
Der Bürgerstereotyp Möllers erfährt damit eine Wendung ins Politische, wobei die alten Negativa des Philisterbildes erhalten
bleiben: für Moeller verbindet sich der politische Aspekt - daß
der liberale Bürger sich mit den Verhältnissen in Deutschland
nach dem Versailler Frieden abfindet, ja, sie gutheißt, jede
Schande hinnimmt, Optimismus und Opportunismus an den Tag legt
etc. (2)-mit dem kulturpolitischen: wenn es darum geht, eine
"Nationalkunst für Deutschland" (3) zu schaffen, versagt der
liberale Bürger der Republik ebenso wie der Wilhelminische.

---

scheidende Deutsche, Minden o.J., [1907] (=Die Deutschen.
Unsere Menschengeschichte, Bd.4),S.10-47,hier S.33:"Liberalismus und Initiative pflegen sich im allgemeinen auszu-
schließen. Mit Freiheit hat Liberalismus - der, den man gewöhnlich so nennt, der nicht zu verwechseln ist mit
einem kräftigen Demokratismus, dessen Trieb ist, sich aus-
zuwachsen zu einem Aristokratismus der ganzen Nation - auch
nicht das geringste zu tun. Sein Wesen ist Durchschnitts-
menschentum, und was er erringen will, ist auch nur die
Freiheit für jeden, ein Mittelmaßmensch sein zu dürfen.
Sein Wesen ist Gebundenheit an die Freiheit, nicht freie
Verfügung über die Freiheit, sein Ideal ist Verbürgerlichung statt Veradelung, Alltagsleben statt Ausnahmeleben.
[...] Die Geschichte hat gezeigt, solange es ein Staatsle-
ben gibt - und heute erleben wir es in Frankreich wieder -
daß Liberalismus die Völker nur in Grund und Boden regiert."

(1) S.Moeller van den Bruck, Arthur, Die drei Generationen, in:
    Der Spiegel. Beiträge zur sittlichen und künstlerischen
    Kultur, Heft 18/19 vom 1.12.1919,S.1-18 - Die These Moellers
    lautet: Die Generation von 1872 leistete das Positivum der
    Reichsgründung, die mittlere (1888) versagt in jeder Bezie-
    hung (s.o.), die Generation von 1919 wird alles zum Besse-
    ren wenden.

(2) S. Moeller van den Bruck, Arthur, Konservativ, Berlin 1921
    (= Ring-Flugschriften 8), S.8

(3) So der Titel eines Aufsatzes von Moeller (Berlin 1909)

b) Symbolische Aggression in Kleidung und Haltung

Zur symbolischen Aggression im Äußeren Moeller van den Brucks
gibt es relativ mehr Hinweise als zu anderen Einstellungen.
Dies spricht für ihre Wirksamkeit.
Geführt wird sie im Stil der "Grande Boheme":"Er [Moeller]ging
in sehr origineller Eleganz, Monokel im Auge, langer, grauer
Gummimantel, Stöckchen mit silbernem Griff und hellgrauer Zy-
linder." (1)
Diese Eleganz komplettiert Moeller mit einem aristokratischen,
vornehmen Auftreten, (2) wovon ihn lediglich allzu reichlicher
Alkoholgenuß hin und wieder abbringt.(3)

c) Einstellung zur Libertinage (und ihre Entwicklung) (4)

Da das Material zu Moellers Haltung zur Libertinage insgesamt
spärlich ist, gehe ich an dieser Stelle auch schon auf die
spätere Entwicklung ein. Eine gesonderte Betrachtung unter dem
Aspekt des Fortwirkens bzw. Wandels bohemischer Elemente würde
nicht lohnen.
Als junger Mann nimmt Moeller offensichtlich eine zwiespältige
Position ein. Er selbst scheint von den "Freiheiten" keinen Gebrauch gemacht zu haben. Er heiratet bereits mit 21 Jahren seine Jugendliebe Hedda Maase, was ihm nicht wenig Spott seiner

---

(1) Mühsam, Erich, Namen und Menschen, S.50 -s.a. Spohr,Wil-
    helm, Fröhliche Erinnerungen eines "Friedrichshagners".
    Aus der Werdezeit des deutschen literarischen Realismus,
    Berlin 1951 (Titel d.1. Ausgabe:O ihr Tage von Friedrichs-
    hagen! Erinnerungen aus der Werdezeit des deutschen lite-
    rarischen Realismus),S.89:"In heller, kalter Februarfrühe
    nach Scharfs achttägiger Geburtstagsfeier, dem 19.Februar,
    stelzte ein bleicher Mann in Frack und Chapeau-claque, bei
    versetztem Überzieher, blumenbeknopflocht, doch kerzenge-
    rade wie nie sonst, quer über den Potsdamer Platz, ein wan-
    delndes Wunder für das schon geschäftige Berlin; es war
    der später politisch gewordene Moeller-Bruck [...]."

(2) Vgl. Schwierskott, Hans-Joachim, Arthur Moeller van den
    Bruck, S. 16 - Bezüglich der Stilisierung zum Aristokraten
    ist auch Moellers Namensänderung zu beachten,1902 fügt er
    das "van den" hinzu.

(3) Dann kann es schon vorkommen, daß Moeller seine Ansichten
    handgreiflich durchzusetzen sucht, s.Fechter, Paul, Moeller
    van den Bruck, S.25: "Einmal trug ihm [Moeller] das sogar
    eine überraschende Niederlage ein: er hatte, als er auf-
    sprang und am Nebentisch einen packte, von dem er glaubte,
    er sei der Sprecher gewesen, aus Versehen den schweigsamen
    Athleten der französischen Runde gefaßt, der ihn, ohne über-
    haupt aufzustehen, mit einem Griff nach rückwärts lang auf
    den Boden streckte, [...]."

(4) Das bohemische Merkmal "Sympathie für Erniedrigte und Be-

Freunde einträgt.(1) Andrerseits lobt Moeller Frank Wedekind
wegen dessen "tabula rasa" in Sachen Moral.(2)
Unter einer eindeutig negativen Perspektive sieht der späte
Moeller die Libertinage:

> Er [der liberale Mensch] liebäugelt als literari-
> scher Mensch höchstens mit der Libertinage, die
> der künstlerische, der abenteuernde und der ver-
> brecherische Mensch für sich beansprucht. Aber die
> verdächtige Nähe, in die der liberale Mensch damit
> rückt, zeigt wieder nur an, wie sehr sein Liberalis-
> mus das Element einer Auflösung ist, die von der
> Lebensführung des Einzelnen auf das Zusammenleben
> im Staate übergriff.(3)

Zugleich mit der Aburteilung der "Freien Liebe" fällt hier
Moeller ein vernichtendes Urteil über das Künstlermilieu, dem
er einmal angehörte: "verdächtig" ist die Boheme geworden und
in die Nähe des Verbrechertums gerückt.

d) Neigung zum Varieté

Dieses Element bohemetypischer Merkmale - Neigung zum Varieté,
und zwar als Ausdruck des "Lebens" in Opposition zum traditionellen Kunstbegriff - spielt bei Moeller eine zentrale Rolle.
Zeugnis davon gibt das 1902 erschienene Buch Moellers über
"Das Varieté" (4) wie auch das Kapitel "Varietéstil" im XI.

---

leidigte" spielt bei Moeller van den Bruck keine Rolle.Da
diese Feststellung auch schon bei Franziska von Reventlow
und Ludwig Derleth getroffen werden mußte, ist ein Zusammenhang mit der Stilisierung ins Elitär-Aristokratische zu
vermuten.

(1) 'Moeller, mir scheint, Du bist schon verheiratet auf die
Welt gekommen' lautet z.B. der Kommentar seines Freundes
Conrad Ansorge.(Zit.n.Fechter,Paul,Moeller van den Bruck,S.21)

(2) Vgl. "Frank Wedekind",in: Moeller van den Bruck, Arthur,
Die moderne Literatur in Gruppen- und Einzeldarstellungen,
Bd. XI, Leipzig 1902, S.34-46

(3) Moeller van den Bruck, Arthur, Das dritte Reich, Hamburg
1931[3], S. 100

(4) Moeller van den Bruck, Arthur, Das Varieté, Berlin 1902.
Leider ist das Buch im dt. Leihverkehr nicht mehr zu be-
schaffen. Über Aufbau und Inhalt des Buches informieren:
Fechter, Paul, Moeller van den Bruck, S. 33-36 und Schwierskott, Hans-Joachim, Arthur Moeller van den Bruck,S.28-34.
Außerdem gibt, wie erwähnt, das Kapitel "Varietéstil"
eine Zusammenfassung (s.a.Anm.1, S.164)

Band seiner Literaturgeschichte "Die moderne Literatur in Gruppen- und Einzeldarstellungen" (1), das zusammenfassend die Grundgedanken des Buches noch einmal aufnimmt, nämlich a) Varieté als "Kunst"form, die die Werte des "Lebens" darbietet b) Varieté als Volkshalbkunst und damit Vorstufe einer neu zu erringenden wahren Kunst.

Der eingangs gegebene Hinweis über die Art der bohemetypischen Neigung zum Varieté macht klar, daß hauptsächlich der erste dieser Gedanken Moellers auf das Umfeld Boheme verweist. Auf ihn wird im folgenden näher einzugehen sein.

Nach Moeller machen zwei Faktoren den "Lebenswert" des Varietés aus. Der eine ist das besondere Publikum, gewissermaßen als Voraussetzung:

> Sein [des Varietés] Publikum ist das einzige heute, das sich als solches, aus naivem Kulturinstinkt statt aus traditionellem "Literatur"interesse, in einem Zuschauerraum zusammenfindet - das einzige heute, das wenigstens disponiert erscheint, sich Werte des unmittelbaren Lebens dramatisch vorführen zu lassen. (2)

Der andere Faktor besteht in eben diesen "Werten des unmittelbaren Lebens", die zur Darstellung gelangen:

> Es sind Profanwerte - [...] - und es sind primitive Werte, ja es sind sogar borniert Werte darunter, aber es sind Werte des heiligen Lebens! (3)

Diese Werte wirken auf das Publikum zurück:

> [...] es sind auch profane[!] primitive und bornierte Stimmungen, Verfassungen, Veranlagungen, Triebe und Wünsche, die auf sie reagieren, aber es sind Stimmungen des heiligen Lebens!(4)

---

(1) Moeller-Bruck, Arthur, Der neue Humor. Varietéstil, Berlin, Leipzig 1902 (=Die moderne Literatur in Gruppen- und Einzeldarstellungen, Bd. XI), darin: Varietéstil, S. 33-38. Auch das daran anschließende Kapitel über Frank Wedekind (S. 39-46) gibt Aufschlüsse über Moellers Auffassung vom Varieté. Für ihn ist nämlich Wedekind der "Varietédichter" par excellence.

(2) Moeller-Bruck, Arthur, Varietéstil, S.34 - Da Moeller mit"Varieté" das literarische Kabarett der Jahrhundertwende meint, hat er sicher nicht recht, wenn er glaubt, das Theaterpublikum würde sich vom Varietépublikum so wesentlich unterscheiden. Hier wie dort sind es Bürger, "Bildungsphilister". Nur erwarten sie vom Kabarett anderes als vom Theater: ein wenig Schock, ein wenig Frivolität .. und im übrigen die Gewißheit, Gott sei Dank, nicht so zu sein wie jene - auf der Bühne.

(3) Moeller-Bruck, Arthur, Varietéstil, S. 34

(4) Moeller-Bruck, Arthur, Varietéstil, S. 34

Im Zusammenspiel der Werte und Stimmungen des "heiligen Lebens"
aber sieht nun Moeller die Basis, von der aus der Kampf gegen
das zeitgenössische Theater, ob naturalistisch oder klassizi-
stisch, geführt werden kann und muß.
Später läßt sich Moeller nur ungern an seine "Jugendsünde",
den Enthusiasmus für das Varieté,erinnern. In einem Brief von
1920 ist zu lesen: 'Die Groteske ... der Varieté-Stil, der We-
dekindstil hielt nicht, was er versprach. Er kam nicht über ein
Zwischending zwischen Posse und (schon damals vorweggenommen)
Film hinaus. Und vor allem: er blieb geistig unterwertig.'(1)

e) Bindung an öffentliche Lokale

Anders als Moellers Begeisterung fürs Varieté bzw. Kabarett
bleibt die "Bindung an öffentliche Lokale" eine Konstante in
seinem Leben. (2)
Stammlokale zu seiner Berliner Boheme-Zeit sind das "Schwarze
Ferkel" und das Restaurant "Schmalzbacke" (so benannt nach
seinem freundlichen Wirt). Hier trifft er fast täglich mit
Richard Dehmel, Wilhelm Schäfer,(3)Detlev von Liliencron,
Franz Evers, (4) Fidus, (5) Peter Hille, Max Dauthendey, Conrad Ansorge (6) u.v.a. zusammen. Hier knüpft er auch seine
Kontakte mit dem Friedrichshagener Kreis um die Brüder Hart,
wird schließlich eine Zeit lang zum "Friedrichshagener".(7)

---

(1) Zitiert nach Schwierskott, Hans Joachim, Arthur Moeller van
    den Bruck, S. 34

(2) Ungebrochen wie Moellers Treue zur Gasthausgeselligkeit bleibt
    seine Liebe zum Wein (er wird stets als ungemein trinkfest
    geschildert). Sein Zusammentreffen mit Hitler kurz vor des-
    sen Marsch zur Feldherrnhalle (1923) soll er so kommentiert
    haben: "'Pechel, der Kerl [Hitler] begreift's nie. Lassen
    Sie uns auf diesen Schreck hin drüben in der Bodega noch
    eine Flasche spanischen Wein trinken.'" (in :Pechel, Rudolf,
    Deutscher Widerstand, Erlenbach, Zürich 1947,S.278 f.).- Ru-
    dolf Pechel (1892-1961), konservativer Publizist, ist von
    1919 bis 1942 Herausgeber der "Dt.Rundschau", die er 1946
    wieder übernimmt.

(3) Wilhelm Schäfer (1868-1952) ist heute vor allem durch seine
    kurzen,pointierten Erzählungen bekannt,s.die Sammlung "Anek-
    doten" (1908). Er verfaßte aber auch Romane und Novellen,
    z.B. "Die Halsbandgeschichte" (1910)

(4) Franz Evers (1871-1947),Lyriker; verfaßt aber auch dramati-
    sche Dichtungen und ist Herausgeber der "Litterarischen[!]
    Blätter und der Zeitschriften "Symphonie" und "Sphinx".

(5) Vgl. S. 131, Anm. 3)

(6) Conrad Ansorge (1882-1930) ist Musiker und hält engen Kontakt
    zur literarischen..Welt Berlins. Vertont u.a. Gedichte Ste-
    fan Georges und Alfred Momberts.

(7) Eine nette Episode aus dieser Zeit erzählt Erich Mühsam:

In Paris, wo er sich von 1902-1905/06 aufhält, wählt Moeller das"Café Lilas" zum "Stammtisch". Neben Dauthendey und Evers, die er von Berlin her kennt,(1) gehört nun häufig Edvard Munch (2) zu seinen Tischgenossen.
Wieder nach Berlin zurückgekehrt und von da an bohemischem Wesen, nach außen hin zumindest, immer mehr den Rücken kehrend, bleibt Moeller doch treuer Stammtisch-Besucher, auch nach dem 1. Weltkrieg.
Auf diesen Stammtisch, den sogenannten "Montagstisch" - einen der wenigen literarischen Zirkel, die sich aus der Vorkriegs-Boheme in die Weimarer Republik retten - werde ich jedoch erst im nächsten Abschnitt näher eingehen, da das Montagstreffen nach dem Krieg Tendenzen zur Kreisbildung zeigt.

f) Der "Bohemekreis"

Die Entstehung des Montagstisches ist wohl für das Jahr 1896 anzusetzen. Über die "Gründung" berichtet Paul Fechter (und beschreibt damit exemplarisch das Zustandekommen von Boheme-Stammtischen):

> Evers hatte ihn [den Montagstisch] zuerst mit Clarence Sherwood, dem Leiter der englischen Abteilung der Königlichen Bibliothek, in der alten Bodega am Kurfürstendamm begründet [...]. Die Beiden übersetzten gemeinsam aus dem Alt-Englischen. Sherwood übertrug; Evers formte das Übertragene aus, und diese Arbeit ging am besten am Kneiptisch vor sich. Conrad Ansorge kam hinzu, der Bildhauer August Peterich, dann Moeller; der wieder brachte Theodor Däubler mit, die Balten kamen, der alte Doktor von Rosen (3), Max Scheler(4),

---

Moeller habe eines Abends seine sämtlichen Künstler-Freunde zu einem opulenten Souper im Friedrichshagener Ratskeller eingeladen: "Als es ans Zahlen ging, überreichte er [Moeller] mit vornehmer Geste dem Kellner seine Visitenkarte. Wir haben unter monatelangem Schwitzen den Schaden durch Umlagen und Vergleiche mit dem Wirt ausgleichen müssen." (in: Namen und Menschen, S. 51)

(1) Zwischen Franz Evers und Arthur Moeller van den Bruck besteht eine langjährige Freundschaft. Sie übersteht auch die Wendung Moellers ins Politische. In Paris wohnen Evers und Moeller zwei Jahre lang zusammen.

(2) Ein Artikel über eine Ausstellung des norwegischen Malers soll Moeller das vorzeitige Ausscheiden vom Gymnasium in Düsseldorf beschert haben. Er holt im übrigen das Abitur nie nach, weder in Erfurt noch in Leipzig, wohin ihn seine Eltern schicken. Im Gegenteil, in Leipzig beginnt der Weg Moellers in die Boheme (wie auch der Johsts).

(3) Georg Graf von Rosen (1843-1923), schwedischer Maler, von 1881-87 und 1893-96 Direktor der Kunstakademie Stockholm.

(4) Die Hauptwerke des Philosophen Max Scheler (1874-1928) sind

Karl Ludwig Schleich (1) - [...] (2)

Nach dem Krieg wechselt der Montagstisch in zweierlei Hinsicht den Standort. Von der Bodega zieht man in eine Weinstube am Olivaer Platz, vom Boheme-Stammtisch entwickelt man sich zu einer Art politischen Klub, wobei sich der zweite Standortwechsel ganz allmählich vollzieht. Um 1920 halten sich Kunst und Politik noch die Waage (zu den neu hinzukommenden Künstlern gehört z.B. Franz Dülberg (3)). Als aber ein Teil der Montagsstammtischler (4) offiziell dem Juni-Klub (5) Moeller van den Brucks beitritt, ist die Wandlung zu einer "Filiale" der konservativen Revolution vollzogen. Symbolisch dafür steht ein neuer Wechsel des Stammlokals. Man wählt nun das "Erdene Treppchen", in dem auch Artur Mahraun mit seinem "Jungdeutschen Orden" tagt.(6) Männer mit ausgesprochen politischer Orientie-

---

u.a. "Die transzendentale und die psychologische Methode" (1901), "Vom Umsturz der Werte" (1915), "Die Stellung des Menschen im Kosmos" (1928)

(1) Karl Ludwig Schleich (1859-1922) ist Arzt, Philosoph und Dichter. Er schreibt sowohl medizinische Abhandlungen als auch psychologisch-philosophische Untersuchungen (z.B. "Das Problem des Todes", 1920). Daneben verfaßt er auch Gedichte (z.B. "Echo meiner Tage" 1914), Novellen und Essays.

(2) Fechter, Paul, Moeller van den Bruck, S. 28 f.

(3) Franz Dülberg (1873-1934) dichtet Dramen in neuromantischem Stil ("König Schrei" 1905, "Cardenio"1912) und schreibt kunst- und literaturgeschichtliche Arbeiten.

(4) Dies sind z.B. Paul Fechter und Albrecht Haushofer (1903-1945), Lyriker und Dramatiker (klassizist. Römerdramen wie "Scipio" oder "Sulla", 1938). Dieser arbeitet zunächst für das NS-Regime (1940 Professor für politische Geographie und Geopolitik, bis 1941 im Auswärtigen Amt tätig), schließt sich aber dann dem Widerstand an, wird verhaftet und kurz vor Kriegsende hingerichtet. Seine "Moabiter Sonette" gelten als dichterisch bedeutenstes Zeugnis des Widerstands. (S.NDB 8, S 120 ff.)

(5) Kurt Sontheimer meint zum Juni-Klub (so benannt nach dem Monat der Unterzeichnung des "Schandfriedens" von Versailles 1920):"Die zweifellos bedeutendste antidemokratische Ideenzentrale der frühen Jahre der Weimarer Republik war die im sogenannten Juniklub vereinigte Gruppe um Moeller van den Bruck in Berlin." (In: Antidemokratisches Denken, S. 32)

(6) Artur Mahraun (1890-1949), Offizier im 1. Weltkrieg und danach Freikorpsführer, gründet 1920 den "Jungdeutschen Orden", der nach dem Muster des deutschen Ritterordens gegliedert ist. (Zu Aufbau und Ziel des "Jungdo" vgl. Bracher, Karl-Dietrich, Die Auflösung der Weimarer Republik. Eine Studie zum Problem des Machtverfalls in der Demokratie, Königstein 1978 (=ADT 7216), S.124 ff.)

rung, wie Edgar Julius Jung, (1) prägen nun das Gesicht des
"Montagstisches".(2)
So ist m.E. der "Montagstisch" nur für eine kurze Spanne ein
Boheme-Kreis; die Anführungszeichen in der Überschrift sollen
diesen Vorbehalt signalisieren.
Die Durchsetzung eines bestimmten Zieles zu verfolgen, und sei
es auch ein politisches, gehört zwar durchaus zu den konstituierenden Merkmalen eines Boheme-Kreises: Derleths gesellschafts-
reformerische Bestrebungen hätten seinen "Orden", wie dargestellt, keineswegs als atypisch ausgewiesen - doch wo die Zielsetzung so eindeutig politisch wird, wie es beim "Montagstisch"
um 1922/23 der Fall ist, wo Streben nach Herrschaft unverkennbar beginnt, (3) findet, wie ich meine, die Bohemezugehörigkeit im wesentlichen ein Ende; denn, ich wiederhole es, die
Boheme ist im Sinne eines engen Politikbegriffes unpolitisch.
Suchen einzelne Bohemiens bzw. Kreise konkret politisch wirksam zu werden, tun sie es zwar auf eine für sie typische Weise
(Tendenz zu revolutionären Bewegungen), lassen aber dann in
dieser Hinsicht das Bohemetum hinter sich.
Der Weg des "Montagstisches" vom literarischen Stammtisch über
den Kreis zum Polit-Klub bezeichnet zugleich wesentliche Stationen im Leben Moellers: den Literaten (4) Moeller und den
Politiker Moeller; dieser Entwicklung, respektive dem Einfluß
der ersten Phase auf die zweite, wird - der Zielsetzung dieser
Arbeit gemäß - in einem späteren Abschnitt ausführlich nachgegangen werden (vgl. S. 172 ff.)

g) Das ambivalente Verhältnis zur Großstadt/Reisepassion

Moellers Kritik an der Großstadt ist im Zusammenhang mit seiner Kulturkritik zu sehen: die Gründerjahre sind es, die die
Großstädte zu dem Verabscheuungswürdigen gemacht haben, als
das sie sich ihren Bewohnern und Besuchern präsentieren. Stil-
erwägungen bestimmen seine Abneigung, nicht, wie meist in der

---

(1) Edgar Julius Jung (1894 - 1934) wechselt nach der Auflösung
    des Juni-Klubs 1924 in dessen Nachfolgeorganisation, den
    "Herrenklub", der von Adel und Besitz beherrscht wird. Er
    wird zum Berater von Papens und verfaßt dessen "Marburger
    Rede" (25.6.34), die sich gegen den Totalitätsanspruch der
    NSDAP wendet. Daraufhin wird er verhaftet und am 1.7.34 in
    Oranienburg erschossen.

(2) Zur Entwicklung des Montagstisches, s.Fechter, Paul, Menschen
    und Zeiten, S. 299 - 335

(3) Die Zeitschrift des Juni-Klubs (und damit des "Montagstisches"
    "Das Gewissen", und die von ihm organisierten politischen
    Kollegs dienen eindeutig dem politischen Tageskampf.

(4) Literat soll nicht im abwertenden Sinne stehen, sondern Moel-
    lers Zwischenstellung zwischen Dichter bzw. Künstler und
    Fachwissenschaftler bezeichnen.

Boheme,der Vorwurf von Anonymität, Einsamkeit (trotz bzw. wegen
Masse), Hektik oder Käuflichkeit von allem und jedem.

> Damals wurden unsere Großstädte zu jenem Stilmisch-
> masch, der uns heute wieder aus ihnen hinaustreibt,
> kaum daß wir sie betreten haben, und unsere Häuser
> zu jenen vielstöckigen Gerüstbuden, in denen man
> vielleicht eine Nacht, aber kein ganzes Leben zubrin-
> gen kann. Die Gemeinheit kam in unsere Städte. Nicht
> die Industrie, nicht die modernen Verkehrsmittel
> konnten das bewirken. Doch die Lüge, der falsche
> Schönheitsschein konnte es, den man in allegorischem
> Stuck und billiger Farbe über unser gesamtes öffent-
> liches Dasein zog. (1)

Da der Haß auf die Großstadt von Stilfragen geleitet wird, verabscheut Moeller die Stadt, in der er so lange lebt, ganz besonders: Berlin - als Residenzstadt von der Kunstauffassung
Wilhelms II.besonders entstellt - ist für ihn die Potenzierung
der verachteten gründerzeitlichen Fassadenkultur, ist "die wesentlich häßlichste Stadt".(2)
Doch ist Berlin nicht nur Heimat der Gründerkultur. Es ist
auch Zentrum der künstlerischen Avantgarde, die den jungen
Moeller magisch anzieht,wie seine frühen Schriften zeigen.(3)
Abstoßung und Bindung gehen daher Hand in Hand. Einen Ausweg
aus dem Dilemma findet Moeller- wie so mancher seiner Boheme-
Freunde - im Anschluß an die Künstlerkolonie in Friedrichshagen (vgl. S. 165)
Im übrigen tröstet er sich mit der Hoffnung, daß

> diese ganze Kultur der siebziger, achtziger, neun-
> ziger Jahre vor der Zeit wieder zusammenbrechen oder
> aber in ihrer Elendigkeit so schnell und allgemein
> erkannt werden wird, daß es alsbald möglich ist,
> sie niederzuholen und abzutragen. (4)

Naheliegend wäre es in diesem Zusammenhang,Moellers häufige Reisen wie sein "Friedrichshagenertum" als Antwort auf die Abscheu vor Großstädten im "Stile" Berlins zu deuten, also als
bohemische Reisepassion; doch sind die Motive hauptsächlich
anderswo zu suchen.
Hinter Moellers Reise nach Paris (1902) z.B. steht weniger
der Wille zur Abkehr vom "Stilmischmasch"Berlins als vielmehr
die Absicht, sich sowohl seinen Gläubigern als auch dem Mili-

---

(1) Moeller van den Bruck, Arthur, Scheiternde Deutsche, S.284

(2) Moeller van den Bruck, Arthur, Der preußische Stil, hrsg.v.
    H.Schwan, Breslau 1931^3 (1.Aufl. München 1916), S.193

(3) Vgl. sein zwölfbändiges Werk "Die moderne Literatur in Grup-
    pen- und Einzeldarstellungen" (1899 - 1902)

(4) Moeller van den Bruck, Arthur, Scheiternde Deutsche, S. 285

tärdienst zu entziehen.(1)
Seine weiteren Reisen, nach Italien (1906/07, unmittelbar nach
seinem Parisaufenthalt,(2) und 1910-1912), nach England und
wieder Paris (1908/09), in das Baltikum, nach Rußland und
Finnland (1912), schließlich nach Dänemark und Schweden (1914),
dienen bereits dazu, Beweise für seine These vom Wesensunter-
schied der einzelnen Völker und Rassen bzw. ihrer Kultur und
Kunst zu sammeln. (S.S. 176 ff.)

h) Einstellung zum Literatur- und Kunstmarkt

Die Auffassung des jungen Moeller von Kunst bzw. Künstler steht
in der Höhe des Anspruchs der Else Lasker-Schülers oder Ludwig
Derleths in keiner Weise nach. Im Pathos des Ausdrucks über-
trifft er beide gelegentlich:

> In den Künstlern wird eine Offenbarung jener gött-
> lichen Gesetzmäßigkeit wach, aus der heraus seit An-
> beginn der Welt alles Schaffende zum Seienden wurde.
> An der leitenden Hand ihrer Gegenwart dürfen sie mit
> umdunkelten Augen zu dem mystischen Quell hintasten,
> aus dem die Kräfte des Seins, des Entstehens und des
> Vergehens unaufhörlich, von den Ewigkeiten zu den
> Ewigkeiten strömen. [...] Die Kunst ist ein Weg-
> weiser, der den Pfad entlang zeigt, der zur letzten
> Erkenntnis führt. Aber man sieht auch zugleich das
> eherne, ewig geschlossene Thor, hinter dem die
> Flamme der Wahrheit, die kein Menschenauge sehen
> darf, still und heilig flackert; [...].(3)

---

(1) Öfter , als man annimmt, sind wohl Schulden, nicht "exo-
    tistische Reisepassion als Reaktion auf das ambivalente
    Verhältnis zur Großstadt" die Ursache für überstürzte Aus-
    landsreisen von Bohemiens gewesen (vgl. z.B. Franziska von
    Reventlow, s.S.79)

(2) Diese Reise ist charakteristisch für den allmählichen Über-
    gang Moellers vom Bohemien zum "Politiker". Auf der einen
    Seite hat er noch engen Kontakt zu seinen Boheme-Genossen,
    z.B. Ernst Barlach und Theodor Däubler (diesem hilft er bei
    der Herausgabe von "Nordlicht"). Andererseits entsteht in
    dieser Zeit der Entwurf zu seinem Buch "Die Italienische
    Schönheit", in dem er Kunst als Lebensausdruck eines Volkes
    interpretiert. Eine Übertragung auf deutsche Verhältnisse
    läßt Aufsätze wie "Nationalkunst für Deutschland" (1909)
    oder "Erziehung zur Nation" (1911) entstehen, in deren Titel
    sich der langsame Wandel ästhetischer Kategorien zu politi-
    schen abzeichnet.

(3) Moeller - Bruck, Arthur, Tschandala Nietzsche, Berlin-Leip-
    zig 1899 (=Die mod.Lit. in Gruppen- und Einzeldarstellungen,
    Bd.I), S. 12 f.

Der Künstler als "Medium" Gottes, als Seher, Kunst als Möglichkeit der Erkenntnis bis hin an die Grenzen des Erkennbaren -
mehr Würde und Weihe läßt sich wohl kaum verleihen. Der bohemetypische Konflikt zwischen solcher "Heiligsprechung" von Kunst
und Künstler einerseits und dem "Sakramentalienhandel", der
Auslieferung der Kunst an die Mechanismen des Marktes, andrerseits, scheint unausweichlich.
Doch findet sich bei Moeller kein Hinweis, daß ihm der Warencharakter der Kunst tatsächlich zum Problem wird. Dies hängt
sicher damit zusammen, daß er seine Versuche, sich dichterisch
zu betätigen, recht schnell aufgibt (1) und sich dem Übersetzen
bzw. dem Verfassen literatur- und kunstkritischer Schriften zuwendet. Subjektiv kommt er also gar nicht in die Lage, "Offen-
barung" verkaufen zu müssen, so daß er auch das latente Problem
übersieht.

i) Einstellung zur bürgerlichen Geldwirtschaft

Moellers Einstellung zu Geld während seiner Bohemejahre könnte
typischer nicht sein.
Seine "Boheme-Karriere" beginnt geradezu mit einem Pumpversuch.
Als ihm seine Eltern die monatlichen Wechsel sperren, um ihn
dadurch auf den rechten Weg zurückzubringen, d.h. fort von
Leipzig zurück nach Erfurt und zum Abitur, behilft er sich in
Boheme-Manier, noch bevor er so recht dazugehört. Paul Fechter
erzählt:

> [...] nach der Vorlesung erschien unter den
> Gästen der Gesellschaft [Literarische Gesellschaft
> in Leipzig] ein junger Mann, setzte sich neben den
> damals schon berühmten Verfasser der Königslieder
> [Franz Evers], bekannte sich als einen Schüler,
> der mit den Gewalten des Gymnasiums in Konflikt
> geraten war, und bat den Dichter um finanzielle
> Hilfe, um dableiben und weiter in seiner Gesell-
> schaft sein zu können. (2)

Kurz nach dieser Episode erbt Moeller ein beträchtliches Vermögen. Dieses bringt er, getreu dem "Gesetz" der Boheme, Geld
lediglich als "Genußmittel" zu schätzen, in kurzer Zeit restlos durch. Nach sechs Jahren ist die Erbschaft mehr als verbraucht, denn Schulden sind es u.a., die Moeller dazu zwingen,
1902 Deutschland zu verlassen (vgl. S. 169).

---

(1) Vgl. Eulenberg, Hedda, Der junge Moeller van den Bruck.Aus
    seinen Berliner Sturm- und Drangjahren, in: Berliner Tage-
    blatt vom 18.9.1934, Nr. 441,1.Beiblatt, Abendausgabe -
    Zwei Novellen und verschiedende Dramenentwürfe soll danach
    Moeller verfaßt haben.

(2) Fechter, Paul, Moeller van den Bruck, S. 20

Wiederum funktioniert die "monitäre Solidarität" (1) der Boheme. Diesmal hilft Herbert Eulenberg aus und gibt das Reise-
geld. (2) In Paris wird Moeller dann offensichtlich von Franz
Evers unterstützt.
Die Frage, ob sich dieses unbürgerliche Verhältnis Moellers
zu Geld mit dem Verlassen von Paris, das ja seine Abwendung vom
Bohemetum markiert, wandelt, kann ich anhand des mir zur Verfügung stehenden Materials nicht entscheiden. (3)

B. Die Boheme als Voraussetzung verschiedener Aspekte in der
   Gedankenwelt des konservativen Revolutionärs Moeller van
   den Bruck

Ein Großteil der jungkonservativen (4) Ideologie hat seinen
Ursprung im außerpolitischen Bereich der künstlerischen Literatur. (5) Dies gilt auch für Moeller. Bei ihm wird die in diesem Kreis geläufige Übertragung ästhetischer Kategorien auf politische Vorstellungen in besonderem Maße sichtbar, und da sich
seine Beziehung zur Literatur im Rahmen der Boheme aufbaut,
findet damit bohemisches Gedankengut Eingang in seine konser-
vativ-revolutionären Theorien.
Bevor ich jedoch solche Entwicklungen im einzelnen aufzeige,
möchte ich hier zunächst allgemein auf das für die Moellerschen
(bzw. jungkonservativen) Anschauungen als charakteristisch be-
zeichnete Übertragen ästhetischer Kategorien auf politische
Vorstellungen eingehen. Kennzeichnend dafür ist, daß der Wechsel von einem Bereich zum anderen meist nicht unmittelbar erfolgt, sondern sich fast unmerklich über dazwischengeschobene
völkerpsychologische (bzw. -physiognomische), kulturkritische
und historische Aspekte vollzieht; dazu kommt das ständige
Einfügen von Prophezeiungen "künftiger Geschichte". Dieses Vor-
gehen, verbunden mit der pathetisch-seherischen Sprache, trägt

---

(1) Es ist in der Boheme üblich, daß derjenige, der gerade
    über Geld verfügt, seine weniger glücklichen Gefährten nach
    bestem Vermögen unterstützt.

(2) In diesem speziellen Fall könnte man allerdings auch einen
    ausgesprochenen Akt des Egoismus vermuten. Herbert Eulen-
    berg heiratet bald nach der Flucht Moellers dessen Frau Hedda.

(3) Hans-Joachim Schwierskott meint, Geldschwierigkeiten, die
    auf bedenkenlosem Ausgeben basieren, seien eine Konstante
    im Leben Moellers gewesen (Moeller van den Bruck,S.14). Da
    er keine Quelle angibt, ist zu vermuten, daß er eine solche
    Information im persönlichen Gespräch mit der Frau oder Be-
    kannten Moellers erhalten hat.

(4) "Konservativ - revolutionär" und "jungkonservativ" bezeich-
    nen ein- und dasselbe Phänomen.

(5) Vgl. Hamann, Richard, Hermand, Jost, Epochen deutscher Kultur

entscheidend zu jener irrationalen Wirksamkeit der konservativ-
revolutionären Idee bei (1), von der später noch zu reden sein
wird (vgl. S. 179)

a) Von der Dostojewski - Verehrung zum deutsch-sowjetischen
   Paktgedanken

Die Dostojewski - Verehrung ist in der Boheme weit verbreitet.
Dostojewskis Raskolnikow interpretiert man als Verkörperung des
besonders von der "politischen" Boheme proklamierten Idols des
Verbrechers, das Mitleidsethos des russischen Dichters steht
hinter vielen bohemischen Bezeugungen der "Sympathie für Erniedrigte und Beleidigte", seine Wendung gegen das "Westlertum"
taucht immer wieder als Variante des Bürgersstereotyps auf. (2)

Moeller wird während seines Paris-Aufenthalts durch den russischen Dichter Mereschkowski (3) für Dostojewski begeistert.
Im Kreis der Bohemiens im "Café Lilas" entsteht der Plan, zusammen mit Mereschkowski die erste deutsche Gesamtausgabe
Dostojewskis herauszugeben. (4) Bevor noch der erste Band erscheint, veröffentlicht Moeller den Aufsatz "Tolstoi, Dostojewski und Mereschkowski" (5), der von seiner nun intensiven Beschäftigung mit russischer Literatur zeugt.

---

von 1870 bis zur Gegenwart, 5 Bde., Frankfurt a.M. 1977,
hier Bd.4: Stilkunst um 1900, S. 26 - 176

(1) Daß das Gesagte in ganz besonderem Maße auch für die natio-
    nal-sozialistische Ideologie gilt, wo sie von Literaten ver-
    fochten wird, zeigt sich bei Hanns Johst (vgl. S.211 ff.)

(2) Für Moeller ist dieser letzte Gesichtspunkt von Bedeutung.

(3) Dmitri Mereschkowski (1865-1941) emigriert 1905 zum ersten-
    mal nach Paris (1919 erneut). Er ist Mitbegründer des rus-
    sischen Symbolismus. Später wendet er sich einer betont
    christlichen, mystisch-spekulativen Betrachtung von Mensch
    und Welt zu. Am bekanntesten ist seine Romantrilogie "Hristos
    i Antihrist" (1903-1905)

(4) Dostojewski, Fedor M., Sämtliche Werke, hrsg. v.A.Moeller
    van den Bruck unter Mitarbeiterschaft von D. Mereschkowski,
    22 Bde., München 1905 ff. Die Schwester von Moellers spä-
    terer zweiten Frau Lucie Kaerrick, Less Kaerrick, übersetzt
    unter dem Pseudonym E.K.Rahsin. - Die Ausgabe ist ein kom-
    merzieller Erfolg. Einige Bände werden mehrfach aufgelegt.

(5) Moeller van den Bruck, Arthur, Tolstoi, Dostojewski und
    Mereschkowski, in: Magazin für Litteratur, Jg. 73 (1904),
    Juni-Heft, S. 305 - 408

Aus diesem literarischen Erlebnis entwickelt sich allmählich
Moellers Ostideologie. (1) Der erwähnte Aufsatz trägt dabei
ausgesprochenen Übergangscharakter. Noch spricht Moeller von
Werten des Westens, denen er sich durchaus verpflichtet fühlt.
Er sieht lediglich eine allmähliche Verschiebung des geistigen
Schwerpunktes nach Osten, wobei der kulturelle Sendungsauftrag
selbstverständlich zunächst an das Germanentum übergehe, bevor
die Reihe an den Völkern des Ostens sei.
Auf diesen Ansätzen baut Moeller dann seine Theorie von alten,
jungen und jüngsten Völkern auf. (2) Alte Völker sind Italiener,
Spanier und Franzosen, ein junges Volk sind die Deutschen,(3)
jüngste Völker Russen und Amerikaner. Das "politische" Resu-
mee, das Moeller aus dieser Gruppierung der Völker zieht, bedeutet, zwei Jahre nach der genannten Arbeit über die drei
Dichter Tolstoi, Dostojewski und Mereschkowski, bereits eine
eindeutige Absage an den Westen:

---

(1) Ein solches Ableiten politischer Einstellungen aus litera-
    rischem Erleben bestimmt vermutlich auch Moellers Verhält-
    nis zu Amerika (vgl. S.175 , Anm.3), mit Sicherheit aber
    das zu Frankreich, wie der folgende Abschnitt "Von der Ab-
    lehnung des 'Théatre Français' zum Haß gegen den 'Erbfeind'"
    (s.S.176 ff.) darlegen wird.

(2) Eingeteilt werden die Völker nach folgendem Maßstab: "Alte
    Völker sind solche, die ihren Erdberuf in einer Zivilisa-
    tion oder Kultur bereits erfüllt, die ihre Entwicklung bereits
    hinter sich gebracht und die nun, weil ihnen die Vergangen-
    heit schon einmal gehört hat, nicht wohl eine Zukunft mehr
    vor sich haben können - so wenig wie ein Greis noch einmal
    eine Jugend. [...] Ihnen stehen als junge Völker alle die
    gegenüber, welche, seitdem sie in die Weltgeschichte einge-
    treten, das Problem ihrer nationalen Existenz in einer Zi-
    vilisation oder Kultur noch nicht, oder doch noch nicht end-
    gültig gelöst haben und nun nach wie vor teilhaben wollen
    am Werden der Menschheit und ihrer Beherrschung der Erde
    [...] Und an sie wieder reihen sich, [...] die reinen
    Evolutionsvölker, die ausgesprochenen Pioniervölker, die
    bis jetzt kaum mehr als ihren psychischen oder vitalen
    Innenwert eingesetzt haben, aber so, daß darin Kraft, Macht
    und Verheißung lag: [...]." (Moeller van den Bruck, Arthur,
    Zeitgenossen, 1906, S. 59 f.) - Daß diese Vorstellung von
    einem Lebensalter der Völker keine spezifisch Moellersche
    ist, sondern im Denken der Zeit allgemein eine große Rolle
    spielt, zeigt Oswald Spenglers "Untergang des Abendlandes"
    (1918/19)

(3) Eigentlich gehören auch die Engländer zu den jungen Völkern.
    Doch sie haben diese Zugehörigkeit durch ihren merkantilen
    Verrat am germanischen Idealismus verspielt.

> Und wäre unser Staatsleben nicht in dieser kläg-
> lichen Gelegenheitspolitik befangen, gründete es
> sich nicht in Zwei- und Dreibünden von Völkern,
> die auch nicht das geringste miteinander zu tun
> haben, jungen und alten, gesunden und verdorbenen,
> germanischen und romanischen wahllos durcheinander,
> sondern könnte es sich endlich zu einer bewußten Ras-
> se- und Pionierpolitik bedingungsloser Zukunftsvöl-
> ker entschließen, so würde damit die Entwicklung
> der Menschheit auch politisch gesichert sein, während
> die Geschichte so wohl wieder den Umweg nehmen muß
> um Blut und Gewalt, um zu ihrer Bestimmung zu ge-
> langen. (1)

Als die Geschichte tatsächlich den von Moeller prophezeiten
Weg der Gewalt nimmt und sich ein jüngstes Volk, die Amerikaner, entscheidend auf die Seite des verdorbenen Westens stellt,
wendet sich Moellers ganze Sympathie Rußland zu, (2) nachdem
er zuvor in einem Appell an Wilson das "Recht der jungen Völker" (3) geltend gemacht und Amerika auf seine Verfehlung hinsichtlich der wahren Bestimmung der jungen und jüngsten Völker
hingewiesen hat.

-----

(1) Moeller van den Bruck, Arthur, Zeitgenossen, S. 89

(2) Zwar hat sich nach Moeller auch Rußland der Verfehlung
    schuldig gemacht, als jüngstes Volk gegen ein junges anzu-
    treten, doch ist dies durch das Ausscheiden Rußlands aus
    der Entente nach der Oktoberrevolution noch rechtzeitig
    revidiert worden.

(3) Moeller van den Bruck, Arthur, Das Recht der jungen Völker,
    München 1919 (nicht identisch mit der Aufsatzsammlung glei-
    chen Titels, s.S. 178,Anm.3) - Das Buch erscheint zwischen
    Waffenstillstand und Friedensschluß und trägt wesentlich
    zur Begründung der Dolchstoßlegende bei (S.115) - Die Tat-
    sache, daß Moeller in einem Brief an Theodor Däubler be-
    tont, er habe dieses Buch für jene Kreise des Amerikaner-
    tums [geschrieben], die sich nicht begnügen wollen, ein
    rein materielles Leben zu führen, sondern die große idealin-
    stische Überlieferung des Landes, der Whitman- und Emerson-
    zeit, aufrecht zu erhalten suchen (zit. nach Stern, Fritz,
    Kulturpessimismus als politische Gefahr, S. 262) legt die
    Vermutung nahe, daß sein Verhältnis zu Amerika wie das zu
    Rußland von literarischem Erleben her bestimmt ist. Da
    die Hinwendung Moellers zu Amerika jedoch nur für eine
    kurze Phase festzustellen und ihr Ursprung nicht unbedingt
    im Umfeld Boheme nachzuweisen ist, gehe ich darauf nicht
    näher ein.

Daß es Moeller inzwischen mit einem bolschewistischen Rußland
zu tun hat, spielt für ihn keine Rolle. Sein Bild von Rußland
ist ja in erster Linie vom Ästhetischen bestimmt: von der Lektüre Dostojewskis. Lenin wird kurzerhand in das Idealbild ein-
gepaßt, indem er als weitere Stufe der von Dostojewski gefor-
derten Abkehr vom Westen gesehen wird. Unter der Voraussetzung,
daß der Bolschewismus auf seine internationalen Ansprüche verzichtet, (1) steht einem Bündnis, einem gemeinsamen Kreuzzug
gegen den dekadenten Westen nichts im Wege.(2)
Damit hat die bohemetypisch literarische Sicht politische Di-
mensionen erreicht. (3)

b) Von der Ablehnung des "Théatre Français" zum Haß gegen den
   "Erbfeind"

Als Moeller 1902 nach Paris, dem Mekka der Boheme, (4) entflieht,
ist von einer Abneigung gegen Franzosen und ihre leichtlebige, un-

---

(1) Moeller van den Bruck macht sich stets für einen National-
    bolschewismus stark: "Jedes Volk hat seinen eigenen Sozia-
    lismus" (in: Sozialismus und Außenpolitik, hrsg. v. H.
    Schwarz, Breslau 1933, S. 77). Ausführlich dazu: Stern, Fritz,
    Kulturpessimismus als politische Gefahr, S. 296-300.

(2) Einen künftigen Interessenkonflikt glaubt Moeller im Vertrau-
    en auf Dostojewskis These, das Schicksal Rußlands liege in
    Asien, ausschließen zu können. - Zur Entwicklung der "Ruß-
    landfrage" vgl. die Sammlung von Aufsätzen Moellers "Re-
    chenschaft über Rußland", hrsg. v. H.Schwarz, Berlin 1933.

(3) Konkret politischen Nutzen aus Moellers geistiger Vorarbeit
    ziehen - im Positiven und Negativen - andere: Die Weimarer
    Republik löst sich im Vertrag von Rapallo (1922) aus der
    internationalen Isolation; zugleich bahnt sich jedoch dabei
    die Zusammenarbeit mit der Roten Armee an, die es der Reichs-
    wehr möglich macht, die Bestimmungen des Versailler Vertra-
    ges zu unterlaufen. Höhepunkt der deutsch-sowjetischen Koo-
    peration ist schließlich der Hitler-Stalin Pakt von 1939.-
    Eine solche "Verwertung" jungkonservativer Ideen läßt sich
    im übrigen auch in anderen Bereichen feststellen, vgl. z.B.
    das Kapitel "Abgrenzung gegen den Nationalsozialismus", in:
    Schwierskott, Hans-Joachim, Arthur Moeller van den Bruck,
    S. 235 - 249, oder Neurohr, Jean F., Der Mythos vom Dritten
    Reich. Zur Geistesgeschichte des Nationalsozialismus, Stutt-
    gart 1957. (Das Manuskript dieses Buches stammt aus der Vor-
    kriegszeit. Der Autor sieht viele später Wirklichkeit ge-
    wordene Entwicklungen des Dritten Reiches voraus.)

(4) Es gehört in der Boheme zum "guten Ton", Paris als Stadt
    der Ur-Boheme seine Aufwartung zu machen, vgl. z.B. Fran-
    ziska von Reventlow, Frank Wedekind, Ludwig Derleth und
    Erich Mühsam.

ernste, unidealistische Lebensart (1) nichts zu merken. Nach
der Darstellung Paul Fechters ist eher das Gegenteil der Fall:
"[Moeller] liebte Paris, er liebte Frankreich und seine Menschen." (2)
Die Wende in Moellers Verhältnis zu seinem Gastland ist um das
Jahr 1904/05 anzusetzen, und zwar im Zusammenhang mit seiner
Beschäftigung mit russischer Literatur, insbesondere mit Dostojewski.
Moellers Buch über das "Théatre Français" (1905) (3) ist be-
reits von dieser veränderten Einstellung geprägt. Es beinhal-
tet eine außerordentlich scharfe Kritik an der französischen
Kultur und damit am französischen Volk, da sich nach Moeller
(bzw. nach Dostojewski) das Wesen eines Volkes in seiner Kultur ausdrückt.
Die negativen Vorzeichen, unter denen das "Théatre Français"
zu sehen ist, werden von Moeller früh (und eindeutig) gesetzt.
Schon eingangs wird die ganze Dramaturgie der Franzosen als
"Unsinn" abgefertigt, wenig später liest man, das "Théatre
Français" verdanke sein Entstehen einem "minderwertigen Antriebe": der Sensationsgier der Franzosen, deren Nationalcha-
rakter nun einmal die Äußerlichkeit sei. (4)
In dieser Tonart fährt Moeller fort. Racine z.B. bedenkt er
mit allen Charakteristika verachteten "Westlertums". Ich nen-
ne nur einige: "Koketterie", "Gefühlsseligkeit", "schwäch-
lich", "weibisch", "schmeichelnde, überredende und ach! so
entzückende Redeweise" etc. (5)
Lediglich Molière kommt ungeschoren davon, (6) aber nur, weil
in dessen Werk eben das Germanische überwiege, das Romanische
nur geschickt benutzt sei. (7)
Am Ende der Aburteilung des Théatre Français wiederholt Moeller schließlich das einleitende "Vorurteil": Das französische

---

(1) Eigenschaften, die Moeller später den Franzosen mit Vorlie-
be unterstellt, vgl. z.B. sein Buch über das französische
Theater (s.Anm.3)

(2) Fechter, Paul, Moeller van den Bruck, S. 23. - Hans Schwarz
allerdings behauptet, vermutlich im Interesse seiner Moel-
ler-Ausgaben, die antifranzösische Haltung Moellers habe
von Anfang an bestanden (s. "Über Moeller van den Bruck",
in: Dt. Volkstum, Halbmonatsschrift, 1.9.32, S. 689-692,
hier S. 691).

(3) Moeller van den Bruck, Arthur, Das Théatre Français, Berlin, Leipzig 1905 (=Das Theater, hrsg. v. C.Hagemann, Bd.
XIV)

(4) Moeller van den Bruck, Arthur, Das Théatre Français,S.8 f.

(5) Moeller van den Bruck, Arthur, Das Théatre Français, S.45

(6) Eingeschränkt lobenswert findet Moeller daneben noch den
"Stil" des Théatre Français, unter dem er den Ausbau des
vorhandenen Dramenmaterials durch die Darstellungskunst der
französischen Schauspieler versteht (vgl. "Théatre Français",
S.8)

(7) Moeller van den Bruck, Arthur, Das Théatre Français,S.51

Drama "ist nun einmal. wie das französische Volk, stets aller-
orten auf Phrase und Geste gegründet". (1)
Die "Politisierung" dieser anfänglichen Kulturkritik Moellers
läuft dann ähnlich ab wie die seiner Ostideologie. (2)
Zunächst wird Frankreich den "alten Völkern" zugeteilt, die
dem Recht der jungen Völker zu weichen haben. Als der Weltkrieg
diesen "natürlichen" Ablauf gründlich widerlegt, wandelt sich
die Geringschätzung in Haß.
Nun wird die Kulturkritik zur Basis einer totalen Kampfansage
an Frankreich. Deutlich wird dies besonders in dem Aufsatz
"Frankophil" (3), der in der Atmosphäre der französischen Ruhr-
besetzung entstanden ist.
Nach der Demontage all dessen, was einem Deutschen an Frankreich schätzenswert erscheinen könnte, (4) heißt es am Ende:
"Francophil ist, wer im Ernste glaubt, daß eine Versöhnung
zwischen Frankreich und Deutschland weltgeschichtlich möglich
sei: nach allem, was zwischen den beiden Völkern vorgefallen

---

(1) Moeller van den Bruck, Arthur, Das Théatre Français, S.81

(2) Wie dies geschieht, ist charakteristisch dafür, was ich
    einleitend zu dem typischen Moellerschen (jungkonservativen)
    Vermengen des Ästhetischen mit dem Politischen festgestellt
    habe: Völkerpsychologisches und Völkerphysiognomisches,
    biologische Aspekte der Kulturen, Kulturkritisches und Hi-
    storisches werden untermischt und mit Mythisch-Prophetischem
    verbunden; damit sind die Aussagen aus einem echten Reali-
    tätsbezug gelöst und einer begründeten Gegenargumentation
    weitgehend entzogen.

(3) Moeller van den Bruck, Arthur, Frankophil, in: Gewissen,
    22.10.23. Ich zitiere nach dem Abdruck in der Sammlung po-
    litischer Aufsätze Moellers "Das Recht der jungen Völker",
    hrsg. v. H. Schwarz, Berlin 1932, S.53-58.- Diese Arbeit
    ist jedoch nur eine von vielen, in denen Moeller nach dem
    Krieg Frankreich aufs heftigste angreift. Auch Aufsätze,
    die sich mit anderen Themen befassen, enthalten meist Sei-
    tenhiebe auf das französische Westlertum und dessen, jeder
    geistigen Grundlage entbehrende, politische Anmaßung.

(4) Die z.T. schon aus dem "Théatre Français" bekannten Vorwür-
    fe kulturkritischer Art werden zu diesem Zweck mit poli-
    tischen bzw. mit pseudopolitischen Attacken verknüpft,die
    aus einer sehr eigenwilligen Deutung der Geschichte gewon-
    nen werden; nachdem Moeller z.B. alles aufzählt, was in
    "Gallien" nicht geleistet worden ist, nämlich Sieg über
    Rom, Völkerwanderung, mittelalterlicher Imperiumsgedanke,
    Renaissance, Reformation, Mystik und klassische Philosophie,
    zieht er folgenden Schluß: "Die Franzosen haben den Gang
    der Geschichte nicht bestimmt, weder den geistigen Gang,
    noch den politischen. Sie haben ihn nur begleitet und oft
    von der Flanke her gestört, in seinem geraden und großen
    Verlaufe hintangehalten. Und sie haben immer von ihm profi-
    tiert. Frankreich ist der Profitör [!] der Geschichte. Es
    ist heute der Profitör [!] des Weltkrieges."(In:Frankophil,
    S.54)

ist, heute, gestern - und seit zwei Jahrtausenden." (1) Nachdem man in der Einleitung bereits erfahren hat, Frankophilentum sei ein "Skandal der Nation", gerade wo sich die Franzosen anschickten, "die ihnen ausgelieferte deutsche Nation vollends zu drosseln, ihr alle verdaulichen Bestandteile abzumetzgen und den ausgebluteten Rest seinem verwesenden Schicksale zu überlassen" (2), besteht kein Zweifel, was von Frankophilie bzw. Versöhnungspolitik zu halten ist.

Die politische Aktualität des Aufsatzes, besonders der Schlußpassage, offenbart ein Blick auf die Situation in der Weimarer Republik zu dieser Zeit: als die Arbeit erscheint, hat gerade die neugewählte Regierung Stresemann den Ruhrkampf abgebrochen (September 1923). Moeller scheint darin - wie sich später herausstellt: mit Recht (3) - den ersten Ansatz zu einem Ausgleichsversuch mit Frankreich zu sehen und sucht diesen von vornherein zu diskreditieren.

Der Einfluß von Publikationen wie "Frankophil" auf das politische Klima in der Weimarer Republik darf nicht unterschätzt werden. (4) Gerade das Indirekte, Verschleierte der politischen Zielsetzung, der ständige Wechsel von ästhetisch-literarischen Kategorien zu politischen in einem diffusen Gemisch mit den Bereichen "Völkerkunde", Kulturkritik und Geschichte macht diese Schriften so wirkungsvoll; sie setzen keine exakte Auseinandersetzung mit dem Zeitgeschehen und seinen historischen Bedingungen voraus, sondern legen einem breiten Leserkreis eine rein gefühlsmäßige Identifikation nahe.

Bezeichnenderweise hat dieser Stil, den besonders Moeller meisterhaft beherrscht, den größten Erfolg in den Krisenjahren von Weimar. In der Phase der kurzen Konsolidierung der Republik von 1924 -1928 schwindet der Einfluß der konservativen Revolutionäre um Moeller. Als jedoch der Beginn der Weltwirtschaftskrise 1929/30 die eben erst mühsam erreichte Stabilisierung des demokratischen Systems in Deutschland wieder aufs schwerste erschüttert, erlebt die Ideenwelt Moellers und seiner Freunde eine neue Konjunktur. Abermals treibt die deprimierende politische Realität den Bürger in den Traum von kommender Größe, vom "Dritten Reich".

---

(1) Moeller van den Bruck, Arthur, Frankophil, S. 58

(2) Moeller van den Bruck, Arthur, Frankophil, S. 53

(3) 1924 stimmt Frankreich dem Dawes-Plan zu, der die deutschen Reperationszahlungen regelt. 1925 kommt es zur Unterzeichnung der Locarno-Verträge, in denen Deutschland u.a. die Unverletzlichkeit der Westgrenze garantiert. Im selben Jahr wird das Ruhrgebiet von den Franzosen wieder geräumt.

(4) S.Sontheimer, Kurt, Antidemokratisches Denken in der Weimarer Republik, bes. S. 21 - 63: "Politischer Irrationalismus" und Neurohr, Jean, Der Mythos vom Dritten Reich, S. 24 f.

Ohne es zu ahnen, übernimmt damit das deutsche Bürgertum durch die Vermittlung Moellers und anderer Schriftsteller eine politische Seh- und Denkweise, die in ihrer eigenartigen Verquickung von Literatur und Politik im Grunde genommen typisch ist für die antibürgerliche Welt der Boheme. (1)

c) Die Verachtung der bürgerlichen Welt als Basis des symbolischen Protestes gegen das Wilhelminische Reich und des politischen Widerstandes gegen die Weimarer Republik

Schon bei der Besprechung des Moellerschen Bürgerstereotyps wies ich darauf hin, daß Feindschaft gegen das Bürgertum eine Konstante im Leben Moellers darstellt (s.S.159 ff.). Die Phase des bohemischen Kampfes gegen den Philister wurde bereits ausführlich dargestellt. Im folgenden seien zwei Aspekte aufgegriffen, die mir für die politische Variante der antibürgerlichen Haltung relevant erscheinen: die Stellung Moellers zur Novemberrevolution und Herkunft und Entwicklung seiner antidemokratischen Haltung.

- Die Stellung Moellers zur Novemberrevolution

An sich hätte die Revolution von 1918 das spannungsvolle Verhältnis Moellers zu seiner Umwelt lösen müssen. Das verhaßte Wilhelminische Regime (2) ist (scheinbar) restlos zerschlagen, die Chance der Stunde Null gegeben.
In diesem Sinne steht Moeller der Revolution anfangs auch durchaus positiv gegenüber. So meint er in dem, unter dem unmittelbaren Eindruck von Niederlage und Revolution geschriebenen Buch "Das Recht der jungen Völker", ein deutscher Sozialimus vermöge das Leben menschenwürdig zu machen, indem er die Gegensätze innerhalb der Industriegesellschaft überwinde; dies werde durch das Schaffen einer Synthese zwischen der kollektivistischen Gesellschaft der Sowjetunion und der individualistischen Gesellschaft des Westens geschehen. (3)
Als die Revolution jedoch schnell verbürgerlicht, wendet sich

_____

(1) Ähnliches gilt für das Verhältnis des Proletariats zur Gedankenwelt linksorientierter Bohemiens wie Erich Mühsam.

(2) Die Meinung Fritz Sterns, Moeller habe kurz vor dem Zusammenbruch in den Institutionen des Kaiserreichs festen Halt gefunden ("Kulturpessimismus als politische Gefahr",S. 251), weil er sich im Alter von 40 Jahren als Freiwilliger meldet und - auf Grund einer Nervenkrankheit frontuntauglich - bei der Presse- und Propagandaabteilung des Armeehauptquartiers arbeitet, halte ich so nicht für gerechtfertigt (Helmut Kreuzer übernimmt im übrigen diese These, vgl. Die Boheme, S. 352); Moellers Engagement gilt mit Sicherheit nicht dem Regime Wilhelms II., sondern einem "ewigen" Deutschland.

(3) Moeller van den Bruck, Arthur,Das Recht der jungen Völker, S. 60 f.

Moeller voll Enttäuschung ab:"Die sozialistische Revolution
schuf die kapitalistische Republik." (1)
Einmal zu dieser Erkenntnis gelangt, läßt er fortan kein gu-
tes Haar mehr an der Revolution (2) und ihrem Produkt: der
Weimarer Republik.

- Herkunft und Entwicklung von Moellers antidemokratischer
  Haltung

Die unerbittliche Feindschaft Moellers gegen die Weimarer Republik ist in engem Zusammenhang mit seiner ästhetischen Verachtung für das liberale und daher dekadente "Westlertum" zu
sehen. Die parlamentarische Demokratie ist die Staatsform dieses Westlertums; dies allein wäre Grund genug zur Ablehnung.
Vollends "unmöglich" wird das System in den Augen Moellers und
seiner Freunde (3) durch die Umstände, die ihm ihrer Meinung
nach zur Durchsetzung verholfen haben: Verrat an den "im Fel-
de unbesiegten Truppen", Anbiederei bei der Entente, Betrug
von seiten der Westmächte etc.
Um seinen Kampf gegen die Republik möglichst wirkungsvoll auf
breiter Front vortragen zu können, bedient sich Moeller -
bewußt oder unbewußt? - einer bewährten bohemischen Taktik:

---

(1) Moeller van den Bruck, Arthur, Revolution, Persönlichkeit,
Drittes Reich, in: Gewissen, 30.5.1920 (ich zitiere nach
dem Abdruck in der Sammlung von Aufsätzen Moellers "Der
politische Mensch", hrsg. von H. Schwarz, Berlin 1933,
S. 76 - 85, hier S. 83)

(2) So heißt es z.B. in Moellers "Drittem Reich", S. 21 f.:
"Politisch wird ihre Revolte [die der Novemberrevolutio-
näre] immer eine säkulare Dummheit bleiben. Wenn wir zurück-
blicken, dann erkennen wir, wie deutsch sie doch war, wie
unselbständig und wie unzureichend. Es war wirklich so, als
ob wir das alte Sprichwort wahrmachen wollten: wenn der liebe Gott die Deutschen verderben will, dann sucht er sich
Deutsche dazu aus. Für den neunten November suchte er sich
deutsche Sozialdemokraten aus, die sich niemals um Außenpolitik gekümmert hatten, deutsche Pazifisten, die eine
Verantwortung dafür übernahmen, daß das deutsche Volk seine Waffen aus der Hand legte, deutsche Doktrinäre, die
gutgläubig genug waren, das Land dem Wohlwollen seiner
Feinde anzuvertrauen, sich auf deren Versprechungen zu
verlassen und auf ihre Uneigennützigkeit zu bauen. Also
gaben diese Leute das Beispiel einer Revolutionspolitik,
die ganz ohne Witterung war, [...], einer unmöglichen
Politik, die sich jeder Richtung begab und keine Stellungen hielt, ja, ein Beispiel von Verzicht auf Politik
schlichthin [!], dessen Folgen nunmehr die Nation tragen
muß." - Dies ist ein Beispiel von vielen, die sich als Beleg anführen ließen.

(3) Gegen eine Demokratie nach westlichem Muster sind allerdings beileibe nicht nur die Jungkonservativen um Moeller

er entwirft ein Zerrbild des Republikaners im Stile des Bürgerstereotyps. Diese Karikatur heißt bei Moeller nun "der liberale
Mensch" und ist Sündenbock für alle wirklichen und vermeint-
lichen Mißstände im Weimarer Staat; zusätzlich muß der "Liberale" aber auch noch alle Makel des Bildungsphilisters- Objekt
der Moellerschen Attacken vor dem Krieg - auf sich nehmen.
Über das Medium des "Liberalen" rückt Moeller dem gesamten öf-
fentlichen Leben der Republik zu Leibe. Der Liberale ist z.B.
Parlamentarier, d.h. Erfüllungspolitiker, Kompromißler, Schwät-
zer ', Egoist etc., der Liberale ist Demokrat, d.h. Durchschnitts-
mensch, Feigling, Ausbeuter, Betrüger ... (1) Die Pauschalität
der Vorwürfe macht es den Vertretern von Weimar schwer, wenn
nicht unmöglich, sich zu wehren. Wo soll ein vernünftiges Argu-
ment, eine etwaige Verbesserung ansetzen, wenn der Gegner einfach konstatiert: "Die Republik ist die Summe der Dinge, durch
die wir hindurch müssen." (2)
Oder aber halten es die Träger der Republik gar nicht für nötig,
sich zur Wehr zu setzen? Befinden sie sich in dem verhängnis-
vollen Irrtum, diese subversive Agitation sei ebenso ungefähr-
lich wie die antibürgerliche "Kläfferei" der Boheme? Immerhin
ist in der Weimarer Republik dasselbe liberale Bürgertum staats-
tragende Schicht, das schon im Wilhelminischen Reich der Boheme
den Freiraum für ihre symbolische Aggression gewährt hat. In
fataler Weise wäre dann Moellers These Wahrheit geworden: "An
Liberalismus gehen die Völker zu Grunde." (3)

d) Der Zukunftsentwurf als Utopie: Moellers "Das dritte Reich"

Zwischen Moellers letztem großen Werk "Das dritte Reich" und
seiner Bohemeexistenz liegen rund zwanzig Jahre. Es ist das am

---

eingestellt (vgl. Derleth, S. 153 , Johst, S.213f und Mühsam, S.238)

(1) Vgl. z.B. Moeller van den Bruck, Arthur, Revolution, Persönlichkeit, Drittes Reich, S. 83: "Wir bekamen die Demokratie. Wir bekamen die Vortäuschung, daß das Volk herrscht,
während es eine ganz bestimmte Gesellschaft ist, die sich
seiner bedient. Wir bekamen diese Demokratie nicht ohne das
Versprechen, daß nunmehr allen Tüchtigen sich die Bahn er-
öffnen werde. Das klang, als ob wir jetzt Männer über Männer
bekommen sollten. Demokratie ist immer nur die Schutzfarbe
des Durchschnitts. Ein Demokrat ist niemals ein Mann. Ein
Demokrat ist Demokrat."

(2) Moeller van den Bruck, Arthur, Konservativ, Berlin 1921
(= Ring-Flugschrift), S. 22

(3) Moeller van den Bruck, Arthur, Das dritte Reich, S. 69 -
Dabei darf allerdings der Aspekt nicht übersehen werden,
daß die Weimarer Republik ihren Feinden von rechts insgesamt
erheblich mehr Spielraum für ihre antidemokratische Kam-
pagne gewährte als beis.pielsweise den linksgerichteten
Kräften.

stärksten politische seiner Bücher, und dennoch: es kann das
prägende Milieu der Jugend Moellers nicht verleugnen. Nicht
nur, daß Ostideologie, Franzosenhaß, antibürgerliche bzw.
antiliberale Einstellung in der dargelegten Ausprägung (Ge-
winnung "politischer Argumente" aus Kulturkritik) unverändert
auftreten; darüberhinaus läßt besonders (1) der utopische Charakter des "Dritten Reiches" Schlüsse zu, "wes Geistes Kind"
Moeller einmal gewesen ist.
Zu den Merkmalen der Boheme nämlich gehört es, daß, wenn von
ihr überhaupt Vorschläge zu einer künftigen Gestaltung menschlichen Zusammenlebens ausgehen, sich diese weder um mensch-
liche, noch um politische Bedingtheiten kümmern (s.z.B. die
Ordensidee Derleths). Weit mehr als im Neuaufbau bewährt sich
die Boheme in der Destruktion des Bestehenden.
Bezeichnenderweise gelten in Moellers "Drittem Reich" sieben
Kapitel dem "Nieder mit Weimar", nur ein Kapitel dem, was nachher kommen soll: dem "Dritten Reich".
Hier entfaltet sich Moellers prophetischer Stil zur vollen Blü-
te. Fragen, die auf die konkrete Form des zukünftigen "Staats-
wesens" abzielen, wie z.B. nach der Verteilung von Legislative,
Exekutive und Judikative, nach der Regelung des Verhältnisses
des Gesamtstaates zu den Ländern etc. bleiben unbeantwortet.
Stattdessen erfährt man:

> "Reichsrecht bricht Landesrecht". Nein. Recht darf
> nicht brechen. Recht muß wirken. Und dahin müssen
> wir gelangen, daß in Deutschland das Reichsrecht
> das Landesrecht, wie umgekehrt das Landesrecht das
> Reichsrecht bedeutet. Es ist kein anderes Ziel als
> das staatliche: nicht den Bundesstaat zum Staaten-

---

(1) Als weiteres bohemisches Relikt im "Dritten Reich" ist zum
    einen die Sprache zu nennen (die Eigenart des Moellerschen
    Stils, Begriffe aus bildender Kunst und Literatur auf Ge-
    schichte bzw. Politik zu übertragen, kennzeichnet auch
    noch das "Dritte Reich"), zum anderen die explizite Di-
    stanzierung Moellers von jeglichem "Literatentum". Inten-
    sität und Häufigkeit der Angriffe sollen den Blick von der
    eigenen "dunklen" Vergangenheit ablenken, vgl. z.B. S.29,
    S. 130, S. 200 oder S. 22: "Mit Hohn wollen wir nun von
    diesen Intellektuellen sprechen, die das deutsche Volk zu
    seinem Entschlusse [zur Revolution] überredeten und die
    nun mit einem dümmsten Gesichte vor dem unerwarteten Ereig-
    nis stehen, daß ihre Ideologie sie betrog! Von diesen Re-
    volutionsliteraten, die das Schlagwort einer 'geistigen
    Politik' erfanden, unter der sie gänzliche Belanglosigkei-
    ten verstanden, Wahlrechtsdinge und ähnliche Gleichgültig-
    keiten, die mit Worten eben dieses Heinrich Mann eine 'wahr-
    haft befreite Welt' verhießen, an deren Stelle wir dann ei-
    ne versklavte bekamen. Noch immer sind diese intellektuel-
    len Dummköpfe nicht belehrt [...] Noch immer erheben sie
    sich als Stehaufmännchen der Revolution, wenn ein Lärm in
    der Republik ist, und verteidigen mit geschreiigem Munde an
    jedem grauen Montag ihre 'Errungenschaften'."

> bunde zurückzubilden, sondern ein Reich zu
> schaffen, das beides ist, und den Gegensatz aufhebt,
> indem sie ihn erhöht. (1)

Hier wird die konkrete Formel der Weimarer Verfassung, die das
Verhältnis Reichsrecht/Landesrecht regelt, kritisiert, aber
nicht mit Hilfe eines eventuell realisierbaren Gegenvorschlags,
sondern durch eine diffus-visionäre Schau künftiger Reichsge-
staltung.
Vollends dunkel wird dann der "Rede Sinn" in der Schlußpassage
des "Dritten Reiches":

> Wir [die deutschen Nationalisten] denken nicht an
> das Europa von heute, das zu verächtlich ist, um
> irgendwie gewertet zu werden. Wir denken an das
> Europa von Gestern, und an das, was sich auch aus
> ihm vielleicht noch einmal in ein Morgen hinüber-
> retten wird. Und wir denken an das Deutschland
> aller Zeiten, an das Deutschland einer zweitausend-
> jährigen Vergangenheit, und an das Deutschland einer
> ewigen Gegenwart, das im Geistigen lebt, aber im
> Wirklichen gesichert sein will und hier nur poli-
> tisch gesichert werden kann.
> Das Tier im Menschen kriecht heran. Afrika dunkelt
> in Europa herauf. Wir haben die Wächter zu sein
> an der Schwelle der Werte.(2)

Trotz solch vager Aussagen zum faktischen Aufbau des Dritten
Reiches handelt es sich bei Moellers Zukunftsentwurf um eine
konkrete Utopie, d.h. zugunsten einer neuen Ordnung sollen in
der Gegenwart angelegte Kräfte, Strukturen und Tendenzen -
d.i. in diesem Falle die Republik von Weimar - verändert werden.

C. Die Ideenwelt Moeller van den Brucks - ihr Verhältnis zu
   den geistigen Strömungen der Zeit

Moellers Ideologie ist nicht Ausdruck einer individuellen Haltung zu aktuellen und latenten Problemen, sondern ist einge-
bettet in geistige Strömungen, die die Zeit um die Jahrhundertwende beherrschen.
Von der wissenschaftlichen Literatur neueren Datums, die sich
mit Moeller bzw. den Jungkonservativen beschäftigt, befassen
sich besonders zwei Arbeiten mit solchen Zusammenhängen: Jean
Neurohrs "Mythos vom Dritten Reich" und Kurt Sontheimers "Antidemokratisches Denken in der Weimarer Republik".(3)

---

(1) Moeller van den Bruck, Arthur, Das dritte Reich, S. 239

(2) Moeller van den Bruck, Arthur, Das dritte Reich, S. 245

(3) Vgl. S. 176, Anm.3 und S. 151, Anm.3

Sontheimers Untersuchung betont dabei immer wieder die pro-
republikanische Einstellung Thomas Manns und könnte so den
Eindruck erwecken, Thomas Mann habe von Anfang an auf der Seite einer parlamentarisch-demokratischen Republik gestanden(1);
an dieser Stelle soll daher die Nähe Moellerscher Gedanken zu
einigen Positionen in Thomas Manns "Betrachtungen eines Unpolitischen" herausgestellt werden.
So beruft sich beispielsweise Thomas Mann, wie Moeller van den
Bruck, auf Dostojewski, (2) wenn er wie dieser das Westlertum
angreift, die Sonderstellung Deutschlands zwischen Ost und West
hervorhebt, das "Wesen" der Deutschen bestimmt und diesem eine
entsprechende Staatsform zuschreibt:

> Ich bekenne mich tief überzeugt, daß das deutsche
> Volk die politische Demokratie niemals wird lieben
> können, aus dem einfachen Grunde, weil es die Poli-
> tik selbst nicht lieben kann, und daß der vielver-
> schriene 'Obrigkeitsstaat' die dem deutschen Volk
> angemessene, zukömmliche und von ihm im Grunde ge-
> wollte Staatsform ist und bleibt (3)

Hand in Hand damit geht - wiederum analog zu Moeller - die Aburteilung der Demokratie nach westlichem Muster:

> Der Unterschied von Geist und Politik enthält den
> von Kultur und Zivilisation, von Seele und Gesell-
> schaft, von Freiheit und Stimmrecht, von Kunst und
> Literatur; und Deutschtum, das ist Kultur, Seele,
> Freiheit, Kunst und *nicht* Zivilisation, Gesell-
> schaft, Stimmrecht, Literatur. Der Unterschied
> von Geist und Politik ist, zum weiteren Beispiel,
> der von kosmopolitisch und international. Jener
> Begriff entstammt der kulturellen Sphäre und ist
> deutsch; dieser entstammt der Sphäre der Zivili-
> sation und Demokratie und ist - etwas ganz ande-
> res. (4)
> Fort also mit dem landfremden und abstoßenden
> Schlagwort 'demokratisch'

---

(1) Auf die "Betrachtungen" spielt Kurt Sontheimer nur einmal
    kurz an, s. Antidemokratisches Denken, S. 311: "Im Welt-
    krieg hatte er [Thomas Mann] das seltsame, doch bewegende
    Pamphlet gegen den Zivilisationsliteraten geschrieben. We-
    nige Jahre danach empfand er die Rückständigkeit dieses
    Denkens so stark, daß er sich zum geistvollen Anwalt der
    Republik machte [...]."

(2) Zwei Kapiteln("Der Zivilisationsliterat" und "Einkehr")ist
    ein Motto aus den Schriften Dostojewskis vorangestellt.

(3) Mann, Thomas, Betrachtungen eines Unpolitischen, in: T.M.,
    Gesammelte Werke in zwölf Bänden, Bd.XII, Frankfurt 1960,
    S.9 - 589, hier S. 30

(4) Mann, Thomas, Betrachtungen, S. 31

Nie wird der mechanisch-demokratische Staat des
Westens Heimatrecht bei uns erlangen.(1)

Neben solchen zentralen parallelen Aspekten ist auch in Einzelheiten Gemeinsamkeit festzustellen, z.B. eine durch die Dostojewski-Verehrung vermittelte positive Einstellung zu Rußland.(2)

Auffallend ist die Annäherung beider Autoren im Stilistischen,
sobald sie sich gegen die Demokratie wenden. Thomas Mann bedient sich wie Moeller zu diesem Zwecke der eine Gegenargumen-
tation so erschwerenden Mischung ästhetischer und politischer
Kategorien.

Für Thomas Mann allerdings ist die antidemokratische Haltung
der "Betrachtungen" ein Zwischenspiel. Unter dem Eindruck der
totalitären Bedrohung von Weimar wird er zum unermüdlichen
Sachwalter der Republik.

Nicht so Arthur Moeller van den Bruck. Er bleibt bis zu seinem
Ende ein unversöhnlicher Feind des parlamentarisch-demokratischen Systems von Weimar.

D. Arthur Moeller van den Bruck: Bohemien und Propagandist
   bohemischer Literatur - konservativer Revolutionär und
   Künder des "Dritten Reiches"

Solange Moeller van den Bruck der Boheme angehört, ist er keineswegs an ihrem Rande angesiedelt, wenn es auch bei erstem
Hinsehen auf Grund der spärlichen Quellen zu dieser Zeit so
scheinen mag. Von den Aspekten und Themen der Boheme, die sich
bei ihm feststellen lassen, gehören die meisten zu den zentralen: an erster Stelle ist sein als "Philisterbild" beschrie-
bener Bürgersterotyp zu nennen, dann die symbolische Aggression in Kleidung und Haltung, die sich bei ihm in betonter Eleganz und demonstrativer Blasiertheit konkretisiert; nicht zuletzt seien noch seine Neigung zum Varieté (dem er ein Buch
widmet), seine dauerhafte Bindung an das Café und seine - wenn
auch kurze - Bohemekreis-Zugehörigkeit erwähnt.

. . . .

(1) Mann, Thomas, Betrachtungen, S. 278

(2) S. Mann, Thomas, Betrachtungen, S. 587: "Ich schließe die-
    se Aufzeichnungen an dem Tage, an dem der Beginn der Waf-
    fenstillstandsverhandlungen zwischen Deutschland und Ruß-
    land gemeldet wird. Wenn nicht alles täuscht, soll der
    lange, fast seit Beginn des Krieges gehegte Wunsch meines
    Herzens sich erfüllen:
    Friede mit Rußland! Friede zuerst mit ihm!"

Was Moeller van den Bruck im Künstlermilieu allenfalls als "Exoten" ausweisen könnte, ist die Tatsache, daß er selbst - von einigen frühen literarischen Versuchen abgesehen - nicht künstlerisch tätig ist. Ihm bleibt es vorbehalten, Propagandist der neuen Literatur zu sein, die seine Mitbohemiens schaffen. In seinem zwölfbändigen literaturkritischen Werk "Die moderne Literatur in Gruppen- und Einzeldarstellungen" (1900 - 1902) würdigt er u.a. Stanislaw Przybyszewski, Otto Julius Bierbaum, Otto Erich Hartleben, Peter Altenberg, Paul Scheerbart und vor allem Frank Wedekind, dessen über den Augenblick hinausreichende literarische Bedeutung er klar erkennt.

Schrittmacherdienste zu leisten, bleibt auch dann Moellers Schicksal, als er vom Bohemien zum bewußten Deutschen und konservativen Revolutionär wird. Weder die Flut national gestimmter Aufsätze noch sein Buch vom "Dritten Reich" bewirken zu Lebzeiten Moellers die von ihm erhoffte Umgestaltung Deutschlands; doch denen, die sie dann nach ihren Vorstellungen verwirklichen, bereitet der Künder des "Dritten Reiches" den geistigen Boden mit.

Den Zusammenhang der beiden Phasen in Moeller van den Brucks Leben habe ich ausführlich dargestellt; ein Moment sei noch hinzugefügt: hier wie dort, ob die moderne Literatur oder das neue Deutschland betreffend, ist ihm ein sicheres Gespür für den Wandel und die Art dieses Wandels zu bescheinigen.

2. H a n n s   J o h s t   (geb. 1890)

Von der symbolischen Aggression zur nationalsozialistischen Revolution

Daß der Weg Hanns Johsts in die nationalsozialistische Revolution seinen Ausgang in der Welt der literarischen Rebellion
genommen hat, ist bekannt. Sein Frühwerk beweist es. Es ist
(vorläufig) allerdings fast die einzige Quelle: Tagebücher
scheinen nicht zu existieren, von den Briefen sind mit Ausnahme
weniger Einzelstücke (1) nur die an Artur Kutscher zugänglich.(2)
Die Hinweise in der Memoirenliteratur betreffen meist seine Tätigkeit als Präsident der Reichsschriftumskammer(1933-1945).(3)
Hanns Johst selbst verweigert jede Auskunft.

Auch die Sekundärliteratur leistet kaum einen Beitrag zur Er-
hellung. Ein Teil der literaturwissenschaftlichen Arbeiten
vor 1933 (4) befaßt sich zwar mit der Nähe des Johstschen
Frühwerks zum Expressionismus, ohne jedoch aus der Einbettung
dieser Kunstströmung in die Boheme für Johst dahingehende
Schlüsse zu ziehen. Das Anliegen der germanistischen Literatur nach 1933 wird in Titeln ersichtlich wie "Hanns Johst -
Kämpfer und Künder" (5) oder "Der geistige Soldat des 3. Reiches" (6);sie ist schon gar nicht an einer etwaigen "dunklen
Vergangenheit" Johsts interessiert. Die Literaturwissenschaft

---

(1) Dazu gehören z.B. einige Briefe an Gottfried Benn. Sie wurden von mir im Deutschen Literaturarchiv Marbach einge-
sehen, wie auch vereinzelte Briefe an andere Adressaten;
sie haben sich jedoch für den Problemzusammenhang als ir-
relevant erwiesen.

(2) Die Briefe Johsts an Artur Kutscher befinden sich ebenfalls im Deutschen Literaturarchiv Marbach. Im Zusammenhang mit Johsts Haltung zur "Weimarer Republik" (vgl.
S.211 ff.) wird auf einen davon zurückzukommen sein.

(3) Lediglich in den Erinnerungen Manfred Hausmanns heißt es:
"Der dreißigjährige Hanns Johst [...] las uns in schwa-
bingisch unbekümmerter Kleidung und unter genialischem
Zurückstreichen der blonden Haare sein noch unvollendetes
Stück 'Der König' vor." (Aus: Im Spiegel der Erinnerung,
Neukirchen-Vluyn1974, S. 25)

(4) Überwiegend gilt auch schon vor 1933 das literaturwissen-
schaftliche Interesse dem nationalvölkischen Element im
Werk Johsts, das von 1920/21 an immer mehr in den Vordergrund tritt.

(5) Eck, Bernhard, Hanns Johst - Kämpfer und Künder,in: Ich
lese, 6.Jg., 1940, Nr.6/7, S. 13-14

(6) Horn, Walter, "Der geistige Soldat des Dritten Reiches",
Einleitung zu Johst, Hanns, Meine Erde heißt Deutschland;
aus dem Leben und Schaffen des Dichters, Berlin 1938

nach 1945 straft Hanns Johst im großen und ganzen mit Nicht-
achtung.(1)
Trotz dieser Forschungslücken ist es jedoch möglich - wie die
nachfolgenden Abschnitte zeigen werden - Johsts Zugehörigkeit
zur Boheme nachzuweisen, zugleich ihre individuelle Nuancie-
rung darzustellen und darüberhinaus dem Einfluß dieser bohemischen Vergangenheit auf die Gedankenwelt des Nationalsozialisten Johst nachzugehen.

A. Aspekte und Themen

a) Der Bürgerstereotyp

Über den Bürgerstereotyp des jungen Johst gibt vor allem sein
"ekstatisches Szenarium" "Der junge Mensch" von 1916 Aufschluß.(2)
In diesem Stück wird, ähnlich wie in Wedekinds "Frühlings Erwachen" (3), die bürgerliche Gesellschaft im Verhalten ihrer
Repräsentanten, wie Lehrer und Eltern, bloßgestellt. Wenn z.
B. im Vorspiel der Religionslehrer Professor Sittensauber eine
exemplarische Strafe für den rebellierenden jungen Menschen
fordert, um "Sodom und Gomorrha" Einhalt zu gebieten, im 2.
Bild von seinen ehemaligen Schülern im Bordell überrascht wird
und sich auch noch mit der Lüge, nicht verheiratet zu sein,
entschuldigen will, werden Doppelmoral und Falschheit als bürgerliche Charakteristika aufgedeckt. Wenn die Eltern am Grab
des jungen Menschen seinen frühen Tod fast gutheißen, weil er

---

(1) Die einzige umfangreichere Untersuchung zum Gesamt-Werk
    Johsts nach dem 2. Weltkrieg ist die Dissertation Helmut
    Pfanners "Hanns Johst. Vom Expressionismus zum National-
    sozialismus", The Hague, Paris 1970.
    Vgl. daneben noch Knobloch, Hans-Jörg, Hanns Johst. Das
    Ethos der Begrenzung, in: H.-J.K., Das Ende des Expressio-
    nismus. Von der Tragödie zur Komödie, Bern, Frankfurt 1975
    (=Regensburger Beiträge zur dt. Sprache und Lit.wiss., Rei-
    he B, Bd.1) S. 17-35 und Weisstein, Ulrich, The lonely Baal,
    Brecht's first play as a parody of Hanns Johst 'Der Einsame',
    in: Modern Drama XIII, 1970, S. 284 - 303

(2) Johst, Hanns, Der junge Mensch. Ein ekstatisches Szenarium,
    München 1916. Ich zitiere nach der 2. Aufl. von 1919.
    Vgl. daneben auch Johst, Hanns, Der Anfang. Roman, München
    1917 und Johst, Hanns, Der Einsame: Ein Menschenuntergang,
    München 1917 (ein Drama über Grabbe)

(3) Die Parallelen von Johsts "Jungen Menschen" zu Wedekinds
    "Frühlings Erwachen" (1892) sind formal und inhaltlich faß-
    bar: sprechende Namengebung, Aufbau in Bildern, stilisierte
    Sprache, Motiv des Schülerselbstmordes, Friedhofsszene etc.

als Außenseiter doch nur Schwierigkeiten gemacht hätte,(1)
und wenn die Sorge um Steuer und Mittagessen schnell die
Trauer um den Sohn verdrängt, da ja die "Pflicht", den Sohn
zu lieben, mit dem Begräbnis aufgehoben ist,(2) so zielt der
Angriff auf bürgerliche Normengebundenheit und Gefühlsarmut.
Darüberhinaus weist das "ekstatische Szenarium" Kompromißbereitschaft, Profitorientierung und Borniertheit als Elemente
des Stereotyps aus.
Der Roman "Der Anfang" (1917) erweitert diesen Stereotyp noch
um das Merkmal "Sicherheitsstreben". Der Vater des Helden ist
der personifizierte Pensionsanspruch. (3)
Dieses bohemetypische Negativ-Bild vom Bürger überdauert die
Bohemephase Hanns Johsts. Es bleibt für ihn - allerdings mit
politisch gesetztem Schwerpunkt - auch nach seiner Hinwendung
zum Nationalen bzw. Nationalsozialistischen bestimmend.
Das bürgerliche Sicherheitsstreben, während Johsts Bohemezeit
ein Merkmal des Stereotyps unter vielen, steht nun im Zentrum
und erhält politische Dimension, indem es von Johst für den
verdammungswürdigen Rückzug des Bürgers vom politischen in
den privaten Bereich verantwortlich gemacht wird. 1933 defi-
niert Hanns Johst den Spießbürger so: "[...] der Spießbürger
ist der Typ, der sich aus lauter Sorge um seine friedliche
Existenz unpolitisch nennt und philiströs nach der bekannten
Methode des Vogels Strauß den Kopf in den Sand steckt, um nicht
Augenzeuge politischer Zustände sein zu müssen".(4)

---

(1) S.Johst, Hanns, Der junge Mensch, S. 87

(2) S. Johst, Hanns, Der junge Mensch, S. 88

(3) Vgl. Johst, Hanns, Der Anfang, S. 27-40

(4) Johst, Hanns, Begriff des Bürgers. Ein Gespräch zwischen
    Adolf Hitler und Hanns Johst, in: H.J., Standpunkt und
    Fortschritt, Oldenburg 1933,S. 55-62, hier S. 55. - Das
    obige Zitat ist im Text allerdings als Frage formuliert.
    Die Stelle lautet im Zusammenhang (S.55 f.):
    "I c h: Immer stärker fühlt sich der Bürger im romantischen
    Begriff der Ruhe, seiner Ruhe bedrängt. So mögen Sie, Herr
    Reichskanzler, die offene Frage erlauben: Welche Stellung
    nehmen Sie dem Bürger gegenüber ein?
    R e i c h s k a n z l e r A d o l f H i t l e r: Ich
    glaube, wir tun gut, den Begriff des Bürgerlichen zunächst
    einmal aus seiner unklaren Vieldeutigkeit zu lösen und uns
    eindeutig über das, was wir unter Bürger begreifen, zu ver-
    ständigen. Ich brauche nur den Staatsbürger und den Spieß-
    bürger zu erwähnen, um zwei Arten dieser Gattung zu charak-
    terisieren.
    I c h: Sie meinen: Der Staatsbürger ist der Mann, der sich
    so oder so politisch zu dem Staat stellt und bekennt, und
    der Spießbürger ist der Typ, der sich aus lauter Sorge um
    seine friedliche Existenz unpolitisch nennt und philiströs
    nach der bekannten Methode des Vogels Strauß den Kopf in
    den Sand steckt, um nicht Augenzeuge politischer Zustände

Diese Modifikation des Stereotyps spiegelt sich auch im Werk
wieder. Als Antipode der (spieß)bürgerlichen Welt fungiert
nun an Stelle des künstlerischen Menschen der politisch Han-
delnde, der Soldat: Grabbe - Held des frühen Dramas "Der Einsame" (1917) - heißt jetzt Thomas Paine oder Schlageter.

b) Symbolische Aggression in Inhalt und Form des Frühwerks

Inwieweit sich Johst in seinem Äußeren bzw. in seinem Benehmen
der bohemetypischen Formen der symbolischen Aggression bedient
hat, ist auf Grund der eingangs geschilderten Quellenlage nicht
zu eruieren. Daß er in ganz erheblichem Maße Kunst als Mittel
provokativer Abweichung genutzt hat, zeigt sein Frühwerk. (1)
Einen Aspekt, nämlich den Einsatz des Bürgerstereotyps, habe
ich bereits dargestellt. Dazu kommen als weitere inhaltliche
Provokationen die Darstellung des Sexuellen, der Angriff auf
die bürgerliche Ehe und die Sympathie für Erniedrigte und Beleidigte; formal attackiert Johst durch die Wahl expressionistischer Gestaltung das bürgerliche Kunstverständnis.

- Die Darstellung des Sexuellen/der Angriff gegen die bürgerliche Ehe

Die zentrale Stelle im Bestreben, den Bürger via Kunst zu
brüskieren, nimmt bei Johst, wie bei den meisten Bohemiens
(vgl. z.B. Else Lasker-Schüler, Franziska von Reventlow, Frank
Wedekind, Erich Mühsam), die provokative Darstellung des Sexuellen ein. Am häufigsten und wohl auch am massivsten (sieht
man von der Bordellszene in "Der junge Mensch" ab) setzt er
dabei diese antibürgerliche Waffe in seinem Drama "Der Einsame"
(1917) ein.
Als Beispiel sei das 5. Bild angeführt.(2) Es tritt sozusagen

───────────

sein zu müssen?
R e i c h s k a n z l e r A d o l f H i t l e r: Gerade
das meine ich. Ein Teil der bürgerlichen Welt und bürgerlichen Weltanschauung liebt es, als völlig uninteressiert
am politischen Leben angesprochen zu werden. [...] Meine
Bewegung nun als Wille und Sehnsucht erfaßt in allem das
ganze Volk."
Der rhetorische Charakter der Frage steht außer Zweifel.
Johst unterschiebt dem Gesprächspartner die eigene Auffassung via Fragestellung.

(1) Einschränkend festzuhalten ist jedoch, daß der junge Johst
    neben Werken symbolisch-aggressiven Charakters auch solche
    konventioneller Art schreibt, z.B. "Stroh. Eine Bauernkomö-
    die", Leipzig 1916 oder "Der Ausländer. Ein bürgerliches
    Lustspiel", Leipzig 1916. Das letztere enthält allerdings
    zumindest thematisch noch ein provokatorisches Merkmal: es
    decouvriert die Institution Ehe.
(2) Johst, Hanns, Der Einsame, S. 36-49

den Gegenbeweis zum Schlußsatz des 4. Bildes an, mit dem Isabella, die Braut von Grabbes Freund Hans, die Eifersucht ihres
Verlobten beschwichtigen will: "Als ob man einen Dichter lieben könnte wie einen Mann?!!" (1) Der Kommentar der Schaffne-
rin, die das Zimmer Grabbes am Morgen aufräumt, läßt keinen
Zweifel daran, daß sich Isabella getäuscht hat:

> D i e   S c h a f f n e r i n
> (die Betten im Arm, um sie zum Fenster zu tragen)
> Daß man sich schämt! Herr Auditeur! So große Blut-
> flecken im Laken! Ei, daß Sie der Teufel! - (zwin-
> kernd) Ist das junge Ding, das Sie so fleißig be-
> sucht, Ihre Verse zu hören ...
> [...]
> Ich kann die Betten nicht in das Fenster werfen,
> sonst sieht die ganze Straße ...
> [...]
> Aber ... Sie taten nicht recht, das kleine, fröh-
> liche Fräulein aufzumachen wie eine welsche Nuß!(2)

In solchen Provokationen des bürgerlichen Verlangens nach Wahrung von Sitte und Anstand auch in der Kunst gesellt sich beim
frühen Johst der Angriff gegen die bürgerliche Ehe. In seiner
Komödie "Der Ausländer" (1916) stellt er z.B. die Jagd nach
einer"guten Partie" in bürgerlichen Kreisen bloß, in seinem
Roman "Der Anfang" (1917) attackiert er in der Schilderung des
Zusammenlebens von Hans Werners Eltern die bürgerliche Vernunft-
bzw. Versorgungsehe.(3)
Diese anfängliche Einstellung Johsts gegen die bürgerliche (Ver-
sorgungs-) Ehe - im Werk nach 1920 tritt sie völlig zugunsten
des Aufbaus eines Mutter-Mythos (4) zurück - gewinnt beim späten Johst in Verbindung mit eben dieser Mutter-Verehrung noch
einmal an Bedeutung; doch darauf wird an anderer Stelle zurückzukommen sein (s.S.204 f.)

---

(1) Johst, Hanns, Der Einsame, S. 35

(2) Johst, Hanns, Der Einsame, S. 36 f.

(3) S. besonders Kapitel 2 des Romans (S.27-45), wo das Zusammenleben als Nebeneinanderherleben entlarvt wird, geprägt
von der Selbstaufgabe der Mutter und der teilnahmslosen
Dominanz des Vaters, vgl. S. 28 f.: "Ein Abend wie alle.
Sie [die Mutter] war allein geblieben. Wozu ins Theater
gehen? Wenn man dann die süße Erregung, die solch ein bunter
und erfüllter Abend mit sich gebracht hatte, nicht aus-
plaudern durfte? Wenn man mit einem gegähnten: Nun, wie
war es? begrüßt wurde, was in sich schloß, daß die Antwort
knapp und klar [...] entgegnet wurde. [...] Rücksicht auf
die Wünsche seiner Frau kannte er [der Vater] nicht; wußte
nicht einmal um diese Wünsche, so belanglos war ihm im Grunde das innere Leben seiner Gefährtin. Er registrierte nur
gelassen die Pünktlichkeit der Mahlzeiten und lobte Sonntags
ein besonders geglücktes Gericht."

(4) Vgl. z.B. das Mutterbild in dem Roman "Die Torheit einer

- Die Sympathie für "Erniedrigte und Beleidigte"

Ein weiteres Element symbolischer Aggression über das Medium
Kunst bildet innerhalb der Boheme die literarische Äußerung
der Sympathie mit den Außenseitern der Gesellschaft, den Erniedrigten und Beleidigten.
Johst nutzt diese Möglichkeit vor allem in seinem Drama "Der
junge Mensch" (1916). Hier äußert sich die provokative Sympathie für Erniedrigte und Beleidigte nicht nur in der Darstellung des - im Grunde freiwilligen - Außenseitertums der
Titelfigur, sondern auch in der Gestaltung der von der bürgerlichen Gesellschaft ausgestoßenen Hutmacherin Maria.
Pfeifer, ein Schulkamerad des jungen Menschen, bittet diesen,
seine Geliebte Maria aufzunehmen, da sie schwanger ist und er
angesichts der drohenden gesellschaftlichen Sanktionen nicht
den Mut hat, zu ihr zu stehen. (1)
So ist die Schuldzuweisung am Schicksal des Mädchens zwar an
Pfeifer gerichtet, doch schon der Plural der Anrede weist darauf hin, daß er Stellvertreter eines unbarmherzigen Systems
ist: "Ihr seid Scharfrichter im Walzerschritt!!! ... Ihr seid
grausamer wie [!] die Kinder, die in der Frühe Blumen pflücken,
ganze Hände voll, und sie am Mittag auf der Straße in die Sonne werfen." (2)
Johst verschärft diese aggressive Tendenz, die in beiden Rand-
figuren angelegt ist, über die direkt ausgesprochenen Vorwürfe
hinaus dadurch, daß er den jungen Menschen und Maria in der Erwartung der Geburt des Kindes zu einer Art Hl. Familie stilisiert und beide schließlich zu selbstlosen Helfern Todkranker
werden läßt, in der Erkenntnis: "Die Liebe dieser Welt heißt
Mitleid!"(3)
Der Zuschauer soll mit Empörung zur Kenntnis nehmen, daß huma-
nes Handeln beileibe nicht die Sache derer ist, die doch der
human(istisch)en Bildung einen so großen Stellenwert beimessen,

---

Liebe", München 1930 und in der Erzählung "Mutter ohne Tod",
München 1933; s.a. den Gedichtband "Mutter", München 1921

(1) Vgl. Johst, Hanns, Der junge Mensch, S. 27
    "P f e i f e r
    (stockend)
    Ich konnte nicht heiraten und das Fleisch war rebellisch!...
    Ich hatte wie alle ein Verhältnis ... Sie ist gut ... Sie
    ist Verkäuferin. [...] Ihr Mund ist voll Fröhlichkeit ge-
    wesen und aus ihrer dünnen Sonntagsbluse stachen die Brü-
    ste meinen Händen entgegen ... O,war das schön... Wir zwei!
    Du!! ... Und nun ist sie schwanger! [...] Meinen Eltern wage
    ich es nicht zu sagen! ... Meine Mutter würde weinen und wür-
    de sich schämen, weil ich so unter ein ... Mein Vater wür-
    de lachen ... Und wenn ich ernst bliebe, mich schlagen!
    [...] Und ihr helfen, ganz helfen, dazu bin ich zu feig und
    zu arm und zu schwach [...].
(2) Johst, Hanns, Der junge Mensch, S. 28
(3) Johst, Hanns, Der junge Mensch, S. 84

nicht also Sache der Bürger, sondern vielmehr Eigenschaft derer, die selbst Opfer bürgerlicher Inhumanität geworden sind.

- Der Protest in der Form

Wedekind-Nachfolge und expressionistische Zeitgenossenschaft (1) prägen die formalen Mittel, mit denen Johst die Erwartung des bürgerlichen Publikums zu enttäuschen sucht. Stationentechnik, Typisierung und sprachliches Pathos kennzeichnen die Stücke "Die Stunde der Sterbenden", "Der junge Mensch" und "Der Einsame".
Als Beispiel sei wiederum "Der junge Mensch" herausgegriffen: Das "ekstatische Szenarium" ist in ein Vorspiel und acht Bilder gegliedert, die nur lose miteinander verknüpft sind. Mit Ausnahme vielleicht des letzten Bildes (Friedhofsszene) ist ihre Reihenfolge beliebig, nicht einmal das Vorspiel müßte unbedingt als solches stehen. Der tektonisch-klassische Aufbau der Handlung ist durch expressionistische Stationentechnik ersetzt: "im Bordell", "in der Bahnhofshalle", "im Hotel"...
Die Hauptfigur ist kein Held mit individuellen Zügen, sondern als "junger Mensch" typischer Vertreter seiner Generation. Andere Personen des Stückes tragen zwar Namen, doch dienen diese durch ihre Kennzeichnung als "sprechende Namen" (2) weit mehr einer Typisierung als einer Individualisierung.(3)
Die Sprache signalisiert(s.a. Untertitel des Dramas) beständig Ekstase. Das Ausrufezeichen ist die am häufigsten verwendete Interpunktion, und stellenweise vermögen nur ihrer drei dem Ausmaß des Gefühls gerecht zu werden. Solch permanenter "Schrei" verbietet ein hypothaktisches Ordnen der Sätze bzw. Satzglieder: jeweils drei Punkte stehen an Stelle einer logischen Verknüpfung.(4)

---

(1) Johst ist Mitarbeiter der expressionistischen Zeitschrift "Erde".

(2) S. "Professor Griechenselig", "Rechtsanwalt Klug", "Prof. Dr. Haarklar" usw. (s.a. S.190, Anm.3) o. aber "Schulze", "Meyer","Möller" etc.
(3) S. dazu auch "Bürgerstereotyp" (S. 190 ff.)

(4) Vgl. z.B. Johst, Hanns, Der junge Mensch, S.17
"D e r j u n g e M e n s c h
Bank oder Kreuz! ... Alles Martyrium ist relativ! ... In dieser argen, läppischen Heimat der Kompromisse!! ... Ich verachte den obligaten Schülerselbstmord! ... Leben! ... Leben! ... Ist Sehnsucht! ... Und die Tat fällt aus der Hand! ... Sturm und Wetter! ... Über allem aber ewig wieder: Es lebe das Leben!!! ..." - Zum provokativen Effekt solcher Satzzeichenhäufung vgl. Sokel, Walter H., Der literarische Expressionismus, S. 31: "Hier schreit das rousseauistische Ich nicht nur seine Qual ohne Rücksicht auf die Trommelfelle und Manieren der Gesellschaft heraus, sondern es greift die Gesellschaft an, verfolgt, bedroht und bedrängt sie. Sein Brüllen und Schreien ist - wie ein Koller,

Dieses Frappierend-Aggressive der Sprache sucht Johst verschie-
dentlich noch durch Rückgriffe auf die Vulgärsprache zu ver-
stärken. (1)
Über die von Wedekind und den Expressionisten vorgegebenen
Muster der provokativen Zerstörung der traditionellen Form
geht Johst jedoch nie hinaus.

c) Das Votum für das "Leben"

Unter den bis jetzt besprochenen Autoren ist Hanns Johst, neben
Franziska Gräfin Reventlow und Frank Wedekind, der entschieden-
ste Streiter für das "Leben"; dies gilt für den Bohemien wie
für den Nationalsozialisten. Die Auffüllung des Lebensbegriffs
allerdings wandelt sich erheblich. Hier soll zunächst einmal
die Aufmerksamkeit dem Lebensenthusiasmus des jungen Johst bzw.
seiner literarischen Figuren gelten.
Im Roman "Der Anfang" heißt es da z.B. von Hans Werner, dem
Helden: (2)

> Alle Vergangenheit schoß feurig auf, blutrot
> dem Blicke vorüber und wies ins Land - ins Leben ...
> Freiheit fiel über ihn her und wehte über ihn hin.
> Der Druck seiner vieljährigen Vorstellungen ließ

---

der sich Aufmerksamkeit erzwingt - der verzweifelte Versuch,
eine Beziehung zur Gesellschaft herzustellen, doch nach den
Bedingungen des Ich, nicht nach denen der Gesellschaft." -
Dieses Zitat scheint auf den ersten Blick eine über das
Bohemetypische hinausgehende Haltung zu beschreiben, indem
sie als Versuch, eine Beziehung zur Gesellschaft herzu-
stellen, gewertet wird; doch ist mit dem Zusatz "nach den
Bedingungen des Ich" nichts anderes als die Aufnahme der Be-
ziehung Künstler-Gesellschaft in den Formen der symbolischen
Aggression bezeichnet.

(1) Vgl. u.a.z.B. Johst, Hanns, Der junge Mensch, S. 16, wo der
junge Mensch seinen Religionslehrer anschreit:"Halten Sie
das Maul!" oder S. 42 f.:
" D e r j u n g e M e n s c h
[...] Ihr Hunde wollt mir den Glanz von den Flügeln streifen!
... [...] Wer noch ein Wort sagt, ist am Verrecken!!! ...
[...] Ihr dürft saufen! ... Ihr dürft wiehern zu meinem Witz!!
... Aber ihr dürft mir keine Reminiszenzen rülpsen aus
eurer stinkigen Welt! ... [...]"

(2) Der Werdegang Hans Werners verläuft vielfach analog zur Ent-
wicklung des jungen Johst: vom abgebrochenen Studium über
Schauspielunterricht und Tätigkeit als Regisseur zum Dichter.
Vgl. z.B. Johst, Hanns, Weg und Werk, in: H.J., Ich glaube!
Bekenntnisse von Hanns Johst, München 1928, S. 9-18.

nach. Neue Farben tönten auf. Tollste Erschütterungen, unfaßbar in Worten, unbegreifbar, warfen
sich in ihn. Er fühlte,wie ein neuer Blutkreislauf
begann, und ohne Gründe zu haben, ja ohne sie zu
suchen, fühlte er stetig gewisser Hunger wach werden. Einfach Hunger! - Hunger auf ein Stück Brot
und Hunger auf einen Fetzen Leben.
Er wollte leben! Er wollte sein Leben nehmen. Nicht
wie Erich als einen schmalen Bezirk bestimmter
Pflichten - er wollte es erleben als ein Gastmahl!
Als ein wilder Spieler wollte er es zwingen! (1)

Drei Aspekte signalisieren hier deutlich eine bohemische Prägung des Lebensbegriffes: die zentrale Rolle des Individuums,
der Anspruch auf absolute Freiheit und das Genußpostulat an
das Leben.(2)
Wie Johst seine Figuren das Genußpostulat erfüllen läßt, weist
zusätzlich auf das Umfeld Boheme hin; exzessives Trinken und
Lieben sind wesentliche Elemente des "Lebensrausches" im Frühwerk. (3)
Daß ein solcherart konzipierter Lebensbegriff in der nationalsozialistischen Ideologie keinen Platz hat, liegt auf der Hand:
Subjektivismus und Gleichschaltung schließen einander aus.

---

(1) Johst, Hanns, Der junge Mensch, S. 24 f.-(S.a.S.195,Anm.4)

(2) Zum Zusammenhang Lebensphilosophie - Literatur der Jahrhun-
    dertwende sei noch einmal verwiesen auf Rothe, Wolfgang,
    Frank Wedekinds Dramen. Jugendstil und Lebensphilosophie
    (vgl. S. 106, Anm.4) und Rasch, Wolfdietrich, Aspekte der
    deutschen Literatur um 1900, in: W.R., Zur deutschen Lite-
    ratur seit der Jahrhundertwende, Stuttgart 1967, S.1-48

(3) Vgl. z.B. die Bordellszene im "ekstatischen Szenarium". Der
    junge Mensch, bereits schwer betrunken, fordert die "Madame"
    auf:
    "Schütten Sie eine Bowle auf! ... Groß und tief ... Und
    Früchte werfen Sie hinein! ... Genug duftende Früchte !...
    Erdbeeren und Ananas! Waldmeister und Maiglöckchen! ...
    Das Blut muß kochen in den Adern, daß wir die Glocke gies-
    sen können!! ..."(Johst, Hanns, Der junge Mensch, S. 40) -
    Das Lebensgefühl steigert sich zur Ekstase:
    "D e r   j u n g e   M e n s c h
    (ekstatisch)
    Seh t ihr? [Anrede gilt den Prostituierten] Seht ihr? ...
    Wer ist im Recht! ... Ihr liebt mich? ... Liebt mich! ...
    Der ich euch fremd bin! ... Nur weil ich jung bin und voll
    Glut! ... Kommt beide! ... Kommt! ... Daß wir das unend-
    liche Fest feiern!! ... Daß ich euch Leben in die Lenden
    werfe! ... Geburt!! ... Und Vollendung!! Über mir!! [...]"
    (Johst, Hanns, Der junge Mensch, S. 44) - S.a. Johst,
    Hanns, Der Einsame, S. 55.

Bei der Position des Einzelnen setzt dann auch der entscheidende Wandel in der Auffüllung des Lebensbegriffs beim Nationalsozialisten Johst an: an die Stelle des Individuums tritt das Kollektiv.
Dies sei vorweggenommen. Einzelheiten der Entwicklung von Johsts Einstellung zum "Leben" werden in einem späteren Abschnitt besprochen. (Vgl. S. 206 ff.)

d) Die Bindung an öffentliche Lokale /der Bohemestammtisch

Rückschlüsse auf Johsts Einstellung zur bohemischen Lokalgeselligkeit lassen sich aus seinem Roman "Der Anfang" ziehen.(1) Dort heißt es über den Helden Hans Werner:

> Vereinzelt war er schon in München mit Leuten zu-
> sammengekommen, die ihre ersten Gedichtspublika-
> tionen hinter sich hatten, und deren Tage nun das
> Warten auf Kritiken darstellten. Hans Werner hatte
> immer eine gesunde Abneigung gegen diese blassen
> Typen gespürt, die wie Spinnen in einem System von
> erzwungenen Vorstellungen saßen und nur auf den
> armen Tölpel zu lauern schienen, der ihrem Gewebe
> zu nahe kam. Dieser Schlag Menschen hatte seine
> Naivität, sein Unbewußtsein verloren, und er kam
> Hans schlimmer vor, als wenn ein Mädel seine Un-
> schuld aufgegeben hätte. Die Gespräche im Kaffee-
> haus waren stets persönlicher Klatsch geblieben
> oder Gerede von der Bedeutung, wie die Griechen
> ihm beim Barbier nachgingen. (2)

Hier kommt zunächst einmal eine ausgesprochen ablehnende Haltung gegenüber dem bohemischen Caféhausleben zum Ausdruck. Die Funktionen, die die Stammtischgeselligkeit innerhalb der Boheme erfüllt, werden durchaus erkannt, aber negativ interpretiert. So steht etwa das Bild der Spinne im Netz für den literarischen Anfänger, der im Café die Chance sucht, in der Welt der Kunst Fuß zu fassen. Eine Teilnahme an solch zweifelhafter Gesellschaft scheint von vornherein ausgeschlossen.

Umso überraschender wirkt die Fortsetzung der oben zitierten Textstelle: "Jetzt also saß er [Hans Werner] abends wieder an einer Runde, die es für nötig hielt, aufgeregt unter dem Strich nach dem eigenen oder befreundeten Namen zu suchen."(3)

Diesen Widerspruch als eine Art Haßliebe zur bohemischen Lokalgeselligkeit zu interpretieren, wie sie z.B. das Verhältnis Else Lasker-Schülers zum Café prägt, gibt der Roman keinen Hinweis. Eine Argumentation zugunsten der Bohemerunde im Café

---

(1) Auf den autobiographischen Charakter des Romans habe ich schon mehrfach verwiesen, s.z.B. S. 196, Anm.2

(2) Johst, Hanns, Der Anfang, S. 280 f.

(3) Johst, Hanns, Der Anfang, S. 281

findet sich nirgends. (1)
Es bleibt hinsichtlich der Haltung des jungen Hans Werner
(alias Hanns Johst) zu d e r Konstanten des Bohemelebens
überhaupt, nämlich der Bindung an öffentliche Lokale, lediglich festzustellen, daß sie existiert - trotz scharfer Kritik
an ihr.

e) Das Werk als Ware. Die Einstellung zum Literatur- und
   Kunstmarkt

In seiner Auffassung von Wert und Wesen der Kunst bzw. des
Künstlers erweist sich der junge Hanns Johst uneingeschränkt
der bohemischen Gedankenwelt zugehörig. Wie für Else Lasker-
Schüler, Ludwig Derleth oder Moeller van den Bruck ist auch
für ihn die Dichtung Nachvollzug und Sinngebung des göttlichen
Schöpfungsaktes, gilt ihm der Dichter als Begnadeter, als Seher und Prophet.
Deutlich wird dies besonders in Johsts Grabbe-Drama "Der Einsame". Der Dichter fungiert darin geradezu als Inkarnation des
genialischen Prinzips der Boheme.(2) Schon der Beginn des ersten Bildes läßt daran keinen Zweifel:

> G r a b b e
> (wirft die Feder auf den Tisch und den Kopf auf
> die Stuhllehne, er hat ein schmales, verfiebertes
> Gesicht, in dem große Augen lohen. Seine Hände sind
> immer wie hinter der stürzenden Sprache her in
> schnellen und spitzen Gesten. Er ist 30jährig)
> Oh! Dies Gefühl! Nicht um einen Thron möchte ich es
> eintauschen! Dieses Gottvatergefühl! Himmel und
> Erde wird Willkür meiner Gunst! Ich bin der Kos-
> mos! Und ohne mein Wort und die glühende Guirlande
> meiner Dichtung zerfällt dies alles - Geschichte,
> Vernunft, Gegenwart und Seele von tausend Gottes-
> äckern zu wesenlosem Staube.[...] Aus verwehten
> Stimmen wirbelnder Vergangenheit steigt der Schlag-
> schatten auf und gibt dem Zufall Gefüge - Charakter!

---

(1) Denn auch als es auf Betreiben Hans Werners zur Sezession
    von Literaten- und Schauspielerstammtisch kommt, sind un-
    verändert "die größten Reibungen vorhanden". (Johst,Hanns,
    Der Anfang, S.283)

(2) Vgl. Bab, Julius, Die Berliner Bohème, Berlin, Leipzig 1904
    (=Großstadt-Dokumente, hrsg. v.H.Oswald,Bd.2),S.14:
    "Grabbe - in seinem Leben und Schaffen, seinen Stärken und
    Schwächen, seiner Entwicklung und seinem traurigen Unter-
    gang vielleicht der typischste 'Bohemien', den Deutschland
    je hervorgebracht hat." S.a. Pfanner, Helmut F., Hanns
    Johst. Vom Expressionismus zum Nationalsozialismus,S. 86:
    "Natürlich ist *Der Einsame* kein biographisches Drama, son-
    dern in ihm spiegelt sich der expressionistische Autor selbst."

Napoleon! Du mein Werk! [...] (1)

Die aus den bisherigen Besprechungen des Merkmals "Warencharakter der Kunst" bekannten Wertungen von Kunst bzw. Künstler-
Göttlichkeit, Schöpfertum, Absolutheit - werden hier noch um
einen zusätzlichen Aspekt erweitert: dem Dichter allein ist
es gegeben, aus Geschehen Geschichte werden zu lassen, er ist
es, der Ewigkeit zu verleihen vermag.
So kennt denn auch Grabbe keinen Kompromiß, als es darum geht,
seine Werke den Verlegern bzw. dem Publikum gefälliger zu gestalten:

> G r a b b e
> (in Hemdsärmeln am Tisch)
> Solch eine Frechheit! (liest halblaut einen Brief)
> Nimm dir Raupach (2) zum Muster bei deiner Arbeit,
> seine Technik und seine Erfolge - dann werde ich
> als Verleger auch anders ... Ja. Himmelherrgott!
> Solch ein Schuft! (zerknüllt den Brief in seiner
> Faust) Wie lief dieser Kerl über von Verständnis
> für meine Kunst! [...] (feierlich) Christian Diet-
> rich Grabbe! Vergiß ihm nie diesen Brief! - Nie !!
> [...] Wie er aus meinem Herzen pokulierte! - Und
> jetzt schwingt dieser Tölpel von Verleger den päda-
> gogischen Bakel? [...] Kaum sind einmal hundert
> Bücher weniger verkauft, als man gespekuliert, sucht
> man den Fehler nicht beim Publikum, bei Gott nicht!
> [...] Man ist ein Stück Vieh und wird auf dem
> Markt verpfundet. Und kommt kein Käufer - ist man
> stinkiges Fleisch! - Zum Teufel!!! (3)

Statt Verrat an seinen "Schöpfungen" zu begehen und mit "flat-
ternden Fahnen" (4) den Stil Raupachs nachzueifern, läßt er
sich lieber von seiner Mutter, einer Waschfrau, aushalten.
Dabei hegt er keinerlei Skrupel. Sie hat ihn "in die Welt geworfen" (5) und damit ist es ihre Pflicht und Schuldigkeit,
für ihn zu sorgen.

---

(1) Johst, Hanns, Der Einsame, S. 5 f.- S.z.B. auch S.9:
    "C h r i s t i a n
    [...] Dichter? - Ein Wort! Und doch! Er [!] wölbt sich
    über meine Schultern wie Himmelslicht und preßt mich in
    die Knie, vor der Allgewalt eigensten Besessenseins! Herr-
    gott, gib die Kraft, die Sonnenkrone dieser Bestimmung
    zu tragen mit ganzer, steiler Verantwortung. Mit aller stol-
    zen Demut der dreimal seligen Seele!! [...]"

(2) Ernst Raupach (1784 - 1852) ist ein zur Zeit Grabbes sehr
    erfolgreicher, auf historische Stoffe spezialisierter Mo-
    dedramatiker in der Schiller-Nachfolge.

(3) Johst, Hanns, Der Einsame, S. 43 f.

(4) Johst, Hanns, Der Einsame, S. 43

(5) Johst, Hanns, Der Einsame, S. 52

Im Roman "Der Anfang" finanziert im übrigen der Held seine künstlerischen Ambitionen mit den Wechseln, die für sein Studium gedacht sind. Geht man von der weitgehenden Identität Hans Werners mit Hanns Johst aus, vertritt Grabbe also, auch was die bedenkenlose Inanspruchnahme elterlicher Unterstützung anbetrifft, die Position des Autors.
Hinsichtlich der Kunst zeigt sich Johst allerdings weniger konsequent als sein Vertreter im Drama. Ich erwähnte bereits, daß er, neben seinen expressionistischen Stücken, auch auf Publikumswirksamkeit abgestellte Komödien schreibt. Er scheint sich eine Zeit lang den Weg literarischer Doppelexistenz offenhalten zu wollen.
Dies erübrigt sich mit seinem Wechsel ins national-völkische Lager. Der Anspruch auf die exponierte Stellung von Kunst und Künstler bleibt von dem Wandel jedoch unberührt. (1) Seher und Prophet will Johst auch weiterhin sein - eine Position, die mit seiner wachsenden Option für den Nationalsozialismus eine fatale Bedeutung gewinnt. (Vgl. dazu S. 204 ff.)

f) Das ambivalente Verhältnis zur Großstadt bzw. Technik

Die Einstellung Johsts zur Großstadt zu bestimmen, ist ein schwieriges Unterfangen.
Zunächst einmal ist die Tatsache festzuhalten, daß die Existenz des jungen Johst an die Großstadt gebunden ist. Die Stationen heißen Leipzig, Wien, Berlin, München.
Wie aber steht er dazu? Identifiziert er sich uneingeschränkt mit dem Großstadtleben? Hält er es für ein notwendiges Übel, um literarisch Fuß zu fassen? Empfindet er vielleicht die für die Boheme so typische Haßliebe?
Aufschluß kann in gewisser Weise Johsts Haltung zur Technik in dieser Zeit geben, geht man davon aus, daß Technik als Zivilisationserscheinung einen der Großstadt vergleichbaren Stellenwert hat.
Johsts Haltung zur Technik ist um 1915, zu seiner Bohemezeit also, ambivalent. Zeugnis davon gibt der in diesem Jahr erschienene Gedichtband "Wegwärts". (2) Darin lautet das erste Gedicht:

---

(1) S.z.B. Johst, Hanns, Ich glaube! Bekenntnisse, München 1928, S. 8: "Mein Leben stellt ein Bekenntnis dar zu dem absolut aristokratischen Prinzip der Kunst. So ergibt sich von selbst, daß meine Einstellung nicht der Verbrüderung mit dem Vergänglichen das Wort spricht, sondern eine Versöhnung mit dem Ewigen ersehnt."

(2) Johst, Hanns, Wegwärts. Gedichte, München 1915

ANFAHRT

DIE KURBEL IN DIE FAUST UND ANGEWORFEN!
   SCHWER SPRINGEN DIE KOLBEN.
ENDLICH! DER ZÜNDER FUNKT.
   DIE RÄDER KNIRSCHEN, SCHORFEN,
DER WAGEN KNARRT UND UNKT.

DIE WOLLUST DER MOTORE REISST AM STEUER.
   ICH WERF MICH IN DAS POLSTER. SCHALTE EIN.
EIN ZITTERN DURCHLÄUFT DEN LEIB VON EISEN.
DIE STECHENDEN KOLBEN SCHLAGEN ZUR WAND
UND MÖCHTEN DEN RUHENDEN WAGEN ZERREISSEN,
DER BRÜLLEND GEHORCHT MEINER EHERNEN HAND.

JETZT SIND DIE DUNKLEN GEWALTEN ENTFESSELT,
   UND RASEN WEGWÄRTS TEUFELSTOLL.
DIE KOLBEN WÜTEN IN IHREN GÄNGEN
   DER WAGEN GLÜHT IN SCHNELLIGKEIT
UND ALLES IST VOR STÜRZEN, DRÄNGEN
   SAUSENDE SELIGKEIT... (1)

Die Begeisterung für die Technik, respektive das Auto, ist
unübersehbar. Auto bzw. Autofahren ist geradezu zum "Lebens"-
Sinnbild stilisiert; es vermag Rausch zu vermitteln, nicht
anders als etwa das Erotische bei Wedekind ("Wollust der Motore").
Wenige Seiten weiter finden sich Gedichte, in denen Johst mit
ähnlich intensiven Bildern die Natur bzw. ein "Zurück zur Natur" preist. (2)
Andere Gedichte, wie "Unwetter", stellen beide Positionen ne-
beneinander. Gewalt der Natur und Macht der Technik werden
gleichermaßen bewundert:

GLÜHENDER HIMMEL STÖSST NACH DEM SEE DIE WEISSEN
   LANZEN SEINER WUT.
DER LEIB DER WELLEN STÜRZT IN SEIN EIGENES,
   RAUSCHENDES BLUT.

---

(1) Johst, Hanns, Wegwärts, S. 7

(2) S. "BERGE", "NUN SCHÜTTET DER MORGEN", "WETTER" in: Johst,
Hanns, Wegwärts, S. 14 f., 16 ff., 19 - Die Regressionsidee ist Teil rousseauistischen Gedankengutes; dieses
spielt in der Boheme eine große Rolle, besonders im Falle
ihrer Abkehr von der Großstadtzivilisation: zu den Zielen
der bohemischen Gemeinschaftsexperimente gehört meist die
Verwirklichung "natürlichen Lebens", wenn auch nicht immer
dasselbe darunter verstanden wird (die Skala reicht von Ve-
getarismus über Promiskuität und Nudismus bis hin zum Streben nach wirtschaftlicher Autarkie auf agrarischer Basis).

UND ZISCHEND WUCHSEN VERBORGENE BERGE EMPOR
[...]
DA FLIEGEN UNSRE HITZIGEN MOTORE AN.
DIE DRÖHNENDE KRAFT
DER IRRSINNIGEN KOLBEN MIT SAUSENDER WUCHT
TRÄGT UNS GEGEN DAS WETTER UND RAFFT
UNS AUS RUHENDER OHNMACHT IN EHENE [sic!] ZUCHT. (1)

Eine Entscheidung zugunsten einer Seite - Technik oder Natur -
ist hier noch nicht erkennbar.
Mit Johsts Abwendung vom Bohememilieu um 1918 ändert sich dies.
Von einer Ambivalenz ist nichts mehr spürbar. Der "Rolandsruf"
von 1919 (2), Johsts zweiter Gedichtband, verkündet das Eins-
werden mit der Natur als alleinseligmachende Heilsbotschaft;
(3) daß dabei Heil allein dem deutschen Volk erwachsen soll,
signalisieren Verse wie

In der Stunde der Scham
der Schande - mein Volk -
will ich deiner Monstranz
dienender Diener sein ... (4)

Diese"Nationalisierung" des Regressionsgedankens verschärft
sich bei Johst immer mehr, bis hin zu der These, daß nur die
Deutschen in der Lage seien, zur Einheit mit der Natur zu gelangen. Am Ende dient die gleichzeitig mit der Verherrlichung
der Technik entstandene Regressionsidee sogar der ideologischen
Untermauerung der nationalsozialistischen Eroberungspläne: ein
Beispiel dafür, welche Pervertierung ein einmal in der unpolitischen Welt der Boheme beheimateter Gedanke mitzugehen vermag. - Diese Phase werde ich in einem späteren Abschnitt noch
ausführlicher behandeln (vgl. S.208 ff.)

---

(1) Johst, Hanns, Wegwärts, S. 12

(2) Johst, Hanns, Rolandsruf, München 1919

(3) Vgl. u.a. Johst, Hanns, Rolandsruf, S. 157:
    "Werft euch in die rauschenden Wolken der
                          Wälder!
    Stürmer seid in die Freiheit der seeligen Weite,
    die über Täler und Berge, Felder und
                          Wildnis
    blühende Bläue spannt und klingendes
                          Lichtgeleite.

    [...]

    Hört den Lobgesang der brüderlichen Tiere,
    der Muttererde verwuchertes Rufen! -
    stürzt die Altäre, die um Götter markten,
    und werdet Menschen - die sich göttlich schufen!

    Packt des Gesichtes Wunderbeute,
    und ihr zum Bilde bildet Euch!
    Arm sind nur Staat und Stadt und Meute
    das Land ist Himmel, überreich..."
(4) Johst, Hanns, Rolandsruf, S. 7

B. Der Einfluß des bohemischen Gedankengutes auf einzelne
Aspekte im Denken des Nationalsozialisten Hanns Johst

Angesichts des Aufstiegs von Hanns Johst im Dritten Reich
möchte man meinen, daß seine Abkehr von der Boheme mit einem
radikalen Bruch gleichzusetzen sei. Für Boheme als Lebensstil
trifft dies offensichtlich auch zu, nicht aber für bestimmte
Aspekte der bohemischen Gedankenwelt; solche finden sich, z.T.
geringfügig modifiziert, in der neuen völkisch-nationalen Ideologie wieder. Antibürgerlichkeit ist beispielsweise eine solche verbindende Klammer zwischen beiden scheinbar so verschiedenen Phasen im Leben Hanns Johsts. Im Abschnitt über den
Bürgerstereotyp (s.S. 190 ff.) wurde darauf schon ausführlich
eingegangen. Weitere Zusammenhänge werden im folgenden aufzuzeigen sein.

a) Von der Einstellung gegen die bürgerliche Ehe zur Unterstützung der nationalsozialistischen Aktion "Lebensborn"

Als zu Beginn des Zweiten Weltkrieges der Reichsführer-SS
Heinrich Himmler im Rahmen der Aktion "Lebensborn" (1) seinen
Leuten den "uneingeschränkten" Zeugungs-Befehl erteilt, d.h.
befahl, für möglichst zahlreichen Nachwuchs auch außerhalb
ehelicher Verbindungen zu sorgen, unterstützt Hanns Johst diese Maßnahme mit großem Eifer. Die Infragestellung der Institution Ehe, die eine Ausführung dieses Befehls notwendigerweise mit sich bringt, ist ihm ja ein von der Boheme her ver-
trauter Gedanke.
Dieser Zusammenhang mit ursprünglich Außerpolitischem offenbart sich inhaltlich und stilistisch in der "Argumentation"
Johsts zugunsten der staatlich sanktionierten "freien" Liebe.

So müssen z.B. Goethe und Nietzsche den Befehl des Reichsfüh-
rers-SS mitunterstützen: auf den Einwand, die Anordnung greife
"in ein ganz persönliches Geheimnis ein, in das privateste
Schicksal", antwortet Johst:

> "Taten das nicht zu allen Zeiten die gewissen-
> haftesten Männer? [...] Was tat Goethe anderes,
> als er sein Sesenheimer schmerzlich-süßes Idyll in
> die lauteste Öffentlichkeit riß und als Kindsmord

---

(1) Der "Lebensborn" wird 1935 auf Veranlassung Himmlers aus
    rassischen und bevölkerungspolitischen Überlegungen ge-
    gründet. Er hat die satzungsgemäße Aufgabe (1938), den Kin-
    derreichtum in der SS zu unterstützen. Fernziel ist die
    Menschenzüchtung. In den Entbindungsheimen des "Lebens-
    born" werden rund 11 000, meist nichteheliche, Kinder ge-
    boren.

im 'Faust' gestaltete? Eine jede Zeit steht vor
den gleichen Problemen. Aber, ob sie sich vor
einer Lösung drückt oder ob sie tapfer sündigt,
wie Luther meint, ob sie gefährlich lebt, wie
Nietzsche sagt, d a s entscheidet über sie.
Eine Zeit nun wie die unsere, die revolutionär
ist, deren Wesen also Wiedergeburt im Zeichen
neuer Werte ist, muß allen Fragen des äußeren
und inneren Lebens Rede und Antwort stehen, will
sie zu Recht bestehen!"(1)

Literarische und politische Kategorien werden hier willkürlich
vermengt; ein Phänomen, das bei Moeller van den Bruck bereits
aufgefallen ist, ebenso wie das folgende: das Ersetzen ratio-
naler Beweisführung durch pathetische Prophetie. (2) Der
Schluß der Johstschen Apologie für Himmlers Befehl lautet:

"[...] Je wertvoller der M e n s c h für die
Auffassung der Gemeinschaft wird, umso gütiger,
zärtlicher, liebender wird man jeder einzelnen
Schöpfungsstunde eines Menschen gegenübertreten.
Man wird jede Sitte verneinen, die in irgend-
einer Form die Möglichkeit einer Geburtsstunde
verhindert oder auch nur erschwert ...!"
"Also freie Liebe - die große Zukunft?"
"Sagen wir: große Liebe! - die freie Zukunft!!
und wir haben gewissenhafter gesprochen..."(3)

Neben dem, aus der bohemischen Vergangenheit herrührenden,
Ressentiment gegen die bürgerliche Ehe, spielt mit Sicherheit
der von Johst propagierte Mutterkult bei der positiven Bewer-
tung der Lebensborn-Aktivitäten eine Rolle. Denkbar wäre, daß
dabei Strömungen des Münchner Boheme-Kreises um Ludwig Klages
zum Ausdruck kommen, wo ja insbesondere die ledige Mutterschaft favorisiert wird (s.S. 73 ff.). (4)

---

(1) Johst, Hanns, Ruf des Reiches - Echo des Volkes! Eine Ost-
    fahrt, München 1940, S. 54 f.

(2) Dieses diffus Verschwommene der "Argumentation" und der
    Rückgriff auf Verheißung statt Antwort scheint mehr als
    die linken Literaten noch die Bohemiens mit Rechtskurs zu
    kennzeichnen. Die Aussagen eines Mühsam (oder Toller) hal-
    ten doch eher "Bodenkontakt". Dies mag mit der festgefügten
    theoretischen Basis des Marxismus zusammenhängen.

(3) Johst, Hanns, Ruf des Reiches - Echo des Volkes!, S.57

(4) Vgl. z.B. eine weitere Passage aus Johsts Stellungnahme
    zum Befehl Himmlers: "[...] Er [der Befehl] ist Sorge und
    Fürsorge um die Unglücklichen! Unglück darf nicht obendrein
    als Unrecht abgegolten werden! ... Die Liebe des Reichs-
    führers gilt in diesem Thesenanschlag ausschließlich den un-
    schuldigen Kreaturen, denen man einen Sichtvermerk ankrei-
    den möchte, um ihnen die fragwürdige Schuld einer Liebes-
    nacht zu überantworten zeit ihres Lebens. Und doch entstam-

b) Das Votum für das "Leben" - vom Individuum zum Kollektiv

Lebensemphase ist, wie schon festgestellt (s.S.196 ff.),eine
Konstante bei Hanns Johst, nicht aber der Träger des Lebensbegriffs: das Individuum der Frühphase wird,auf dem Weg von
der Boheme zum Nationalsozialismus, durch das Kollektiv ersetzt.
Die Dramen "Der König", "Thomas Paine" und "Schlageter" spie-
geln die Stationen des Wandels wieder.
In "Der König" (1920) (1) ist noch ein Schwanken zwischen dem
Einzelnen und dem Kollektiv erkennbar. Im Konflikt Individuum (König) und Kollektiv (Volk) siegt zwar das Volk, doch
wird die Sympathie des Lesers bzw. Zuschauers auf den Verlie-
rer gelenkt.
Im Stück "Thomas Paine" von 1927 (2) ist die Entscheidung für
das Kollektiv gefallen. Leben, Lebenssteigerung, Lebensrausch
des Einzelnen ist unwichtig bzw. unmöglich; der Gemeinschaft
alleine kommt "Lebenswert" zu. Der Vorspruch zu "Thomas Paine"
schon kann unmißverständlich die Wende zeigen. Er sei daher
ganz zitiert:

> Dieses verzweifelte Hohelied an das Leben, das
> mehr ist als meine und deine Existenz, dieses
> unvergängliche und unwandelbare Dasein fiel mir
> schwer, denn sein Sinn wollte, daß ich Abschied
> nahm von vielen Dingen, ohne die ich fürchtete,
> nicht leben zu können ... von dem unmittelbaren
> Glauben an eine Art Privateigentum dieses persön-
> lichen Gebildes! Aber ich nahm um der Wahrheit wil-
> len den Weg auf mich, und im Schreiten - Glück der
> Wandlung - erlebte ich eine neue Sicht und Ein-
> sicht. Gibt man das Eigensinnige der Person auf,
> verliert man den Zufall und findet das Gesetz in
> seiner Größe und seiner Barmherzigkeit!
> Die Last des Lebens, die wir einzeln tragen müs-
> sen, ruht auf den Schultern von allen Mitmenschen
> und was wir auch ertragen - wir leiden ein jeder
> für alle! Dieses Gefühl gibt den verwirrenden
> Bedenken über Zeit und Ewigkeit, über Umwelt und
> Weltall die beglückende Melodie. Über den Triumph
> des Einzelwesens, über der Verzweiflung der Ver-
> wesung strahlt:das Leben.
> Mein und dein, ich und du, Leiden und Sterben sind

---

men alle Deutschen dem gleichen Adel der Geburt, der gleichen Makellosigkeit eines allgemeinen Lebensgesetzes.
Es gibt keine unehelichen Kinder, es gibt nur d e u t -
s c h e Kinder.'" (In: Johst, Hanns, Ruf des Reiches -
Echo des Volkes!, S. 56)

(1) Johst, Hanns, Der König, München 1920
(2) Johst, Hanns, Thomas Paine, München 1927

weichende, fliehende Schatten in seiner Erschei-
nung, in seinem Fegefeuer, in seiner Läuterung.
Thomas Paine - Führer und Gefahr... Leidenschaft,
Sehnsucht, Demut und Übermut, er geht verloren als
persönliches Schicksal, um Melodie (1) zu werden.
Die Tränen des Thomas Paine, die Tränen über Thomas
Paine weinen wir über uns, unser persönliches Sagen
und Versagen, und sein letztes Rezitativ, singen
wir als Lobgesang des herrischen und herrlichen
Lebens :

Wir, Kameraden wir! (2)

Im "Schlageter"-Drama von 1933 (3) gilt dann der"Lobgesang
des herrischen und herrlichen Lebens" nur mehr dem speziellen deutschen Kollektiv: dem dritten Reich. Schlageter, der
"erste Soldat des Dritten Reiches" (4), verhält sich exemplarisch, wenn er seiner Freundin Alexandra zum Abschied erklärt :

> Ich hatte geglaubt, als ich dein Gesicht strahlen
> sah, mein Leben sei mein Privateigentum und ich
> könne es verschenken, ich könne mich ausschalten
> aus der Gemeinschaft mit meinen letzten Kameraden
> [...] Mein Privatleben wäre Fahnenflucht!! Ich
> bin Soldat, Alexandra! (5)

So gehört auch sein letzter Gedanke vor den Gewehrmündungen
des Pelotons nicht der Geliebten, sondern Deutschland. (6)
Das individuelle Leben ist nichtig angesichts des "Staats-
lebens".
Wie sehr diese Vorstellungen Johsts mit den Bestrebungen der
Nationalsozialisten, dem Einzelnen keinen Freiraum zu gewähren, konform gehen, liegt auf der Hand. In "Ruf des Reiches -

---

(1) Hier wird auf ein inhaltliches Element angespielt. Thomas
    Paine hat für die amerikanische Befreiungsarmee ein Kriegs-
    lied gedichtet. Als er nach 17 Jahren nach Amerika zurück-
    kehrt, wird dieses Lied noch immer gesungen, während er
    selbst in Vergessenheit geraten ist.

(2) Johst, Hanns, Thomas Paine, S. 5

(3) Johst, Hanns, Schlageter. Schauspiel, München 1933

(4) Johst, Hanns, Schlageter, S. 85

(5) Johst, Hanns, Schlageter, S. 105 f.

(6) S.Johst, Hanns, Schlageter, S. 135
    "S c h l a g e t e r
    (wendet sein Gesicht nach links.) Deutschland!
    Ein letztes Wort! Ein Wunsch! Befehl!!
    Deutschland!!!
    Erwache! Entflamme!!
    Entbrenne! Brenn ungeheuer!!
    [...] "

Echo des Volkes!" von 1940 heißt es dann auch unmißverständlich: "Die Person ist gerade gut genug, eingesetzt zu werden
für das Ganze, um das es geht. Der Führer braucht zum Sieg
Soldaten und Arbeiter. Hier sind unsere Herzen und unsere
Knochen: Verfüge darüber, liebes Vaterland!" (1)
Der bohemische Lebensgedanke ist endgültig in das totale Gegenteil verkehrt. Konnte das Individuum in "Schlageter" noch den
Entschluß, dem Ganzen zu dienen, in freier Willensentscheidung
fassen, ist es hier ins Kollektiv aufgehoben und zum "Menschen-
material" degradiert.

c) Vom bohemetyischen Verhältnis zur Großstadt bzw. Technik
   über die Favorisierung und Nationalisierung des Regressionsgedankens zur Rechtfertigung der nationalsozialistischen
   Eroberungspläne

Spätestens mit dem Jahr 1919 endet, wie dargelegt (s.S.203),
eine Komponente des ambivalenten Verhältnisses zur Technik
(dieses wurde als stellvertretend und zugleich symptomatisch
für die mangelhaft belegbare Einstellung des jungen Johst zur
Großstadt erörtert): jegliche positive Sicht von Technik ist
aufgehoben.
Hand in Hand mit der nun zu beobachtenden Verdammung der Technik geht die Verurteilung der Großstadt (eine Bestätigung dafür, daß der von mir vorgenommene "Austausch" von Technik und
Großstadt berechtigt ist). In dem Gedicht "Wie schön du bist,
mein Weg!" (2) heißt es:

> [...]
> Ich seh dich verfangen
> in steinerne Maschen der Stadt,
> gepreßt in graue Kolosse
> von würgendem, starren Beton.
> [...]
> grausame Autos
> peitschen die Flucht
>   kreischender Menschen ...
> Mein Weg, deine Heimat
>   die Hölle - (3)

Das vordem als Wunder der Technik und Sinnbild des kraftvol-
len Lebens verehrte Automobil wird jetzt mit der Eigenschaft
"grausam" qualifiziert und als Bedrohung für den Menschen gesehen. Die Großstadt aber wird geradezu zum Symbol allen Übels
gesteigert. Sie ist die"Hölle", die nur durch ein bedingungs-

---

(1) Johst, Hanns, Ruf des Reiches - Echo des Volkes!, S.35

(2) Johst, Hanns, Rolandsruf, S. 37 - 39

(3) Johst, Hanns, Rolandsruf, S. 38

loses "Zurück zur Natur" überwunden werden kann. Das oben zi-
tierte Gedicht lautet weiter:

> trage sie, führe,
> geleite sie,
>   mein Weg,
> durch die dampfenden Dörfer,
> über die scheckigen Felder,
> in den schwarzen Wald.
> Wirf sie den Seen vorüber,
> den Bergen und Pässen
> in das seelige Blau,
> in das erlösende Meer ....." (1)

Schon im "Rolandsruf" (1919) kommt dabei - ich erwähnte es bereits (s.S.203)- der deutschen Natur besondere "Regressions-
qualität" zu, vgl. z.B. das Gedicht "Wie du, meine scheue":(2)

> [...]
>   Mutterland!
> Wie sich die Wiege weitet ...
> Der Himmel selber
>   ist flatterndes Wiegenband.
>
> [...]
>   Heimatland!
> Blanke Weiden,
> flockige Erlen
> binden mit Wiesenblumen
>   den Bach ....
>
> Um den dämmernden Giebel
> eines geliebten Zuhauses
> winden silbernen Segen
> die zufriedenen Tauben
>
>   Deutschland!
>   [...] (3)

Trotz des nationalen Elements hat die Regressionsforderung hier
noch Defensivcharakter. Dem deutschen Volk soll nach verlorenem
Krieg und Revolution ein rettender Weg gewiesen werden. (4)
Als 1933 Johsts Aufsatz "Standpunkt und Fortschritt" erscheint,
(5) ist ein weiterer Schritt im nationalen Charakter des "Zurück

---

(1) Johst, Hanns, Rolandsruf, S. 38 f.

(2) Johst, Hanns, Rolandsruf, S. 10 -12

(3) Johst, Hanns, Rolandsruf, S. 10 f.

(4) Vgl. a. "Oh du, mein Himmel" (Johst, Hanns, Rolandsruf,
    S. 25 - 28)

(5) Johst, Hanns, Standpunkt und Fortschritt, in: H.J., Stand-
    punkt und Fortschritt, Oldenburg 1933, S. 7-13

zur Natur" - Programms vollzogen. Das deutsche Volk hat sich vom verderblichen Fortschritt(sglauben) abgewandt und zu "seiner Natur" zurückgefunden:

> Das Leben als Einheit im Persönlichen sowohl als auch als Gesamterscheinung im Volkskörperlichen ist für uns keine intellektuelle Voraussetzung, sondern Natur, und in der Natur und ihrem Schöpfungs- prozeß ist jeder Wille eine sekundäre Funktion. Das Ursprüngliche ist und bleibt das Leben an sich, das Leben als Eigenart, als Art an sich. (1)

Aus solchem Einssein mit der Natur leitet Johst, in der Fort- führung dieses Gedankengangs, die Berechtigung, ja, den Zwang zum "Kampf ums Dasein" ab:

> Der Mensch, der einen Standpunkt (2) vertritt, kann das nicht [jeder unmittelbaren Gegensätzlichkeit aus dem Weg gehen]. Er bietet nach allen vier Him- melsrichtungen hin Angriffsflächen dar, ja, er trägt von seinem Standpunkt her in alle Welt Angriff, denn er hat jene natürliche Triebkraft in sich, wie jede Natur zu wachsen und sich zu entwickeln und damit nachbarlichen Raum zu bedrängen und zu gefährden. Und er tut dies rücksichtslos, denn er gehorcht mit dieser Selbstbehauptung dem schöpfe- rischen Gesetz des Lebens, dessen radikale Gnade er in sich fühlt. (3)

Die Berufung auf Natur hat damit eine höchst aggressive Wen- dung genommen.
Als 1939 Polen das Opfer von solch "rücksichtslos" durchgesetz- tem "schöpferischen Gesetz des Lebens" wird, lautet dann auch die Rechtfertigung Johsts ganz im Sinne der entworfenen Theo- rie: da die Polen nicht eins sind (bzw. sein können) mit ihrer

---

(1) Johst, Hanns, Standpunkt und Fortschritt, S. 8

(2) "Standpunkt" ist ein sehr vielschichtiger Begriff bei Johst. Er fungiert als Sammelbezeichnung für alles, was als Gegensatz zu "Fortschritt" gesehen werden kann, bedeutet also auch Identität mit der Natur, vgl. z.B. Johst, Hanns, Standpunkt und Fortschritt, S. 32: "Der Standpunkt ist nüchtern wie die Natur, aber er ist ebenso gewaltig und wunderbar wie sie."

(3) Johst, Hanns, Standpunkt und Fortschritt, S. 11

Heimat, also keinen "Standpunkt" haben, ist ihre Niederlage
Naturgesetz.(1)
Das rousseauistische "Zurück zur Natur", im Umfeld Boheme Ab-
reaktion der zwangsläufigen Bindung an die Bedingungen der Zivilisation und zugleich Mittel der symbolischen Aggression im
Hinblick auf den Fortschrittsglauben des Bürgers, ist endgültig zum Steigbügelhalter und Deckmantel politischer Interessen entartet.

d) Die Vermengung von Kunst und Politik

Die Eigenart, Aspekte des Ästhetischen und des Politischen beliebig zu vermischen und das eine als Wertungsmaßstab für das
andere zu benutzen, ist bereits bei der Betrachtung von Moeller van den Brucks politischer Einstellung aufgefallen (vgl.
S.173 ff.). Es sei erinnert an die Verquickung von Dostojewski-Verehrung und Ostpolitikplänen bzw. an die Übertragung der
Abneigung gegen das französische Theater auf Volk und Staatsform.
Die dort getroffene Feststellung, diese Vermengung von Kunst
und Politik sei kein individuelles Phänomen, sondern ein Charakteristikum derer, die aus dem Umfeld Boheme Kurs in die
Politik nehmen, bestätigt sich bei Johst.
Als Beispiel diene der Aufsatz "Die Heiligkeit des Wortes".(2)
Hier dient die Stilisierung des deutschen Wortes, bzw. der
deutschen Sprache, zu etwas Göttlichem sowohl dem Angriff gegen das demokratische System von Weimar, als auch der Propagan-
da für den nationalsozialistischen Staat.

---

(1) S. Johst, Hanns, Ruf des Reiches - Echo des Volkes!, S. 65:
    "Mißmutig hat die Armut das Notwendigste bestellt.
    Die gärtnerische Sorgfalt fehlt.
    Zaun und Weg sind vernachlässigt.
    Aber Zaun und Weg sind weit mehr als zufällige Aussagen.
    Zaun und Weg verraten Charakter und Kultur.
    Man muß diese polnischen Wege tagelang gefahren sein, um
    das Todesurteil der Geschichte über den polnischen Staat
    zu verstehen.
    Ein Organismus, der keinen Sinn hat für seine Schlagadern,
    für seinen Blutdruck und Blutkreislauf aufbringt, den trifft
    der Schlag!
    Das ist das natürlichste Gesetz der Welt. Hier hat es sich
    wieder einmal erfüllt."

(2) Johst, Hanns, Die Heiligkeit des Wortes, in: Johst, Hanns,
    Standpunkt und Fortschritt, S. 15-33; vgl. dazu auch be-
    sonders "Tragödie und Gestalt" (im selben Sammelband, S.
    33-54) und Aufsätze wie "Von Sinn und Sendung des Theaters",
    "Vom neuen Drama", "Ethos der Begrenzung", "Über das Schö-
    ne, Gute und Wahre", "Religiöse Kunst" in: H.J., Ich glaube!
    Bekenntnisse von Hanns Johst, München 1928, S. 19-31,32-40,
    41-63, 64-77, 78-85

Zunächst scheint es zwar, als ob Johst jeder Sprache göttliche Funktion zuweisen wollte, indem er den Beginn des Johannes-Evangeliums zitiert:"Im Anfang war das Wort, und das Wort war bei Gott, und Gott war das Wort!!".(1) Doch wird bald deutlich, daß eigentlich nur das deutsche Wort gemeint ist, wenn von der "Heiligkeit des Wortes" die Rede ist:(2)

> Die Muttersprache ist das Wort der Mütter, das magische mythische Reich der Mütter, und ist gleichfalls die Sprache der Väter. In jedem deutschen Worte rauscht das Atmen aller unserer Vorväter, unserer Ahnen, deren Dasein uns in dieses unser Dasein berief. Ihr Herz schlägt in jedem Wort, ihre Seele lebt noch in unserer Sprache und so rauscht vom "Vater unser" her, vom Ursprung, von der Quelle der lebendigen, der unsterblichen Schöpfung her, als Zeichen des Bundes von Gott zu Mensch, von Mensch zu Gott rauscht wie Zungensturm jenes pfingstlichen, heiligen Geistes – das Wort! (3)

Damit ist die Position gewonnen, von der aus wenig später die Attacke gegen die Republik erfolgt: (4)

> Man vertrieb die Sprache aus dem Paradies besinnlicher Unterredung in die Parlamente der Überredung. [...]
> Demokratische Zeitläufe sind immer redselig, ciceronisch gewesen. Derartige Zeiten benutzen die Worte, um Interessen zu bemänteln. Sie gehen dem Wort nicht auf den Grund. Sie stehen auf keinem Grundsatz. Sie stehen nicht zum Wort, sondern sie treiben Taschenspielereien damit. Das Wort ist Vorwand. Sie treiben Tauschhandel mit Worten. Sie täuschen mit ihrer Rede.

---

(1) Johst, Hanns, Standpunkt und Fortschritt, S. 15

(2) Auch die scheinbar allgemein gehaltenen Einleitungsabschnitte meinen eigentlich die deutsche Situation nach dem verlorenen Ersten Weltkrieg, s.Johst, Hanns, Standpunkt und Fortschritt, S. 15: "Ein unfreies, geknechtetes, von feindlichen Grenzen geschmälertes Volk kann sich in seine Sprache zurückziehen wie in eine unzerstörbare, mit geheimnisvollen Kräften begabte Festung, wie in die 'feste Burg', die 'unser Gott' ist."

(3) Johst, Hanns, Standpunkt und Fortschritt, S. 16

(4) Johsts feindlicher Haltung zur Weimarer Republik geht – anders als bei Moeller – eine v o n A n f a n g a n negative Einstellung zur Novemberrevolution voraus. Vgl. Brief Johsts an Kutscher vom 24.11.1918 (Deutsches Literaturarchiv Marbach): Johst wirft darin der Revolution mangelnde Idealität vor und schreibt dem internationalen Judentum die Schuld daran zu; zugleich macht er dieses für den Verfall der Sprache durch den Gebrauch in der Tagespolitik verantwortlich. Daher ruft er den naturhaften germanischen Menschen

Wort und Person sind keine geistige Einheit mehr,
nicht wesensgleich. Die Worte gelten für billig
wie Brombeeren.(1)

In den nächsten Abschnitten dient dann die "Heiligkeit des Wortes" wiederum als ästhetische Kategorie, nämlich als Unterscheidungskriterium zwischen Schriftsteller und Dichter:

> Der Schriftsteller aber [...] der der Schrift nur
> nachstellt, um Bücher zu schreiben [...] dem die
> Schrift eine internationale, menschheitliche Ware
> bedeutet [...] ein solcher Schriftsteller gehört
> der vergangenen, materialistischen Epoche und Mode
> an [...] Er wurde nicht von der alleinseligmachen
> den deutschen Seligkeit gesegnet! Das unterscheidet
> ja eben den Dichter vom Schriftsteller, daß er durch
> das Zeichen seines Wortes, durch die Buchstabentreue
> seiner Seele sich unentrinnbar dem geheimnisvollen
> Bezirk seiner Erde, seiner Heimat, seines Volkes
> eingeboren weiß und verhaftet fühlt.
> Der wahre Dichter, meine Freunde, ist völkisch!(2)

Damit ist die Brücke konstruiert, über die Johst wieder in den
aktuellen politischen Bereich wechselt: "So wie der mechanische Marxismus seelisch und geistig überwunden wurde von unserm
nationalsozialistischen Führer Adolf Hitler, ebenso haben wir
deutschen Dichter die deutsche Sprachgewalt, ihre Sendung und
notwendige Geltung erlebt." (3) Mit der "so wie" ... "ebenso" -
Konstruktion wird dabei ein echter Zusammenhang vorgetäuscht.

Wie schwer es ist, einer solchermaßen aufgebauten Agitation
Widerstand zu leisten, darauf wurde schon bei Moeller van den
Bruck hingewiesen (s.S.181f.). Das Vermengen und willkürliche
Zusammensetzen von ästhetischen und politischen Aspekten -
bei Johst kommt noch ein starkes religiöses Moment hinzu -
spricht das Gefühl an. Es wird Stimmung erzeugt: gegen Weimar -
für den Führer Adolf Hitler. Die Repräsentanten der Republik
aber bauen auf Vernunft statt Polemik.(4) So haben sie der Aus-

---

zum Widerstand auf und will selbst Beispiel geben. - Ausschnitte dieses Briefes sind bei Helmut Pfanner (vgl. S.190,
Anm.1) zitiert , S. 128, Anm. 2

(1) Johst, Hanns, Standpunkt und Fortschritt, S. 20 f.

(2) Johst, Hanns, Standpunkt und Fortschritt, S. 26 f.

(3) Johst, Hanns, Standpunkt und Fortschritt, S. 27

(4) Man lese nur die unter dem Eindruck der Hitlerschen Machtergreifung entstandenen und 1970 veröffentlichten Memoiren
des "Notverordnungs"-Kanzlers: Brüning, Heinrich, Memoiren
1918 - 1934, Stuttgart 1970 und München 1972^2, 2 Bde.(=
dtv 860/861)

höhlung des rationalen Fundaments des demokratischen Systems
keine massenwirksame Waffe entgegenzusetzen: der Geist (Vernunft) muß seinem Widersacher, der Seele (Gefühl), schließlich unterliegen. (1)

C. Hanns Johst - Boheme und Rechtsradikalismus

Die Analyse des Frühwerks von Hanns Johst, das bohemische In-
halte wie Bürgerstereotyp, Sexualität, "Leben", Großstadt und
Warencharakter der Kunst mit expressionistischer Formgebung
(bzw. Aufsplitterung!) verbindet, legt es nahe, den Autor in
seiner Jugend den expressionistischen Kreisen der Boheme zuzurechnen.
Die Zugehörigkeit zu der innerhalb der Boheme relativ politischen Gruppierung läßt Johsts endgültige Hinwendung zum Politischen weniger überraschend erscheinen als z.B. bei einem
Moeller van den Bruck; befremdlich mag - trotz der von mir dargelegten Zusammenhänge, die sich etwa im Bild vom Bürger, im
Lebensgedanken und in der Einstellung zu Libertinage und Großstadt zeigen - noch immer der Weg wirken, den er nimmt.
Daß es sich dabei dennoch nicht um die Ausnahme schlechthin
handelt, sondern daß die NS-Bewegung auch noch andere Bohemiens
in ihren Bann zieht, beweisen Leute wie Paul Fechter oder Georg
Fuchs, deren Namen im Zusammenhang mit Franziska von Reventlow
und Frank Wedekind aufgetaucht sind; auch sie verlassen das
Milieu des symbolischen Protests und schließen sich der "nationalen Revolution" an, wenn sie es auch schließlich nicht bis
zum "Hauptschuldigen" (Urteil im Kriegsverbrecherprozeß in
Nürnberg 1949) bringen.

---

(1) Vgl. Klages, Ludwig, Der Geist als Widersacher der Seele,
    3 Bde., Bonn 1960⁴ (zuerst Leipzig 1929 -1932) -
    Die eindeutige Option von Klages zugunsten der Seele, in
    der angenommenen Polarität von Geist und Seele, macht ihn
    zu einem von der nationalsozialistischen Bewegung favori-
    sierten Philosophen.

3) E r i c h   M ü h s a m   (1878 - 1934)

Von der symbolischen Aggression zur Räterevolution

Der in der politischen Boheme grassierende Hang zum Radikalis-
mus bricht sich nicht nur Bahn nach rechts wie bei Moeller und
Johst; noch mehr Zulauf aus den Reihen der Bohemiens finden
linksradikale Bewegungen. Insbesondere der Anarchismus nimmt
eine Favoritenrolle ein, (1) da einige seiner Forderungen bestimmten Grundvorstellungen der Boheme, wie z.B. Betonung der
zentralen Rolle des Individuums, Streben nach Freiheit von geltenden Gesetzen der Moral und des Staates, Sympathie für Erniedrigte und Beleidigte etc., entsprechen. Diese Parallelen machen es sogar möglich, Bohmetum und Politik relativ konfliktlos
miteinander zu verbinden.
Problematisch wird die Kombination Bohemien - Anarchist erst
dort, wo sich anarchistisch-revolutionäre Theorie in revolutionäre Praxis wandelt. Erich Mühsams Entwicklung, dessen Leben
und Werk dieses Kapitel gilt, zeigt exemplarisch Möglichkeiten
und Grenzen des bohemischen Anarchismus.

A. Aspekte und Themen

a) Der Bürgerstereotyp

Der Bürgerstereotyp bei Erich Mühsam ist sehr vielschichtig.
Anarchistische Vorstellungen einerseits und typisch bohemische
Komponenten andererseits bestimmen mit wechselndem Schwerpunkt
seine Ausformung.
Die Waage halten sich beide Elemente in dem Stereotyp, den
Erich Mühsam in seinem Aufsatz "Boheme" (2) entwirft. Mit dem

---

(1) Neben Erich Mühsam sind wohl Gustav Landauer und Henry Mackay
die bekanntesten Verfechter anarchistischer Gedanken in der
Boheme. - Mit Mackay (1864-1933), Lyriker, Erzähler und
Biograph (s.z.B. der Roman "Die Anarchisten", 1891, oder die
Biographie "Max Stirner", 1898) trifft Mühsam in der "Neuen
Gemeinschaft" zusammen, ebenso mit Landauer (1870-1919).Mit
diesem verbindet ihn eine langjährige Freundschaft. Landauer
wird 1919 als Räterevolutionär in München von Regierungstruppen getötet.

(2) Mühsam, Erich, Boheme, in: Die Fackel, April 1906.Ich zitiere nach dem Abdruck in: Mühsam,Erich, Ausgewählte Werke, hrsg.
v. Ch. Hirte u.a., mit einem Nachwort v.D.Schiller, 2 Bde.,
Berlin (Ost) 1978, hier Bd. II, S.25-31. Für diese Ausgabe
verwende ich im folgenden die Sigle AW, die römische Ziffer
gibt den Band an, die arabischen Zahlen die Seite.

Vorwurf der Beschränktheit, Gewinnsucht, Scheinmoral und - vor
allem - Mittelmäßigkeit verbindet er den Angriff gegen die Institutionen, die dem Bürger zur Wahrung seines "Philisterhori-
zontes" dienen:

> Das zentralistische Staatsprinzip mit seiner auf
> Formeln gezogenen Verallgemeinerungstendenz gibt der
> sittlichen Entrüstung des Philisters die Möglichkeit,
> sich in soziale Ächtung und mithin in wirtschaft-
> liche Ruinierung des ethischen Outsiders umzusetzen.
> Dem Staat, der wirtschaftlichen und "rechtlichen"
> Organisation zur Verhütung der Überschreitung des
> Philisterhorizontes, untrennbar verehelicht, hat
> die Kirche die Zentralisierung der seelischen Be-
> dingungen, der Angst, des Neides, der Begriffs -
> stützigkeit [!] und der Plattheit durchzuführen.
> [...] Der Weg zur Kultur führt über ihr gemein-
> sames Grab [des Staates und der Kirche].
> (Mühsam AW II 25 f.)

In dieser Phase ist der Bürgersterotyp Mühsams dem Wedekinds
sehr ähnlich. (1)
Mit Krieg und Revolution erhält das Bild des Bürgers politische Züge. Er ist als Kapitalist schuld am Krieg, am Scheitern
der Revolution und den "Weimarer Zuständen".
Die Dichtung Mühsams spiegelt den Stereotyp in seinen verschiedenen Ausprägungen wieder. Hinter diversen frühen Gedichten, den Stücken "Die Hochstapler" und "Die Freivermählten"
steht die Karikatur des Bürgers, wie sie in "Boheme" gezeichnet ist, die Gedichte aus der Haftzeit Mühsams rufen zum Kampf
gegen den kapitalistischen Ausbeuter auf.

b) Der Bürgerstereotyp im Werk Erich Mühsams: "Das Lumpenlied"
   (ca. 1898) und "Das Rebellenlied" (ca. 1918/19)

Den Bürgerstereotyp bzw. dessen Modifikation im Werk Erich
Mühsams aufzuzeigen, werde ich auf seine Lyrik zurückgreifen.
Zwar ließe er sich auch, wie erwähnt, in Dramen wie "Die Hochstapler" und "Die Freivermählten" nachweisen, doch möchte ich
diese zurückstellen, da ich auf sie im Zusammenhang mit Coup
bzw. Libertinage eingehen werde.

---

(1) Wedekinds anarchistischer "Touch" geht allerdings meiner Mei-
    nung nach nie über das Interesse am ästhetischen Spiel mit
    dem Rebellentrotz hinaus, vgl. etwa sein Gedicht "Der Anar-
    chist" (Wedekind W II 429):
    "Reicht mir in der Todesstunde
    Nicht in Gnaden den Pokal!
    Von des Weibes heißem Munde
    Laßt mich trinken noch einmal!

Für die literarische Spiegelung des frühen bohemisch-anarchistisch geprägten Bürgerstereotyps Mühsams in den Gedichten sei als Beispiel "Das Lumpenlied" (um 1898) gewählt:

Lumpenlied

Kein Schlips am Hals, kein Geld im Sack.
Wir sind ein schäbiges Lumpenpack,
auf das der Bürger speit.
Der Bürger blank von Stiebellack,
mit Ordenszacken auf dem Frack,
der Bürger mit dem Chapeau claque
fromm und voll Redlichkeit.

Der Bürger speit und hat auch recht.
Er hat Geschmeide gold und echt. -
Wir haben Schnaps im Bauch.
Wer Schnaps im Bauch hat, ist bezecht,
und wer bezecht ist, der erfrecht
zu Dingen sich, die jener schlecht
und niedrig findet auch.

Der Bürger kann gesittet sein,
er lernte Bibel und Latein. -
Wir lernen nur den Neid.
Wer Porter trinkt und Schampus-Wein,
lustwandelt fein im Sonnenschein,
der bürstet sich, wenn unserein
ihn anrührt mit dem Kleid.

Wo hat der Bürger alles her:
den Geldsack und das Schießgewehr?
Er stiehlt es grad wie wir.
Bloß macht man uns das Stehlen schwer.
Doch er kriegt mehr als sein Begehr.
Er schröpft dazu die Taschen leer
von allem Arbeitstier.

_____

Mögt ihr sinnlos euch berauschen
Wenn mein Blut zerrinnt im Sand.
Meinen Kuß mag sie nicht tauschen,
Nicht für Brot aus Henkershand.

Einen Sohn wird sie gebären,
Dem mein Kreuz im Herzen steht,
Der für seiner Mutter Zähren
Eurer Kinder Häupter mäht.

> Oh, wär ich doch ein reicher Mann,
> der ohne Mühe stehlen kann,
> gepriesen und geehrt.
> Träf ich euch auf der Straße dann,
> ihr Strohkumpane, Fritz, Johann,
> ihr Lumpenvolk, ich spie euch an. -
> Das seid ihr Hunde wert! (Mühsam AW I 12 f.)

Die ersten drei Strophen zeichnen den Bürger als Verkörperung
von Sauberkeit, Ordnung, Ehre, Redlichkeit, Wohlstand und Bildung. Die durch ihre Übertreibung als nur scheinbar gekennzeich-
nete Parteinahme des Autors für den Bürger erzeugt dabei eine
ironische Perspektive, die die genannten Eigenschaften mit dem
negativen Vorzeichen versieht, das dem Stereotyp eigen ist.
In der vierten Strophe verzichtet Mühsam auf jegliche Ironie.
Er läßt keinen Zweifel: in Wahrheit ist das Bürgertum das Lumpenpack.
Wenn nach dieser Entlarvung in der fünften und letzten Strophe
der Verfasser wünscht, der erfolgreicheren Variante des Lum-
penpacks anzugehören, um dann seine alten Kumpane auch gehörig zu verachten, verstärkt dies die Kritik.
Kritik am Bürgertum - dabei beläßt es Mühsam in dieser Phase.
Politische Zusammenhänge werden zwar angedeutet, doch keineswegs ernsthaft einbezogen. Über den Vortrag auf der Kabarett-
bühne dient "Das Lumpenlied" wie alle frühen Gedichte Erich Mühsams der symbolischen Aggression. Publikumsbeschimpfung ist das
Ziel, nicht aber Aufruf zum revolutionären Kampf.
Krieg und Revolution verändern die Haltung Mühsams. Aus symbolisch-aggressivem Spott wird revolutionärer Haß. Kapitalistische Ausbeutung, im "Lumpenlied" nebenbei attackiert ("Er
schröpft dazu die Taschen leer von allem Arbeitstier"), wird
nun zum zentralen Aspekt im politisch geprägten Stereotyp. Im
"Rebellenlied" (ca. 1918/19) heißt es:

> Sie hatten uns mit Zwang und Lügen
> in ihre Stöcke eingeschraubt.
> Sie hatten gnädig uns erlaubt,
> in ihrem Joch ihr Land zu pflügen.
> Sie saßen da in Prunk und Pracht
> mit vollgestopften Magen
> und zwangen uns, für ihre Macht
> einander totzuschlagen.
> Doch wir, noch stolz auf unsere Fesseln,
> verbeugten uns vor ihren Sesseln.
>
> [...]
>
> Es rasseln zwanzig Fürstenkronen.
> Die erste Arbeit ist geschafft.
> Doch, Kameraden, nicht erschlafft,
> soll unser Werk die Mühe lohnen!
> Noch füllen wir den Pfeffersack,
> auf ihr Geheiß, den Reichen;

noch drückt das Unternehmerpack
den Sporn uns in die Weichen.
Noch darf die Welt uns Sklaven heißen -
noch gibt es Ketten zu zerreißen.

Vier Jahre hat die Welt der Knechte
ihr Blut verspritzt fürs Kapital.
[...]
Jetzt gilt's die Freiheit aufzustellen. -
Die rote Fahne hoch, Rebellen! (Mühsam AW I 123 f.)

Auch hier gehört beispielsweise "Leben im Wohlstand, im Über-
fluß" zu den angeprangerten Merkmalen des Bürgerklischees
("Prunk und Pracht", "vollgestopfte Magen" stehen für "Porter"
und "Schampus-Wein"), doch wird von Anfang an die politische
Dimension mitgegeben: nur die Hinnahme von Unterdrückung und
Ausbeutung machen das bürgerliche Wohlleben möglich.
Der solchermaßen politisch gefaßte Stereotyp verändert sich
nicht mehr. Während seiner Festungshaft dient er Erich Mühsam
dazu, die Repräsentanten der Weimarer Republik, speziell die
seiner Ansicht nach verbürgerlichten Sozialdemokraten, als
Handlanger, ja als identisch mit den Wilhelminischen Kapita-
listen zu brandmarken. (Zu dieser Phase vgl. den Abschnitt
"Haltung zur SPD", S. 237 f.)

c) Symbolische Aggression im Äußeren

So sehr sich Mühsam auch gegen eine Klassifizierung als Bohemien auf Grund von Äußerlichkeiten wie Kleidung und Haartracht
wehrt,(1) so intensiv nützt er doch selbst dieses Mittel der
Distanzierung und Provokation.
Die Memoirenautoren der Zeit zeigen sich durchweg beeindruckt,
wobei Mühsams Haar- und Barttracht noch weitaus mehr Furore
macht als sein "ungebügelter Konfektionsanzug" (2) mit den
"schmutzigen Rockärmel[n]" (3). Nicht immer wird es dabei mit
der Wahrheit ganz genau genommen - ein Manko von "Erinnerungen",
das hier zum wiederholten Male zu Tage tritt. Die Skala der Beschreibungen reicht von rotem, wirren Haar und rotem Trotzki -
Bart (4) über schwarzes Haar und roten Vollbart (5) bis zu dun-

---

(1) Vgl. z.B. Mühsam AW II 29

(2) S. Mann, Victor, Wir waren fünf. Bildnis der Familie Mann,
    Konstanz 1949, S. 427

(3) S. Francé-Harrar, Annie, So war' s um Neunzehnhundert. Mein
    fin de siècle, München, Wien 1962, S. 163

(4) Vgl. Niekisch, Ernst, Gewagtes Leben. Begegnungen und Begeb-
    nisse, Köln,Berlin 1958,S.78 und Schoenberner, Franz, Be-
    kenntnisse eines europäischen Intellektuellen, Icking,Mün-
    chen 1964, S. 115

(5) Roda Roda, Roda Rodas Roman, München 1925, S. 623 und See-
    wald,Richard, Der Mann von gegenüber, S. 139

kelbraunem Haar und dunkelbraunem Bart. (1)
Wie nun auch immer - auf jeden Fall wird dem verachteten Bürger die Andersartigkeit sinnfällig und aufreizend vor Augen
geführt. Mühsams Art der Stilisierung scheint sogar manchen
Cafehausgenossen provoziert zu haben. Richard Seewald kommen-
tiert kritisch: "Ein entlaufener Apotheker aus Lübeck [Erich
Mühsam], hatte er sich mit seinem roten Vollbart und seinen
schwarzen, sein Haupt wild umstarrenden Haaren zum Witzblatt-
Typus des Bürgerschreck-Anarchisten herausstilisiert." (2)

d) Libertinage

Erich Mühsam ist in Theorie und Praxis ein eifriger Verfechter
des bohemischen Libertinitätsprinzips. Charakteristisch für
ihn ist dabei die Mehrfachfunktion der Verwirklichung der
"Freien Liebe".
Zum einen nützt sie Mühsam, wie die meisten Bohemiens, als
höchst angenehme Möglichkeit, den Bürger vor den Kopf zu stos-
sen. Wem die symbolische Aggression dieser Art mangels Kenntnis
des freizügigen Lebenswandels des Dichters entgehen sollte,(3)
bekommt sie per Gedicht, speziell im Kabarett (vgl. S.225 f.),
vermittelt.
Darüberhinaus bedeutet "Freie Liebe" für Erich Mühsam Mittel
zur Demontage der bürgerlichen Gesellschaft und ihres Staates;
zugleich sieht er aber auch darin ein Modell für eine zukünftige anarchistische Gesellschafts"ordnung". Diese Gesichtspunkte
werde ich jedoch erst im Zusammenhang mit Mühsams politischem
Wirken behandeln.

---

(1) Harden, Sylvia von, Erinnerungen an einst, in: Expressio-
    nismus. Aufzeichnungen und Erinnerungen der Zeitgenossen,
    hrsg. v. P.Raabe, Olten, Freiburg 1965, S. 198-203,hier:
    S. 201

(2) Seewald, Richard, Der Mann von Gegenüber, S. 139

(3) Seine persönlichen Unternehmungen auf dem Gebiet der "Frei-
    en Liebe" behandelt Mühsam stets mit größter Diskretion. In
    seiner Autobiographie "Unpolitische Erinnerungen" beschränkt
    er sich im wesentlichen auf den Hinweis, daß "die Formen des
    Liebeslebens, wie sie die künstlerische Boheme sorglos und
    um Theoreme unbekümmert in Genießen umsetzt", für ihn "im
    persönlichen Erleben" der "Erprobung weltanschaulicher Grund-
    sätze" gedient habe (Mühsam AW II 666). Umso ausführlicher
    und zahlreicher sind seine theoretischen Schriften zur Ver-
    teidigung und Würdigung sexueller Freizügigkeit. - Mühsam
    selbst führt im übrigen seit 1915 eine im großen und ganzen
    recht bürgerliche Ehe mit Zenzl, einer Bauerntochter aus
    Niederbayern.

e) "Freie Liebe" als dramatisches Sujet: "Die Freivermählten"
   (1914)

1915 heiratet Erich Mühsam. Sein "polemisches Schauspiel" "Die
Freivermählten" von 1914 wirkt wie eine Verteidigung des ge-
planten Verrats am bohemischen Libertinitätsprinzip.
"Freie Liebe", freie Ehe und Freiheit trotz Ehe werden als drei
Möglichkeiten des Zusammenlebens von Mann und Frau durchge-
spielt. (1)
Die bohemische Idee von der "Freien Liebe" in Reinkultur ver-
tritt bzw. verkündet - bis zum überraschenden Schluß (2) - der
Dichter Camillo Rack (≈ Erich Mühsam (3)):

> Rack
>
> [...] Alma, deine Liebe ist unendlich köstlich;
> denn sie hat die Erfahrung vieler Erlebnisse. Ich
> habe Ihre Liebe ausgekostet und genossen, und ich
> darf wohl behaupten, ich habe sie bereichert mit
> meiner Liebe. Als wir uns lange genug kannten und
> als unsere Leidenschaften nicht mehr nach neuen
> Formen tasteten, sich kundzutun, da dachte ich mir:
> ich habe kein Recht, diese Frau an mich zu gewöhnen.
> An der Treue werden die Frauen langweilig und die
> Gewöhnung entwertet sie. Ein Weib von Ihrem Tempera-
> ment, Alma, von Ihrer Schönheit, von Ihrer Liebes-
> sucht durfte ich nicht auf die Dauer in ein mono-
> gamisches Verhältnis fesseln. Da brachte ich Ihnen
> Heinz Sellmann, den jungen biederen Hünen. Der,
> dachte ich, wird neue Glut in Ihnen fachen und neue
> Sehnsucht wecken. Ich täuschte mich auch nicht. Sie
> verliebten sich in ihn und blühten auf in dieser
> Liebe [...] als ich zurückkam, da hoffte ich,
> ich würde Sie wiederfinden in den Armen wieder neuer
> Erlebnisse, mit feuchten Lippen nach unbekannten
> Küssen verlangend. Und mein Traum war, Sie als jun-
> ger, unbekannter Geliebter von neuem zu umarmen.
> Alma, Alma, wie habe ich Sie angetroffen [...]
> Das starke eigene Weib, die unbedenkliche Glücks-
> spenderin war zu einer bürgerlichen Hausfrau herab-
> gesunken. (Mühsam AW I 373 f.)

---

(1) Neben diesen zentralen Themen spielen in den "Freivermähl-
    ten" noch die Aspekte "Atheismus bzw. Freidenkertum" und
    "Glaube bzw. Kirche" eine Rolle.

(2) Camillo Rack, der Prediger der "Freien Liebe", erschießt
    sich aus Liebeskummer.

(3) Rack tritt im Stück als Verfasser eines Schauspiels mit dem
    Titel "Die Freivermählten" auf.

Ausgelebte Sexualität als Selbstverwirklichung, Vielzahl der
Liebeserlebnisse als Lustgewinn - diese Parolen der bohemischen
Libertinage sollen Alma, die ehemalige Geliebte Racks, auf den
"rechten Weg" zurückführen, sie aus der drohenden Verbürgerlichung im Verhältnis mit Sellmann befreien.
Alma lebt mit Racks Nachfolger Heinz Sellmann in demonstrativ
erklärter "Freier Ehe". Schon die Erklärung Almas ihrem Haus-
wirt gegenüber "Sie wissen ganz genau, daß wir eine freie Ehe
miteinander führen und daß sich diese Ehe streng in den Grenzen der Moral hält, die Ihrer Auffassung von guter Sitte entspricht." (Mühsam AW I 370) und ihre Auseinandersetzung mit
Rack (s.Zitat) deuten jedoch an, daß diese "Ehe" alles andere
als frei im Sinne der Boheme ist: sie entpuppt sich - im Laufe
des Stückes immer stärker - als ausgesprochen bürgerlich.
Schuld daran trägt in der Hauptsache Sellmann, trotz Freiden-
kertums ein Spießbürger:

> Sellmann
>
> [...] Nie werde ich einen Schritt zurückweichen
> vor der Spießermoral, die mich in ihr Schema knech-
> ten will. Niemals! Aber rein und lauter muß unser
> Verhältnis bleiben, damit kein Pharisäer Lust be-
> kommt, darüber zu spotten. Leider ist deine frühe-
> re Lebensweise ja aller Welt bekannt; aber um so
> wertvoller für uns, wenn wir zeigen können: seht,
> in der Gemeinschaft mit einem Freidenker ist Ste-
> tigkeit und Zucht bei dieser Frau eingekehrt.
> (Mühsam AW I 384)

Als Alma Heinz Sellmanns wahres Wesen durchschaut, trennt sie
sich von ihm, nun wie Rack wieder dem bohemischen Liebesideal
huldigend - trotz ihrer Schwangerschaft.

> Sellmann
>
> Denk doch an das Kind, das du gebären wirst.-
>
> Alma
>
> Gerade daran denke ich. Ich will mein Kind nicht
> in einer bürgerlichen Familie aufwachsen lassen.
> Mein Kind soll als früheste Erinnerung den Ein-
> druck lebendiger Freiheit ins Leben tragen. Sieht
> es schon zwischen den Eltern Mißtrauen und Be-
> vormundung, dann wird es scheu und verschüchtert
> um sich blicken, wie alle Kinder aus korrekten
> Häusern. (Mühsam AW I 411)

Dem Paar Alma/Sellmann ist das Paar Else/Vogel gegenüberge-
stellt. Dieses ist durch Trauschein verbunden. Doch schon das
Zustandekommen der Ehe erweist sich als höchst ungewöhnlich,
respektive unbürgerlich. Artur Vogel stimmt der Heirat zu,
ohne seine Zukünftige zu kennen, nur um sie und ihr unehe-
liches Kind vor dem Zugriff der Behörden zu schützen. Erst
recht unbürgerlich ist die Eheführung der beiden: sie leben -
trotz Trauschein - exemplarisch "Freie Liebe". Als z.B. Vogel
das Interesse seiner Frau an dem jungen Maler Walter wahrnimmt,

zieht er sich diskret zurück. Sein zu frühes Zurückkommen
entlockt ihm lediglich ein "Jessas, hier komme ich [...]
ungelegen" (Mühsam AW I 415). Er beschließt, solange noch eine Partie Billard zu spielen.
So kann Rack dem ängstlichen Ehebrecher Walter getrost versichern:

> Der Mann hat sehr vernünftige Ansichten. Ich
> habe früher oft mit ihm über Liebe, Treue und
> Moral, und was in das Gebiet gehört, gesprochen.
> Der teilt meine Meinung vollständig, daß eroti-
> sche Dinge gar nicht vom Standpunkt der Sittlich-
> keit aus beurteilt werden können. Unsittlich
> kann nur sein, was die Sozietät gefährdet, nie-
> mals was zwei Menschen untereinander treiben.
> (Mühsam AW I 406) (1)

Ergebnis des Mühsamschen literarischen Planspiels um die Libertinage ist also eine eindeutige Bejahung der Idee der
"Freien Liebe", (2) die die Zustimmung zu einer formellen Ehe
einschließt, sofern diese mit keinem "Besitzanspruch" verbunden ist.

f) Sympathie für "Erniedrigte und Beleidigte"

Die Parallelität von Bohemetum und Anarchismus kennzeichnet auch
den Aspekt "Sympathie für Erniedrigte und Beleidigte" bei
Erich Mühsam.
Einerseits äußert sich diese Neigung in durchaus bohemetypischer
Form, nämlich als verbale Solidarisierung des Außenseiters
mit den Außenseitern im Sinne der symbolischen Herausforde-
rung an die Bürger:

> Es ist dieselbe Sehnsucht, die die Ausgestoßenen
> der Gesellschaft verbindet, seien sie nun ausge-
> stoßen von der kaltherzigen Brutalität des Phili-
> stertums, oder seien sie Verworfene aus eigener,
> vom Temperament diktierter Machtvollkommenheit.
> Die Mitmenschen, die mit lachendem Munde und wei-
> nenden Herzen die Kaschemmen und Bordells, die
> Herbergen der Landstraße und die Wärmehallen der

---

(1) Hier steht Mühsam im Widerspruch zu seiner sonst häufig
    geäußerten These, daß die bürgerliche Ehe ein gesellschafts-
    stützendes Moment sei und ihre Beseitigung eine wesentli-
    che Voraussetzung des gesellschaftlichen Wandels.

(2) Ihre jederzeit mögliche Realisierung stellt Mühsam aller-
    dings in Frage, wenn er Rack vor seinem Selbstmord sagen
    läßt: "**Das konnten Sie nicht wissen** [...], daß ich trotz
    aller meiner Theorien und Tendenzen die Qualen der Eifer-
    sucht, den grauenvollen Schmerz des Danebenstehens kenne
    und durchlitten habe wie kaum einer." (Mühsam AW I 414)

> Großstadt bevölkern, der Janhagel [Pöbel] und
> Mob, [...] - sie sind die engsten Verwandten der
> gutmütig belächelten, als Folie philiströsen Größen-
> wahns spöttisch geduldeten Künstlerschaft, die in
> ihrer verzweifelten Verlassenheit mit der Sehn-
> sucht eines erhabenen Zukunftsideals die Welt be-
> fruchtet. Verbrecher, Landstreicher, Huren und
> Künstler - das ist die Boheme, [...]. (Mühsam
> AW II 31)

Doch beläßt es Mühsam nicht bei bloßen Sympathiekundgebungen.
Vielmehr sucht er, den durch Landauer vermittelten anarchistischen Lehren Bakunis und Kropotkins gemäß, (1) das Lumpenproletariat, eben diese Verbrecher, Landstreicher, Huren (und
Künstler), als revolutionäres Potential zu gewinnen. Diese politische Version der "Sympathie für Erniedrigte und Beleidigte" wird ebenfalls in einem späteren Abschnitt aufgegriffen.

g) Die Bindung an öffentliche Lokale

Das Café ist über Jahre hinaus der zweite (wenn nicht der
erste) Wohnsitz Erich Mühsams. Seine "Unpolitischen Erinnerungen" "Namen und Menschen" sind zu einem großen Teil Caféhaus-
erinnerungen.
In Berlin spielen das "Café des Westens" und das "Café Mono-
pol" die Hauptrolle, in München das "Café Stefanie" und der
"Simplicissimus"; daneben tauchen Namen auf wie "Vierzehntel-
Topp", "Café Savoy", Café Sezession", "Café Leopold", "Torg-
gelstube", "Dichtelei", Café du Dome".
Mühsam nutzt dabei das Café sozusagen exemplarisch:als Ersatz-
Heimat und Arbeitsplatz, als Bühne für symbolische Aggression
und "Depot" für Frauenbekanntschaften; hauptsächlich aber als
Seismographen für die künstlerischen "Erschütterungen" der
Zeit.
Nicht jedes Café bzw. Lokal erfüllt für Mühsam alle diese Funk-
tionen in gleicher Weise. Das "Café des Westens" dient ihm bei-
spielsweise besonders als Jagdrevier für Studienobjekte zum
Thema "Freie Liebe", eingedenk dessen, "daß die dem Ästhetizis-
mus ergebenen Frauen großenteils über viele Reize verfügten,
mit denen sie, schon aus Gründen der Weltanschauung, nicht geiz-
ten." (Mühsam AW II 556)
Geistige Anregung sucht er dagegen z.B. in den Kreisen des

---

(1) Michail Bakunin (1814-1876) und Pjotr Kropotkin (1842-1921)
    gehen - im Gegensatz zu den Marxisten - davon aus, daß der
    fünfte Stand in seiner Wurzellosigkeit d a s revolutio-
    näre Reservoir schlechthin ist; nur er hat nichts zu ver-
    lieren und bringt daher die innere Bereitschaft mit, das
    Bestehende total zu destruieren.

"Café Monopol" (1) oder an Wedekinds Stammtisch in der Münchner "Torggelstube". Die dort von Wedekind geprägte Atmo - sphäre schildert Mühsam:

> Das geistige Niveau der Torggelstuben-Gesellschaft überragte hoch das der bloßen Vergnügungsstätten oder des Cafés Stefanie, wo man seine Zeitungen las, manche seiner Berufsarbeiten schrieb und im allgemeinen Obdach und Wärmehalle für seine anhanglose Lebensführung suchte. Frank Wedekinds große Persönlichkeit kam in der Torggelstube voll zur Geltung. Er hatte die Fähigkeit, einen Menschen, ein Ereignis, ein Kunstwerk, eine politische oder kulturelle Streitfrage mit einer Prägnanz zu charakterisieren, die das gestellte Problem mit den schärfsten Konturen ans Licht hob und keiner Zweideutigkeit einen Ausweg ließ. (Mühsam AW II 603 f.)

Die Anziehungskraft wiederum, die der "Simplicisssimus" auf Mühsam ausübt, beruht u.a. darauf, daß dort die Möglichkeit besteht, kabarettistisch tätig zu sein und damit Geld zu verdienen.

h) Das Kabarett

Als Erich Mühsam im Münchner "Simplicissimus" auftritt, hat er schon in den Berliner Kabaretts "Zum hungrigen Pegasus", "Im siebenten Himmel", und "Cabaret zum Peter Hille" einschlägige Erfahrungen gesammelt.
Viel hält er allerdings nicht von der "10. Muse" in deutscher Ausgabe. In einem sehr kritischen Aufsatz über das Kabarett heißt es: "Der Ruf vom 'Chat noir' und anderen Pariser Kabaretts drang über die Vogesen. Mit der plumpen Imitationswut, die den Deutschen auszeichnet, stürzte man sich auf die neue Idee - und pflanzte Palmen in Schneefelder." (2) Zwei Faktoren verhindern, nach Mühsam, in Deutschland eine positive Entwicklung zunächst vielversprechender Anfänge: eine zu starke Kommerzialisierung des Kabaretts und das Eingreifen der Zensur. Das eine bedinge Anpassung an den Publikumsgeschmack, (3) das

---

(1) Im "Café Monopol" verkehren hauptsächlich Bühnenkünstler (Max Reinhardt, Gertrud Eysoldt, Tilla Durieux, Alexander Moissi u.v.a.); dazu gesellen sich "Hospitanten" aus anderen Bereichen der Kunst wie Hermann Bahr, Arno Holz oder eben Erich Mühsam.

(2) Mühsam Erich, Kabarett, in: AW II 19-25, hier 21

(3) Vgl. Mühsam AW II 22: "Aber bald ward in den deutschen Künstlern der deutsche Krämer lebendig. Man setzte höhere Preise an, und das Kabarett war für den jeweiligen Unternehmer ein einträgliches Geschäft. Damit hörte natürlich der Künstler auf, der Gastgeber zu sein, der den Besucher des Kabaretts mit seinem Schaffen bekannt macht. Er mußte sich dem Ge-

andere mache "aus der fröhlichen Veranstaltung künstlerischer
Geselligkeit [...] eine programmtisch abgezirkelte, behörd-
lich sanktionierte, künstlerisch wertlose bürgerliche Abend-
unterhaltung" (Mühsam AW II 23).
Trotzdem trägt Mühsam immer wieder zu solcher bürgerlicher
Abendunterhaltung bei. Den Grund dafür nennt er unverblümt :
Geld verdienen. Wie vielen Bohemiens ist ihm das Kabarett ein
akzeptabler Kompromiß zwischen dem Zwang, den Lebensunterhalt
bestreiten zu müssen und der Ablehnung bürgerlicher Arbeit.
Daß sich Mühsam dennoch nicht ganz wohl fühlt bei dieser Kon-
zession an gesellschaftliche Konventionen verdeutlicht eine
Passage aus seiner Autobiographie.

> Ich habe in den vielen Jahren, in denen ich länge-
> re Zeit als Kabarettist aufgetreten bin, niemals
> etwas anderes vorgetragen als Wortspiele und ande-
> re Gleichgültigkeiten. Die Rezitation ernsthafter
> Produktion vor einem zahlenden Amüsierpublikum
> habe ich stets, auch wenn es ausdrücklich von
> mir verlangt wurde, verweigert.
> (Mühsam AW II 528)

Wie Wedekind (vgl. S.118) zieht Erich Mühsam die Theorie des
"literarischen Doppellebens" zur Rechtfertigung seines Seiten-
sprunges mit der "zehnten Muse" zum Zwecke "bürgerlicher"
Existenzsicherung heran.

i) Das ambivalente Verhältnis zur Großstadt

Erich Mühsams Haltung zur Großstadt ist nicht anders als "musterhaft" im Sinne der bohemetypischen Einstellung zu nennen:
auf der einen Seite Gebundenheit an die großstädtischen Zen-
tren der Boheme - Berlin, München, Paris, Wien -, auf der anderen Seite Kritik und Fluchtversuch.
Dieses Spannungsverhältnis offenbart sich bei Mühsam besonders
in seiner Beziehung zu Berlin. Nie kann er sich ganz dem Kräf-
tefeld von Anziehung und Abstoßung entziehen.(1) Immer wieder
kehrt er in die Stadt zurück, deren Kennzeichen doch "völlige
Verständnislosigkeit gegen alles, was nicht im funktionellen
Getriebe mitrollt, was den praktischen Bedürfnissen, der Be-
quemlichkeit und dem Nutzen der Gesamtheit nicht dienstbar ist"

---

schmack des Publikums anpassen, und das heißt in Deutschland nichts anderes als: seine Kunst verkitschen. Das war
natürlich das Ende des künstlerischen Kabaretts."

(1) Um 1900/1901 zieht Mühsam von Leipzig nach Berlin, 1909/10
siedelt er nach München über. 1924 aus bayerischer Festungshaft entlassen und des Landes verwiesen, wählt er erneut
Berlin als Wohnsitz.

und "äußerste Fremdheit gegenüber allem Zwecklosen, allem
Eigenleben, aller Kultur" sind (Mühsam AW II 170).
Zu den typisch bohemischen Gründen für die Bindung an die Großstadt (1) kommt bei Mühsam allerdings noch ein politischer hinzu: die Eignung der Großstadt als Agitationsfeld für die anarchistische Mobilmachung.

j) Stadtflucht und Reisepassion (Vagabundage)

Erich Mühsam wählt, ich deutete es bereits an, für seine bohemetypische Einstellung zur Großstadt ein bohemetypisches Ven-
til: er entzieht sich der ungeliebten Symbiose hin und wieder
durch "Stadtflucht" (2). So beginnt Mühsams Broschüre über
"Ascona" : "Berlin lag mir schon wieder derart im Magen, dass
ich ehrlich froh war, als es mir auch im Rücken lag." (3)
Den der Großstadt-Zivilisation bewußt entgegengesetzten aben-
teuerlichen Akzent des Ausbruchs, den viele Bohemiens durch
die Exotik ihrer Reisen betonen, setzt Mühsam durch die Art,in
der er reist: als Vagabund durchwandert er die Schweiz und Italien, häufig übernachtet er in den Herbergen und Asylen der
Landstreicher.
Doch stehen auch dabei die bohemischen Motive wie Stadtflucht,
Abenteuerlust, "Zurück zur Natur", Sympathie für Erniedrigte
und Beleidigte, romantische Verherrlichung ungebundenen Zigeunertums etc. nicht alleine. Hinzu kommt bei Mühsam sicherlich
die Absicht, die Möglichkeit der Revolutionierung des fünften
Standes zu erkunden. (Vgl. S.240 f.)

k) Das Werk als Ware. Einstellung zum Literatur- und Kunstmarkt

Kunst und Künstler mit Göttlichem in Zusammenhang zu bringen,

---

1) Café,Kabarett, Theater, Zeitschriften, Museen etc. bieten
   dem Anfänger bzw. Außenseiter in der Großstadt im Vergleich
   zur Provinz eine unentbehrliche Fülle von Möglichkeiten.
   Die Boheme gibt dort als "Gesellschaft in der Gesellschaft"
   geistigen und z.T. auch wirtschaftlichen Rückhalt.

(2) Zur "Stadtflucht" kann durchaus auch der Wechsel in eine an-
    dere Großstadt zählen, z.B. von Berlin nach München oder von
    Berlin nach Paris, s. Mühsam AW II 585: "Wäre diese Hemmung
    [mangelnde Sprachkenntnisse] bei mir nicht vorhanden, dann
    wäre ich bestimmt nicht wieder von Paris fortgegangen, die-
    ser einzigen Stadt voll Schönheit, Rhythmus, Kunst, Kraft,
    Seele und Anmut [...]. Im Frühjahr 1908 war ich wieder in
    Berlin. Damals formulierte ich den Unterschied: Paris lebt -
    Berlin funktioniert."

(3) Mühsam, Erich, Ascona. Eine Broschüre, Locarno 1905[2], S.6.
    Ich zitiere aus dem im Guhl-Verlag Berlin erschienenen und
    mit Materialien versehenen Nachdruck von 1978. Die ausge-
    wählten Werke enthalten die Broschüre nicht.

liegt Erich Mühsam fern. (1) Für ihn hat Dichtung Gewicht
und Wert als Waffe für eine bessere Welt:

> Lindern will ich die Leiden und sprengen die
> Fesseln, soweit meiner Sprache Kraft reicht.
> Doch nicht zu euch rede ich, die ihr euch sonnt
> im Glanze derer, welche den anderen das Licht
> abfangen; - nicht zu euch, die ihr die Füße
> küßt, die euch treten; sondern zu euch, die ihr
> Abscheu und Ekel davor empfindet, die ihr gleich
> mir ausruft: Nolo - ich will das alles nicht mehr
> sehn, nicht mehr dulden. [...] - jeder Satz soll
> ein Ringen sein nach Befreiung, ein Weckruf und
> ein Gelübde, daß ich's nicht mehr schleppen will:
> Nolo! (Mühsam AW II 6 f.) (2)

Eine derartige Zielsetzung läßt - analog, wenn auch auf andere
Weise als Teilhabe an Göttlichem - einen Konflikt zwischen
dem ideellen Aspekt des Werkes einerseits und seinem Warencharakter andererseits erwarten.
Die Ausführungen über das Kabarett(S.225 f.)haben die Existenz
eines solchen Konflikts und zugleich seine Lösung schon angedeutet. Erich Mühsam wählt, wie Wedekind und viele andere, den
Weg der "literarischen Doppelexistenz": mit Hilfe der von ihm
als minderwertig apostrophierten Beiträge zu Kabarettprogram-
men oder satirischen Zeitschriften sichert Mühsam sich die materielle Basis, die ihm gestattet, die "wahre Kunst" im Dien-
ste einer menschlicheren Gesellschaftsordnung ohne Kompromisse
zu verwirklichen.

1) Einstellung zur bürgerlichen Arbeit und Geldwirtschaft - der
   finanzielle Coup

Reichtümer sammelt Mühsam mit seinen Kabarettauftritten - der
"profanen" Komponente seines literarischen Doppellebens - offensichtlich nicht. Schulden begleiten ihn sein ganzes Leben

---

(1) Vgl. Mühsam AW II 484: "Was den Künstler ausmacht, ist, ne-
    ben der angeborenen Veranlagung, Gesehenes, Erdachtes und
    Erlebtes zu formen: Gesinnung, Fleiß und das Streben nach
    einem Weltbild."

(2) Mühsam, Erich, Nolo, in: Der arme Teufel, Mai 1902 -
    Ich zitiere nach dem Abdruck in Mühsam AW II 6 f. - Mit
    "Nolo" unterzeichnet Mühsam auch alle Gedichte, die er
    im "Armen Teufel" veröffentlicht.

lang; (1) doch nur ein einziges Mal wird der Wunsch nach Existenzsicherung laut, kurioserweise inmitten der Münchner Re-
volutionswirren. In seinem Rechenschaftsbericht über die Revolution in München "Von Eisner bis Leviné" gibt er an:"[Ich]
ging am 1. April einerseits aus Gründen der materiellen Sicherung meiner Familie, andererseits auch, um persönlich genauen
Einblick in die Liquidation der Kriegswirtschaft und die Organisation des Uebergangs zu gewinnen, als Gehilfe zum Genossen
Paulukum ins Demobilmachungs-Kommisariat." (Mühsam AW II 285
f.)
Doch "höhere Gewalt" verhindert die "Verbeamtung" Mühsams.
Es kommt nicht einmal mehr zur Einarbeitung "in die schwieri-
ge und komplizierte Materie" (Mühsam AW II 286): die Vorberei-
tung zur Ausrufung der Räterepublik (8.April) nehmen ihn voll
und ganz in Anspruch.
Von diesem "Ausrutscher" abgesehen, sucht Mühsam seiner finanziellen Kalamitäten in bester Bohememanier Herr zu werden.
Seine Spezialität sind Bettelbriefe an "Gott und die Welt".
Ein besonders beliebtes Opfer ist Karl Kraus:

> Lieber Kraus, vielen Dank für alles: [...] Mir
> gehts nach wie vor schlechter als je, wozu schon
> etwas gehört. Das vom Stammtisch erhaltene Geld
> mußte sofort zum Essenswirt wandern, der jetzt wie-
> der drauf und dran ist, den Kredit zu sperren (wir
> sind 2 Leute) - und nirgends Aussicht, nirgends
> der geringste Schimmer von Hoffnung. Beim "Simpl"
> sitze ich dick im Vorschuß, bei Ihnen noch dicker.
> An Arbeiten kann ich jetzt gar nicht denken,
> [...]. Ehe ich nicht 2 - 300 Mark habe, ist kei-
> ne Hoffnung auf Änderung der Situation, und sie
> bekommen, nicht die leiseste Andeutung. [...] ,
> meine Brandbriefe waren durchweg resultatlos.
> Wenn's noch lange so währt, muß der Lago Maggiore
> herhalten; das ist noch besser als an der Überrei-
> zung der Nerven gehirnweich zu werden. (2)

---

(1) Wie bei Franziska von Reventlow und Arthur Moeller van den
Bruck sind auch bei Erich Mühsam häufig Gläubiger die Ursache plötzlicher Reiselust (s.S.170), vgl. dazu auch:
Jungblut, Gerd W., Erich Mühsams Wanderjahre 1904-1908,
in: Färbt ein weißes Blütenblatt sich rot ... Erich Mühsam
in Zeugnissen und Selbstzeugnissen, hrsg. v. W. Teichmann,
Berlin 1978, S. 29-35

(2) Mühsam, Erich, Briefe an Zeitgenossen, eingel. u.hrsg. v.
G. Jungblut, Berlin 1978, hier: Brief an Karl Kraus vom
1.8.1906 aus Ascona, S. 52. Ich zitiere diese Ausgabe fortan im Text unter dem Kürzel: Mühsam B, die arabischen Zahlen stehen für die Seite. - Von den 15 abgedruckten Briefen (bzw. Karten) an Karl Kraus enthält nur einer weder
eine indirekte noch eine direkte Bitte um Geld: der Brief
vom 13.2.1908 (Mühsam B 62). Er markiert den Bruch zwischen
Mühsam und Kraus, da jener im Streit Kraus/Harden die Partei Hardens ergreift.

Die Aussicht auf eine Wasserleiche scheint Karl Kraus allerdings wenig zu beeindrucken: dieser "Brandbrief" bleibt ebenfalls "resultatlos".(1)
Nicht anders ergeht es dem "großen Coup", der Mühsam (nebst Scheerbarth (2) und Lentrodt (3) aus der finanziellen Dauermisere befreien soll. Eine Flasche Schnaps auf nüchternen Magen steht Pate für den Plan der drei, eine noch nie dagewesene Zeitschrift zu gründen: sie soll nur Lügen enthalten und "Das Vaterland" heißen. Wider Erwarten findet man sogar einen Verleger, der den künftigen Herausgebern je 200 Mark monatlich bietet. Ein Probeexemplar wird vorgelegt, daraufhin ein Termin beim Notar bestimmt, um den Vertrag zu machen.
Im letzten Augenblick erst stellt sich der obligatorische Mißerfolg ein: der Verleger übernimmt kurz vor Vertragsunterzeichnung zwei Soldatenzeitungen, so daß das "Vaterland" mit seiner antimilitaristischen Tendenz weichen muß. Der "Coup" ist gescheitert. Es will nicht gelingen, die Widersprüche "Existenzsicherung" und "Boheme" unter einen Hut zu bringen. Die Reaktion auf den soundsovielten Mißerfolg schildert Mühsam in einem Brief:

> Als die Nachricht kam, daß es mit der schönen gesicherten Existenz nichts war, kugelten wir uns beide [Scheerbart und Mühsam] auf dem Fußboden vor Lachen über diesen Witz des Schicksals. Nachher aber las mir Scheerbart aus seinem "Rübezahl", an dem er damals grade arbeitete, eine Stelle vor, die so ergreifend war, daß wir beide plötzlich wie auf Kommando anfingen zu weinen wie die kleinen Kinder. (Mühsam B 28) (4)

Mit "gleicher Post" greift er wieder auf die bewährte Methode zurück: "Sollten Sie aber Bares haben - tout mieux!" (Mühsam B 18)

m) Der "große Coup" als Komödienstoff: "Die Hochstapler" (1906)

Mühsams Komödie um eine Pseudoölquelle in Ascona thematisiert,

---

(1) Die Meldung von einem angeblich in Italien erlittenen Schlaganfall erweist sich ein anderes Mal als sehr ergiebig (s.Brief an Julius Bab vom 18.8.1904 aus Lausanne, in: Mühsam B 19 - 31, besonders 24)

(2) Paul Scheerbart (1863 - 1915), Schriftsteller der Berliner Boheme; in seinen Werken bevorzugt er eine skurrile, phantastische Thematik, s. "Tarub, Bagdads berühmte Köchin. Arabischer Kulturroman" (1897) oder "Die große Revolution, ein Mondroman" (1902)

(3) Wilhelm Lentrodt (1864 - 1914), dt. Lyriker der Heimatkunst.

(4) Brief an Julius Bab vom 18.8.1904 aus Lausanne, in: Mühsam, B 19 - 31

im Gegensatz zu Franziska von Reventlows "Geldkomplex" und
Frank Wedekinds "Marquis von Keith", einen erfolgreichen Coup.
Insofern ist sie atypisch, denn das Scheitern des Coups hat
sich bisher - im Realen wie im Fiktionalen - als kennzeichnend
erwiesen.
Abgesehen davon zeigt das Stück jedoch geradezu exemplarisch
den praktischen und ideologischen Stellenwert des Coups in der
Boheme auf.
Wenn Ernst Steilhart, einer der drei agierenden Hochstapler,
verkündet

> Wenn ich bedenke, was alles aus meinen Mitschülern
> geworden ist! - Ich gelte ja selbst bei all diesen
> Assessoren und Vikaren, Aerzten und Kaufleuten für
> verkommen [...] Weil ich keinen Beruf habe [...]
> und weil ich mit meinen 28 Jahren noch nicht im-
> stande bin, mit sicheren Einkünften zu rechnen. -
> In meinen Augen sind sie die Verkommenen. Denn
> sie alle haben, um zeitlebens unter Garantie sich
> satt essen zu können, mit ihrer inneren Entwick-
> lung abgeschlossen. Sie schuften sich von früh
> bis spät mechanisch ab, um sich den andern Tag
> für den nächstfolgenden wieder mechanisch abschuf-
> ten zu können. Bei mir soll aber die eigentliche
> innere Entwicklung erst anfangen. Und dazu will ich
> Reichtümer erraffen, die es mir ermöglichen, zeit-
> lebens ohne Zwangsarbeit gut zu leben. (1)

ist damit die bohemische Negation der bürgerlichen Existenzsicherung durch Arbeit als Basis für die Notwendigkeit des
Coups dargelegt; denn Ziel der Hochstapler ist - in der anti-
zivilisatorischen Tendenz wiederum bohemetypisch (2) - ein
sorgenfreies Leben in Indien.
Die Durchführung des Coups scheint allerdings zunächst nicht
den "ideologischen Vorschriften" der Boheme zu entsprechen; diese nämlich interpretieren den Coup als berechtigten Betrug am
betrügerisch -ausbeuterischen Bourgois, in dem Stück aber liefert das ergaunerte Sparbuch eines Dienstmädchens die ersten
2000 Mark "Betriebskapital". Dieses Unbohemische wird dann am
Ende auch wieder zurückgenommen. Das Sparbuch wird mit 8000
Mark Plus wiedererstattet.
Umso typischer im obigen Sinne sind die Stufen zwei und drei
des Coups. Um aus den 2000 Mark 30000 Mark zu machen, läßt

---

(1) Mühsam, Erich, Die Hochstapler. Lustspiel in vier Aufzügen,
    München 1906 (in AW nicht enthalten), S.26 f.

(2) Vgl. Mühsam, Erich, Die Hochstapler, S. 34:
    "S a l d i n g
    Herrgott!Wie oft träume ich noch davon,wie wir drei Freunde uns
    ausmalten, was für ein Leben wir führen wollten: Alle Kunst-
    und Landschaftsschätze Indiens um uns, unabhängig von Arbeit
    und Not, von Rücksichten, Verpflichtungen - weißt Du noch?
    Und wie wir immer Zivilisation und Kultur gegen einander ab-
    werteten, alle Zivilisation über Bord werfen wollten, um nur
    ganz ein Kulturleben zu führen!"

sich Willibald Salding, Konzertsänger und Hochstapler-Kollege Ernst Steilharts und Robert Krusts, die zehnjährige Ausbildung eines nichtexistierenden Gesangsschülers von der alten Freifrau von Rottenburg vorfinanzieren. Dies ist ohne jeglichen Konflikt mit bohemischen Einstellungen möglich: das Vermögen des Adels ist ebenso wie das Geld der Bourgeoisie dem Bohemien zur Jagd freigegeben, da es nicht "verdient" ist.

Der Hauptcoup bringt schließlich den Spekulanten Kommerzienrat Arthur Cronheim um drei Millionen. In Saldings Grundstück in Ascona werden Ölfässer eingegraben, die solange eine ergiebige Ölquelle vortäuschen, bis Cronheim für 3 Millionen Aktien gekauft hat. Bezeichnend für die bohemetypische Auslegung, die den Coup sanktionieren soll, ist dabei das Herausstellen des Umstands, daß Cronheim nur deshalb in so großem Stil betrogen werden kann, weil er möglichst hohe Gewinne erzielen will:

> S t e i l h a r t
>
> Da Willy [Salding] ohne mich nichts machen wollte, kriegte er [Cronheim] Angst, er könne dabei zu Schaden kommen, wenn ich mit an der Spitze [der Aktiengesellschaft] stehe, und wollte selbst mit ran. Da hab' ich ihm aber glaubhaft gemacht, daß er besser operieren kann, wenn sein Name im Hintergrund bleibt -
>
> K r u s t
>
> Aha! Wenn sich's um höheren Profit dreht, ist der Lump gleich für alles zu haben!
> [...]
>
> S t e i l h a r t
>
> So ein Hund! Eine halbe Million hat er [Cronheim] sich noch obendrein schenken lassen.
>
> K r u s t
>
> Wieso das?
>
> S t e i l h a r t
>
> Na, um ihm drei Millionen sicher abzuknöpfen, haben wir gleich eine Schiebung gemacht. 7 Aktien kauft er, und 6 bezahlt er nur.
>
> K r u s t
>
> Recht ist's ihm, daß er mit den drei Millionen reinfällt. (1)

Angesichts solcher Profitgier verwundert es nicht, daß der Kommerzienrat auf den Vorschlag der Hochstapler, die Ölquelle doch mit ein paar vergrabenen Fässern wieder zum Sprudeln zu bringen und - solange der Vorrat reicht - weiter Aktien zu verkaufen, begeistert zustimmt, ohne zu wissen, daß er auf diese

---

(1) Mühsam, Erich, Die Hochstapler, S. 108 f.

Weise betrogen worden ist. Nocheinmal wird so der Coup im Sinne der Boheme moralisch gerechtfertigt.

n) Gemeinschaftsexperiment und Agrarutopismus

Viele Gemeinschaftsexperimente im Rahmen der Boheme sind nicht zuletzt von der Absicht getragen, dem wirtschaftlichen Druck, den der bohemische Lebensstil zwangsweise mit sich bringt, entgegenzuwirken, wenn auch stets andere Argumente programmatisch in den Vordergrund gestellt werden.
Ein Beispiel dafür ist die "Neue Gemeinschaft", die 1899 von den Brüdern Hart gegründet wird und der Mühsam eine Zeit lang angehört. Der ideologische "Überbau" sieht die Errichtung eines "Ordens vom wahren Leben" vor, in dem sich erleuchtete Lichtmenschen, fern von der verpesteten Großstadt, zusammenschließen und danach streben, ihr ganzes Leben in eine einzige Feier zu verwandeln. Eine Religion des Idealismus soll errichtet werden, freie, sich selbstbestimmende, selbsturteilsfähige Individuen, die sich nicht egoistisch voreinander verschließen oder auf langjährige Besitzanrechte pochen, sollen zärtlichen und wissenden Austausch mit ihren Mitmenschen pflegen. Für die Lösung der materiellen Komponente des Gemeinschaftsexperiments empfiehlt das Programm eine Verbindung von Geistes- und Schollenarbeit, doch bleibt dies unrealisiert. Stattdessen sucht man die Existenz der einzelnen Mitglieder der "Neuen Gemeinschaft" über Güter- und Wohngemeinschaft abzusichern. (1)
Für Erich Mühsam ist das Ersetzen der Siedlungsidee durch ein "gewöhnliches" Kommunenleben Ansatzpunkt zu scharfer Kritik. Er sieht darin den "Anfang vom Ende", obwohl er selbst an dieser Entwicklung nicht unschuldig ist. Als die "Neue Gemeinschaft"

---

(1) Zum Programm der "Neuen Gemeinschaft" s.
   Hart, Heinrich und Julius, Vom höchsten Wissen, Leipzig
   1900 u. Hart, Heinrich, Hart,Julius, Landauer, Gustav, Hollaender,Felix, Die Neue Gemeinschaft 1 u.2 (1901/02) -
   Der eigentliche "Friedrichshagener Kreis" der Naturalisten
   hat sich zur Zeit von Mühsams Umzug an den Müggelsee bereits aufgelöst, vgl. Mühsam AW II 506 f., s.a. das Erinnerungsbuch Wilhelm Spohrs: "Fröhliche Erinnerungen eines
   'Friedrichshageners'" (vgl. S.162 , Anm.1)
   Unter der wissenschaftlichen Literatur zur "Neuen Gemeinschaft" bzw. zum "Friedrichshagener Kreis" wäre zu nennen:
   Cantwell, W.R., Der Friedrichshagener Dichterkreis, Diss.
   University of Wisconsin 1967 und Scherer, Herbert, Bürgerlich-oppositionelle Literaten und sozialdemokratische Arbeiterbewegung nach 1890. Die 'Friedrichshagener' und ihr
   Einfluß auf die sozialdemokratische Kulturpolitik, Stuttgart 1974; s.a. Hermand, Jost, Meister Fidus. Vom Jugendstil-Hippie zum Germanenschwärmer", (vgl. S.131 , Anm.3)

ihr Domizil noch in der Berliner Uhlandstraße hat, entsteht
auf Initiative Mühsams und Landauers eine richtiggehende Wohn-
und Tischgemeinschaft. Diese Komponente scheint dann mit dem
Übersiedeln der "Neuen Gemeinschaft" nach Berlin-Schlachtensee
immer mehr in den Vordergrund getreten zu sein. Mühsam stellt
in seinen 25 Jahre später erschienenen Erinnerungen fest:

> Schließlich versackte die ganze Siedlungsidee in
> einem Kompromiß, der den Bohemecharakter des
> Plans, Menschen, fern von aller Konvention, ein
> freies Leben in selbstgewählten Formen führen zu
> lassen, zur komischsten Karikatur verzerrte. Statt
> Land zu erwerben, wurde in Schlachtensee ein
> Säuglingsheim gemietet, dessen Räume nach Bedarf
> und Zahlfähigkeit unter den Familien verteilt wur-
> den, welche sich bereit zeigten, die Überwindung der
> Gegensätze durch Benutzung einer gemeinsamen
> Küche vorzuleben. (Mühsam AW II 495)

Mühsams zwei eigenen Siedlungsprojekten bleibt das Scheitern an
der Realität erspart, aber nur, weil sie über das Planungssta-
dium nicht hinausgelangen. Das eine Konzept sieht eine anarcho-
kommunistische Siedlung vor, das andere eine Ansiedlung ent-
lassener Sträflinge. "Opfer" soll beidemale Ascona sein, da
Mühsam von der Toleranz der Bevölkerung und der Tessiner Behörden überzeugt und begeistert ist.
Den Gedanken an eine kommunistische Siedlungsgenossenschaft
verwirft er selbst recht bald. Die Fläche der einzelnen Par-
zellen sei zu klein, der Boden zu schwer zu bebauen, das Beispiel des "Monte Verità" zu abschreckend (1) und der Widerstand der Lebensreformer, die bereits Grund erworben haben,
zu groß. (2)
Projekt Nummer zwei ruft die Tessiner Behörden auf den Plan,
die ganz offensichtlich nicht die Ansicht Mühsams teilen, Ascona sei der geeignete Ort für ein neues und "vielleicht recht
absonderliches Experiment". (3) Es verwundert nicht, wenn man
erfahren hat, welcher Art das "absonderliche Experiment" ist.
Ascona soll

    Zufluchtsort werden für entlassene oder entwichene

---

(1) Vgl. Mühsam, Erich, Ascona, S. 21: Aus der sozial-ethischen
    Gemeinschaftsgründung der Lebensreformer auf dem "Monte Veri-
    tà" bei Ascona habe sich in kurzer Zeit ein kapitalistisch
    geführtes Sanatorium entwickelt, das nur noch durch das Bei-
    behalten des Vegetarismus an die ursprüngliche Idee erinne-
    re.- Zu den Siedlungsexperimenten - teils anarchistisch, teils
    lebensreformerisch geprägt - in und um Ascona s. Landmann,
    Robert, Monte Verità , Ascona 1934[3]

(2) Vgl. Mühsam, Erich, Ascona, S. 54 f.

(3) Mühsam, Erich, Ascona, S. 57

Strafgefangene, für verfolgte Heimatlose, für
alle diejenigen, die als Opfer der bestehenden
Zustände gehetzt, gemartet, steuerlos treiben,
und die noch die Sehnsucht noch nicht eingebüsst
haben, unter Menschen, die sie als Mitmenschen
achten, menschenwürdig zu leben. (1)

Wieder einmal in Ascona (1907, zwei Jahre nach der Veröffentlichung seiner Pläne), wird Mühsam wahrscheinlich zur "Ab-
schreckung" (2) für 17 Stunden eingesperrt. Die Behörden treten umgehend den Beweis an, daß die "Belästigungen der Bewoh-
ner durch die staatlichen Gewalten im Kanton Tessin" (3) nicht
ganz so "geringfügig" sind, wie der Siedlungsplaner meint.
Beide Siedlungsvorhaben vereinen in ihrer Anlage und Zielrich-
tung bohemischen und politischen Charakter. Da sie jedoch
nicht zur Durchführung gelangen, überwiegt der Anteil Boheme
so stark, daß im Zusammenhang mit Mühsams politischen Vorstellungen nicht mehr darauf eingegangen werden muß.

B. Der Einfluß der Boheme auf die politischen Bestrebungen
   Erich Mühsams

Um den Untertitel seiner Autobiographie "Namen und Menschen"-
"Unpolitische Erinnerungen" - zu rechtfertigen, stellt Erich
Mühsam im Anfangskapitel die These auf, die beiden Bereiche,
die sein Leben wesentlich bestimmt hätten, Boheme und Politik,
seien durchaus zu trennen, wenn auch Berührungs- ja Schnitt-
punkte erkennbar wären:

Gerade meine Vergangenheit lief viele Jahre auf
zwei getrennten Geleisen, und wenn die Schienen
auch manchmal einander eng berührten oder selbst
schnitten, so war ich doch streng bedacht, die
Züge, deren einen ich als Passagier benützte,
deren andern ich die Weichen zu stellen strebte,
nicht aneinander fahren zu lassen. (Mühsam AW II 480)

Gerade diesen Berührungs- bzw. Schnittpunkten, die Mühsam,
trotz der vorgenommenen Differenzierung, zugesteht, soll die
Aufmerksamkeit in den folgenden Abschnitten gelten; es wird
sich im übrigen herausstellen, daß sich - um in Mühsams Bild
zu bleiben - ein "Aneinanderfahren" der beiden "Züge" doch nicht
immer vermeiden ließ, sondern Passagier (Bohemien) - und Weichen-

---

(1) Mühsam, Erich, Ascona, S. 58 f.

(2) Vgl. Mühsam AW II 578. - So meine Vermutung. Mühsam gibt an,
    sich über den Grund seiner Verhaftung nicht im klaren zu
    sein.

(3) Mühsam, Erich, Ascona, S. 57

steller (Politiker)funktion miteinander kollidierten.

a) Von der bohemischen Wertschätzung des Individuums zum Anarchismus – vom Außenseiter in der bürgerlichen Gesellschaft
zum Außenseiter in den linksrevolutionären Bewegungen (1)

Gegen das Gebundensein des Bürgers an Normen des Staates und
der Gesellschaft setzt die Boheme programmatisch die Freiheit
des Individuums von jeglichem äußeren Zwang.
Der Anarchismus bekämpft alle politischen und rechtlichen
Zwangs- und Ordnungsmittel, d.h. den Staat, die Kirche, das
Recht und (z.T.) das Eigentum. Ziel ist eine gesellschaftliche
Organisation, in der in extrem individualistischer Weise letzt-
lich nur die Willenshandlungen von Einzelpersönlichkeiten und
die persönlichen Entfaltungsrechte anerkannt werden.(2)
Die Identität beider Positionen ist unübersehbar. Mit Recht
behauptet also Erich Mühsam, er sei Anarchist gewesen, bevor
er überhaupt gewußt habe, was Anarchismus sei. (3)
Die Freiheit des Individuums ist nun allerdings nur eine Komponente der von Boheme und Anarchismus gleichermaßen vertrete-
nen Anliegen. Auf andere Aspekte, die bei Mühsam erscheinen,
wie Libertinage und Sympathie für Erniedrigte und Beleidigte –
werde ich jedoch erst später eingehen (vgl. S.240 ff.). Die
Vorwegnahme dieses einen Merkmals soll hier lediglich die Par-
teienfeindschaft Erich Mühsams verstehbar machen.

---

(1) Ausführlich, wenn auch nicht objektiv, da von marxistisch-
leninistischer Position aus gewertet, befaßt sich mit der
Stellung des Anarchismus innerhalb der linksrevolutio-
nären Bewegung und Literatur in der Weimarer Republik:
Fähnders, Walter, Rector, Martin, Linksradikalismus und
Literatur. Untersuchungen zur Geschichte der sozialistischen
Literatur in der Weimarer Republik, 2 Bde., Reinbek bei Ham-
burg 1974 – Zu Mühsam vgl. bes. Bd.I, S. 256-309, Bd.II,
S. 111-144

(2) Einen Überblick über Entwicklung und Probleme des Anarchismus anhand führender Vertreter wie Proudhon, Bakunin und
Kropotkin gibt Cattepoel, Jan, Der Anarchismus. Gestalten,
Geschichte, Probleme, 3. überarbeitete u. erweiterte Auflage,
München 1979 (= Beck'sche Schwarze Reihe, Bd. 186), s.bes.
den zweiten Teil "Gemeinsamkeiten in den verschiedenen Ausprägungen des Anarchismus", S. 141-158

(3) Vgl. Mühsam, Erich, Selbstbiographie, in: AW I 165-169,
hier 167 –
Als Erich Mühsam mit den anarchistischen Theorien in Berührung kommt (durch Gustav Landauer in der "Neuen Gemeinschaft" um 1901/02), hat er den Weg in die Boheme bereits
gewählt.

Das Votum zugunsten des Individuums nämlich stellt Mühsam
nicht nur ins bürgerliche Abseits, sondern auch ins "linke":
die Betonung von Wert und Recht des Einzelnen schließt die
Unterordnung unter ein Parteidogma aus, mag es noch so revolutionär sein.

- Die Haltung zur SPD

Die Abneigung Mühsams gegen die Sozialdemokratie ist allerdings
nicht von der Forderung nach Parteidisziplin allein bedingt,
wenn diese auch eine große Rolle spielt, wie z.B. der heftige
Angriff gegen den sozialdemokratischen Kasernenhof in der
Schrift "Die Einigung des revolutionären Proletariats im Bolschewismus" zeigt. (1)
Mühsams Kritik richtet sich vor allem gegen die Verbürgerlichung der Partei, die nach seiner Meinung nach der Aufhebung der
Bismarckschen Sozialistengesetze (1890) einsetzte.
Vor dem Krieg schwankt diese Kritik noch zwischen Spott und Ver-
achtung, (2) Krieg und Revolution wandeln sie zu unversöhnlichem
Haß. "Ehrlose und Verräter" werden aus den belächelten "Lampen-
putzern" (s.u., Anm. 2):(3)

---

(1) Mühsam, Erich, Die Einigung des revolutionären Proletariats
im Bolschewismus, in: BM 57-138; hier S.70:"Sie [SPD] hat Partei und Gewerkschaft zu einem riesigen Kasernenhof degradiert, zu einem Exerzierplatz für brave Gesinnung, stramme
Disziplin und gedankenlosen Kadavergehorsam. Der Unteroffi-
zier, d.h. der Partei- oder Gewerkschaftssekretät und jeder
besoldete Funktionär, ist absolute Autorität; Widerspruch
gegen seine Meinung, auch nur Zweifel an der Richtigkeit
seiner Entschlüsse ist Kapitalverbrechen." - (Zu BM s.S.238,
Anm. 2)

(2) Vgl. z.B. Mühsam, Erich, Wie verhalten sich die Anarchisten
bei Wahlrechtsdemonstrationen in Preußen?,in: AW II 15-19
oder das Gedicht "Der Revoluzzer. Der deutschen Sozialdemokratie gewidmet", in: AW I 127 f.- Der Revoluzzer, "im Zivil-
stand Lampenputzer", "spielt"bei der Revolution "nicht mehr
mit", als seine Genossen Gaslaternen zum Barrikadenbau verwenden.
Die letzte Strophe lautet:
"Dann ist er zu Haus geblieben
und hat dort ein Buch geschrieben:
nämlich,wie man revoluzzt
und dabei doch Lampen putzt."

(3) Vgl. z.B. auch Gedichte wie "Republikanische Nationalhymne"
(Mühsam AW I 333-335) oder "Das neue Deutschland" (AW I
331 f.). - Hier heißt es in der letzten Strophe:
"'Heil dir, Justav [Gustav Noske,s.S.238 , Anm.1] Held und
Sieger, dir verneigen wir [vorher namentlich genannte SPD-
Prominenz] uns stumm.
Wir betrügen unser Volk nur,
aber du, du bringst es um!'"

Der Zusammenbruch des Reiches und die ruhmreiche
Entwicklung der Scheidemänner (1) zu Nachfolgern
der Hohenzollern, die Erscheinung Noske-Albas (1)
als schwertgegürteter Erzengel vor dem Paradiese
des Kapitalismus, das Blut der Besten des Volkes
[...] und tausend und abertausend klassenbewuß-
ter treuer Proletarier, hingegossen von den In-
habern der "sozialistischen Republik", die das
Proletariat und die Revolution entwaffnete und der
Bourgeoisie und dem Offizierskorps des alten Regimes die ganze Wehr des Landes auslieferte.(2)

Indem Mühsam SPD und Republik in eins setzt - dieses Zitat
läßt keinen Zweifel - braucht über seine Einstellung zum Weimarer System nichts mehr hinzugefügt werden. Mühsam ist, wie
Moeller und Johst (mit Einschränkung auch Derleth), ein nicht
geringer "Beitrag" der Boheme zum Untergang der Republik. Jeder von ihnen leistet das Seine, jenes geistige Klima zu schaffen, das es der Republik unmöglich macht, Fuß zu fassen. Mit
dem Schlagwort von der "Republik, die keiner gewollt hat" arbeiten alle drei aus dem Bohememilieu in die Politik gewech-
selten Intellektuellen - ob linker oder rechter Coleur - dem
NS-Regime bei der Beseitigung der Demokratie ganz erheblich
zu.

_____

(1) Philipp Scheidemann (1865-1939), führender SPD-Funktionär,
ruft am 9.11.1918 die Republik aus, um der Proklamation
einer sozialistischen Republik durch die Kommunisten zu-
vorzukommen. Er ist der erste Ministerpräsident der Weimarer Republik.
Gustav Noske (1868-1946), führender SPD-Funktionär, schlägt
als Leiter des Militärressorts des "Rats der Volksbeauf-
tragten" bzw. als Reichswehrminister in Deutschland linksrevolutionäre Erhebungen nieder. -
Scheidemann, Noske und Friedrich Ebert (1871-1925), 1. Präsident der Republik, sind die bevorzugten "Buhmänner" für
die literarischen Angriffe der linksorientierten Schriftsteller, vgl. etwa Tucholsky, Kurt, Deutschland, Deutschland, über alles. Ein Bilderbuch von K. Tucholsky und vielen Fotografen, montiert v. J. Heartfield, Reproduktion
der Ausgabe Berlin 1929, Reinbek bei Hamburg 1980, S. 33:
"Hier sehen wir denn also unsern lieben Philipp, dessen Namen rechtens mit einem Sch anfängt [...] er redet zum Volke.
[...] 'Die deutsche Republik ist eine Volksrepublik! Vorüber das System, wo es nur noch Herren und Knechte gab -
jetzt errichten wir die freieste Verfassung der Welt.[...]
'Heute wissen wir, wie Fritz Ebert auf dem Geheimdraht mit
Groener telephonierte, um eine Ordnung zu retten, auf deren
Beseitigung es grade ankam [...]"

(2) Mühsam, Erich, Briefe an Zeitgenossen. Materialsammlung,
hrsg. v. J. Jungblut, Berlin 1978. Ich zitiere dieses Buch
als BM im Text. Die beigegebenen Zahlen betreffen die Seite.

- Die Haltung zur KPD (1)

Bei Mühsams Verhältnis zur KPD steht sein Festhalten am Individualismus als trennender Aspekt im Vordergrund (2) und zwar in zweierlei Hinsicht: zum einen läßt es ihn die Einordnung in die Parteihierarchie verweigern (3), zum anderen bedeutet es einen grundlegenden Unterschied hinsichtlich des Zukunftsentwur‍fes. Diesen letztendlich unüberbrückbaren Gegensatz formuliert Mühsam in seiner Schrift "Die Befreiung der Gesellschaft vom Staat" so:

> Der Marxismus will die soziale Gleichheit herstellen, indem er die Lebensformen des einzelnen Menschen in das Streckbett der für ökonomisch auswägbar gehaltenen Nutzzwecke der Gesamtheit zwingt. Der Individualismus will umgekehrt den ungekürzten Lebensraum des Individuums zum Maß der gesellschaftlichen Daseinsform machen. (4)

In gewisser Weise könnte man das Beharren Mühsams, Landauers u.a. in anarchistischen Positionen als bohemischen Beitrag zum schnellen Ende der Räterepublik bezeichnen. Die Uneinigkeit der Linksrevolutionäre erleichtert den Regierungstruppen die Zerschlagung der Räterepublik Bayern erheblich.

---

(1) Ich wähle die KPD (gegr. 1919) stellvertretend für die Kräfte links von der SPD. Im wesentlichen rekrutiert sie sich ja aus ehemaligen USPD- und Spartakusbundleuten.

(2) Die nach den "Heidelberger Beschlüssen" von Mühsam erwartete Verbürgerlichung der KPD (vgl. Anm.3) spielt nur am Rande eine Rolle.

(3) Mühsam tritt 1919 in dem Glauben in die KPD ein, ein Beispiel für den von ihm immer wieder proklamierten Zusammenschluß aller revolutionären Kräfte geben zu müssen; der Eintritt in die Partei erfolgt allerdings nicht ohne den Hintergedanken, sie nach seinen Vorstellungen umzufunktionieren (vgl. Mühsam B 133-137, bes. 135). Im selben Jahr tritt er wieder aus, als die KPD die "Heidelberger Beschlüsse" faßt, die in der Mühsamschen Diktion folgende sind: "In diesen Leitsätzen wird die Teilnahme am bürgerlichen Parlamentarismus gutgeheißen, das Parteibonzentum wird in der übelsten Form wieder aufgerichtet, vom Rätesystem als Voraussetzung der gesellschaftlichen Organisation ist überhaupt nicht mehr die Rede, und unter der Diktatur des Proletariats wird - [...] - die Diktatur der Leithammel verstanden, die gerade als Parteivorstand - sprich: Zentrale - fungieren, [...]." (Brief an Karl F.Kocmata aus Ansbach, in: Mühsam B 137-140, hier 139) - Zu den "Heidelberger Beschlüssen" vgl. Flechtheim, Ossip K.,Die KPD in der Weimarer Republik, Frankfurt a.M. 1976[2], S. 143-146

(4) Mühsam, Erich, Die Befreiung der Gesellschaft vom Staat, Ber-

b) Die Boheme als Modell für Errichtung und Struktur einer
   künftigen anarchistischen Gesellschafts"ordnung"

Daß für Erich Mühsam die bohemische Lebensform weit mehr bedeutet als nur eine Spezialität für künstlerisch veranlagte Menschen, spricht er deutlich im Schlußwort seiner Erinnerungen
aus:

> Wenn wir heute vor Nichtrevolutionären erzählen
> können, wie es in unseren Kreisen zuging, als die-
> se Kreise der gesitteten Wohlanständigkeit als
> Schwefelhöllen der Verderbtheit galten, und wenn
> wir mit unseren Erzählungen nicht mehr tugendsame
> Entrüstung, sondern verstehende Sympathien wecken,
> so haben wir beispielgebend gelebt und, bewußt oder
> nicht, der nächsten Generation vorgemacht, daß es
> möglich ist, in Verbundenheit frei zu sein, sie
> damit gemahnt, Zustände zu schaffen, in denen die
> Freiheit nicht das Vorrecht einiger um ihren Ruf
> unbesorgter Künstlermenschen zu sein braucht, son-
> dern die Lebensform der Verbundenheit aller Menschen.
> (Mühsam W II 237)

Boheme gilt ihm als verpflichtendes Muster einer freiheitlichen
Zukunftsgestaltung, das bis in Einzelheiten hinein maßgeblich
ist; es bestimmt die Haltung zum Lumpenproletariat ebenso wie
die künftige Rolle der Familie.

- Von der Sympathie für "Erniedrigte und Beleidigte" zur Revolutionierung des Lumpenproletariats

1909 beginnt Erich Mühsam im Rahmen von Landauers "Sozialisti-
schem Bund" unter den Arbeitern für einen Zusammenschluß in
"freien Gruppen" zu werben. In Vorwegnahme einer künftigen
anarchistischen Gesellschaftsordnung sollen sich diese "Bünde
der Freiwilligkeit" dem kapitalistischen Markt entziehen und mit
"eigenen Produktionsmitteln""auf eigener Scholle" für die "eigenen Bedürfnisse" und den "eigenen Nutzen" arbeiten (s.Mühsam
AW II 61).
Als jedoch Mühsam bald feststellen muß, daß bei den Arbeitern
"die Begeisterung für eine schöne, freie Zukunft nicht stand-
hielt vor den drängenden Sorgen des täglichen Lebens" (Mühsam
AW II 61), wählt er einen im Gedankengut der Boheme angelegten
Weg: er wendet sich den Außenseitern der Gesellschaft zu; die
"Sympathie für Erniedrigte und Beleidigte" führt zu dem Versuch,
das Lumpenproletariat als Vorkämpfer für eine neue Gesellschafts-
ordnung zu gewinnen.
Doch auch der 5. Stand scheint wenig interessiert an einer
"schönen, freien Zukunft". In seinem Aufsatz "Mein Geheimbund"(1)

1in 1932,S.22 - in den AW ist diese Schrift nicht enthalten

(1) Mühsam, Erich, Mein Geheimbund, in: Neues Wiener Journal,

zieht Mühsam die Bilanz seiner Bemühungen: "Manche kamen nur,
weil sie bei meinen Vorträgen Freunde fanden, mit denen sie
hofften, ein verbotenes Ding drehen zu können. Die meisten kamen
um des Freibiers willen." (Mühsam AW II 62 f.) Er tröstet sich
mit dem Glauben, einigen wenigen zumindest "Hoffnung und Ver-
trauen [...] zu einer kommenden Zeit" (Mühsam AW II 63) gegeben zu haben.
Fortan gilt Mühsams Agitation allerdings wieder den Arbeitern.
Die Mitwirkung bei der Organisation des Munitionsarbeiterstreiks
in München (Januar 1918) und im "Revolutionären Arbeiterrat"
nach der Novemberrevolution in Bayern zeigen ihn gründlich be-
lehrt über das tatsächliche revolutionäre Potential.

- Das bohemische Libertinitätsprinzip als Basis der "Befreiung
  der Gesellschaft vom Staat"

Dem bohemischen Libertinitätsprinzip kommt bei Mühsam hinsichtlich des Modellcharakters der Boheme für eine zukünftige anarchistische Gesellschaftsstruktur eine zentrale Bedeutung zu:
(1)
> Für mich selbst gehörte die Befreiung der Persönlichkeit
> von den gewaltigen Bindungen des Liebeslebens von
> jeher als organischer Bestandteil in das Programm
> der Befreiung der Menschheit von jedem knechtischen
> Druck, und ich habe das Thema [...] erörtert, um sicht-
> bar zu machen, wie eng zusammengehörig in mancher Hin-
> sicht der leidenschaftliche Kampf um neue Lebensge-
> staltung der ganzen künftigen Menschheit und die na-
> türliche Haltung ihrer Zeit kulturell zuvorkommender
> Menschen in ihrer geselligen Fröhlichkeit sein kann.
> (Mühsam AW II 235 f.)

Jan. 1911. Ich zitiere nach dem Abdruck in Mühsam AW II 56-
64 - Die Bestrebungen Mühsams, das Lumpenproletariat für
die Errichtung anarchistischer Bünde mobil zu machen, bringen ihm 1910 eine Anklage wegen "Geheimbündelei" ein. Der
Prozeß endet mit Freispruch.

(1) Ehefeindlichkeit prägt keineswegs alle anarchistischen Ge-
sellschaftsentwürfe. Gustav Landauer mißt z.B. der Familie
im herkömmlichen Sinn einen erheblichen Wert für die kom-
mende Ordnung der Gesellschaft in "Bünden der Freiwilligkeit" bei.

Der Absage an die bürgerliche Ehe in der anarchischen Zukunft
entspricht ihre Verdammung in der Gegenwart. Die Institution
Ehe muß zerschlagen werden, soll jemals die "Befreiung der
Gesellschaft vom Staat" gelingen, denn

> sobald aus dieser Übereinkunft [von zwei Menschen,
> ein gemeinsames Leben zu führen] ein gegenseitiges
> oder einseitiges Besitzrecht oder gar Alleinbesitz-
> recht entsteht, ist im engen Kreise ein Machtzu-
> stand geschaffen, der mit unausweichlicher Notwen-
> digkeit andere Personen in Mitleidenschaft zieht,
> zunächst diejenigen, auf die sich das Verlangen
> eines der Gatten richtet. Macht ist aber eine Seu-
> che, die sich aller Umgebung mitteilt und sie in
> irgendeiner Weise in Abhängigkeit bringt, folglich
> Ungleichheit schafft, die wiederum Obrigkeit und
> Ausbeutung nach sich zieht.(1)

Nur die "Ächtung familiärer Macht- und Hoheitsverhältnisse"(2)
vermag dem Staat die Grundlage zu entziehen.
Libertinage ist so Mittel der Zerstörung und Ziel des Aufbaus
zugleich: das bürgerliche System soll durch die "Freie Liebe"
gesprengt, das anarchische auf ihrer Grundlage errichtet werden.(3)

C. Revolution und Bohemetum

Bis zur Novemberrevolution läßt sich - um nocheinmal das am
Anfang dieses Kapitels erläuterte Bild Mühsams aufzugreifen -
eine entscheidende Kollision der Züge Politik und Boheme in
der Tat vermeiden. Das Spiel mit dem Umsturz fügt sich, sozusagen als Drohgebärde, ohne großes Widerstreben in den Rahmen
symbolischer Attacken gegen die herrschenden bürgerlichen Ordnungen.
In dem Augenblick aber, wo Mühsam ernst macht als Revolutionär,
fahren ihm seine beiden Züge ganz gehörig aneinander, wobei
der Zug Boheme für immer auf der Strecke liegen bleibt.

---

(1) Mühsam, Erich, Die Befreiung der Gesellschaft vom Staat,
    S. 51

(2) Mühsam, Erich, Die Befreiung der Gesellschaft vom Staat,
    S. 51

(3) Erich Mühsams "polemisches Schauspiel" "Die Freivermählten"
    (1906) enthält - erstaunlicherweise - keine solchen dezi-
    diert politischen Perspektiven. Es bewegt sich lediglich
    im Bereich des Symbolisch-Aggressiven.

Und es ist keineswegs eine absolut freiwillige Entscheidung, wenn Mühsam nach Revolution und Festungshaft seinen "Rücktritt" vom Bohemeleben erklärt. (1) Mit dem Überschreiten der Grenze von der symbolischen Rebellion zur politischen Revolution - ich betone es noch einmal - verletzt er ein "Grundgesetz" der Boheme, nämlich ihre Existenzgrundlage, die liberale bürgerliche Gesellschaft, de facto unangetastet zu lassen. Eine Ablehnung seitens seiner alten Bohemegenossen halte ich nicht für ausgeschlossen. (2)
Mit Sicherheit ist die bürgerliche Gesellschaft nicht mehr bereit, Mühsam als Bohemien mit "Narrenfreiheit" hinzunehmen; die Toleranzschwelle für künstlerische Eigenart im politischen Raum ist ganz entschieden überschritten. Fünfzehn Jahre Festungshaft (3) sind die Quittung für solch abweichendes Rollenverhalten.

Betrachtet man das Phänomen Boheme in seinem historischen Kontext über den in dieser Arbeit behandelten Zeitraum hinaus sowie ohne die Eingrenzung auf Deutschland, so ist festzustellen: die künstlerische Subkultur muß dem Bürgertum für solche Militanz gegenüber konkreten revolutionären Bestrebungen, die von "aktiven" oder ehemaligen Bohemiens ausgehen, geradezu dankbar sein. Gelänge es diesen nämlich, ihre antibürgerliche Einstellung im politischen Umsturz zu realisieren und das liberalbürgerliche System zu zerstören, entzögen sie ihrem "Reservat" Boheme die Existenzgrundlage.
Lebt doch die Boheme von der bürgerlichen Gesellschaft und, bildlich gesprochen, in einer Art Symbiose mit ihr: diese Symbiose stellt sich dar einerseits als Schmarotzertum, das sich aushalten läßt und sich geradezu von den Schwächen dieser Gesellschaft nährt (der zugleich die Schuld für eigenes Versagen angelastet wird) - andererseits als belebende kritische Funktion: im Zerrspiegel des Bürgerstereotyps erscheinen alle Er-

---

(1) Vgl. Mühsam AW II 481: "Krieg, Revolution, Gefängnis, nahes Mitleben schwerer Schicksale, tiefgehende Veränderungen der Umwelt, daneben auch wohl das Nachlassen der physischen Elastizität, wachsende Neigung zur Regelmäßigkeit und die Schaffung eines eigenen Hausstandes haben meinen Lebensritt das Zirkusmäßige abgewöhnt." - Mühsam bezieht sich mit "Lebensritt" auf die Warnung Wedekinds, nicht stehend auf zwei Gäulen zu reiten, die in verschiedene Richtungen streben. Die Antwort Mühsams: 'Wenn ich einen laufen lasse', [...], 'verliere ich die Balance und breche mir das Genick.'(Mühsam AW II 480 f.) wird fatale Wahrheit. Der Ritt auf dem politischen Pferd läßt ihn zu einem der ersten Opfer des Naziregimes werden (1934 im KZ Oranienburg).

(2) Vor allem Mühsams immer wieder erhobene Behauptung, die Boheme sei längst tot gewesen (s.z.B. Mühsam AW II 493), als er auf freien Fuß gesetzt wurde, ist "verdächtig". Die Boheme war in den 20er Jahren sogar sehr lebendig, so daß es möglicherweise heißen muß: Mühsam war für die Boheme tot.

(3) Weihnachten 1924 wird Mühsam auf Bewährung entlassen.

starrungs-, Verflachungs-, und Degenerationsphänomene der bürgerlichen Gesellschaft besonders kraß und verwerflich, ein
Stachel und ein Widerpart, der ständig (sei es auch gelegentlich extrem und verworren) Gegenbilder hervorbringt und als
permanente Provokation wirkt.

Totalitäre Regimes dagegen, welcher ideologischer Ausrichtung
auch immer, dulden keine Gesellschaft in der Gesellschaft,
selbst wenn diese sich voll und ganz auf die ihr eigentlich
wesensgemäße Form des Protestes beschränken würde: auf die symbolische Aggression, auf die literarische Rebellion. Wie die
"klassische" Boheme in Deutschland mit der Machtergreifung
Hitlers ein gewaltsames Ende (Exil, Haft, Ermordung) fand, so
konnte die moderne Analogie der 60er Jahre, wie die Hippie-Be-
wegung, die sich in den Vereinigten Staaten und Westeuropa
herausbildete, in den Staaten des Ostblocks von vornherein
nicht Fuß fassen. Totalitäre Systeme gewähren keinen Freiraum -
ohne den aber kann eine Boheme im Spannungsfeld zwischen Freiheit und gesellschaftlicher Ordnung nicht leben.

LITERATURVERZEICHNIS

Die Nummern 1,21,22,23,46,47,48,52,53,54,55,57,58,59 und 150
des nachfolgenden Literaturverzeichnisses erscheinen im Text
unter Siglen, und zwar :

Nr.   1:(DERLETH W)
Nr. 21:(L.-SCHÜLER GW)
Nr. 22:(L.-SCHÜLER B)
Nr. 23:(L.-SCHÜLER B an K.K.)
Nr. 46:(MÜHSAM AW)
Nr. 47:(MÜHSAM B)
Nr. 48:(MÜHSAM BM)
Nr. 52:(REVENTLOW R)
Nr. 53:(REVENTLOW A)
Nr. 54:(REVENTLOW B)
Nr. 55:(REVENTLOW T)
Nr. 57:(WEDEKIND W)
Nr. 58:(WEDEKIND WK)
Nr. 59:(WEDEKIND B)
Nr. 150:(KREUZER)

Beigegebene römische Ziffern bezeichnen den Band, arabische
Zahlen die Seite.

A. Primärliteratur

1. DERLETH, Ludwig, Das Werk, in Verbindung mit Christine Der-
        leth hrsg. v. D. Jost, 6 Bde., Bellnhausen über Gla-
        denbach 1971/72

2. DERS., Brief an Franziska von Reventlow, bisher unveröffent-
        licht masch. Abschrift im Nachlaß Wolfskehl, Deutsches
        Literaturarchiv Marbach (Nr. 76.1195/10)

3. JOHST, Hanns, Die Stunde der Sterbenden. Szene, Leipzig 1914

4. DERS., Wegwärts. Gedichte, München 1915

5. DERS., Stroh. Eine Bauernkomödie, Leipzig 1916

6. DERS., Der Ausländer. Ein bürgerliches Lustspiel, Leipzig
        1916

7. DERS., Der junge Mensch. Ein ekstatisches Szenarium, München
        1919^2 (1. Auflage 1916)

8. DERS., Der Einsame. Ein Menschenuntergang, München 1918^2
        (1. Auflage 1917)

9. DERS., Der Anfang. Roman, München 1917

246

10. JOHST, Hanns, Rolandsruf, München 1919

11. DERS., Der König. Schauspiel, München 1921[2] (1. Auflage 1920)

12. DERS., Mutter, München 1921

13. DERS., Thomas Paine. Schauspiel, München 1942 (1. Auflage 1927)

14. DERS., Ich glaube! Bekenntnisse von Hanns Johst, München 1928

15. DERS., Die Torheit einer Liebe. Roman, München 1936 (1. Auflage 1930)

16. DERS., Ruf des Reiches - Echo des Volkes! Eine Ostfahrt, München 1940

17. DERS., Mutter ohne Tod. Erzählung, München 1933

18. DERS., Schlageter. Schauspiel, München 1933

19. DERS., Standpunkt und Fortschritt, Oldenburg 1933

20. DERS., Brief an Artur Kutscher vom 24.11.1918, z.T. veröffentlichter Brief (s.Nr.169) im Nachlaß Kutscher, Deutsches Literaturarchiv Marbach

21. LASKER-SCHÜLER, Else, Gesammelte Werke in drei Bänden, Band 1 u.2 hrsg. v. F. Kemp, Band 3 hrsg. v. W. Kraft, München 1959-1962

22. DIES., Briefe, hrsg. v. M. Kupper, 2 Bde.,1. Bd.: Lieber gestreifter Tiger, 2. Bd.: Wo ist unser buntes Theben, München 1969

23. DIES., Briefe an Karl Kraus, hrsg. v. A. Gehlhoff-Claes, Köln, Berlin [1959]

24. DIES., Sämtl. Gedichte, hrsg. v. Friedhelm Kemp, München 1977

25. DIES., Die Wupper. Schauspiel in 5 Aufzügen, mit Dokumenten zur Entstehungs- und Wirkungsgeschichte u. einem Nachwort von F. Martini, Stuttgart 1977 (=Reclam 9852)

26. DIES., IchundIch. Eine theatralische Tragödie, hrsg. v. M. Kupper, München 1980

27. MOELLER-BRUCK, Arthur, Tschandala Nietzsche, Berlin, Leipzig 1899 (=Die mod.Lit.in Gruppen- und Einzeldarstellungen, Bd.I)

28. MOELLER-BRUCK, Arthur, Der neue Humor. Varietéstil, Ber-
    lin, Leipzig 1902 (=Die moderne Literatur in Gruppen-
    und Einzeldarstellungen, Band XI)

29. MOELLER VAN DEN BRUCK, Arthur, Tolstoi, Dostojewski und
    Mereschkowski, in: Magazin für Litteratur, Jg. 73
    (1904), Juni-Heft, S. 305-408

30. DERS., Das Théatre Français, Berlin, Leipzig [1905] (= Das
    Theater, hrsg. v. C. Hagemann, Bd. XIV)

31. DERS., Die Zeitgenossen. Die Geister - Die Menschen, Minden
    1906

32. DERS., Entscheidende Deutsche. Vom Kritischen. Friedrich
    der Große. Winkelmann. Lessing. Herder. Kant. Fichte.
    Moltke, Minden o.J. (= Die Deutschen. Unsere Menschen-
    geschichte, Bd. IV)

33. DERS., Scheiternde Deutsche. Vom Tragischen. Armin. Frie-
    rich der Erste. Maximilian der Erste. Stein. Schei-
    ternde Gegenwart, Minden o.J. (=Die Deutschen. Unsere
    Menschengeschichte, Bd. VII)

34. DERS., Nationalkunst für Deutschland, in: Flugschriften des
    Vaterländischen Schriftenverbandes, Flugschrift Nr.1,
    Berlin 1909

35. DERS., Erziehung zur Nation, in: Flugschriften des Vaterlän-
    dischen Schriftenverbandes, Flugschrift Nr. 13,
    Berlin 1911

36. DERS., Die italienische Schönheit, hrsg. u. neubearbeitet
    v. H. Schwarz, Berlin, Stuttgart 1930³ (1. Auflage 1913)

37. DERS., Der preußische Stil, neue Fassung hrsg. v. H. Schwarz,
    Breslau 1931 (1. Auflage 1916)

38. DERS., Die drei Generationen, in: Der Spiegel. Beiträge zur
    sittlichen und künstlerischen Kultur, hrsg. v. R. Pechtl,
    Jg.I (1919), Bd.2, Heft 18/19, S. 1-11

39. DERS., Revolution, Persönlichkeit, Drittes Reich, in: A.M.v.
    d.B., Der politische Mensch, hrsg. v. H. Schwarz, Bres-
    lau 1933, S. 76-85 (zuerst in: Gewissen, 30.5.1920)

40. DERS., Konservativ, Ring-Flugschrift Nr. 8, Berlin 1921

41. DERS., Deutscher Sechzig-Millionen-Wille, in: Propyläen.
    Beilage zur Münchener Zeitung v. 10.11.1922

42. DERS., Frankophil, in: A.M.v.d.B., Das Recht der jungen
    Völker. Sammlung politischer Aufsätze, hrsg. v. H.
    Schwarz, Berlin 1932, S.53-58 (zuerst in: Gewissen,
    22.10.1923)

43. MOELLER VAN DEN BRUCK, Arthur, Das dritte Reich, hrsg. v. H.Schwarz, Hamburg u.Wandsbek 1931³ (1.Auflage 1923)

44. DERS., Rechenschaft über Rußland, hrsg. v. H.Schwarz, Berlin 1933

45. DERS., Sozialismus und Außenpolitik, hrsg. v. H. Schwarz, Breslau 1933

46. MÜHSAM, Erich,Ausgewählte Werke, 2 Bde.,hrsg. v. Ch. Hirte u.a., Berlin 1978

47. DERS., Briefe an Zeitgenossen, hrsg. u. eingel. v. G.W. Jungblut, Berlin 1978

48. DERS., Briefe an Zeitgenossen, 2.Bd.: Materialien, hrsg. u. eingel. v. G.W.Jungblut, Berlin 1978

49. DERS., Die Hochstapler. Lustspiel in vier Aufzügen, München 1906

50. DERS., Die Befreiung der Gesellschaft vom Staat, Nachdruck Berlin [1978] (1. Auflage Berlin 1932)

51. DERS., Ascona, mit Anmerkungen versehener. Nachdruck,Berlin [1978] (1. Auflage Locarno 1904)

52. REVENTLOW, Franziska Gräfin zu, Romane. Von Paul zu Pedro. Der Geldkomplex. Der Selbstmordverein, hrsg. v. E. Reventlow, Frankfurt 1978 (=Fi TB 2038)

53. DIES., Autobiographisches, hrsg. v. E. Reventlow, München, Wien 1980

54. DIES., Briefe. 1890 - 1917, hrsg. v. E. Reventlow, mit einem Nachwort von W. Rasch, Frankfurt 1977 (=Fi TB 1794)

55. DIES., Tagebücher. 1895 - 1910, hrsg. v. E. Reventlow, Frankfurt 1976 (= Fi TB 1702)

56. DIES., Herrn Dames Aufzeichnungen, München 1976 (=Heyne b TB 23) (1. Auflage 1913)

57. WEDEKIND, Frank, Werke in drei Bänden, hrsg. und eingel. von M. Hahn, Berlin, Weimar 1969

58. DERS., Gesammelte Werke, hrsg. v. A. Kutscher, 9 Bde., München 1912-1921

59. DERS., Gesammelte Briefe, hrsg. v. Fritz Strich, 2 Bde., München 1924

60. WEDEKIND, Frank, Der Marquis von Keith, Text und Materialien zur Interpretation bes. vom W.Hartwig, Berlin 1965 (=Komedia 8)

B. Memoirenliteratur (ohne Aufsätze, dazu s. Teil C)

61. ANDREAS-SALOMÉ, Lou, Lebensrückblick. Grundriß einiger Lebenserinnerungen, aus dem Nachlaß hrsg. v. E. Pfeiffer, Zürich 1951

62. BALL-HENNINGS, Emmy, Ruf und Echo. Mein Leben mit Hugo Ball, Einsiedeln, Zürich, Köln 1953

63. BLEI, Franz, Erzählung eines Lebens, Leipzig 1930

64. BRANDENBURG, Hans, Im Feuer unserer Liebe. Schicksal einer Stadt, München 1956

65. BRÜNING, Heinrich, Memoiren 1918 - 1934, Stuttgart 1970 u. München 1972^2 (dtv 860/61)

66. BURCKHARDT, Carl Jakob, Begegnungen, Zürich 1958

67. CORINTH, Lovis, Selbstbiographie, Leipzig 1926

68. DURIEUX, Tilla, Eine Tür steht offen. Erinnerungen, Berlin 1954

69. FAESI, Robert, Ergebnisse, Erlebnisse. - Erinnerungen, Zürich 1963

70. FALCKENBERG, Otto, Mein Leben - Mein Theater. Nach Gesprächen und Dokumenten aufgezeichnet von Wolfgang Petzet, München, Wien, Leipzig 1944

71. FECHTER, Paul, Menschen und Zeiten. Begegnungen aus fünf Jahrzehnten, Gütersloh 1948

72. FRANCÉ-HARRAR, Annie, So war's um Neunzehnhundert. Mein fin de siécle, München, Wien 1962

73. FUCHS, Georg, Sturm und Drang in München um die Jahrhundertwende, München 1936

74. GUMPPENBERG, Hans v., Lebenserinnerungen. Aus dem Nachlaß des Dichters, Berlin 1929

75. HALBE, Max, Jahrhundertwende, in: Sämtliche Werke, 2 Bd., Salzburg 1945

76. HERZOG, Wilhelm, Menschen, denen ich begegnete, Bern, München 1959

77. HÖXTER, John, So lebten wir. 25 Jahre Berliner Boheme, Berlin 1929

78. HOFERICHTER, Ernst, Jahrmarkt meines Lebens, München, Basel, Wien 1963

79. HOLITSCHER, Arthur, Lebensgeschichte eines Rebellen, Berlin 1924

80. DERS., Mein Leben in dieser Zeit. Der "Lebensgeschichte eines Rebellen" zweiter Band (1907-1925), Potsdam, Berlin 1928

81. HOLM, Korfiz, ich - kleingeschrieben, Heitere Erlebnisse eines Verlegers, München 1932

82. KASSNER, Rudolf, Buch der Erinnerung, Leipzig 1938

83. KESTEN, Hermann, Dichter im Café, Wien, München, Basel 1959

84. KRELL, Max, Das Alles gab es einmal, Frankfurt a/M. 1961

85. KUTSCHER, Artur, Der Theaterprofessor. Ein Leben für die Wissenschaft vom Theater, München 1960

86. MANN, Heinrich, Ein Zeitalter wird besichtigt, Berlin 1947

87. MANN, Victor, Wir waren fünf. Bildnis der Familie Mann, Konstanz 1949

88. MARTENS, Kurt, Schonungslose Lebenschronik, Wien, Berlin, Leipzig, München 1921

89. DERS., Schonungslose Lebenschronik, 2. Bd., Berlin 1924

90. MÜHSAM, Erich, Namen und Menschen. Unpolitische Erinnerungen, in: Mühsam AW II 475-670

91. NIEKISCH, Ernst, Gewagtes Leben. Begegnungen und Begebnisse, Köln, Berlin 1958

92. REIMANN, Hans, Mein blaues Wunder. Lebensmosaik eines Humoristen, München 1959

93. RODA RODA, Roda Rodas Roman. Mit Zeichnungen von Andreas Szenes, München 1925

94. ROSNER, Karl, Damals ... Bilderbuch einer Jugend, Düsseldorf 1948

95. SCHLAGINTWEIT, Felix, Ein verliebtes Leben. Erinnerungen eines Münchner Arztes, München 1946

96. SCHMIDTBONN, Wilhelm, Die unerschrockene Insel. Sommerbuch aus Hiddensee, München 1925

97. SCHOENBERNER, Franz, Bekenntnisse eines europäischen Intellektuellen, München 1964

98. SCHOLZ, Wilhelm v., Eine Jahrhundertwende. Lebenserinnerungen, Leipzig 1936

99. SEEWALD, Richard, Der Mann von gegenüber. Spiegelbild eines Lebens, München 1963

100. SPOHR, Wilhelm, Fröhliche Erinnerungen eines "Friedrichshagners". Aus der Werdezeit des deutschen literarischen Realismus, 3. vermehrte Auflage, Berlin 1951 (1. und 2. Auflage erschienen unter dem Titel: O ihr Tage von Friedrichshagen)

101. THOMA, Ludwig, Leute, die ich kannte, München 1923

102. UHDE-BERNAYS, Hermann, Im Lichte der Freiheit. Erinnerungen aus den Jahren 1880 - 1914, Wiesbaden 1947

103. WEDEKIND, Tilly, Lulu - Die Rolle meines Lebens, München, Bern, Wien 1969

104. WEIGAND, Wilhelm, Welt und Weg. Aus meinem Leben, Bonn 1940

C. Sekundärliteratur und sonstige Literatur

105. AHL, Herbert, Eine Sappho, der die Welt zerbrach. Else Lasker-Schüler, in: H.A., Literar. Portraits, München, Wien 1962, S. 316-324

106. BAB, Julius, Die Berliner Bohème, Berlin, Leipzig 1904 (=Großstadt - Dokumente, hrsg. v. H. Oswald, Bd.2)

107. BAUSCHINGER, Sigrid, Else Lasker-Schüler. Ihr Werk und ihre Zeit, Heidelberg 1980 (=Poesie und Wissenschaft VII)

108. BECK, Reinhart (Hg.), Sachwörterbuch der Politik, Stuttgart 1977

109. BEN CHORIN, Schalom, Prinz Jussuf in Jerusalem, in: Else Lasker-Schüler. Dichtungen und Dokumente. Gedichte, Prosa, Schauspiele, Briefe, Zeugnis und Erinnerung, hrsg. v. E. Ginsberg, München 1951, S. 582-590

110. BENN, Gottfried, Rede auf Else Lasker-Schüler, in: G.B.,
     Gesammelte Werke in acht Bänden, hrsg. v. D. Wellers-
     hoff, Wiesbaden 1968, 4. Bd.: Reden und Vorträge,
     S. 1101 - 1104

111. BENYOETZ, Elazar, Die Liebe ist eine chinesische Mauer.
     (Über Else Lasker-Schüler), in: NDH 12, 1965, Heft 104,
     S. 58 - 65

112. BLOY, Léon, Le Désespéré, Paris 1886

113. BRACHER, Karl Dietrich, Die Auflösung der Weimarer Republik:
     eine Studie zum Problem des Machtverfalls in der Demo-
     kratie, Königstein, Düsseldorf 1978 (ADT 7216)

114. CANTWELL, W.R., Der Friedrichshagener Dichterkreis, Diss.
     University of Wisconsin 1967

115. CATTEPOEL, Jan, Der Anarchismus. Gestalten, Geschichte,
     Probleme, 3. überarb. u. erw. Auflage, München 1979
     (=Beck'sche Schwarze Reihe, Bd.186)

116. DERLETH, Christine, Aus Ludwig Derleths Werkstatt, in: Lud-
     wig Derleth Gedenkbuch, Amsterdam 1958 (=Castrum Peregrini,
     Sonderdruck des Heftes 36/37), S. 164-214

117. DIES., Das Fleischlich-Geistige. Meine Erinnerung an Ludwig
     Derleth, Bellnhausen über Gladenbach 1973

118. ECK, Bernhard, Hanns Johst - Kämpfer und Künder, in: Ich lese,
     6. Jg., 1940, Nr. 6/7, S. 13 f.

119. EULENBERG, Hedda, Der junge Moeller van den Bruck. Aus seinen
     Berliner Sturm-und Drangjahren, in: Berliner Tageblatt v.
     18.9.34, Nr. 441, 1. Beibl., Abendausgabe

120. FÄHNDERS, Walter, RECTOR, Martin, Linksradikalismus und Lite-
     ratur. Untersuchungen zur Geschichte der sozialistischen
     Literatur in der Weimarer Republik, 2. Bde., Reinbek bei
     Hamburg 1974

121. FECHTER, Paul, Moeller van den Bruck. Ein politisches Schick-
     sal, Berlin 1934

122. FRIEDMANN, Jürgen, Frank Wedekinds Dramen nach 1900. Eine
     Untersuchung zur Erkenntnisfunktion seiner Dramen,
     Stuttgart 1975

123. FRITZ, Helmut, Die erotische Rebellion. Das Leben der Grä-
     fin zu Reventlow, Frankfurt 1980 (=Fischer TB 2250)

124. FLECHTHEIM, Ossip K., Die KPD in der Weimarer Republik,
     Frankfurt a.M. 1976[2]

125. FRECOT, Janos, GEIST, Joh. Friedr., KERBS, Diethard,
     Fidus. Zur ästhetischen Praxis bürgerlicher Flucht-
     bewegungen, München 1972

126. FRIEDENTHAL, Joachim (Hg.), Das Wedekindbuch, München,
     Leipzig 1914

127. GOLDSCHEIDER, Paul, "Wo ich bin, ist es grün", in:
     Lasker-Schüler. Ein Buch zum 100. Geburtstag der
     Dichterin, hrsg. v. M.Schmid, Wuppertal 1969, S.50-54

128. GROSSHUT, F., Else Lasker-Schüler in der Emigration, in:
     Else Lasker-Schüler.Dichtungen und Dokumente. Gedich-
     te, Prosa, Schauspiele, Briefe, Zeugnis und Erinnerung,
     München 1951, S. 590 - 593

129. HART, Heinrich u. Julius, Vom höchsten Wissen, Leipzig 1900

130. HART, Heinrich u.Julius, LANDAUER, Gustav, HOLLAENDER,
     Felix, Die Neue Gemeinschaft 1 u.2 (1901/02)

131. HELBING, Lothar, Ludwig und Anna Maria Derleth. Eine Samm-
     lung von Berichten, in: Ludwig Derleth Gedenkbuch
     (Castrum Peregrini, Sonderdruck des Heftes 36/37)
     Amsterdam 1958, S. 5 - 73

132. JAIS, Agathe, Else Lasker-Schüler. Die Lyrik der mittleren
     Schaffensperiode, München 1965 (Diss.)

133. HAMANN, Richard, HERMAND, Jost, Epochen deutscher Kultur
     von 1870 bis zur Gegenwart, 5 Bde., Frankfurt a.M.1977

134. HARDEN, Sylvia v., Erinnerungen an einst, in: Expressionis-
     mus. Aufzeichnungen und Erinnerungen der Zeitgenossen,
     Olten, Freiburg 1965, hrsg. v. P.Raabe, S. 198-203

135. HAUSMANN, Manfred, Hanns Johst und Thomas Mann, in: M.H.,
     Im Spiegel der Erinnerung, Neukirchen-Vlynn 1974,
     S. 25 - 35

136. HERMAND, Jost, Meister Fidus. Vom Jugendstil-Hippie zum
     Germanenschwärmer, in: J.H., Der Schein des schönen
     Lebens. Studien zur Jahrhundertwende, Frankfurt 1972,
     S. 55 - 127

137. HERZFELDE, Wieland, Else Lasker-Schüler. Begegnungen mit
     der Dichterin und ihrem Werk, in: Sinn und Form 21,
     1969, S. 1294-1325

138. HILLER, Kurt, Begegnungen mit "Expressionisten", in:
     Expressionismus. Aufzeichnungen und Erinnerungen der
     Zeitgenossen, hrsg. v. P.Raabe, Olten, Freiburg 1965,
     S. 24-36

139. HORN, Walter, Der geistige Soldat des Dritten Reiches, Einleitung zu: Johst, Hanns, Meine Erde heißt Deutschland, aus dem Leben und Schaffen des Dichters, Berlin 1938

140. HUCH, Roderich, Alfred Schuler, Ludwig Klages und Stefan George. Erinnerungen an Kreise und Krisen der Jahrhundertwende in München-Schwabing, in: Castrum Peregrini 110, 1973, S. 5-49

141. JONES, Robert, A., Frank Wedekind: Circus fan, in: Monatshefte 61, 1969, S. 139-156

142. JOST, Dominik, Vita Ludwig Derleth, in: Ludwig Derleth, Auswahl aus dem Werk, Nürnberg 1964, Anhang S. 269-294

143. DERS:, Ludwig Derleth. Gestalt und Leistung, Stuttgart 1965

144. DERS., Die Dichtung Ludwig Derleths. Einführung in Das Werk, Gladenbach 1975

145. KLAGES, Ludwig, Der Geist als Widersacher der Seele, 3 Bde., Bonn 1960[4]

146. KLOTZ, Volker, Wedekinds Circus mundi, in: Viermal Wedekind. Methoden der Literaturanalyse am Beispiel von Frank Wedekinds Schauspiel "Hidalla", hrsg. v. K.Pestalozzi und M. Stern, Stuttgart 1975, S. 22-47

147. KLÜSENER, Erika, Else Lasker-Schüler in Selbstzeugnissen und Bilddokumenten, Reinbek bei Hamburg 1980 (rororo Bildmonographien 283)

148. KLUGE, Manfred, Die Wupper, in: Kindlers Literatur Lexikon im dtv, hrsg. v.W.v.Einsiedel, 25 Bde., München 1974, Bd. 23, S. 10278 f.

149. KNOBLOCH, Hans-Jörg, Hanns Johst. Das Ethos der Begrenzung, in: H.-J.K., Das Ende des Expressionismus.Von der Tragödie zur Komödie, Bern, Frankfurt 1975 (=Regensburger Beiträge zur dt. Sprach- und Lit.wiss., Reihe B, Bd.1, S. 17 - 35)

150. KREUZER, Helmut, Die Boheme. Analyse und Dokumentation der intellektuellen Subkultur[2] vom 19. Jahrhundert bis zur Gegenwart, Stuttgart 1971[2] (1. Aufl. 1968. "Die Boheme. Beiträge zu ihrer Beschreibung")

151. KUPPER, Margarete, Die Weltanschauung Else Lasker-Schülers in ihren poetischen Selbstzeugnissen, (Diss. Teildruck) Würzburg 1963

152. KUTSCHER, Artur, Frank Wedekind, Sein Leben und seine Werke, 3 Bde., München 1922-1931

153. LANDMANN, Robert, Monte Verità, Ascona 1934[3]

154. MAHRHOLZ, Werner, Ein Zwischenspiel: Wedekind und die Bohème, in: W.M., Deutsche Literatur der Gegenwart. Probleme, Ergebnisse, Gestalten, Berlin 1930

155. MANN, Heinrich, Erinnerungen an Frank Wedekind, in: H. Mann, Essays, Hamburg 1960, S. 243-262

156. MANN, Thomas, Beim Propheten, in: T.M., Gesammelte Werke in zwölf Bänden, Bd.VIII,Frankfurt 1960, S. 362-370

157. DERS., Betrachtungen eines Unpolitischen, in: T.M., Gesammelte Werke in zwölf Bänden, Bd. XII, Frankfurt 1960, S. 9-589

158. MANN, Thomas, MANN, Heinrich, Briefwechsel 1900-1949, hrsg. v. H. Wysling, Frankfurt a.M. 1975

159. MARTENS, Gunter, Vitalismus und Expressionismus, Stuttgart 1971 (=Studien zur Poetik und Geschichte der Literatur, Bd. 22)

160. MARTINI, Fritz, Bohème, in: Reallexikon der dt. Literaturgeschichte, hrsg. v. P. Merker u. W. Stammler, 2. Aufl. neu hrsg. v. W. Kohlschmidt u. W. Mohr, 1. Bd., Berlin 1958, S. 180-183

161. MEYER, Hermann, Der Bildungsphilister, in: H.M., Zarte Empirie. Studien zur Literaturgeschichte, Stuttgart 1963, S. 179 - 201

162. MEYERS Großes Konversations-Lexikon, 3. Bd., Leipzig, Wien 1903[6]

163. MURGER, Henri, Scènes de la Bohème, Paris 1851 (2.Aufl. 1852: "Scènes de la vie de Bohème", 1. dt. Übersetzung: "Pariser Zigeunerleben. Bilder aus dem französischen Literaten- und Künstlerleben", von H. Hartmann, Leipzig 1851)

164. MUSCHG, Walter, Von Trakl zu Brecht. Dichter des Expressionismus, München 1961, S. 115-148

165. NEUROHR, Jean F., Der Mythos vom Dritten Reich. Zur Geistesgeschichte des Nationalsozialismus, Stuttgart 1957

166. NIETZSCHE, Friedrich, Werke in 6 Bänden, hrsg. v. K. Schlechta, München, Wien 1980

167. OTTO, Ulla, Die literarische Zensur als Problem der Soziologie der Politik, Stuttgart 1968

168. PECHEL, Rudolf, Deutscher Widerstand, Erlenbach, Zürich 1947

169. PFANNER, Helmut F., Hanns Johst. Vom Expressionismus zum Nationalsozialismus, The Hague, Paris 1970

170. RADECKI, Sigismund v., Erinnerungen an Else Lasker-Schüler, in: Else Lasker-Schüler. Dichtungen und Dokumente, Briefe, Zeugnis und Erinnerung, hrsg. v. E. Ginsberg, München 1951, S. 582-590

171. RASCH, Wolfdietrich, Aspekte der deutschen Literatur um 1900, in: W.R., Zur deutschen Literatur seit der Jahrhundertwende, Stuttgart 1967, S. 1-48

172. RATZKI, Anne, Die Elitevorstellung im Werk Ludwig Derleths und ihre Grundlagen in seinem Bild vom Menschen, von der Geschichte und vom Christentum. Ein Beitrag zur Interpretation des Werkes von Ludwig Derleth, München 1968 (Diss.)

173. ROSENBERG, Alfred, Gegen Tarnung und Verfälschung, in: Völk. Beobachter, 8.12.1933

174. ROTHE, Friedrich, Frank Wedekinds Dramen. Jugendstil und Lebensphilosophie, Stuttgart 1968 (=Germanistische Abhandlungen 23)

175. RUDINOFF, Willy, Wedekind unter den Artisten, in: Der Querschnitt, 10. Jg., 1930, S. 801 - 807

176. SCHERER, Herbert, Bürgerlich- oppositionelle Literaten und sozialdemokratische Arbeiterbewegung nach 1890. Die 'Friedrichshagener' und ihr Einfluß auf die sozialdemokratische Kulturpolitik, Stuttgart 1974

177. SCHLOCKER, Georges, Else Lasker-Schüler, in: Expressionismus: Gestalten einer literar. Bewegung, hrsg. v. H. Friedmann u. O. Mann, Heidelberg 1956, S. 140-154

178. DERS.,Exkurs über Else Lasker-Schüler, in: Dt.Lit. im 20. Jh. Strukturen und Gestalten, begr. v. H. Friedmann u. O. Mann, 5. veränderte u. erw. Aufl., hrsg. v. O.Mann u. W. Rothe, Bern, München 1967, hier: Bd.I "Strukturen", S. 344-357

179. SCHNEIDER, Gerhard, Der Libertin. Zur Geistes- und Sozialgeschichte des Bürgertums im 16. und 17. Jahrhundert, Stuttgart 1970 (= Studien zur Allgemeinen und Vergleichenden Literaturwissenschaft, Band 4)

180. SCHRÖDER, Hans Eggert, Katalog der Ausstellung "Franziska von Reventlow/Schwabing um die Jahrhundertwende" (=Marbacher Magazin. Schriftenreihe des Schiller Nationalmuseums und Deutschen Literaturarchivs, Marbach a. Neckar 1978, Nr.8)

181. SCHWARZ, Hans, Über Moeller van den Bruck, in: Dt. Volkstum, XIV, 14.9.1932, S. 690

182. SCHWIERSKOTT, Hans-Joachim, Arthur Moeller van den Bruck und die Anfänge des Jungkonservativismus in der Weimarer Republik. Eine Studie über Geschichte und Ideologie des revolutionären Nationalismus, Göttingen 1962

183. SOKEL, Walter H., Der literarische Expressionismus. Der Expressionismus in der deutschen Literatur des zwanzigsten Jahrhunderts, München 1970 (=Neuaufl. der dt. Übersetzung von "The writer in Extremis", Stanford 1959)

184. DERS., The changing role of eros in Wedekind's drama, in: GQ 39, 1966, Heft 2, S. 201 - 207

185. SONTHEIMER, Kurt, Antidemokratisches Denken in der Weimarer Republik. Die politischen Ideen des deutschen Nationalismus zwischen 1918 und 1933, München 1978 (=dtv WR 4312)

186. STEINEN, Wolfr.v.den, Über Ludwig Derleth. (1870-1948),in:Dt. Vjschr. 42, 1968, S. 553 - 572

187. STERN, Fritz, Kulturpessimismus als politische Gefahr. Eine Analyse nationaler Ideologie in Deutschland, Bern, Stuttgart, Wien 1963

188. SZÉKELY, Johannes, Franziska Gräfin zu Reventlow. Leben und Werk. Mit einer Bibliographie, Bonn 1979 (=Abhandlungen zur Kunst-, Musik- und Literaturwissenschaft, Bd. 276)

189. TEICHMANN, Wolfgang (Hg.), Färbt ein weißes Blütenblatt sich rot ... Erich Mühsam. Ein Leben in Zeugnissen und Selbstzeugnissen, Berlin 1978

190. THOMAS, Klaus W., Gerardo-Dühring. Ein Selbstgespräch Wedekinds, in: G Qu 44, 1971, Heft 2, S. 185 - 190

191. TUCHOLSKY, Kurt, Deutschland, Deutschland, über alles. Ein Bilderbuch von K. Tucholsky und vielen Fotografen, montiert v. J. Heartfield, Reproduktion d. Ausgabe Berlin 1929, Reinbek bei Hamburg 1980

192. VALLÈS, Jules, Jaques Vingtras, 3 Teile, Paris 1879, 1881, 1886

258

193. VALLÈS, Jules, Les Réfractaires, Paris 1866

194. VERWEY, Albert, Mein Verhältnis zu Stefan George, dt. v.
     A. Eggink, Strassburg 1936

195. WALLMANN, Jürgen P., Else Lasker-Schüler, Mühlacker 1966

196. WEBER, Max, Gesammelte Aufsätze zur Wissenschaftslehre,
     hrsg. v. J. Winckelmann, 4. durchges. Auflage, Tübin-
     gen 1973

197. WEISSTEIN, Ulrich, The lonely Baal, Brecht's first play
     as a parody of Hanns Johst's 'Der Einsame', in: Modern
     drama XIII, 1970, S. 284 - 303

198. WINKLER, Michael, George-Kreis, Stuttgart 1972 (= SM 110)

199. WOLTERS, Friedrich, Stefan George, Berlin 1930

200. WYSLING, Hans, Zum Abenteurer - Motiv bei Wedekind, Hein-
     rich und Thomas Mann, in: Heinrich Mann 1871 - 1971.
     Bestandsaufnahme und Untersuchung. Ergebnisse der
     H.-Mann-Tagung in Lübeck, hrsg. v. K. Matthias, Mün-
     chen 1973, S. 37 - 67

Die wissenschaftliche Reihe "Würzburger Hochschulschriften" erhält ihren Titel nach dem Ort der Herausgabe. Sie nimmt in ihr Programm Dissertationen auf, die am Institut für Deutsche Philologie der Universität Würzburg entstanden sind, sowie Habilitationsschriften, darüber hinaus aber auch wissenschaftliche Schriften von außerhalb, sofern diese das Gebiet der neueren deutschen Literatur betreffen. Gemäß dem modernen Methodenstand, der eine Fülle wissenschaftlicher Richtungen und Arbeitsweisen des Faches anbietet, werden literaturhistorische Untersuchungen wie solche zur Literatursystematik und Literaturästhetik berücksichtigt.

WÜRZBURGER HOCHSCHULSCHRIFTEN ZUR NEUEREN DEUTSCHEN LITERATURGESCHICHTE

Herausgegeben von Frau Prof. Dr. Kuchinke-Bach

Band 1 Herbert Märzhäuser: Die Darstellung von Mönchtum und Klosterleben im deutschen Roman des zwanzigsten Jahrhunderts. 1977.

Band 2 Heinz Linduschka: Die Auffassung vom Dichterberuf im Deutschen Naturalismus. 1978.

Band 3 Margarita Pazi: Fünf Autoren des Prager Kreises. 1978.

Band 4 Stefan Janson: Hugo von Hoffmannsthals "Jedermann" in der Regiebearbeitung durch Max Reinhardt. 1978.

Band 5 Dorothea Lutz-Hilgarth: Literaturkritik in Zeitungen. Dargestellt am Beispiel Gabriele Wohmann. 1984.

Band 6 Elisabeth Kleemann: Zwischen symbolischer Rebellion und politischer Revolution. Studien zur deutschen Boheme zwischen Kaiserreich und Weimarer Republik — Else Lasker-Schüler, Franziska Gräfin Reventlow, Frank Wedekind, Ludwig Derleth, Arthur Moeller van den Bruck, Hanns Johst, Erich Mühsam. 1985.

Bähr, Hans-Joachim

DIE FUNKTION DES THEATERS IM LEBEN HUGO BALLS

Materialien zur Bestimmung der Jahre 1910-1914

Frankfurt/M., Bern, 1982. 135 S.
Europäische Hochschulschriften: Reihe 1, Deutsche Sprache und Literatur. Bd. 491
ISBN 3-8204-7093-X   br. sFr. 34.–

Hugo Ball ist fast nur als Dadaist bekannt. Die vorausgehenden Jahre jedoch, die den Grundstein für den Dichter Ball bildeten und seinen Schritt aus bürgerlicher in künstlerische Existenz bewirkten, waren geprägt von seiner geistigen Auseinandersetzung mit dem Theater, seiner praktischen Arbeit am Theater und seiner Auffassung vom Theater als der optimalen Möglichkeit künstlerischer Wirksamkeit. Die vorliegende Untersuchung bietet eine Aufarbeitung kulturgeschichtlicher Hintergründe und Einflüsse und eine biographische Gesamtdarstellung dieser Zeit.

Aus dem Inhalt: Die Idee des Gesamtkunstwerks bei Nietzsche/Wagner und ihre Ausprägung im Frühexpressionismus Kandinskys – Wedekinds neuer Schauspielertypus – Die Münchner Kammerspiele – Dramatik Balls.

Lang, Peter Christian

LITERARISCHER UNSINN IM SPÄTEN 19. UND FRÜHEN 20. JAHRHUNDERT

Systematische Begründung und historische Rekonstruktion
Mit einem Nachwort von Klaus Jeziorkowski

Frankfurt/M., Bern, 1982. 138 S.
Analysen und Dokumente. Bd. 8
ISBN 3-8204-7160-X   br. sFr. 34.–

Europäische Hochschulschriften: Reihe 1, Deutsche Sprache und Literatur. Bd. 531
ISBN 3-8204-6273-2   br. sFr. 34.–

Die literarische Avantgarde seit Dada hatte die Integration sprachlichen Unsinns in den Horizont der Literatur zur Folge. Dagegen blieben voravantgardistische Autoren wie Paul Scheerbart und Christian Morgenstern mit ihrem sprachlichen Unsinn ausserhalb der zu ihrer Zeit geltenden sprachlichen Normen der Literatur. Ihre vereinzelt entstandenen Grenzüberschreitungen blieben unmittelbar folgenlos und standen als literarischer Unsinn quer zum historischen Erwartungshorizont. Mit vor allem hermeneutischen und linguistischen Kategorien bemüht sich die Arbeit um eine genaue Analyse und Interpretation der historischen Unsinnliteratur von Lewis Carroll bis Christian Morgenstern.

Aus dem Inhalt: Sinn und Unsinn – Die Nonsenseliteratur (L. Carroll und E. Lear) – Deutsche Unsinnliteratur (u.a. Mörike, Morgenstern und Scheerbart) – Die Avantgarde (Dada und K. Schwitters).

Verlag Peter Lang Bern · Frankfurt a.M. · New York

Auslieferung: Verlag Peter Lang AG, Jupiterstr. 15, CH-3000 Bern 15
Telefon (0041/31) 32 11 22, Telex verl ch 32 420